大眾史學叢書02

影視史學與歷史教學

Historiophoty and History Teaching

陈登武

主編

臺灣師大出版社

總主編序

大家來寫歷史需要連結的平臺
大眾史學叢書的由來

大眾史學是種理念

　　大眾史學的誕生距今將近二十年。這個名詞背後有個基本理念，為了讓人們一聽就懂，借用美國總統林肯（Abraham Lincoln）的名言：政府（government）是 of the people、by the people、for the people。孫中山有言在先，譯為民有、民治和民享。討論大眾史學，我們先轉化成 representing histories of the public、by the public、for the public。而後再以中文下定義，其中說：

> 大眾史學鼓勵「人人書寫歷史」，而且「書寫大眾的歷史」，「供給社會大眾閱聽」。

　　上述的理念，"representing histories" 的「歷史」是多數的，表明史觀之間彼此是多元的，既相對又相關，不該定於一尊。而動名詞"representing"形容歷史的「表述」或「表徵」是多樣的，它的載體和形式包括各種語音、符號、圖像以及載歌載舞肢體語言等等，相對地，文字只是其中之一而已。然而為了方便起見，通稱為「書寫歷史」或「歷史書寫」。

　　由於大眾史學特別重視「人人書寫歷史」（by the public），所以把理念中的三大要素簡化，說成「大家來寫歷史」。大家就是大眾。大眾可以分別指許多團體群組，也不妨單稱某些個人。大眾之中有學術菁英或專業史家，當然更

應該包括民間百姓和弱勢人士。如果換個廣告的用語來說,「人人都是史家」。

大眾史學是種普遍性的自覺

「人人都是史家」把大眾史學從理念的層次推向理想。但並非照單全收援引聖賢哲人的古訓;反而與時俱進,根據當今心理學、腦神經科學、量子力學、考古和人類學等等知識。近三十年來,人們日漸瞭解智人(Homo sapiens)在演化過程中,大約距今五、六萬年前已經「人人都有歷史意識」。換句話說,人人都有初期辨知「常與變」的能力。

不過隨著社會的擴張,人們的權力關係與意識形態也日漸複雜。二十世紀思想家傅柯(Michel Foucault)以「權力生產知識」一語,道破千古以來的現象。不僅「帝國」和「文明」之說意涵權力和中心論,而且連「文字」和「數位資訊」也不免先後成為威權體制的強勢媒體。如果試問「什麼是信史?」、「什麼是歷史時代?是史前史?」、「什麼是正史?野史?」人們不難理解在權力和中心論的框架之下,有數不盡的歷史表述怎樣被貶抑、排斥或全盤否定;以至於又怎樣淪落為「另類的歷史」、「邊緣的歷史」或「沒有聲音、沒有歷史的人」。

然而威權腳跟底下總有來自底層的心聲或集體記憶,在在這些都有待人們不斷發覺。例如,整整一百年前,臺灣青年在一九二一年組織臺灣文化協會。他們不僅開展具有臺灣意識的政治和文化運動,而且大幅度調撥史觀的時間軸,重新定向什麼是新的、進步的?什麼是舊的、落伍的?毫無疑問,這是殖民時代弱勢族群歷史意識的自覺運動。

大眾史學需要連結平臺

一九六〇年代全世界許多地區掀起社會和文化運動的浪潮。影響所及,歷歷可見。從一九七〇年代起,臺灣的文史工作者、鄉土文學作家和紀錄片製作者應運而生。而後接著八〇、九〇年代,再轉二十一世紀,綿延不斷,蔚然成

風。整個歷程可以綜合稱作「臺灣歷史意識的形成」（the making of Taiwan historical consciousness）。如果援引英國史家湯姆森（Edward P. Thompson）的說法：意識並非絕對依照血緣天生的（by birth），而是由內而發主動的（active），不斷地實踐（praxis）和創造（making）而形成的。他又進一步主張「由下而上研究歷史」（study history from the bottom up）。值得留意的是，這句英語的介系詞（from…up）格外要緊，最能呈現底層不再默默無語、三聲無奈，而是有股勁力推動他們由下往上把「心事講出來」。

大眾史學這個名詞，其實只是把「歷史意識的形成」凝聚成簡明的意象而已。有了具體的概念，方便大家進行理念與實踐的相互辯證。近二十年來，臺灣的校園及地方上各角落處處可見「大家來寫歷史」。尤其二〇〇七年賈伯斯（Steve Jobs）掌中展示智慧型手機。他說：「每隔一段時間，世上總會出現某種革命性的產品，一舉改變了所有的事情。」而後不久，果然全球幾乎人手一機；同時大眾史學和影視史學密切結合，產生雙重效應，邁向大眾史學 2.0 的時代。

為了促進多元史觀之間的相互激盪和溝通，「大家來寫歷史」需要有連結的平臺。有鑑於此，國立臺灣師範大學圖書館出版中心創立大眾史學叢書，在形制上毫無繁瑣僵化的規範，如同約法三章，只有幾項簡單的原則。本叢書提供人人藉著開放的平臺，實踐協同的理念。

周樑楷

國立臺灣師範大學歷史學系兼任教授

寫於 2022 年 8 月 22 日

推薦序一
讓影像與歷史盡情對話
——《影視史學與歷史教學》專書序

　　二〇〇〇年，筆者曾短暫執教於高中，當時正逢「八八課綱」施行，臺灣史雖仍附屬於中國史之中，但首次成為獨立單元，佔高一上冊之半。新課綱同時也在二年級課程中納入「影視史學」的內容。對筆者而言，這樣的課程設計，正好提供將影視文本用於歷史教學的最佳「藉口」。於是幾年的高中教學生涯中，即便要照顧到學生對於考試的「原始需求」，仍設法將當時口碑甚佳的《天馬茶房》、《無米樂》、《貢寮你好嗎》、《跳舞時代》，以及已故導演洪維健所拍攝的《風雲黨產》、《風雲行館》等劇情片與紀錄片，乃至 Discovery 頻道一系列關於兩次大戰的紀實片加入授課內容中。雖不曾有過量化統計，但學生對於影像呈現的歷史，顯然比活字印刷的文字要來得興致盎然。有些同學甚至會與家人分享上課所見，在那個族群結構特殊的城市，曾經引起家長打電話對校方高層「關切」教學內容，教學之餘，還得不時應付這些無謂的紛擾，是當初所始料未及，至今想起仍覺莞爾。

　　課堂中的歷史，往往迫於時間、考試壓力而被支解得四分五裂，遠不如電影說故事的生動有趣。誠如美國史學者馬克・卡爾尼斯（Mark C. Carnes）所言：

　　　　好萊塢的歷史完全是另一碼事。電影裡說的故事跟正史有好大一段距離，但是，製片單位用來填補空白的，卻是模模糊糊，剪不斷、理還亂的虛構情節。可是最後的成果，竟是那麼地耀眼奪目，那樣地激發想像。誰能忘記瑪琳・黛德麗飾演的凱薩琳大帝，喬治・史考特飾演的巴

頓將軍，或是班・金斯利飾演的聖雄甘地？再說麥爾坎・X 吧，這位如流星一閃的現代異議政治家，現在已經跟丹佐・華盛頓卓越的演技分不開了。好萊塢電影中的歷史之所以深入人心，就是因為它強調的是善惡分明的簡單道德，輕鬆地砍下歷史的枝枝節節，如此「完美」。

韋達說：「我們終將承認，教育體系在引介歷史傳承的功能中，將會逐漸褪色；最後，年輕人是靠電影來了解過去；對許多人來說，好萊塢的歷史就是唯一的正史」。即便無奈也不能否認，現代的學子，可能是從《大唐無雙》來認識隋唐史，從《三國志》來認識魏蜀吳的爭霸；如果不是《返校》手遊與電影的推波助瀾，多數年輕人對臺灣白色恐怖的歷史可能持續無感。二〇一四年頒布的「十二年課綱」，高中歷史課程新增「探究與實作」，鼓勵教師針對高中必、選修相關主題或其他歷史課題，選擇適當材料進行教學，並引導學生進行歷史議題探究與書寫。其中部分要點還特別提到運用電影教學的結合，可以想見未來的中學歷史教學活動，勢必會更加朝向與影視教學結合的方向發展。換句話說，影視史學這個「潘朵拉」的盒子一旦被打開，似乎就不可能再回頭。如何因勢利導，巧妙運用影像於歷史教學上，應當是歷史教師無法迴避的課題。

不過自身的經驗是，影片放映的當下，學生固然會沉醉在劇情中，一旦觀片完畢後，要引導他們思考與課程間的關聯性，或者如何從中看出文字所未言之處，則又需要費一番工夫，經常是摸著石頭過河，也難以確知學生是否真的在影片當中找到筆者想要傳達的歷史思維，當時非常希望能有這方面的專書，當可以減輕不少與筆者有相同想法、做法的高中教師的摸索與焦慮。

和筆者有相同想法的人應當不少，但登武教授在繁忙的教學研究與行政工作之餘，身體力行主編了這本《影視史學與歷史教學》專書，讓期待成為可能。這本書蒐羅了十篇文章，分別出自三位國中教師及六位高中教師，內容方面臺灣史、中國史、世界史大致相當。而主編登武教授也親自「撩落去」，藉

由討論《發現虞弘墓》、《中國大漠之寶》、《天地英雄》、《誘僧》與《達摩祖師傳》等影片在主題上的意義及優缺點，試圖幫助高中老師運用這些電影於歷史教學。

本書作者絕大多數都具有豐富的教學經驗，將教學現場累積的各種經驗，與影視教學的專業知識結合，同時配合十二年國教所重視的素養教學取向，進行課前、課後的施測，以確認施教成效。幾位作者還分別運用了素養導向教學法、主題式教學、重理解的課程設計（Understanding by Design, 簡稱 UbD）、美國教育心理學家布魯姆（Benjamin Samuel Bloom）的教育理論，乃至英國歷史教學中「學習階段評量」的實踐方法，協助學生了解如何從影視資料看待歷史事實與歷史解釋，並對自身學習歷史的層次有基本了解。不僅如此，甚至有作者讓學生分組自由發揮編劇與粉墨登場，呈現他們所理解的女皇武則天，從而探究學生歷史知識的來源、戲劇表演對於學習效果的評估等，可說是一場影視史學、戲劇表演與歷史教學的微型實驗。

本書作者選用的影視作品兼有紀錄片與劇情片，內容主題有探討族群衝突的《美麗天堂》（（Promises）、《我的名字叫可汗》、關於臺灣戒嚴時期白色恐怖與威權體制的《牽阮的手》、單純講述乙未戰爭的《一八九五》、探討西班牙內戰的《以祖國之名》、探討美國內戰的《林肯》、以第三共產國際的間諜為中心的《間諜佐爾格》；較特別的是華裔製片刁毓能的《被出賣的臺灣》，本片的劇情與角色其實是影射許多臺灣戰後歷史謀殺個案的「綜合體」，以及戒嚴時代高壓統治的時代氛圍。這樣的表現手法，正與幾年前頗受好評的《幸福路上》、《返校》等電影有異曲同工之妙。作者以影視史學的方法與理論分析本片，著重在作者身分認同與創作動機、電影中的歷史記憶與詮釋、電影做為文本與教學中的應用與設計；特別是關於白色恐怖為主題的教學經驗分享，對於理解戰後威權時代的歷史有一定的幫助。影視史學最大的特色是可以跳脫教科書的侷限，讓學生的視野關注到更多歷史中的人、事、物，例如提到一八九五年的乙未戰爭，傳統教科書泰半不出臺灣民主國、唐景崧、丘逢甲、劉永

福等幾個關鍵字，但透過電影，可以看到更基層的抗日領袖，透過電影畫面，更能讓學生有「同情的理解」。

　　登武教授的導論可說是全書的「龍睛」所在，文中除簡述影視史學的發展外，也彙整了迄二〇二二年為止與影視史學相關的學位論文，無疑是對有志於此的學子最有幫助的研究回顧；此外，登武教授並勾勒出每一篇文章的要點與精華所在，讀完本文，全書精髓已了然於胸。更重要的是他還不忘對有志於從事影視史學教學研究者提出數點提醒：首先該注意如何慎選影片的問題，需考慮的有電影分級、時間的分配以及與什麼樣的主題結合；其次是應回歸影視史學理論來分析影視文本，如能釐清影片虛實，並適度解說與合理詮釋，自可提升學生的歷史思維能力；第三是教師的角色與課程實作，不論是關於影片的選擇、對影片的了解程度、結合的課程、時間的安排、教學效果的檢視、教學目標的達成與否，在在都是教師所應扮演的角色與任務。

　　電影、戲劇、小說，乃至年輕人趨之若鶩的手遊，其本質在娛樂大眾，可以盡情的天馬行空發揮想像力，但虛構的情節中往往不經意道出人類的真實情況。即便如此，它們終究不是廣泛蒐集史料、縝密推理分析的嚴謹歷史著作。從事影視教學的同業們，或許可以把這些廣義影視作品當成是引領學生進入歷史研究領域的敲門磚。

　　登武教授與筆者從大學迄博士班持續多年的學長學弟關係，其妻與妹又都是筆者大學同窗好友，兩重關係下，月前囑筆者代為寫序，令筆者卻之不恭，書之有愧，最後抱著先睹為快的想法，接下此任。筆者近年於任教系所開設影視相關課程，嘗試帶領學生從事中部文史紀錄片拍攝，發現到學生最大的罩門是不容易從文字思考轉換成影像思考，常常腳本寫好了，不知道要放進甚麼畫面，或者是拍攝了一堆畫面，但不知道要表達怎樣的主題。有沒有可能「上游」的中學教師落實了影視歷史教學後，可以讓我們「下游」的產品創造更為順暢呢？筆者深深期待著！

　　有了這部教學「指引」，老師們不妨在課堂中讓影像與歷史盡情的對話！

許世融

國立臺中教育大學區域與社會發展學系教授

2023 年 8 月 1 日

推薦序二
在影視歷史文本裡遊思

　　記得上個世紀八〇年代，剛大學畢業出來教書，當時有位朋友說，他中學的歷史老師最酷、最厲害，整本教科書倒背如流，讓他終身難忘、深表佩服。

　　把歷史教科書倒背如流的老師他的課好嗎？歷史講得精采嗎？恐怕不。那是個唯一教科書、十年才一換的年代，倒背如流不難，只是，歷史課本值得背誦嗎？上課就展現背誦功夫？這恐怕是很差勁的歷史課吧。

　　時代變遷，歷史課堂的風景也會異動。教科書開放民間編寫，教材開始多元化，這是個進步。教師們適己適性地為學生選擇教科書，把教科書倒背如流，已被拋得遠遠地不值再提。這教科書編寫多元的進步，帶給歷史課多少有些改變更新吧。

　　在更迭替換教科書的同時，教師們也是舊去新來，教材除了課本，出版社也因應競爭市場，提供相當多元又豐盛的備課資料。教師不必背熟課文，歷史科也不再是背多分。然而，有個現象似乎長久沒變：歷史老師必定從上課鈴聲響開口講課，一直到下課鐘聲響起才閉嘴，真的是全憑一張嘴。至今，大多數的歷史課堂都還是歷史教師臺上一人的獨角、獨白戲。

　　一九九〇年代初期周樑楷教授提倡影視史學，當時雖然極大多數歷史教師仍不知曉影視史學為何？已在歷史課開始使用電影上課。就拿我本人來說，當時就運用《戰爭與和平》這部片來講述拿破崙東征俄國失利的慘況，至今我仍認為那是最好學習該段歷史的影視媒材。即使那個時候學校影視設備品質不佳、使用率低又常故障，錄影帶（VHS）影像不夠清晰，頗為克難，自己常要學著修理器材或是投資自購播放器，讓教學能夠順利進行，毅然堅持將影視融入教學。之後使用 VCD，更後來是 DVD，直到退休前使用影視媒材教歷

中，一直是課堂必備，尤其是電影。唯獨感到遺憾的是，最初對影視史學的知識理論與思維方式缺乏認識，也沒能找到引導如何使用影視教歷史的書冊來參考，一味地只用自己理解、思維的方式去詮釋影片，考核學生學習，當中自然存在著極大的問題，這和一般人觀賞電影後討論，說幾句心得感想大同小異，如何能名為歷史教學？被歷史外人質疑這是電影欣賞、不用講課的偷懶招式，也不足為怪。

周樑楷教授繼影視史學之後，接著又推廣大眾史學，迄今亦有三十餘載，國內的歷史教育歷經幾番課程大綱改易，使用影視媒材輔助教學已極為普遍。其實，隨數位科技快速進化，不只歷史教育，各方領域運用影視已成常態，不使用者反而稀少、不合時宜。日常使用的手機，就等於人人帶著走的隨身電腦。影視資材所有人共享，各個領域也都運用影視、甚至自媒體自製使用更方便，而歷史教學作為其中之一，有何獨到之處？看電影來學歷史，確實是一個對於歷史教育有利的資源管道，而娛樂觀影與歷史課堂賞析電影來學習，應該是有差別的。此分別是非常重要的。如果應用影視文本從事歷史教學，對於影視史學之基本論述置之不理，或不依理論原則對所用媒材作檢視解析（如前面所提我的早期經驗），那麼，歷史教學的重點：「引導學生發展歷史意識與思維」，很可能被忽略扭曲。現在坊間出版運用電影來連結甚至學習歷史文化的書籍不少，就是容易產生類似的問題。

影視史學的歷史教學究竟有何獨到之處？它有別於一般視覺影像教學。影視史學，乍看會讓人以為很高深很學術，不容易理解。其實不然，陳登武教授在本書的〈導論〉深入淺出地說明影視史學這門學科的發展，並引言周樑楷教授對「影視史學」切簡扼要的定義論述，且將他自己在大學課堂裡，應用影視史學教學的真實歷程仔細描述分享。譬如，陳教授提到他運用電影《惡魔教室》最後十分鐘，那石破天驚的時刻，透過戲劇張力震撼同學們進行思考討論。對於影視歷史文本他會如何選擇、判讀與使用也循序談論，如：紀錄片《意志的勝利》雖為納粹的宣傳片，陳教授提出翻轉一般看法的視角，這部片

也是難得的教學影片。他的陳說清楚易懂，可說是最佳的影視史學理論實踐之示例與指引。想要了解何謂影視史學與如何應用來教學，很值得一讀。

而且從陳登武教授的整理介紹，我們得知現在大學裡的影視史學課程不僅普遍，且學位論文作品也不少，陳教授完整地分類整理表列出關於世界史、中國史、臺灣史三個領域的論文，並加以簡要介紹。這些影視史學的學位論文，每一篇都是慎選視覺影像文本且精心研究的學術成果。除了本書的主要篇章之外，提供更多影視文本給教師們方便搜尋參考，亦屬彌足珍貴。

坊間出版書籍不論是以主題選片或是聚焦一個文化來鋪陳，試圖與歷史元素結合，各有其特色，面對所有讀眾，或可參考。但中學歷史教學運用影視歷史文本的必要條件與之不同，中學的課程取向、教學目標相較之下顯得特別，無法依循引導社會一般大眾的方式來學習。且教師們在使用影視媒材教學這個部分，也需要亦步亦趨地被帶入門，亟有需要從歷史學專業出發、以影視史學的知識理論為基礎，引領中學歷史課堂應用影視媒材的成書。本書因此應運而生。

全書分十章，基本上每一章節一個主題或單元配合一部電影。第一、七、八章以事件戰爭主題，第二、六、九是以電影回應時代性的綜合議題，第三、十章則是以人物一生帶出一個時代的種種關鍵。此外，第四章以朝代為核心搜引各式影視媒材，第五章則以類似「自媒體」演練的方式連結歷史課程，篇篇皆實用而獨到。影像歷史文本有分靜態與動態，今日則更多為動態影像的使用，處處可見。幾乎沒有專為教學而拍攝的電影（包含紀錄片），有市場取向亦有為藝術創作的成品，汗牛充棟的書籍，現在是「片海茫茫」的影像資材，怎麼選片來作為課堂「呈供」是一大重點。本書內每篇章所選皆經由撰寫者解析、述說，符合影視史學理論「中之實」之基本必要條件的好作品，用於教學無虞。而除了第一二章之外，其餘每個章節的教學法示例，也都曾在實際課堂上操作過，已取得實驗認證，是可行且有成效的示範。這是本書可貴處之一。

其中有六章是高中的教學示範，國中部分有三章。第四章乃大學教授對中

學教學法的提示指導。這樣是否有重高中輕國中之慮？國高中教學就是由淺狹向深廣漸進的過程，運用這些材料可以靈活地調昇擴充或降縮。對於國、高中老師而言，這本書的各篇都是可用的教案，沒有高中可用的較多、國中則少的問題。這是本書可貴處之二。讓我來舉例說明一下：

　　第九章《美麗天堂》在實際教學實驗是用於國中三年級（九年級）「以巴衝突」議題教學，取得不錯的教學成效。若將這部電影放到高中世界史來運用，可以怎麼做？高中對以巴問題的背景知識或許已經足夠，可讓學生直接觀賞電影，完了提問：「你認為以巴小孩子的對立仇恨感是怎麼來的？」，使學生思考、辯論，提醒學生反思：「自己的生活中愛恨情仇諸種情感、覺受甚至觀念，是如何建立的？」試著驅動學生能夠對歷史人物（或情境）產生「同情的理解」。也就是說，讓學生試著去想像感受影中人物的感受（同情），理解他們的情緒反應與處境（理解），至於對影中人物／情境認同與否，那是屬於另一層次的思維判斷。

　　再舉個例，第五章「製作武則天」，書裡對象是高中二年級生的實驗教學。這教學方式也可用於國中，怎麼進行？簡單說，選個學生熟悉的歷史人物故事，如拿破崙、慈禧太后或聖女貞德、毛澤東等，不必先行講解這號人物的歷史事蹟，就讓學生按照他們所認識的人物形象，先去扮演模擬、自創歷史劇演出，藉此檢視學生的歷史意識與思維，之後再給予補充或撥正應有的歷史認知。此類沉浸式學習一樣適用於各年級。

　　這十來篇教案，大概只有十幾部電影應用在十個主題或課程單元上，乍看這樣好像不太濟事，歷史課程有臺灣史、中國史、世界史，範圍時限是那麼遠廣，只有幾滴水哪能止渴？事實不然。每部電影可以翻轉觀看討論的不同視角，每個教學法可以挪移到另外不同的單元或主題做不同的應用，這麼交錯活用，何止十個影視媒材、十種教學法，再加上陳教授〈導論〉簡介的上百篇影視史學論文，備課資料更豐富了。而且從書中學得由歷史學專業如何解析並掌握影視歷史文本，仿效教學運用，熟練之後，教師本身可能就成為影視史學的

教學高手，將來只要有新媒材，信手拈來就能運作自如。這是本書可貴處之三。

進一步舉例說，可以把電影從輔助的角色翻轉變成主要課文（影視歷史文本），不只是看電影，而是「讀電影」。譬如將《牽阮的手》（書中示範乃用於國中七年級）放到高中臺灣史，改變一下教學法。不要將影像當作輔助說明臺灣現代歷史來分段放映，一開始就觀賞整部紀錄片，完了，再進行影片各個層面、段落的討論分享，由小人物的一生迴盪出整個大時代多面向的情境。《我的名字叫可汗》也可以這麼運用，讀完整個電影後，讓學生發問或討論來拼整出主題——九一一後的美國社會與族群，甚至可延伸探討「國際穆斯林的文化與衝突」。把電影當成教本骨幹，透由課堂的分享、討論、講述等等活動充實填滿主題內容，這種課文不用死背，也能完全留在學生腦海中，歷久不衰。

有位教師朋友說，如今數位科技串流平臺普及，但是「片海茫茫」如何擇選好電影？這話說到重點了。對歷史教學者而言，選片教學必須再更進階。從「虛中實」到「實中實」的好作品推陳出新，VR、元宇宙等更炫奇的媒材也不斷產出，怎樣選擇使用來協助教學，並能保有歷史教學本質，薰浸學生的歷史感，促進他們的歷史意識與思維，這是我們歷史人教學首要的關切。而教師們學習該怎麼架構教學是第一基本功，本書就像 IKEA 家具，半套模式已成備，留著另外後半套給教學者創新完成組合。

最後，我想說本書編寫採一致格式，內容豐碩且含有多元教學的試驗，實在是影視歷史文本應用到教學的最佳指引書。然而，今日凡出版品必首要講究視覺設計、標題創詞、包裝炫奇的時候，這書豐富有料，章節條目用詞樸實不虛炫，實不討喜。的確需要內行識貨人，才能懂、知所為用。希望您慧眼獨具，知選這本好書。

戴麗桑

高中歷史科教師

2023 年 4 月 23 日

主編與作者一覽表

◆主編簡介

陳登武

學歷

國立臺灣師範大學歷史研究所博士

現職

國立臺灣師範大學歷史學系教授

研究專長

隋唐史、魏晉南北朝史、中國法制史、影視史學

◆作者簡介

撰寫篇章	姓名	單位職稱
一	吳珊妃	新北市立安康高級中學歷史科教師
二	洪慧霖	高雄市立小港高級中學歷史科教師
三	洪筱婷	高雄市立明義國民中學歷史科教師
四	陳登武	國立臺灣師範大學歷史學系教授
五	劉彥伶	臺北市立永春高級中學歷史科教師
六	劉先芸	臺北市立成功高級中學歷史科教師
七	陳美瑾	國立基隆高級中學歷史科教師
八	張雅淳	臺中市立東山高級中學歷史科教師
九	梁瓊璘	新北市立新泰國民中學歷史科教師
十	黃璨瑩	臺東縣立東海國民中學歷史科教師

導論

　　西元一九八八年美國史家懷特（Hayden White）在《美國歷史評論》（*The American Historical Review*）發表論文，首創「historiophoty」這個字。周樑楷教授不但是第一位將此一概念引入華人世界之學者；同時也是最早將此一語彙翻譯成「影視史學」的人；甚而他故意將「影視」範疇擴大，說成「影像視覺」，指凡是任何圖像符號，不論靜態的或動態的，都屬於這個範圍。因此他定義「影視史學」包括：（一）「以靜態的或動態的圖像、符號，傳達人們對於過去適時的認知」；（二）「探討分析影視歷史文本的思維方式或知識理論。」[1]

　　在懷特之前已有不少專業史家參與歷史影片的製作，應用媒體從事歷史教學，或結合影片和歷史，發展出一種新的歷史研究取向。其中法國年鑑學派（Annales School）的馬克・費侯（Marc Ferro, 1924-2021）正是精於此道的先行者。在一九六〇年代，他就已經將電影當作重要的史料，進行研究分析，並出版影響深遠的學術著作《電影與歷史》（*Cinéma et Histoire*）。[2]

　　到了一九八〇年代，猶太裔的左翼女歷史家娜塔莉・澤蒙・戴維斯（Natalie Zemon Davis, 1928-）成為另一位重要的影視史學學者。當時任教於普林斯頓大學的戴維斯，因為主修法國近古史，因而在一九八二年參加了電影《馬丹・蓋赫返鄉記》（*Le Retour de Martin Guerre*）的拍攝工作，擔任歷史顧問，甚至也演出其中一個角色；一九八三年她出版了與電影同名的專書（*the*

---

[1]　周樑楷，〈影視史學：理論基礎及課程主旨的反思〉，《臺大歷史學報》，第 23 期（1999），頁 445-470；後收入氏著，《克麗歐的轉世投胎：影視史學與大眾史學》（臺北：國立臺灣師範大學出版中心，2023），頁 15-35。

[2]　參看馬克・費侯（Marc Ferro）著，張淑娃譯，《電影與歷史》（臺北：麥田出版社，1998）。

Return of Martin Guerre），提出她對於該電影所取材的「真假蓋赫案」的翻案性看法，引起史學界熱議。《馬丹・蓋赫返鄉記》說的是發生在十六世紀中葉法國南部一個小村莊的真實司法事件，講馬丹・蓋赫結婚多年後突然離開故鄉前往西班牙參加戰爭，一五五六年一個自稱是蓋赫的男子回到村莊，並且為太太所接受，最終真正的蓋赫出現，冒牌的蓋赫被判處死刑。人們所感到不解的是怎麼可能一個女人會認錯丈夫？戴維斯則選擇從女性的觀點詮釋了這位女子的行為，從而使她成為重要的影視史學學者。

之後，戴維斯又出版了《奴隸、電影、歷史：還原歷史真相的影像實驗（Slaves on Screen: Film and Historical Vision）》一書，透過五部電影，探討歷史上的奴隸問題。這五部電影分別是：《萬夫莫敵》（Spartacus, 1960）、《圭瑪達島政變（或譯「烽火怪客」）》（Queimada, 1969）、《最後的晚餐》（The Last Supper, 1976）、《勇者無懼》（Amistad, 1997）、《魅影情真》（Beloved, 1998）。戴維斯透過這五部觸及奴隸問題的電影，問了三個主要問題：1.他們是誰？要如何認識他們？奴隸之所以為奴隸的基本權利，全都被主人佔據，造成他們的集體面貌模糊，甚至沒有客觀資料？2.用誰的觀點？用什麼角度來看奴隸？3.在一個沒有奴隸的時代，要講給誰聽？到底想要反省什麼？希望從中取得什麼教訓？透過本書和這些大哉問，戴維斯奠定了她作為影視史學專家的地位。[3]

法國的歷史學家兼導演克里斯蒂昂・德拉熱（Christian Delage）和歷史學家樊尚・吉格諾（Vincent Guigueno）共同合著，《歷史學家與電影

3　關於娜塔莉・澤蒙・戴維斯，參看娜塔莉・澤蒙・戴維斯著，江政寬譯，《馬丹・蓋赫返鄉記》（臺北：聯經出版公司，2000）；娜塔莉・澤蒙・戴維斯著，陳榮彬譯，《奴隸 電影 歷史：還原歷史真相的影像實驗》（臺北：左岸文化，2002）。周樑楷，〈銀幕中的歷史因果關係：評論「誰殺了甘迺迪」及「返鄉第二春」〉，《當代》，第 74 期（1992），頁 48-61；後收入氏著，《克麗歐的轉世投胎：影視史學與大眾史學》，頁 85-98。梁艷春，《娜塔莉・澤蒙・戴維斯史學思想研究》（北京：社會科學文獻出版社，2019），第三章，〈娜塔莉・澤蒙・戴維斯的影視史觀〉，頁 68-106。

（L'historien et le film）》，[4]深入探討歷史學家與電影之間的關係，其中第二部分〈電影的歷史實踐〉，更是具有深刻影視史學價值的探索，使得本書成為相當重要的影視史學著作。

在華語圈方面，周樑楷教授最早將「影視史學」概念引進臺灣，自一九九二年開始，先後發表多篇專業論文。一九九九年六月，在《臺大歷史學報》發表〈影視史學：理論基礎與課程主旨之反思〉一文，更是一篇史學界具有劃時代意義的重磅巨著，宣告華語圈「影視史學」學科的誕生，將這門新知識、新課程與新史學理論結合，提出「虛中實」、「實中實」、「實中虛」等文史思辨方法，勾勒出影視史學作為一門新興課程所應該具備的理論基礎與實務操作準則，絕對稱得上是歷史學門的重大事件。

繼而張廣智教授將「影視史學」概念引入中國，在一九九六年發表〈影視史學：歷史學的新領域〉，先介紹懷特首創「historiophoty」這個字的意義和周樑楷先生的一系列著作，也注意到這兩位史學家對於「影視史學」的定義不盡相同。接著以中國電影《紅櫻桃》和《人約黃昏》作為個案分析的例證，並以此作為切入點，進一步討論影視史學，從而提出兩點看法：其一，影視史學比書寫史學具有更強烈的感染力，具有某種「攝人心魄」的震撼力；其二，一部優秀影片或經典之作，往往擁有比書寫史學更為廣泛的受眾階層。最後提出影視史學可能對傳統書寫歷史的挑戰與未來趨勢。[5]一九九八年張氏出版了《影視史學》的小書，以謝晉導演的電影《鴉片戰爭》作為分析文本，探討影視史學的相關議題。[6]不過，從整本書的結構看，無論是討論影視史學的理論架構、與書寫歷史傳統的關係、或運用於歷史教育，明顯都是受到周樑楷先生的

---

4 克里斯蒂昂・德拉熱（Christian Delage）、樊尚・吉格諾（Vincent Guigueno）合著，楊旭輝、王芳譯，《歷史學家與電影（L'historien et le film）》（北京：北京大學出版社，2008）。

5 張廣智，〈影視史學：歷史學的新領域〉，《學習與探索》，第 6 期（1996），頁 116－122。

6 張廣智，《影視史學》（臺北：揚智文化，1998）。

啟發與影響。

　　之後張先生又撰寫〈重現歷史—再談影視史學〉和〈影視史學與書寫史學之異同—三論影視史學〉二文，主要都是在回應他在發表有關影視史學的相關文章之後所引發的各種不同回響，特別是關於影像能否再現歷史和影視史學與書寫史學的差異等議題。

　　以上簡述自一九八八年以來，美國歷史學家懷特提出「historiophoty」概念之後，西方學術界的發展與周樑楷教授之於臺灣深耕與推廣，又影響及於中國歷史學界的大致發展軌跡。隨著「影視史學」越來越受重視，各大學慢慢興起「影視史學」課程，相關研究與學位論文也如雨後春筍般地湧現。其中，不少論文與歷史教學進行結合，如果以研究所學位論文而言，筆者扼要統計，結果如下：[7]

一、與臺灣史教學結合之論文

編號	年度	研究生／指導教授	論文題目	學校暨系所
1	108	吳惠瑀／陳登武	影視教材在國中歷史教學的運用—以影片《阿罩霧風雲 II：落子》為中心	臺灣師大歷史系在職專班
2	108	林來進／池永歆	影視教材在國中歷史教學的應用—以電影《太平輪》為中心	嘉義大學應歷系
3	107	楊顯邵／洪健榮	影視教材於本國高中歷史教學的運用—以中國電影《英雄鄭成功》為例	臺北大學歷史系
4	107	李志忠／陳登武	影視媒體中的金門意象在歷史教學的運用—以電影《夏天協奏曲》為例	臺灣師大歷史系在職專班

（續下表）

7　本統計截至二〇二二年一月為止。以下統計為配合本書主題，主要以研究題目明確與教學活動結合者為主，倘若僅以電影作為影視史學分析的學位論文，暫不納入討論。至於其他期刊論文，恐亦多不勝數，亦只能暫時割捨。

編號	年度	研究生／指導教授	論文題目	學校暨系所
5	106	江孟勳／池永歆、詹士模	影視教材在國中歷史教學中「臺灣原住民抗日運動」的探討—以電影《賽德克‧巴萊》為中心	嘉義大學應用歷史學系研究所
6	105	洪筱婷／陳登武	影視教材在臺灣史教學的運用：以紀錄片《牽阮的手》為中心	臺灣師大歷史系在職專班
7	104	黃美芳／蔡淵洯	歷史影片融入國中臺灣史教學的理論與實踐—以教材教法的設計為中心	臺灣師大歷史系在職專班
8	104	盧亞珍／陳登武	紀錄片《戰浪》與臺東新港漁港之村史書寫—兼論其在鄉土教學中的運用	臺灣師大歷史系在職專班
9	102	黃致遠／陳登武	國中歷史教育的影視輔助教學分析—以王童《香蕉天堂》為中心	臺灣師大歷史系在職專班
10	100	洪慧霖／陳登武	電影《被出賣的臺灣》對臺灣民主運動的再現（1945-1990）—兼論教科書敘述威權體制的意涵	臺灣師大歷史系在職專班
11	100	黃靖涵／陳登武	影視教材在高中臺灣史「白色恐怖」教學的運用：以電影《超級大國民》、《天公金》為中心	臺灣師大歷史系在職專班
12	99	陳盈如／陳明通	影視史學課程對國一學生歷史思維能力與國家認同影響之研究—以二二八事件為例	臺灣大學國發所
13	97	李育如／周樑楷	影視史學在國中歷史教學的實踐—以影片《稻草人》為例	中興大學歷史系

　　以上與臺灣史教學活動結合之論文共計十三篇，所運用電影總計十四部。論文主要都是以一部或兩部電影為主體，結合臺灣史課程教學活動，從而設計其教學方法與分析其成效。其中，黃美芳〈歷史影片融入國中臺灣史教學的理論與實踐—以教材教法的設計為中心〉，運用紀錄片《牽阮的手》和劇情片

《賽德克‧巴萊》作為輔助教材。陳盈如〈影視史學課程對國一學生歷史思維能力與國家認同影響之研究—以二二八事件為例〉，主要是以《傷痕二二八》及《天馬茶房》兩部影片，作為搭配國一歷史教學活動。其餘論文題目都以一部電影作為主要輔助教材，從論文研究題目一望即知。

就電影所反應的時代而言，明鄭時期一部，即編號三中國電影《英雄鄭成功》，著重在鄭成功領軍擊退荷蘭的歷史。日治時期三部，分別是：編號 1《阿罩霧風雲 II：落子》，該影片時代斷限較長，從日治到戰後臺灣，因為涵蓋整個日本統治時期，這裡暫歸類為日治時期；編號 5 與 7 均運用《賽德克‧巴萊》，講霧社事件；編號 13《稻草人》，講二戰末期皇民化運動與戰爭下的臺灣庶民生活。

戰後臺灣共十部，分別是：探討一九四九國共內戰後，國民黨政府遷徙臺灣的歷史，如編號 2《太平輪》（講太平輪事件）和編號 9《香蕉天堂》，後者涉及時間較長，從國共內戰國民黨戰敗，講到士兵隨國軍遷徙臺灣，旁及白色恐怖，一直到兩岸探親，中間又涉及諸多大時代悲劇下的荒謬情節。關於二二八事件的編號 12《傷痕二二八》與《天馬茶房》。編號 11 是涉及白色恐怖的《超級大國民》與《天公金》。廣泛呈現戰後臺灣民主運動發展的電影，有編號 6 和 7 都運用到的《牽阮的手》，以及編號 10 的《被出賣的臺灣》。

此外，編號 4《夏天協奏曲》，以戰地金門做為主要背景的愛情電影，一方面呈現金門地方文化特色；一方面呈現金門做為戰地的諸多無奈與歷史糾結。編號 8 紀錄片《戰浪》紀錄臺東成功漁港傳統鏢魚技術，是頗為成功的紀錄片電影，運用在地方鄉土教學活動，亦頗為適切。

從目前成果來看，事實上可以運用在臺灣史教學活動的電影還非常多，具有實務經驗的中學老師應該還很可以繼續嘗試。

二、與中國史教學結合之論文

編號	年度	研究生／指導教授	論文題目	學校暨系所
1	107	劉先芸／陳登武	影視史學在高中歷史教學的應用—以《間諜佐爾格》為中心	臺灣師大歷史系在職專班
2	105	劉彥伶／陳登武	製作「武則天」—影視史學與歷史教學的微型實驗	臺灣師大歷史系在職專班
3	104	蕭佩茹／詹士模	影視教材在國中歷史教學中「文化大革命」的應用—以電影《活著》為中心	嘉義大學應歷系
4	96	盧慧芳／廖隆盛	電視歷史劇在高中歷史教學的運用—以《漢武大帝》劇之漢、匈關係情節為例	臺灣師大歷史系在職專班

與中國史教學結合之研究相對較少，檢索所得至二〇二二年似僅以上四本論文，其中有運用《漢武大帝》討論漢、匈關係；利用《活著》討論文化大革命。〈製作「武則天」—影視史學與歷史教學的微型實驗〉則是相對特別的論文，作者主要是讓學生分組自由發揮編劇與表演，呈現他們所理解的女皇「武則天」，從而探究學生歷史知識的來源、戲劇表演對於學習效果的評估等，可以說是一場影視史學、戲劇表演與歷史教學的微型實驗。另外，有利用《間諜佐爾格》再現了一戰前後第三共產國際在東亞地區的諜報戰。

目前結合中國史方面的影視史學論文較少，推其原因，或許包括相關影視產品較少或者較不易運用有關。中國大陸近年來固然產出不少歷史戲劇或電影，但戲劇往往失之過於龐大，不易與課程結合運用；電影方面，有的太過重視場面壯闊浩大，反失去歷史真實感，而遭到較多批評，亦不容易運用。

三、與世界史教學結合之論文

編號	年度	研究生／指導教授	論文題目	學校暨系所
1	110	朱逸寧／陳登武	從《末世薔薇》看帝俄白軍將領高爾察克—兼論影視文本在國中歷史教育上的運用	臺灣師大歷史系在職專班

（續下表）

編號	年度	研究生/指導教授	論文題目	學校暨系所
2	110	謝艾蓁/陳登武	影視教材融入國中歷史教學—以電影《盧安達飯店》為例	臺灣師大歷史系在職專班
3	107	梁瓊璘/陳登武	紀錄片融入國中歷史「以巴議題」教學的運用—以《美麗天堂》為中心	臺灣師大歷史系在職專班
4	107	陳美瑾/陳登武	影視教材在高中世界史「南北戰爭」教學的運用—以電影《林肯》為中心	臺灣師大歷史系在職專班
5	105	蔡佩襄/陳登武	影視教材在國中歷史與人權議題的教學運用—以電影《以愛之名：翁山蘇姬》為例	臺灣師大歷史系在職專班
6	103	陳蓓萱/陳登武	電影《帝國大審判》的敘事模式與歷史再現：兼論影視文本在中學教育的運用	臺灣師大歷史系在職專班
7	103	黃璨瑩/陳登武	影視文本在中學歷史教育的應用—從《我的名字叫可汗》看九一一事件後美國社會中的穆斯林問題	臺灣師大歷史系在職專班
8	103	張雅婷/陳登武	影視教材在國中「第二次世界大戰」教學的應用—以《硫磺島的英雄們》、《來自硫磺島的信》為中心	臺灣師大歷史系在職專班
9	102	張雅淳/陳登武	影視教材在高中世界史「西班牙內戰」教學的運用—以《以祖國之名》為中心	臺灣師大歷史系在職專班
10	100	林冠吟/陳登武	影視教材在國中歷史教學的運用：以電影《惡魔教室》為中心	臺灣師大歷史系在職專班
11	100	廖羽晨/陳登武	影視教學與國中生的歷史思維—以《愛在波蘭戰火時》為例	臺灣師大歷史系在職專班

　　以世界史教學與影視史學結合的論文，至二〇二二年為止總共有以上十一本，總計運用十二部電影。其中所涉主題較為分散、多元，但時間斷限上，除

編號 4 以電影《林肯》結合高中世界史「南北戰爭」教學之外，其餘都是二十世紀以後發生的世界大事。

其中，結合傳記的影片有編號 1 從《末世薔薇》看帝俄白軍將領高爾察克的生平，是了解錯綜複雜的帝俄到蘇聯建國史的好電影，屬於少數關注到失敗者角色的電影。編號 5 以翁山蘇姬的奮鬥史，討論緬甸的人權問題。

以上論文涉及的歷史時間，最集中的是一戰前後一直到二戰之間的相關電影。包括編號 8 以《硫磺島的英雄們》、《來自硫磺島的信》兩部電影作為考察二戰的教材。編號 9，關注被視為二戰的前哨戰西班牙內戰。編號 10 討論納粹德國統治下的白玫瑰事件。編號 11 討論二戰時期，蘇聯在波蘭的大屠殺。

其餘包括編號 10，聚焦在法西斯主義是否會輕易地再度出現的探討；編號 7 涉及到九一一事件之後的東西衝突；編號 3 關注以巴衝突；編號 2 則是盧安達大屠殺的分析。

整體而言，可以看出與世界史教學相結合的影片，幾乎都與戰爭有關，這一部分或許是因為電影市場決定了選擇題材；一部分是因為具有衝突性質的議題本來就比較容易引發討論，畢竟戰爭正是最大的衝突。

四、本書各篇要旨

本書在編輯考量上，為了配合中學歷史課程規劃的進程與設計，全書分為上篇：臺灣史（3 篇）；中篇：中國史（3 篇）；下篇：世界史（4 篇）。各篇文章大部分是已經在中學任教的教學碩士班研究生的碩士論文（只有兩篇不是，下文將會說明），他們都具有豐富的教學經驗，將教學現場累積的各種經驗，與影視教學的專業知識結合，同時配合十二年國教所重視的素養教學取向，進行課前、課後的施測，以確認施教成效。以下分別簡述本書各篇之要點。

臺灣史方面，目前任職於新北市安康高中的吳珊妃〈影視教材在歷史教學

的運用—以電影《一八九五》為例〉，選擇以二〇〇八年由客委會所資助拍攝，從客家人的視角出發，並號稱史上第一部以「客語」發音的電影《一八九五》，作為分析題材。

就臺灣的歷史來說，一八九五年（歲次乙未）是相當關鍵的一年，對大多數的臺灣人民而言，更是淒風慘雨的一年。本文最大的特色就是指出現行各版本中學歷史教科書都可以發現：關於一八九五年「乙未抗日」的歷史，大多僅敘述由清朝官員們創設之「臺灣民主國」的抗日，最常被提起的名字是唐景崧、丘逢甲、劉永福等寥寥數人；對於臺灣各地人民真正展開劇烈抗日活動，反而大多草草帶過，甚或隻字不提。這部電影出現的吳湯興、姜紹祖、徐驤等人的抗日事蹟，恰好彌補了教科書的不足。既能呼應一八九五年的歷史發展；又能呈現更接近當年義勇軍抗日的史實。[8]

任職於高雄市立小港高中的洪慧霖〈電影《被出賣的臺灣》對臺灣民主運動的再現（1945-1990）—兼論主題融入歷史教學的應用〉，選擇以華裔美籍製片刁毓能的《被出賣的臺灣》，探討戰後威權時代的幾個重要政治謀殺案的發生與影響。《被出賣的臺灣》，英文 Formosa Betrayed，其實是借用了二二八事件發生時，美國駐臺北領事館副領事葛超智（George H. Kerr）所撰寫有關他目睹的二二八事件始末的書名。不過，這部電影其實完全不是在講二二八事件，而是透過劇情與角色來影射許多戰後歷史謀殺個案的「綜合體」，以及戒嚴時代高壓統治的時代氛圍。作者將過往研究與教學經驗結合，以影視史學的方法與理論分析電影《被出賣的臺灣》，著重於作者（群）身分認同與創作動機、電影中的歷史記憶與詮釋、電影作為文本於教學中的應用與設計；特別是關於白色恐怖為主題的教學經驗分享，對於理解戰後威權時代的戒嚴歷史會有一定的幫助。

8　作者在發表本文時，尚未於高中任職，因此本文並無相關課程設計，但該文已經作了最充分的教學運用提示，應足以協助授課教師妥善利用該影片。

任職於高雄市立明義國中的洪筱婷〈電影《牽阮的手》在中學歷史教學的運用〉，選擇以紀錄片導演莊益增與顏蘭權夫妻用五年時間共同執導的《牽阮的手》作為輔助教材。該紀錄片觸及到戰後民主運動的發展，所涉及的歷史事件包括二二八事件、李萬居與《公論報》、戒嚴時代人權救援政治犯行動、美麗島事件、林家血案和鄭南榕自焚等，在這些臺灣歷史發展的關鍵時刻，田氏夫婦也作為參與者和相關人事有著密切的互動。該紀錄片將個人生命歷程與國家命運緊密扣合，提供教科書所未及書寫或者缺漏的歷史現場描繪，特別是導演採取口述訪談與動畫雙軌結合的紀錄片模式，相當具有創新性。這樣的紀錄片，對於中學生而言，也具有更高的接受度。相信授課教師擷取其中任何一個片段，都可以跟戰後臺灣民主運動的教學相結合。

或以為臺灣史選擇的三部影片都是政治史題材，是否同質性過高？一方面其實三部電影的時間斷限、討論面向、電影風格都不一樣，並且都相對容易與課程結合；另一方面，本書因為文稿均選自教學碩士班的論文，都是其中論述最精彩、最容易運用，且都是比較適合與教學結合的影片，亦有其不得不的考量。

中國史方面，首先是筆者的〈影視教材在高中歷史教學的應用―以隋唐史教學為中心〉，討論《發現虞弘墓》、《中國大漠之寶》、《天地英雄》、《誘僧》與《達摩祖師傳》等影片在主題上的意義及優缺點，當然都各有歷史背景但也或多或少有真假虛實的問題，應如何運用尤其重要。本文試圖幫助高中老師運用這些電影於歷史教學。[9]

任職於臺北市永春高中的劉彥伶〈製作武則天―影視史學與歷史教學的微型實驗〉，是本書最為獨特的文章。該文一方面建立在學生長期受到影視媒體

9　由於筆者並無在高中任教，本文也沒有課程設計和前後測等活動安排。不過，該文特別提出中學老師在使用影視教材於教學活動上，應注意哪些要點，希望可以有更好的指引作用，這也凸顯本書本來就具有多元視角的意義。

影響，對歷史人物產生誤解的現象與檢視；一方面讓學生透過劇場表演的型態，讓學生自創劇本，自行演出他們心目中的武則天形象；再輔以一組對照組，由老師提供相對比較符合最新歷史研究成果的劇本，讓同學們進行比較。這可以說是一場歷史劇場表演與影視史學結合的微型實驗，在實作過程中，意外產生非常好的效果。相信對於有意效法的中學老師，應該會是很好的參考價值。

　　任職於臺北市成功高中的劉先芸〈影視史學在高中歷史教學的應用—以《間諜佐爾格》為中心〉，選擇導演篠田正浩以第三共產國際的間諜佐爾格所拍攝的電影，作為分析文本與教學教材。這也是非常特別的一篇文章。首先，選擇《間諜佐爾格》這部電影就很特別，因為現在知道佐爾格的人已經很少了；其次，佐爾格最活躍的間諜生涯，主要在中國。跟他關係密切的尾崎秀實，一九二〇年代曾經在臺灣求學，後來返回日本完成東京帝大的學歷。他們的經歷都非常特別；第三，這部電影所觸及的議題，其實是非常東亞的，甚至世界性的，如果將這部電影放在世界史篇，理應也沒問題。之所以放在中國篇，主要還是電影裡的主人翁佐爾格最重要的活動期間都是在中國。透過這兩位當時的左派菁英，如何懷抱著理想，以及面對什麼樣的命運？甚至於佐爾格在中國所建立的情報網，對日後歷史發展亦有深遠影響，恰好可以拿來解說整個近代中國歷史的發展，乃至於左派菁英的圖像，甚或二次大戰期間左派的國際間諜網的活動。

　　世界史方面，任職於基隆高中的陳美瑾〈影視教材在高中世界史「南北戰爭」教學的運用—以電影《林肯》為中心〉，以史蒂芬・史匹柏（Steven Allan Spielberg, 1946-）所執導的《林肯》（Lincoln）作為探究的中心。該電影雖以林肯為名，但並非拍攝林肯的一生，而是將整部電影聚焦在內戰結束前的四個月，以林肯強力推動《憲法第十三條修正案》（Thirteenth Amendment to the United States Constitution）的通過，去勾勒出引發戰爭以及戰爭期間的諸多問題，深入探討林肯的困境、聯邦政府的決策、共和黨內的角力、政黨間

的競爭、南北雙方的談判等，對於融入影響美國歷史相當深遠的南北戰爭的教學，非常具有輔助教學的效果。

　　任職於臺中市立東山高中的張雅淳〈影視教材在高中世界史「西班牙內戰」教學的運用－以《以祖國之名》為中心〉，關注深遠影響二十世紀歷史發展的「西班牙內戰」，並以英國導演肯洛區的《以祖國之名》作為教學研究與實驗文本。西班內戰的重要性涉及二十世紀前半葉政治、軍事、意識形態、社會、思潮、藝術文化等多個面向，如此重要的歷史事件，在教科書中卻沒有適當比例的呈現，這是作者透過這部電影所希望彌補的缺憾。作者選擇以《以祖國之名》為影視文本，與喬治・歐威爾的《向加泰隆尼亞致敬》一書互相辯證，將電影與高中世界史教材結合，藉由研究及實驗成果，期能提供在職高中教師作為教學上的運用與參考。

　　任職於新北市立新泰國中的梁瓊璘〈紀錄片融入國中歷史「以巴議題」教學的運用―以《美麗天堂》為中心〉，關注的是以巴衝突的議題，選擇以紀錄片《美麗天堂》作為文本分析與上課教材。「以巴議題」自一九四八年以色列（Israel）建國後，一直是國際媒體的焦點。但現在很多學生甚至會將巴勒斯坦（Palestine）誤認成巴基斯坦（Pakistan），遑論對該地區衝突根源的理解。十二年國教新課綱強調「核心素養」的能力―其中「社會參與」的 C3「多元文化與國際理解」內涵為：「具備自我文化認同的信念，並尊重與欣賞多元文化，積極關心全球議題及國際情勢，且能順應時代脈動與社會需要，發展國際理解、多元文化價值觀與世界和平的胸懷。」本文選擇二〇〇一年的紀錄片《美麗天堂》（Promises）作為教學設計主題。該片以七名居住在耶路撒冷（Jerusalem）的孩童為主角，逐步呈現讓觀者理解以巴雙方立場與衝突的由來。同時，該片孩童年齡與臺灣國中生相近，較易引起學生共鳴，因此希望藉由該紀錄片使學生不受偏見影響，習得同理心，懂得設身處地，建立關懷他人、互相尊重的態度。

　　任職於臺東縣立東海國中的黃璨瑩〈影視文本在中學歷史教育的應用―從

《我的名字叫可汗》看九一一事件後的美國社會與穆斯林〉，選擇以《我的名字叫可汗》探討九一一事件前後的美國社會與穆斯林的關係。二○○一年的「九一一事件」，再一次將東、西方社會撕裂，對當代社會具有深遠的影響，不論是政治、文化、宗教等面向，都非常值得探究。其中，在九一一事件發生後，凸顯出更重要的問題，是美國社會中的族群議題，尤其是美國白人與穆斯林之間族群的對立關係。透過影視教材《我的名字叫可汗》的應用，以穆斯林觀點切入探討的九一一事件影片為例，進行教學實作，期能使學生以多元的觀點建構「伊斯蘭世界」和「九一一事件」的相關背景知識，並能透過「九一一事件」探討美國社會與穆斯林間的關係變化，理解到不同族群間的衝突與對立，並學習到包容以及同理的概念，進而省思九一一事件所帶來的的改變與影響。

五、影視史學教學與十二年國教課綱精神

二○一四年（民國 103年）十一月，行政院頒布〈十二年國民基本教育課程綱要〉，國中及普高必修的歷史課程採分域架構，從人民的主體觀點出發，以由近及遠、略古詳今為原則規劃。國中歷史課程採長時段的通史架構設計，建立學習者對當代世界形塑過程的基本認識。普高歷史必修課程依時序選擇基本課題設計主題，透過歷史資料的閱讀和分析，培養學習者發現、認識及解決問題的基本素養。

在這次的新課綱修訂過程中，尤值得注意的是「探究與實作：歷史學探究」，鼓勵教師針對高中必、選修相關主題或其他歷史課題，選擇適當材料進行教學，並引導學生進行歷史議題探究與書寫。其中有兩要點還特別提到運用電影教學的結合，如「探究傳統歷史書寫中性別受到忽視或扭曲的現象，並藉由諸如影片、文本閱讀或訪談等形式，反思追求性別平等、婚姻平權或同志平權的歷史背景及其進程與影響」和「探究二十世紀以來兩次世界大戰與地區性戰爭對人類歷史發展的影響，透過影片或文本閱讀來理解戰爭的無情，以及倖

存者的處境，進而省思人類應如何避免戰爭」，[10]可以想見未來的中學歷史教學活動，勢必會更加朝向與影視教學結合的方向發展。

本書就是在這樣的背景之下的產物。如果再就教學理論方面而言，本書各篇在教學實踐的過程中，勢必會注意如何規劃良好的課程設計，將直接影響學習成效，因此或多或少會結合重要的教學理論進行課程設計與分析。

例如：十二年國教新課綱所重視的「素養導向」教學法。根據國家教育研究院素養導向的教學提問與評量示例，素養導向教學四大原則包含整合知識、技能與態度；情境化、脈絡化的學習；學習歷程、方法及策略；實踐力行的表現等。因此，引導學生學習思考的素養關鍵在如何提問—與主題探究相關的「提問」。教師應注意做為核心問題的特徵：提問是否連結探究問題與素材？提問屬性能否兼顧不同能力？提問的先後脈絡是否合於邏輯？引導問題是否符合學習表現與發展課室評量？這些教學法，在本書中亦多有運用。

又如：重理解的課程設計（Understanding by Design, 簡稱 UbD），被許多教育專家認為是最適合跨領域主題教學的課程設計。這個課程設計規範，由 Wiggins 與 McTighe 於一九九八年提出，採用以終為始的「逆向設計」（backward design），強調以學生為中心，以學科知識為基礎的大概念（Big ideas）與核心問題（Essential questions）為主軸，著重學習歷程與知能發展，也關注學習遷移（learning transfer），緊密連結整個課程教學，並運用體驗式學習模式及多元評量策略，發展貼近學生生活經驗的學習任務。

此外，美國教育心理學家布魯姆（Benjamin Samuel Bloom, 1913-1999）的教育理論的運用。他以認知層次與提問類型進一步檢視培養學生能力和學習表現對應關係。提醒讀者引導提問旨在協助學生透過系統、具邏輯層次的推理思考，更重要是藉引導提問導向理解、反思從會到不會的歷程與因應，並發展

10　參看行政院教育部頒訂〈十二年國民基本教育課程綱要〉，https://www.naer.edu.tw/upload/1/16/doc/288/十二年國教課程綱要總綱.pdf，最後瀏覽日期：2023 年 2 月 26 日。

學生以自己的理解學會詮釋學科概念的本質與思考。這也是將影視史學與歷史教學活動結合時，很值得運用的引導學習方式。

本書還有利用英國歷史教學中「學習階段評量」（Assessment for Learning, AFL），作為歷史科加深加廣課程的實踐方法，協助學生了解如何從影視資料看待歷史事實與歷史解釋，並對自身學習歷史的層次有基本了解。學生從教科書中學習歷史，學到歷史論著的片段結論，通常無法了解歷史作為一門研究往事的學術意涵，學習歷史成為記憶背誦的技能訓練。英國學者 Sally Brown 在二〇〇五年提出的「學習階段評量」，列入各校課堂教學實踐的核心，以有效改進教師教學，並幫助學生學習。將「學習階段評量」的概念引進歷史教學的課堂中，試圖在教學現場取代「學習成果評量」（Assessment of Learning, AOL）。其特色是引用教學過程中學生「未曾接觸過的歷史事實」為測驗資料，針對學生在面對歷史事實的過程中，所需具備的能力來進行，而測驗的成果則是用以改進課堂中教師教學與學生互動的模式。

主題式教學（Thematic teaching）是近年來非常受重視的教育理論。在課程單元、一個或多個課程中選定一個主題，以此主題開展相關的教學內容。所謂「主題式教學法」，是指去除單一科目的框架，針對某一主題設計課程，內容涵蓋各領域知識。因此，主題式教學經常是跨領域的結合，用於影視史學尤其具有成效，特別是在跨科結合的教學活動。

六、一點提醒

影視史學結合歷史教學活動，固然可以使教學內容更加生動、精彩，在引起學習動機方面，或許更能吸引學生注意。但如何有效、且有意義結合影視教學，並發揮影視史學學科價值與內涵？則需要在第一現場的教師們更加發揮創意能力與教學熱忱配合。若以影視史學學科價值與內涵作為著眼點，以下幾點尤須特別注意：

(1) 首先應該注意如何慎選影片的問題。選擇影片之前，當然要先考慮到

電影分級對學生的適用，這是基本前提。什麼樣的影片既可以達到誘發學生的學習動機；又可以達到該課程的教學目標，始終是授課者最重要的考量。接著要考慮時間的分配以及與什麼樣的主題結合？中學歷史教學時數近年來已經受到壓縮，要經常利用影片教學，勢必不太容易貫徹。折衷的方法就是盡可能選取精華，搭配片段解說，引導學生回家可以觀賞全部影片。舉例而言，筆者曾多次運用電影《惡魔教室》最後十分鐘相當具有張力的段落，男老師聚集選修法西斯極權主義課程的同學談話，要確定是否繼續課程進行，讓同學了解什麼是法西斯極權主義。該段劇情發展非常具有張力而且震撼，很可以引發同學思考。教師如果善用該片段，即可結合各種資料討論何謂法西斯主義？法西斯主義會不會輕易地復活？如何避免走向法西斯主義？既可以結合二戰的省思，又可以結合民主與人權的思考。類似這樣的方法其實可以廣泛使用，相信很可以收到良好的教學效果。

(2) 分析影視文本，應回歸影視史學理論。周樑楷教授在《臺大歷史學報》發表的論文〈影視史學：理論基礎及課程主旨的反思〉，[11]提出影像涉及虛實、真假的光譜：光譜的兩端是「虛中實」和「實中實」，光譜之間的虛實有強弱之別。對於課堂上運用影視教材，尤須格外注意這幾個問題。如能在影片虛實之間釐清，並適度解說與合理詮釋，自可提升學生的歷史思維能力。運用影視教材未必需要太在意虛構的情節，正如羅森史東（Robert A. Rosenstone）所言：「螢幕中的虛構是為了歷史的真實」，[12]虛構有時候或許免不了，重點在於如何運用與詮釋。正如「書寫歷史」同樣存在虛實問題，同樣需要辨偽的工作，

11　周樑楷，〈影視史學：理論基礎及課程主旨的反思〉，頁 446。

12　Robert A.Rosenstone,"The Historical Film", in Visions of the Past (Cambrige, Mass.: Harvard University Press,1995), p.70.

道理是一樣的。

由於電影存在真假虛實問題，即使紀錄片也如此，因此不免有人質疑如何能利用可能不真實的影片作為教學輔助教材呢？這其實涉及到的問題跟使用傳統史料一樣，本來就需要辨偽，此其一；但選擇什麼影片？配合什麼樣的教學需求？還是更關鍵的問題所在。例如說：蘭妮雷芬斯坦的《意志的勝利》，雖然是紀錄片，但長期被質疑其可信度，主要就是因為蘭妮雷芬斯坦作為優秀的女演員與希特勒的情婦，成為導演之後拍攝這部記錄納粹黨在希特勒統治下的成就的影片，被視為是獨裁者的化妝師，美化希特勒的統治，因而獲得「帶刺的玫瑰」的封號，這樣的紀錄片電影很自然受到各界質疑。不過，倘若授課者試圖幫助學生了解一個獨裁政權如何透過紀錄片美化其統治形態，達到控制人心的方法？或是想讓學生了解希特勒為什麼能鞏固其政權？這部電影就變成非常重要了。

我們還可以再舉例，如果有人問：戒嚴時代的臺灣，有許多愛國電影，其中頗涉及民族主義，卻往往背離史實，這樣的電影能拿來做教學的使用嗎？例如《八百壯士》、《四行倉庫》、《梅花》等等。這些影片都反映出一個特定時空背景下的獨裁政權的民族主義動員和影像宣傳的意義，據以作為歷史研究素材自然不妥，但若據以了解當時的時代背景？獨裁政權的思想控制？當然就具有一定的意義。

(3) 教師的角色與課程實作：說到底，影視史學與歷史教學的結合，顯然教師的角色非常重要。選擇什麼影片？對所選擇的影片的了解程度？與什麼課程結合？如何在有限的時間內結合？如何發揮影視史學希望達到的教學目標？如何規劃課程內容與實施前後的實測，以檢視教學效果？凡此都回到教師的角色。本書所選擇的文章，都是利用某部影片與臺灣史、中國史或世界史的教學結合，每篇文章都涉及到以上所有問題，期能帶給讀者一定的指引作用。不論是教師或學生，希望都

可以透過本書，了解如何掌握和運用影視史學與歷史教學的結合。

陈登武

2023 年 3 月 21 日

目　次

上篇　臺灣史

中篇　中國史

下篇 世界史

上篇

臺灣史

本篇以《一八九五》、《被出賣的臺灣》、《牽阮的手》
三部電影與臺灣史歷史教學結合為例

一、影視教材在歷史教學的運用——以電影《一八九五》為例

吳珊妃

新北市立安康高級中學歷史教師*

第一節　緒言

　　近年來臺灣學界興起了一股以影像資料做為歷史研究的風潮，並且在各大專院校都有開設類似的課程。而我們把這門學問稱之為「影視史學」，[1]最早將「影視史學」觀念傳入臺灣的學者是周樑楷老師，為臺灣史學研究方法提供了一項新的途徑，另外他更擴大影視的範圍，使臺灣的影視史學更加寬廣與豐富，此一研究方法對於史學研究而言，無疑地提供了新的視野與角度來重新檢視歷史，或是彌補、擴充了我們對於史實的認知。

　　隨著科技化的發展與進步，教育界也越來越重視「資訊融入教學」的授課方式，政府也極力的提倡把多媒體教材運用在教學之中，藉此將教學活潑、生動化，如此使用得當的多媒體教學更將有助於學生的學習，因此在以講述法為主的中學歷史教育中，利用影視資料作為授課補充教材，將能更有效的刺激學生的學習動機，強化學生的學習效果。

　　傳統的歷史教育大多是以教科書為主，甚少會使用到其他的教學媒體。一方面是因為學校考試進度與授課時數不允許，另一方面則是教師本身也缺乏此方面的知識或能力，於是使得歷史課程的傳授，基本上落入於對教科書的複誦。而國中教科書由於長期受到「國族主義思維」與「政治意識型態」的干

---

*　本文曾發表於《歷史教育》，第 14 期（2009），頁 295-314。

1　其對影視史學所下的定義為：一、以靜態的或動態的圖像、符號，傳達人們對於過去事實的認知；二、探討分析影視歷史文本的思維方式或知識理論。周樑楷，〈影視史學：理論基礎及課程主旨的反思〉，《臺大歷史學報》，第 23 期（1999），頁 446-448。

預，因此在歷史的論述上，或不免會有所偏頗，甚至刻意忽略其他族群的歷史地位，由此可見純粹傳授教科書的內容會產生盲點，甚至淪於主觀，因此搭配影視教材的使用，或許能夠提供不同面向的歷史觀點，或是彌補若干教材內容的不足。

二〇〇八年由客委會所資助拍攝，以客家人的視角出發，片中除了敘述客家義民們奮勇抵抗日軍的精神外，更匯入了福佬人與原住民的元素，完成了這部融合臺灣各族群通力合作抗日的電影作品——《一八九五》，並號稱為史上第一部以「客語」發音的電影。由於此片開出亮麗票房成績，在媒體多方的宣傳之下，重新喚起了臺灣人民對於那段歷史的記憶。

就臺灣的歷史來說，一八九五年（歲次乙未）是相當關鍵的一年，對大多數的臺灣人民而言，更是淒風慘雨的一年。面對清朝政府無情的割讓，臺灣人民不能決定自己的未來，必須承受被決定的命運。當日本近衛師團逐步的接收，臺灣的義勇軍陸續在各地集結，他們雖然缺乏現代化的武器，但保衛家園的意識，[2]激發他們用最原始和簡陋的武器重挫日軍，寫下可歌可泣的抗日悲歌。

然而綜觀各版本的國中歷史教科書都可以發現一個現象，那就是關於一八九五年「乙未抗日」的歷史，大多僅敘述由清朝官員們創設之「臺灣民主國」的抗日，對於臺灣各地人民的抗日事件，大多草草帶過，更甚者直接忽略不寫。此一現象，長期以來為文化界人士感到不滿，因而先後已有若干試圖補正的文學創作。例如：王家祥《關於拉馬達仙仙與拉荷阿雷》，其中就藉由小說

2　透過吳濁流的小說《臺灣連翹》，我們可以清晰地看見 1895 年臺灣人民那種源自土地的「保鄉衛民」的反抗意識，如文中提到「臺灣被日本佔據後，全民一致抗戰的意識很熾烈。全體島民都作著主權恢復的夢。」吳濁流，《臺灣連翹》（臺北：草根出版，1995），頁 26。另外，關於反抗精神的論述，黃俊傑也有相關說明，他認為臺灣社會一直存在著「動態精神」，而其具體表現則在於「4 百年來先民從閩粵各地移民來臺開拓寶島，明鄭時代反抗清朝政權，日據時代臺灣人反抗日本殖民當局……。」黃俊傑，《戰後臺灣的轉型及其展望》（臺北：臺灣大學出版，2006），頁 251。

筆法，描述雲嘉南地區民眾英勇抗日的史事，甚為藝文界所推崇。

客籍國寶級作家李喬大河小說《寒夜三部曲》，基本的敘事年代從一八九○──一八九七，恰好是清領臺灣末期，並經歷乙未抗日的臺灣社會。小說主體仍以客家移民拓墾的歷史為主，可說是李喬先生長期關注此一課題的重要文學創作。該著作曾被公視拍成連續劇，受到藝文界肯定。河洛歌仔戲團亦曾以該著作為底本，演出《臺灣，我的母親》戲碼，同樣受到高度注意。

藝文界的努力，使得庶民觀點的一八九五，有機會被較多民眾所認知。即便如此，對於肩負歷史教育傳承任務的歷史工作者，似仍應對此課題有所反省。筆者期待借用本部影片，討論影視教材在國中歷史教學的應用，冀望能對歷史教育的發展有所助益。

筆者擬從幾個部份切入，說明影視教材在歷史教學上的運用。首先，陳述一八九五年臺灣人民「乙未抗日」的歷史情況；其次，記敘並綜合各版本教科書對於「乙未抗日」的描述；再者，就電影《一八九五》文本進行分析，並呈現影片中客家人抗日的情況，以及臺灣各族群間的合作抗日；最後，淺談該如何運用此部影片，將其與教科書、歷史教育結合，進而說明影視教材對於歷史教育的補充作用及其意義。

第二節　歷史上的一八九五年「乙未抗日」

一八九四年（清光緒二十年）中日爆發甲午戰爭，次年中國戰敗議和，中國全權大臣李鴻章（1823-1901）與日本首相伊藤博文（1841-1909）於日本馬關春帆樓簽訂《馬關條約》，決議割讓臺灣、澎湖列島給日本。然而，由於甲午戰爭的戰場始終不在臺灣本島，因此臺灣人民對於戰況並不知曉，也不知將波及於己，直到條約簽訂後，人民才透過外國洋行得知被割讓的事實。另一方面清廷並未告知巡撫唐景崧（1841-1903），而是經由唐景崧向其師張之洞（1837-1909）請示之後，才得知割臺已成定局。一時之間，全島人民「驟聞

之，若午夜暴聞轟雷，驚駭無人色，奔走相告，聚哭於市中，夜以繼日，哭聲達於四野。」[3]儘管唐景崧多次與清廷交涉，仍無法改變割讓的事實，雖然清廷曾試圖依循俄德法三國干涉還遼模式，欲再與日本談判保住臺灣，然而列強已有考量不願介入，因此未能如願留下臺灣；此外，張之洞則建議臺灣人民先自行抗日，將戰事拖上三個月之後，列強基於經濟利益的考量，勢必有所作為，或許將能改變被割讓的事實。

另一方面臺灣士紳們請巡撫唐景崧代呈「血書」，冀望援引國際法解決臺灣問題：「查《公法會通》第二百八十六章有云：『割地須問居民能順從與否？』又云：『臣必順從，方得視為易主』。」要求「請照公法，以民意為從」[4]，委婉地表達「民族自決」的決心。但是，卻被李鴻章斥為「斷章取義」而未能成功。[5]

最後經過多方努力與遊說，終於取得法國的支持。五月十九日至二十一日間有法國巡洋艦波頓・波布雷（Beautemps Beaupré）號官兵建議及激勵獨立，並表示臺灣不獨立，法國無以介入。[6]基於此考量，士紳們於是發表宣言，成立了「臺灣民主國」。然而，法國後來卻因為殖民地馬達加斯加島發生叛變，於是將軍艦駛離臺灣，終止了保臺的計劃。[7]自此以後，臺灣人民只好孤軍奮戰，對抗日本的接收。

五月二十五日成立的臺灣民主國，雖然號稱為民主，然而從其國號「永清」（對清表達忠誠，誓永為大清子民）以及國旗「藍地黃虎旗」（表示不敢

3　江山淵，〈徐驤傳〉，《小說月報》，第 9 卷第 3 號（1918）。又《臺灣通史》描述：「事出意外，聞信之日，紳民憤恨，哭聲震天」。連橫，〈獨立紀〉，《臺灣通史》，卷 4（臺北：幼獅文化，1985），頁 70。

4　《清光緒朝中日交涉史料》，3038「署臺灣巡撫唐景崧來電三」；《清季外交史料》，卷 110，「臺撫唐景崧致軍務處據伸民血書稱誓不從日請照公法以民意為從達電」。

5　《清光緒朝中日交涉史料》，3089「大學士李鴻章來電」（四月初七日到電報檔）。

6　參看戴天昭著，李明峻譯，《臺灣國際政治史》（臺北：前衛，1996），頁 245-246。

7　許極燉，《臺灣近代發展史》（臺北：前衛，1996），頁 174。

觸犯龍威）皆可看出，其僅為表面的民主國家，骨子裡仍然是效忠於清廷，其中主要的官員們也都來自於中國大陸，因此自始至終並沒有長期抗戰的決心，所以在日軍登陸後不久，六月六日臺灣民主國便已潰散，總統唐景崧與副總統丘逢甲（1864-1912）旋即拋下臺灣逃往大陸，為期僅十二天的民主國於是落幕。不同於民主國的虛有其表，接下來臺灣各地義軍的奮勇抵抗，為抗日行動揭開序幕，留下了一段動人的歷史。

當臺灣民主國崩解之後，臺北地區的士紳們，眼見城內呈現無政府狀態，隨處可見燒殺擄掠，治安異常混亂，於是外國洋行、記者以及本地企業家聯合商議，並推派代表辜顯榮（1866-1937）等人向日軍輸誠，並引領日軍進入臺北城以驅逐暴民，保全自我的身家財產。日軍迅速的佔領臺北之後，原以為將能輕鬆而有效率地接收臺灣，沒想到一離開臺北城，立即遭遇全臺各地民軍的大力反抗，激烈的對戰造成死傷無數。

隨著日軍的逐漸南下，北、中、南各地的抗日活動，大致上可以分為三個部份：一、北部地區，桃、竹、苗地區義軍的抗戰：以該地區民間自衛組織所組成的義軍，在大料崁（大溪）江國輝（1844-1895）、三角湧（三峽）蘇力（1838-1910）、新竹姜紹祖（1876-1895）以及苗栗吳湯興（1860-1895）等人的帶領下，與日軍發生數十次激戰，但終因不敵而退保彰化。二、中部地區，彰化的抗戰：以新楚軍、義軍與黑旗軍協同抗戰，以八卦山戰役最為激烈，義軍英勇抗敵，然因雙方兵力的巨大差異，使抗日行動仍告失敗，而義軍領袖吳湯興、黑旗軍統領吳彭年（?-1895）等人均於此役力戰而死。日軍攻下彰化後兵疲馬困，再加上眾多官兵們罹患瘧疾，因此造成死傷甚多，損失龐大。三、南部地區，彰化以南地區的抗戰：以黑旗軍為主，當地義軍為輔，隨著彰化地區的失守，南部各地也相繼淪陷。據守臺南的劉永福（1837-1917）搭船逃離後，臺南城內一片混亂，臺南紳民於是模仿臺北模式，請日軍進

城。[8]

　　隨著南部地區陸續完成接收，日本便於十一月十八日宣告全島平定。總計乙未抗日之戰，臺灣人民犧牲人數最保守估計在八千至一萬餘人之譜，日軍死傷則在六百餘人，病死者四千餘人。[9]

第三節　教科書上的一八九五年

　　教科書對於一八九五年抗日事件的書寫，大多僅交代「臺灣民主國」的成立，以及劉永福黑旗軍的抗戰，對於其他的歷史事件甚少說明。以下分別列出康軒、南一以及翰林三個版本，對於此段歷史的闡述，並且就此段教科書的編寫進行綜合及分析。

一、康軒版：

　　馬關條約割臺後，許多臺人難以接受此一事實，企圖力挽狂瀾，因此丘逢甲等人倡議建立「臺灣民主國」，推巡撫唐景崧為總統以對抗日軍。日軍由澳底（今臺北縣貢寮鄉）登陸，攻克基隆，進而佔領臺北城，以臺灣總督府為治臺最高機構。此時鎮守臺南的劉永福，結合各地義軍繼續抗日。但因雙方軍力懸殊，臺灣民主國終告失敗，劉永福離開臺灣。

二、翰林版：

　　光緒二十年（西元 1894 年），清廷和日本發生甲午戰爭，結果清廷戰敗。第二年，清廷簽訂馬關條約，將臺灣和澎湖割讓給日本。

8　黃秀政、張勝彥、吳文星，《臺灣史》（臺北：五南圖書出版，2005），頁 170-171。

9　翁佳音，《臺灣漢人武裝抗日史研究》（臺北：稻鄉出版社，2007），頁 60。

當清廷割讓臺灣的消息傳來後，丘逢甲等人倡議成立「臺灣民主國」，推舉巡撫唐景崧為總統，抗拒日本的接收。然而日軍在北部登陸後，守軍潰敗，唐景崧、丘逢甲等人乘船返回中國大陸。日軍進占臺北城，舉行始政典禮，開始統治臺灣。

此時，鎮守南部的劉永福，仍以臺灣民主國名號，結合各地軍民繼續抗日，但由於兵力、武器與日軍相差懸殊，節節敗退。最後，劉永福也退回中國大陸，臺灣民主國宣告瓦解，日人從此控制臺灣全島。

三、南一版：

一八九四年（清光緒二十年），清廷與日本爆發甲午戰爭。次年，清廷戰敗，雙方簽訂馬關條約，割讓臺澎予日本。臺灣紳民共推唐景崧、丘逢甲等人組成「臺灣民主國」，企圖爭取外援，但未能成功。日軍進入臺北舉行始政典禮之後，在各地皆遭民眾激烈抵抗，直到最後鎮守臺南的劉永福離臺而去，日軍才占領全境，開始在臺澎長期的統治。

綜觀以上，可以發現各版本教科書的共同論調大致上為：甲午戰敗後，中日簽訂馬關條約，將臺灣、澎湖割讓給日本，丘逢甲倡議成立臺灣民主國，用以抵抗日軍的接收，但並未成功，其後由劉永福帶領全臺各地義軍繼續對抗，隨著其棄守離臺後，日軍才真正平定全臺，並且展開對臺灣的長期統治。

面對教科書的書寫，可以檢討的是，臺灣民主國的成立僅僅十二天即告結束，且期間並未與日軍發生正面衝突，顯然不是一八九五年時對抗日軍的重要組織。而真正對抗日軍接收的分子，該算是各地義軍的組成，而劉永福的黑旗軍僅為抗日的一支隊伍，絕非全臺各地的軍隊都由其領導統帥。如此教科書的編排與書寫，不免令人產生誤解。

令人尤感不解的是：在一八九五年臺灣抗日接收過程中，所有版本出現的名字，幾乎毫無例外地就是唐景崧、丘逢甲、劉永福。事實上，唐景崧在「臺

灣民主國」成立的過程中，他所扮演的角色是非常微妙而值得深究的。西方學者就觀察到他的畏縮以及保留退路的保守心態，決定了「臺灣民主國」必然失敗的根源。[10]丘逢甲的角色，其實也是引起質疑的。連橫（1878-1936）《臺灣通史》說：「逢甲亦挾款以去，或言近十萬云。」[11]丘逢甲最後死於廣東，死時還有一位美濃出身的舉人林金城（生卒年不詳），寫下諷刺的對聯：

> 盜臺軍餉，盜粵軍裝，軍法總能逃，事變兩番成大盜。
>
> 非清人物，非漢人材，人言終不息，心甘一死莫知非。[12]

可見「盜臺軍餉」一事，確曾存在於時人記憶中。至於劉永福在臺南抗日，確實是令日軍較為擔心的力量。所以日本首任臺灣總督樺山資紀（1837-1922）曾向他招降，允諾「待以將禮，送還清國。」被他嚴詞拒絕，表示「本幫辦奉命駐防臺灣，亦當與臺灣共存亡。」頗義正辭嚴。但劉永福最後終究沒有「與臺灣共存亡」，而是向日本「求和」，表示「願將臺灣讓與貴國」，但條件是要「厚待百姓」，且須護送他及部屬返回中國。卻遭到樺山拒絕，表示「命在旦夕之際，始靦然求和」；劉遂轉向近衛師團團長能久親王（1847-1895）求和，仍不得要領。在日軍逼近安平港時，還派出幕僚廖光思（生卒

10　西方學者蘭厚理認為「臺灣民主國」在形式上的「不完全獨立」，關鍵在於唐景崧為自己留一手。因為，萬一失敗，他還要面對清朝皇帝。Harry J. Lamley, "The 1895 Taiwan Republic--a Significant Episode in Modern Chinese History", *The Journal of Asian Studies*, vol. X X Ⅶ, no. 4, 1968. 蔡志祥、吳密察譯，〈一八九五年之臺灣民主國—近代中國史上一段意味深遠插曲〉，收入黃富三、曹永和編，《臺灣史論叢》（第一輯）（臺北：眾文，1980），頁281-329。

11　《臺灣通史》，卷36〈丘逢甲傳〉。又該「傳記」最後有連橫的評論：「連橫曰：『逢甲既去，居於嘉應，自號倉海君，慨然有報秦之志。觀其為詩，辭多激越，似不忍以書生老也。成敗論人，吾所不喜，獨惜其為吳湯興、徐驤所笑爾。』《臺灣通史》，卷36〈丘逢甲傳〉，頁783。連橫的總評流露嘲諷語氣，耐人尋味。尤其將丘逢甲拿來與抗日犧牲的吳湯興、徐驤對比，更凸顯其內在看法。

12　參看劉峯松、李筱峰合著，《臺灣歷史閱覽》（臺北：自立晚報，1995），頁118。

年不詳）登艦求和，並暗中安排逃亡事宜。最後搭乘英國商船爹利士號，藏身於煤炭間，二度躲過日軍臨檢，倉皇逃回中國。[13]

以上檢討，並非筆者苛責這些歷史人物，所有曾經為歷史努力而付出的人，或許都值得尊敬。只是令筆者感到疑惑不解的是：為什麼壯烈犧牲的人，無法獲得歷史的書寫？為什麼那些勇敢抗日的人只能是「各地義軍」或「各地軍民」？為什麼獲得連橫《臺灣通史》高度肯定的人，卻反而無法在當代歷史教科書留下名字？

連橫《臺灣通史》在〈丘逢甲列傳〉之後，接續的就是〈吳、徐、姜、林列傳〉，記載吳湯興、徐驤（1860-1895）、姜紹祖、林崑岡（1832-1895）等人抗日事蹟。連橫最後總評說：

> 連橫曰：乙未之役，蒼頭特起，執戈制梃、受命疆場，不知其幾何人。而姓氏無聞，談者傷之。昔武王克殷，殷人思舊，以三監叛，周公討之。讀史者以為周之頑民，即殷之義士，固不以此而泯其節。晉文定王，王賜陽樊，陽人不服，晉師圍之。倉葛大呼曰：『德以柔中國，刑以威四夷，宜吾之不服也』。晉師乃去。讀史者以為倉葛之知義，而晉文之秉禮，復不以此而譚其言。夫史者，天下之公器，筆削之權，雖操自我，而褒貶之旨，必本於公。是篇所載，特存其事；死者有知，亦可無憾。後之君子，可以觀焉。[14]

「蒼頭」一語本指「以青巾裹頭的軍隊」。《史記項羽本紀》：「少年欲立嬰便為王，異軍蒼頭特起。」裴駰集解引應劭曰：「蒼頭特起，言與眾異也。

---

13 參看鄭天凱，《攻臺圖錄—臺灣史上最大一場戰爭》（臺北：遠流，1995），頁 132-133。
14 《臺灣通史》，卷36〈吳、徐、姜、林列傳〉，頁 786。

蒼頭，謂十卒皁巾，若赤眉、青領，以相別也。」連橫藉此以喻「義軍」。

連橫引述歷史上幾次人民的反抗事件，作為臺灣義軍反抗事蹟的對比。例如：殷民思舊，而與「三監」同叛周朝，對於周朝而言，反叛者是「頑民」，但對商朝而言，他們都是「義士」。又晉文公輔佐王業有功，周襄王以陽樊二城邑賜與文公，但「陽人不服」而反抗。晉師圍城，陽人倉葛強烈傳達反抗意志，逼使晉師撤兵。[15]連橫將臺灣義勇軍的抗日事蹟，比喻為「義士」、凸顯他們「知義」，為他們立傳，正是希望後人能夠永遠記得他們的事蹟。但我們的教科書卻反而完全不見他們的名字，他們的事蹟又如何能讓「後之君子，可以觀焉」呢？

為什麼教科書會對於乙未抗日的書寫會呈現這樣的型態呢？或許是受到「國族主義思維」的影響，刻意捨棄臺灣人民的抗日行為不寫，只選擇由傳統仕紳、中國官員們所組成的臺灣民主國，以及由劉永福所領導的中國黑旗軍的抗日事蹟，也或許是以這樣的書寫來弱化臺灣社會真正的在地抗議精神與力量？又或者考慮到如果過於強調義勇軍的事蹟，會凸顯臺灣社會早已存在的「反抗意識」？是耶？非耶？筆者不敢斷言。但可以確定目前教科書對於「乙未抗日」的書寫，顯然是不足的。因此，電影《一八九五》就格外顯得具有深刻意義。

第四節　電影《一八九五》文本分析

二〇〇八年臺灣出現第一部用客語發音，以客家人抗日為主的電影《一八九五》，此片是由李喬的劇作《情歸大地》改編而來，[16]並由客委會資助拍攝。

15　此典故出自〈周語・王以陽樊賜晉文公〉，《國語》，卷2。

16　李喬，《情歸大地》（臺北，行政院客家委員會，2008年初版一刷）。

《情歸大地》是一本以客語書寫客家人乙未抗日情況的劇作，他的原型應該就是《寒夜三部曲》。本書充分展現出客家男子保鄉衛土的精神、客家婦女吃苦耐勞的形象，面對家國即將受到侵略之時，不論男女老幼一致對外的堅毅精神、奮勇態度相當令人感動。此書對於一般不了解乙未抗日的普羅大眾而言，無疑地提供了另一個視角，更還原了部份的歷史，讓我們有機會從庶民的觀點了解客家族群在當時的抗日戰爭之中，參與甚深、付出甚多、犧牲甚慘！

電影《一八九五》劇情的推演大致是這樣：黃賢妹（1870-1895，楊謹華飾），在運送貨物的途中被土匪所捉走，雖然未被染指，然而在街坊中已經流傳著流言蜚語，幸好其未婚夫苗栗秀才吳湯興（溫昇豪飾）始終相信其清白，不顧他人的閒言閒語，仍迎娶賢妹。婚後兩人鶼鰈情深，原以為就能如此平凡安定的過著生活，對於未來兩人也有著美好的願景。然而一切就在一八九五年的時候產生了變化……。

是年，中國甲午戰敗，簽訂《馬關條約》將臺灣割讓給日本，此時臺灣人民群情悲憤，誓言將趕走「東洋番」，於是由臺灣民主國總統唐景崧指定吳湯興作為義軍統領，率領中部地區的義軍奮勇抵抗日軍的進犯，並承諾官方亦將派兵支援。因此由新竹、苗栗各地百姓所組成的義軍紛紛投入吳湯興的麾下，其中有來自新竹北埔天水堂的姜紹祖，也有在苗栗銅鑼開設武館的秀才徐驤。一時之間，氣焰之盛，頗有趕退日軍的氣勢，在對戰之初，義軍由於擁有地利之便，採行游擊戰，屢傳捷報。但隨著臺灣民主國的瓦解、後方援軍遲遲無法支援、義軍糧餉的日益消耗，以及日軍兵力的不斷增加，使得戰況逐漸吃緊。

面對日漸不利的戰況，義軍逐漸被擊敗。首先是新竹的姜紹祖被捕入獄，而後死於獄中。此後義軍內部開始出現了不同的聲音，有人提議不如解散停止抗日，但吳湯興認為應該堅持到底繼續努力，不應輕易的放棄，不然對不起死去的英魂。另一方面，吳湯興的母親吳秋妹（生卒年不詳）看見日益緊繃的戰況，也希望兒子能夠放棄抗日，返家團圓。然而，以天下興亡為己任的吳湯興並無法捨棄這樣的責任，仍執意繼續抗日。此時雖然吳妻黃賢妹內心十分擔憂

丈夫的安危，但依舊選擇支持丈夫，與全村女眷耕作、染布，作為他最大的後盾。最後，在八卦山之役，吳湯興不幸罹難，賢妹聞訊遍尋夫婿屍首未果，便投井自盡，獲救後，死意堅決，於是絕食而亡。經過八卦山一役的幾個月後，日軍大抵上平定各地反抗勢力，全臺乃歸於日本統治，從此長達五十年被殖民的命運！

本部影片是以一八九五年乙未抗日為背景，描述當時客家人抗日的情況，全片刻意透過兩個角色，鋪陳出兩條清晰可見的路線，從而述說此段令人動容的歷史。其一是以吳湯興的角色為主體，從他與姜紹祖、徐驤等人率領客家人保鄉衛土對抗日軍的接收，當中可看到身為義軍統領的吳湯興，原以為臺灣民主國將會派兵支援，爾後民主國結束後，又將希望寄託在劉永福將軍的支援，然而卻都一再的失望，抗日的重擔似乎全落在義軍自己身上，當中雖然得到一群土匪（福佬人）以及原住民的幫助，然而就在軍糧、武器以及兵力不足的情況下，紛紛戰敗，最後姜紹祖被捕入獄，並於獄中服毒自盡；而吳湯興則在八卦山之役壯烈犧牲。

另一視角是藉由日本軍醫森鷗外（1862-1922）的口述筆記，試圖以「日本」的角度來看此段歷史。對於日人而言，其僅是依照條約接收清國的割地，並非以侵略者的姿態要統治本地，因此當其一開始登上臺灣之時，還以為一切都將非常順利，不料由於各地反抗勢力的興起，使得局勢越來越危急，只好投注更多的兵力來鎮壓義軍的抵抗，最後，終於在八卦山之役取得勝利，殲滅了中部地區的義軍勢力。

森鷗外，史有其人，本名森林太郎，自幼受武士道德教育，通習儒家經典。一八八一年畢業於東京大學醫學部，三年後，奉命留德，研究衛生學。留學四年，醫學上得到深造的同時，身在異國，西方的人文環境和先進的科學文化，使他的眼界胸襟也為之一變。他強記博聞，廣泛涉獵歐美文學、文學名著，研究叔本華（1788-1860）和尼采（1844-1900）等哲學思想，深受哈特曼（1842-1906）美學理論的影響，為他後來弄文學寫評論奠定了扎實的基

礎。一八八八年回日本，就職于軍醫學校，歷任教管、校長、近衛師團軍醫部長、陸軍軍醫總監，最後升任為陸軍部醫務局長。中日、日俄兩次戰爭時，森鷗外均奉命出征，曾到過中國東北、臺灣。[17]

此外，本片也呈現出了客家婦女的堅毅性格，不論是獨自撫養吳湯興長大的母親吳秋妹，或是姜紹祖的寡母宋氏，面對兒子即將與日軍征戰，即便心中相當不捨，但卻都為了保全家國而選擇支持；而吳湯興的妻子黃賢妹，更是展現出客家女子堅忍不拔的形象，為了丈夫的理想，她選擇全力支持，最後當丈夫壯烈犧牲之時，她選擇投井自盡、絕食而亡。

本片所傳達的是客家族群的真情至性，面對外來入侵者，他們選擇奮力一博，奮勇抵抗保衛家園，即便散盡家財，將與妻兒分離，也在所不惜。

從歷史的角度看，本片亦存在若干缺陷。

電影取材客籍國寶級作家李喬著作，彰顯客家義軍的活動，相對也忽視閩籍抗日活動，以致電影所謂「閩南、客家、原住民」聯合抗日的團結形象，卻反而造成「閩南人」以土匪形象出現；而原住民又成為無法發聲的龍套角色，這不得不說與電影所訴求「團結抗日」的形象相違。

又考《臺灣通史》多次述及「乙未抗日」，其中或言：「花翎侍衛許肇清起於鹿港，附生吳湯興起於苗栗，徐驤、姜紹祖起於新竹，簡精華起於雲林」；或曰：「其義民則進士許南英之臺南團練、吳湯興之新竹義軍、林得謙之十八堡義軍。」可見「義勇軍」領袖亦不僅吳、徐、姜三人。即以《臺灣通史》「吳、徐、姜、林列傳」而言，連橫將四人同傳，尚包括林崑岡。可見，

---

17 有關森鷗外生平事蹟，可參看石川淳著，長谷川泉解說，《森鷗外》（東京都：日本圖書センタ，1993）。另外，江口清在一篇討論森鷗外與法國作家、歷史學家普羅斯柏・梅里美（Prosper Mérimée, 1803-1870）的關係的文章中，也提到不少值得參考的森鷗外扼要生平。參見江口清，〈森鷗外とメリメ〉，《調布学園女子短期大学紀要》，第 12 號（1979），頁 32a-1a。（本文為該期紀要最後一篇，從正面翻頁過來，到該篇論文會變成頁 32-1；但從該紀要背面翻過來則是另一個方向的 1-32。是以註記為 32a-1a，以示與該期正面前 32 頁區別）

一八九五由於出自客家籍作家的文本，似乎亦不免稍忽略其他族群的抗日事蹟。

再者，「團結」抗日似乎亦與史實有若干落差。事實上，抗日之所以艱辛，其中一個原因正是臺灣內部的不夠團結。《臺灣通史》載：「初，吳湯興起兵苗栗。因餉事，與知縣李烇齟齬，飛電告急，彼此各執一辭。」又載：「苗栗義民吳湯興、徐驤力戰圖恢復，而餉絀，電請永福接濟。永福困無以應。既而湯興以爭餉事，與苗栗知縣李烇齟齬，兵愈敗，且互詰」。李烇（生卒年不詳）為清朝官員，在臺期間，擔任過彰化、雲林、苗栗等地知縣。光緒年間，接替沈茂蔭（生卒年不詳），擔任苗栗縣知縣一職，因而與吳湯興等人早已熟識。但兩人卻在抗日過程中發生衝突，勢必也會造成內部的分裂，這一點電影似未著墨，這不能不說是另一個遺憾。

第五節　在歷史教學的運用

影視教材對於歷史教學的輔助作用，筆者認為作用有二：一、彌補歷史教科書陳述的不足，對教科書起了補充的作用；二、是啟發學生的思考，讓閱聽者猶如置身歷史事件之中，刺激了閱聽者的思考。

另外，在從事影視教材融入教學的時候，筆者認為有幾點是需要多加注意的事項：第一，尊重智慧財產權，由於電影的籌備到拍攝耗費的資金與人力相當龐大，因此教師要選擇影片的播放同時，首先需要注意的是能否在公開場合播放，也就是說播給學生觀看的影片必須是公播版，一方面保護創作者的智慧財產權，另一方面保護教師本身，避免惹禍上身。第二，時間的掌控，播放影片時，教師必須注意到時間的掌握，由於受制於授課時數與考試進度的壓力，往往不大可能讓學生看完整部影片，因此對於電影段落的取捨，老師本身必須要有足夠的專業與判斷能力。第三，老師的引導，播放影片給學生觀賞，老師的角色絕對並不只是播放者而已，在影片播放之前，老師就應該先對電影的背

景略作說明，並且提示幾個地方要學生多加注意，引導學生觀看、欣賞影片。當影片播放的同時，老師也可在旁提點，更重要的是，看完影片之後，學生究竟有沒有學到老師想要傳達給他們的知識？或是是否有啟發到學生的思考等？因此這個時候檢視學生的回饋才是本教學活動最重要的教學目標。

　　以電影《一八九五》為例，筆者提供可以運用在教學使用上的淺見。首先，老師必須先說明乙未抗日的大致發生過程，以及播放此影片的目的等；爾後，提醒幾個部份是學生可以多加留意的地方，一是對於日本人和臺灣人對於「日本接收臺灣」有何不同的想法和觀點？二是客家族群對於抗日所抱持的態度如何？與來臺的做官的中國官員有何不同？何以有如此不同的觀點出現？三是客家婦女在面對丈夫抗日時，所展現出的形象如何？四、老師應該自行先閱讀《臺灣通史》關於吳湯興、徐驤、姜紹祖等人事蹟的描述，經過消化後，作為部分的書面補充教材，並引導思考連橫對歷史人物評價的觀點。最後，影片觀賞結束，與學生就以上幾點進行討論、分享，藉此了解學生的學習狀況，並且刺激學生的思考。

　　在情意的教學上，能夠讓學生思索，在面對日軍的進逼時，自己所會選擇的是如吳湯興他們一般奮勇抵抗，即使犧牲生命也在所不惜？還是會選擇當個安分的人民，保全性命守護家園？藉由這樣的思考，讓學生知道任何選擇，並不存在著所謂的正確或錯誤與否，每個人都有自己的考量，與顧慮的地方，面對與我們選擇不同的人時，應該展現包容的態度，尊重個人的選擇。另外，透過本片，也可以讓學生了解，不同身份的人，觀看事情的角度自然不同，對於同一事件就有不同解釋與詮釋。例如，就日本而言，他們是以接收的方式取得臺灣，面對臺灣人民的強烈反抗，為了掌控這塊土地，他們自然會選擇強力鎮壓；但對臺灣人民而言，日本無疑是個侵略者，為了保家衛土，於是選擇猛烈反擊！由此可知，處理事情時，必須多方考證，決不能看某一部分就完全相信，如此將會落入主觀的窠臼之中，或是被有心人所愚弄。

第六節　結語

「資訊融入教學」是近年來相當重要的教學趨勢，也是身為教育執行者所欲努力的方向，同時又由於中等歷史教科書長期受到「國族主義思維」與「政治意識型態」的干預，因此在歷史的論述上，難免產生偏頗，所以如何使用影視教材來補充歷史教學便成為相當重要的課題。

就臺灣歷史來說，一八九五年是關鍵的年代，是年臺灣成為日本的第一個殖民地，面對日軍的逐步接收，臺灣各地人民組成義軍奮勇抵抗，然而在教科書中卻甚少論及，或是一筆帶過而已。去年適逢各委會資助拍攝電影《一八九五》，以客家人為主體的乙未抗日，受到大眾的關注，因此筆者特別藉此影片，說明影視教材在歷史教學上的運用。

綜觀全文，可以發現歷史上的乙未抗日，與教科書上的抗日，和電影中的抗日，三者有所差距。教科書或許限於篇幅之故，僅為整個乙未抗日的一個片段，並不能讓我們對整個歷史事件有完整的認識。然而透過電影的輔助，將能夠補充教科書上的不足，讓我們了解到一八九五年的抗日，絕非是臺灣民主國的努力而已，更多的是經由各個族群的努力，其中客家人在這次戰爭當中所扮演的角色相當重要，也是讓日軍無法輕易接收臺灣的關鍵因素。

文末提醒教師在使用影視教材時，應該注意的事項，諸如：時間的掌握、智慧財產權的維護、適時的引導，以及相關資料的熟悉與補充等。最後希冀透過影片的播放，提升學生的學習動機，提供學生觀察歷史時的多元視角，同時刺激學生的思考，如此將影視教材融入於教學之中才有其意義與效果！

本文原錄於《歷史教育》，第 14 期（臺北：國立臺灣師範大學歷史學系，2009），頁 295-314。

二、電影《被出賣的臺灣》對臺灣民主運動的再現（1945-1990）——兼論主題融入歷史教學的應用

洪慧霖
高雄市立小港高級中學歷史教師

第一節　緒言

蘇格蘭哲學家阿拉斯代爾・麥金太爾（Alasdair MacIntyre, 1929-）曾在其書《追尋美德》（After Virtue, 1981）提出這樣例子：有的現代英國人認為：「我從未對愛爾蘭有任何不義之舉，為什麼要重提年代久遠的歷史，好像他跟我有什麼關係」；又說：「德國青年認為，一九四五年以後出生，就意味著納粹對猶太人的暴行與他跟他同年齡的猶太人，在道德上沒有任何關係」。[1]

哲學家點出了一個核心的命題：我們有記憶過去的責任嗎？誰該記憶過去？觀察時下受大學生喜愛的 Dcard 是臺灣最大的匿名交流平臺，一則二〇一九年二月二十八日發布實事討論〈為什麼要一直提二二八？〉，[2]超過七百則踴躍留言與爭辯，從辯論的各方立場不難看見臺灣社會裡歷史記憶作為共同記憶的分歧，可見臺灣社會存在著不同群體面對歷史時的選擇性記憶。

法國社會學家墨里斯・哈布瓦赫（Maurice Halbwachs, 1877-1945）是集體記憶理論的開創者，他曾說被我們視為相當「個人的」記憶，事實上是一種集體的社會行為。[3]這讓我們思考看似代表個人言論、立場言論的背後，其實都反映了所屬群體的養成記憶或是如何定義我群。身為一位中學歷史教學

1　Alasdair MacIntyre 著，宋繼杰譯，《追尋美德：倫理理論研究》（江蘇：譯林出版社，2003），頁 280。

2　Dcard 平臺時事板〈為什麼要一直提二二八？〉，2019 年 2 月 28 日。網址： https://www.dcard.tw/f/trending/p/230785313，擷取日期：2021 年 12 月 12 日。

3　轉引自陳登武，《歷史與人生》（臺北：三民書局，2008），頁 70-71。

者，不論是學者的反思或是年輕學子的網上論戰，都提醒我思考更重要教與學的問題——「歷史，誰的歷史？誰在詮釋歷史？」

回到高中教室裡的青少年要如何思考距離自身已遠卻又影響自身及社會深刻的歷史遺緒與社會爭議？即使理解公民課堂裡「國家暴力本質」的學生，要如何引導他們理解成人的活動經驗，如各種心機狡詐、複雜權力鬥爭等問題？又要如何讓學生思考歷史與自身的連結，進而敏覺、批判與回應民主化挑戰的素養？

影視史學並非歷史電影欣賞與評論，教學者必須引導學生注意影像再現歷史時的虛實意義、電影技術的分析、作者的詮釋立場等，才能掌握影視史學作為理解歷史一種方法的旨趣和侷限性。本文試著將過往研究與教學經驗結合，著重幾個層面：以影視史學的方法與理論分析電影《被出賣的臺灣》（Formosa Betrayed, 2009 年美國電影），重點置於作者（群）身分認同與創作動機、電影中的歷史記憶與詮釋、電影作為文本於教學中的應用與設計；特別是筆者關於白色恐怖為主題的教學經驗分享，希望提供讀者於教學中一絲靈感。

第二節　電影的歷史背景與再現策略

一、電影對於歷史背景的鋪陳與建構

電影的開場，FBI 警探捷克・凱利（Jack Kelly，以下簡稱 Kelly）倒敘一九八三年到臺灣的辦案經歷，警探準備將兇嫌引渡出境，卻在機場大廳遭臺灣憲兵阻攔，兇嫌也因此被擊斃，協助者「明」因為是一位臺灣政治受難者，最終遭憲警逮捕。電影開場中引渡行動的失敗，暗示「真相」可能無法獲得，已為歷史的懸案預設結論。

故事起因於一位美籍臺人溫明華教授的死亡。為了要給這起代表「知識菁英」兼「美國公民」的謀殺案一個必要和充分的理由，藉由警方搜查證物與證人提供重要訊息暗示凶殺案與「臺灣」之間的關聯。

隨案情的調查，男主角來到臺灣，映入眼簾所觀察到的社會呈現緊張氛圍。如機場憲兵逮人、餐館情治人員抓政治嫌疑犯、街上充滿警察巡邏。協助 Kelly 偵辦的中華民國官方、軍方人員提供其娛樂招待，並表明不希望他插手介入的立場，致使偵辦案過程延宕不明；另一方面，主角循線認識臺灣人明（刁毓能飾演），明協助其接洽故宮博物院院長黃灃培，透過與院長的對話更新對臺灣歷史的認識，也參加高雄街上群眾抗議運動。Kelly 見證明的家族血案後，轉而同情異議分子的遭遇，積極找出參與謀殺的黑幫分子，但是受阻於官方監視，還有在美上司的阻止，致使最終引渡兇嫌失敗。

　　劇情與角色是影射許多歷史個案的「綜合體」。製片刁毓能（Will Tiao, 1973-，臺灣裔美國人）受訪時，曾表示他以陳文成（1950-1981）和江南案（1984）作為劇情的靈感來源，一則是這些事件確實存在，江南案更是直指情報局長汪希苓（1929-）與竹聯幫分子陳啟禮（1941-2007）等人所安排的暗殺行動；一則是以這些案例作為增添戲劇的張力。由此而決定劇情人物、事件原型與時代氛圍，並建構其連結。

　　電影中也呈現形塑威權體制的加害者／共犯形象，協助與服膺政權「製造恐懼」，諸如「特務情治系統」、「海外職業學生」、「黑道／幫派」等。電影中也曾出現在美臺僑街頭抗議遊行的人們頭戴面具，對比於手持相機的記錄者，這一幕描述威權時期政府對異議分子的監控，也勾起七〇─八〇年代海外留學生的「職業／間諜學生」集體記憶，日後也由曾任調查局的官員口述訪談證實海外職業學生布建工作。[4]

　　綜合上述，電影的虛中實，即是透過故事情節的虛構，描述威權體制時期

4　諸葛亮不亮，〈青青校樹，幢幢諜影──海外職業學生的真面目〉，原載於《海外通訊》，收錄於慈林文教基金會典藏，國立臺灣大學圖書館數位化，《慈林教育基金會典藏臺灣社運史料》，頁 44-46。高明輝口述，范立達整理，《情治檔案──一個老調查員的自述》（臺北：商周文化事業股份有限公司，1995），頁 176-177。

的人民反抗政府的相關政治事件，並由真實的歷史人物的受難與生命經歷為故事情節，既呈現國家暴力的時代氛圍與本質，也引導觀眾從疑惑和不解中去追問歷史的真相和反思臺灣民主化歷程的價值與挑戰。

　　對於身處民主、自由度高的今日高中生而言，理解過去時代人們恐懼：「人人心中都有一個小警總」是不容易的，電影裡的詮釋提醒著國家暴力威脅感存在的普遍性和結構化，如學者研究所言「白色恐怖是法律暴力、高度體制化運作，以及將整部國家機器移入臺灣」的本質。[5]電影能提供學生感受「威權壓迫」的氛圍。

二、敘事模式與角色設定

　　編導刻意將男主角 Kelly 在劇中設定為「對臺灣所知有限的偵辦者、或是『觀察者』」，因此 Kelly 的觀點鏡頭經常被設計為「見證」。依循其在臺灣的「觀察」輔以多層次的倒述將推理的邏輯性交代出來，透過 Kelly 與美國在臺協會官員蘇珊・肯恩（Susan Kane, Wendy Crewson 飾演，以下簡稱 Kane）一連串的問答對白中呈現幾項任務：場景的轉換、關鍵人物的介紹、辯論中表達美國的官方立場以彰顯價值觀與國家和政治利益的衝突，尤其是 Kelly 的觀點鏡頭引導觀眾對涉入事件的同理。簡言之，從劇情引出一連串的問題，引發觀眾對問題答案的渴求慾望，或是當正義與道德等議題成為觀眾問題的答案時，製造強化觀眾對偵查行動的涉入感並提升懸疑性。

　　值得一提的是，本電影的敘事模式，依據學者研究或可歸類為「官方派的

5　海東青，〈《返校》沒有告訴你的事：從二二八到白色恐怖，國民黨如何打造臺灣特務島？〉沃草網頁（2020 年 5 月 20 日）。網址：https://musou.watchout.tw/read/ZWhJE4KhnUtBpg9p0iJK，擷取日期：2021 年 12 月 12 日。陳韋聿採訪編輯，〈「你是忘記了，還是害怕想起來？」二二八與白色恐怖的暗黑特務們〉，研之有物網頁（2020 年 2 月 25 日）。網址：https://research.sinica.edu.tw/spy-special-agent-secret-228-transitional-justice/，擷取日期：2012 年 12 月 12 日。

團隊警探」，[6]其可由電影中 Kelly 偵辦時和上司衝突的挫折中呈現。本文借用偵探敘事理論中角色功能的觀點來看電影《被出賣的臺灣》的敘事模式時，發現其內在隱含二元對立的結構，筆者嘗試繪製結構圖如下，期能簡要掌握電影的角色功能所彰顯的內在意義：[7]

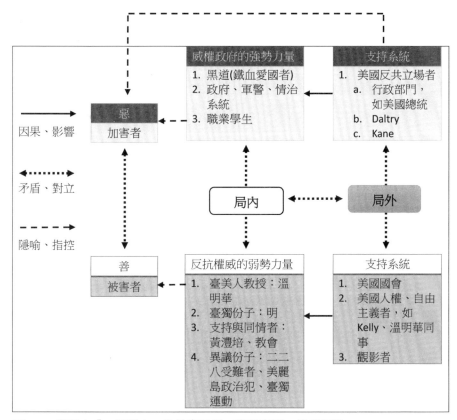

圖 2-1　電影中「二元對立」的敘事結構；資料來源：筆者自製

6　黃新生，《偵探與間諜敘事從小說到電影》（臺北：五南圖書出版，2008），頁 158-159。本書認為將偵探與間諜小說／電影的敘事類型泛稱為「驚悚」（thriller）類型是一個過度寬鬆的定義，因此依據其敘事的特質與風格提出七大次類型的劃分，如古典派的業餘神探、冷硬派的私家偵探、黑心派的沉溺偵探、心理犯罪派的常人偵探、官方派的團隊警探、社會批判派的偵探及另類偵探等。

7　參考筆者碩士論文〈電影《被出賣的臺灣》對臺灣民主運動的再現（1945-1990）─兼論教科書敘述威權體制的意涵〉（臺北：國立臺灣師範大學歷史系碩士論文，2012），頁 37-42。

三、電影再現歷史的虛實問題

(一)《被出賣的臺灣》再現歷史的虛實問題

馬克・費侯（Marc Ferro, 1924-2021）分析電影中的虛構與事實提出應關注的重點：「我們必須注意的應該是影片中主題和時代品味的選擇，影片製作的需求，寫作能力，以及創作者所犯的『無心之過』，而不是在於模擬過去的影像。」[8]筆者以為，電影的虛構是以真實為基礎的，無論是編導無心或有意的設計，透過發掘虛構中隱藏的真相與涵義，才是影視史學的研究主旨。因此，我們應該審視的不僅是電影歷史文本的真實與否，更需追問為何虛構？並結合電影書寫的特性來考量。

電影《被出賣的臺灣》對事件、時間、人物和地點皆有歷史根據，反映一定程度的時代氛圍與真實性。影片中以字卡、衛星空照圖、配音標示明確時間與地點，如「1983 年，臺灣，桃園中正機場」或以場景轉換與演員的對白交代時間的遞換。就敘事的選擇來說，更於片頭強調「故事靈感來自真實事件」，即陳文成、江南（本名劉宜良，1932-1984）和林義雄住家血案（林宅血案，1980）等政治事件。另外，就臺灣獨立運動的歷史發展而言，電影設定的一九八〇年代確實是海外臺獨運動蓬勃發展之際，且逐漸走向和平手段以取代暴力鬥爭的路線，[9]同時臺灣國內正值黨外運動興起並匯集反對國民黨在野力量，以民主、人權等訴求與海外臺獨團體主張相呼應的時代。

大致上來說，電影《被出賣的臺灣》中所虛構的敘事，主要是情節與人物角色的虛構，但是這些有意的虛構是建立於事實的基礎之上。筆者認為透過電影與文字史書的對比研究，指出其虛構的目的、程度能為電影作為歷史文本提

8　馬克・費侯（Marc Ferro）著，張淑娃譯，《電影與歷史》（臺北：麥田出版社，1988），頁74。

9　陳佳宏，《海外臺獨運動史：美國「臺獨」團體之發展與挑戰：50 年代中至 90 年代中》（臺北：前衛出版社，1998），頁 107。

供一個更適切的認識與周延的歷史詮釋。

電影中關於 FBI 探員 Kelly 的調查行動是虛構的，但就敘事特徵而言，調查行動造成情節的推展與訊息的傳遞，因此一部分情節環繞著 Kelly 一角的認知來組織，他又被賦予「低認知臺灣歷史者」同時是「歷史見證者」的功能；另一部分對臺灣史的認知敘述角色則以劇中任故宮博物院院長黃澧培和臺獨青年明為主，其所代表意義是強化敘述的寫實和深度。

Kelly 抵臺後面對中華民國政府的接待與體驗臺灣的政治文化的互動與對白是虛構的，對臺灣的觀眾而言，電影敘事的缺隙產生了疑惑：一九八〇年代的臺灣機場怎會有五星旗？以及憲兵怎可能在機場穿梭逮捕疑似共產黨員甚至是槍殺逃犯？筆者以為，前者是為西方觀眾提供臺灣異於中國的訊息；後者則與電影有意的虛構為反映臺灣威權時代的肅殺氣氛，如「反共」、「軍警權威形象」，目的在彰顯戒嚴時期的理由與白色恐怖的特徵。

（二）電影角色的原型

編導有意將電影定位為政治驚悚類型，因此宣傳的重點與過往臺灣探討戒嚴時期的故事人物不同處在於「特定人物」的挑選，如陳文成、江南、林義雄、鄭南榕（1947-1989）等，而非臺灣新電影時代以庶民「政治受難者」角色設定；[10]再就其人物遭遇而言，電影專注於「懸案」，目的在指出兇殺案背後涉及臺灣情治單位介入，與高層授意的可能爭議。根據英國廣播公司（BBC）訪問提及電影多大程度反映真實的白色恐怖？刁毓能說：「我們的目的是，通過這些虛構的人物和情節，使觀眾去了解這些真實案件。我們的做法

---

10 本文所指的描述臺灣戒嚴時代的電影如吳其諺〈歷史記憶、電影藝術與政治〉一文分析《悲情城市》一劇以林家兄弟的遭遇為主，評論者質疑「流氓家庭」為臺灣縮影以及林文清一角「聾啞者」為臺發聲等代表是民間聲音探索過去的起點，其中只有文清在獄中所識受刑者影射為鍾浩東；另外陳儒修〈歷史與記憶：從《好男好女》到《超級大國民》〉談到《好男好女》及《我們為什麼不唱歌》劇中人物設定以鍾浩東、蔣碧玉以及郭秀琮故事，從人民記憶與人物的國族想像書寫歷史。

非常好萊塢，跟《盧旺達酒店》（Hotel Rwanda, 2004）、《辛德勒的名單》
（Schindler's List, 1993）、《慕尼黑》（Munich, 2005）等影片類似——把真
實事件虛構化。」[11]

　　根據檔案顯示，一九九〇年江南案最後是以和解收場，被告中華民國政府
與江南遺孀崔蓉芝簽有「和解保密條款」，其中一項提及：「江南案不得拍電
影、寫小說」。[12]這一檔案的公佈，提供我們了解電影中為何以「角色綜合體」
呈現的另一合理解釋。

　　至於，國立故宮博物院院長黃澧培角色的設定與一般所理解的「故宮院長」
的現實形象則相距甚遠。以電影設定時代背景而論，當時故宮院長為蔣復璁
（1898-1990，1965-1983 任故宮博物院院長）和秦孝儀（1921-2007，1983-
2000 任故宮博物院院長）。兩人不但皆為國民黨黨員，秦孝儀任職院長更長達
十八年，他不但深受蔣介石和蔣經國父子重用，並被認為是「蔣介石文膽」，更
被譽為「故宮化身」[13]。筆者以為，編導忽略了故宮院長代表政治正確的角色，
顯見對臺灣政壇人物的定位與特殊黨政關係背景，仍待更詳細的考證。

　　至於編劇所言影片中的每一位主要人物至少有兩、三位真實人物或事件作
為基礎，筆者合理推測與訪談共同製片整理出電影中角色與影射人物關係表如
下：

11　BBC 中文網，〈專訪：《被出賣的臺灣》導演刁毓能〉，網頁（2010 年 11 月 5 日）。網址：
　　http://www.bbc.co.uk/zhongwen/trad/china/2010/11/101104_formosa_betrayed.shtml，擷
　　取日期：2011 年 11 月 5 日。

12　〈關於報載：我國政府為江南案與劉宜良遺孀崔蓉芝達成合解，政府給付人道恩賜金是否適
　　當乙案，該檔卷解密等〉，《監察院檔》，檔案管理局藏，檔號：0096/ 010750 /00002，
　　1996 年 5 月 10 日。另有錢復著，《錢復回憶錄卷二》（臺北：天下遠見出版股份有限公司，
　　2005），中關於江南案政府的處理過程及官司訴訟以和解收場的波折均有交代，該文末提出
　　當年在外交委員會針對立委的問題提出答覆，其中一項是關於「和解協議書為何要有保密條
　　款？」筆者認為官方檔案的解密可與此文相互對照梳理和解中設置保密條款原因與項目，進
　　一步回答電影中角色形塑的難處。

13　周美惠、施靜茹，〈蔣公文膽、故宮化身 秦孝儀病逝〉，《聯合報》A13，綜合，2007 年 1
　　月 6 日。

表 2-1：電影角色影射人物關係表

電影角色 （按出場序） ＼ 影射人物與解說	影射人物名	解說
明	林義雄	林宅血案，林母與雙胞胎女兒慘遭殺害。
溫明華	陳文成、 江南	陳文成：美國卡內基美隆大學統計學助理教授、曾捐款給美麗島雜誌，死於臺大校園圖書館旁，至今仍是懸案。 江南：英文名 Henry，著《蔣經國傳》，遭臺灣情報局汪希苓以竹聯幫陳啟禮、吳敦、董桂森暗殺於舊金山，美國曾派 FBI 探員與雷斯警官抵臺了解案情。
General Tse	王昇 （1915-2006）或李登輝 （1923-2020）	王昇：曾任總政戰部主任，被譽為蔣經國接班人。江南著《王昇浮沉錄》文中曾分析王昇被放逐原因。 李登輝：蔣經國後接班人，代表國民黨內的改革派。
David Wu, James Lee	陳啟禮、 吳敦（1949-）、 董桂森（1951-1991）	竹聯幫參與暗殺江南者
黃澧培	吳澧培（1934-）	福爾摩沙基金會創辦人，電影出資者之一
美星	女性情報 工作人員	曾任情報局特勤處主任谷正文回憶指鄧麗君曾在 1960 年代為出入境許可不得不充當情報工作人員。[14]

---

14 李鈞震，〈鄧麗君是特務？台灣人權報告書 102〉，李鈞震 2010 新聞政治讀書會網站（2010 年 10 月 7 日）。網址：http://earthk2010news.blogspot.com/2010/10/blog-post_3129.html，擷取日期：2011 年 11 月 13 日。

以上表角色人物影射關係中，筆者認為還有幾位角色提供重要隱喻及臧否意涵。首先是本劇出現數次，沒有對白，卻始終拿著照相機蒐證的「海外職業留學生」。透過一卷關鍵的錄音帶，直指溫明華的死亡與職業學生滲透入美國校園有關，他們負責蒐集在海外對中華民國政府形象損傷的詆毀言論與異議分子的訊息，以供政府對其展開調查、監控與列為「黑名單」的依據，並視之為威權政治的共犯結構。

關於「職業學生」的存在，是早期臺灣海外留學生的集體記憶。黨外雜誌曾揭露職業學生的典型特徵與對海外學生的監控：

> 在美國待過的留學生，沒有不知道無所不在的職業學生……職業學生有許多特徵：第一是「在學」期間特長，但是「學歷」和「學力」卻不成比例。第二，職業學生或其眼線經常跑協調會或亞東關係協會；第三，職業學生大多是理工科或農學，較少學文史法哲；第四，每逢黨外人士訪美演說，或是留美自由主義學人座談時，他們都會找機會打岔、攪局、或提出一些啼笑皆非的問題，如大斥二二八事件是「胡說八道」。……他們大多是「公費」出國的，也有在當地被國民黨吸收而領取「獎助學金」的。……有多少「陳文成」被害得英年早喪。[15]

曾任調查局副局長的高明輝（1928-）在其口述訪問中證實了「海外職業學生」的布建工作：

> 情治單位曾派員打入美國大學校園，調查我們留美學生中，有那些人是親共的、有那些人具有臺獨傾向、那些人是對國府忠貞的愛國分子。我

---

15 諸葛亮不亮，〈青青校樹，幢幢諜影—海外職業學生的真面目〉，頁 44-46。

們留美的大學生經常在學校舉辦「同鄉會」的活動，其中很多有臺獨的色彩在內的。……有些學生基於好奇去看看，可是只要一去參加，可能就會被我們的布建人員記下一筆，說這個學生支持臺獨。情報傳回來後，他就有被列入「列管分子」名單中的可能，也就是一般外界所稱的「黑名單」。以後，這個學生想要回國謀職，可能都有問題。[16]

（三）電影中「臺灣想像」與再現

電影是影像的「再現」（representation），就是使用語言和影像為週遭世界製造意義。意義並不存在於影像內部，而是在觀看（looking）者消費影像、流通影像的那一刻生產出來的。觀看的實踐表現在：「觀看是主動為這個世界製造意義。」[17]

值得注意的是，使用影像的方式會傳達出某種特定的價值觀或想法，也就是特定的「意識形態」，是一種文化中的信仰體系。[18]換句話說，影像製作者在製作影像時通常都有動機及意圖，這些是賦予影響意義的元素，而身為影像觀眾的我們，也是影像意義的解讀者，同時一面觀賞，一面解讀，一面表現出特定時代與社會脈絡下的意識形態。[19]

筆者認為，電影《被出賣的臺灣》是一部臺裔美人第二代的創作，它凸顯特定的意識形態，即臺美人的集體記憶。更具體而言，是一群具有建立臺灣主

---

16 高明輝口述，范立達整理，《情治檔案──一個老調查員的自述》，頁 176-177。

17 瑪莉塔・史特肯、莉莎・卡萊特（Marita Sturken, Lisa Cartwright）著，陳品秀譯，《觀看的實踐：給所有影像世代的視覺文化導論》（臺北：臉譜文化，2009），頁 29-32。

18 瑪莉塔・史特肯、莉莎・卡萊特（Marita Sturken, Lisa Cartwright）著，陳品秀譯，《觀看的實踐：給所有影像世代的視覺文化導論》，頁 40。

19 瑪莉塔・史特肯、莉莎・卡萊特（Marita Sturken, Lisa Cartwright）著，陳品秀譯，《觀看的實踐：給所有影像世代的視覺文化導論》，頁 68-72。

體意識的臺裔美國人的共同記憶。值得關注的是,透過敘事和圖像符號的解讀,當中是否存在「想像的距離」?或是說對觀看者而言缺少了一點「臺灣味」?筆者在問卷調查中發現,[20]將近 30%的臺灣觀眾認為拍攝場景應再加強,或者多一些考證。可見觀看者未必會照作者的意圖來解讀影像或是不在乎影像的逼真性。更進一步的討論,由於編導群的觀眾設定是以「西方人/世界觀眾」為主,那麼其所詮釋的「臺灣」是否陷入「東方主義式」的想像裡?或者說,透過劇情中的圖像與符號隱喻,可供一探作者的創作意識與關懷核心的主觀與客觀差異。

筆者藉由分析電影中場景、服裝、交通、飲食生活、性別、聲音等符號元素對於「臺灣想像」的建構,得出幾項觀察:其一,街景、服裝到交通工具的再現,除了軍警制服之外,電影中的年代相較之下並未完全抓住臺灣一九八〇年代城市化的風格及一般人民的生活型態;其二,生活飲食與性別角色的應用與描繪,則隱含對「東方」的刻板印象,尤其是電影中西方幹練精明的職場婦女形象對比東方「美艷、神秘」的中國著旗袍女子,暗示性與權力的交換,或是「柔順、賢慧」的臺灣家庭主婦形象,凸顯東方女性為依附於家庭的順服者;筆者亦分析電影中「臺灣民主運動的圖騰與想像」,旨在理解創作者的意識、觀點之外,更追問其所屬群體——臺美人的認同、國家想像及詮釋是否隱含其中。[21]

綜上所述,電影的時代設定如片頭所示為一九八三年,其劇情是根據真實事件的靈感而定,主要是陳文成案、江南案及林義雄家族命案綜合呈現被害人一角,故事批判的對象即黨國威權體制。就其電影再現的臺灣民主化歷程與街

---

20 礙於篇幅所限,可參看筆者碩士論文〈電影《被出賣的臺灣》對臺灣民主運動的再現(1945-1990)—兼論教科書敘述威權體制的意涵〉整理附錄四電影觀後問卷調查統計,頁186-187。

21 詳細分析可參考筆者碩士論文〈電影《被出賣的臺灣》對臺灣民主運動的再現(1945-1990)—兼論教科書敘述威權體制的意涵〉,頁57-64。

頭運動的圖像可知，其討論的時代橫跨戰後至一九九〇年代反對者的政治訴求。筆者以為，這並非編導刻意曲解歷史的時間意義，而是藉由電影中強化對威權體制的批判與強調臺灣主體的意識形態作品，並將民主化歷程的事件作為詮釋臺灣意識的連續想像。為何如此呈現，可能是它隱含編導身為臺美人的家國想像與記憶認同，顯示其關照臺灣的國家命運。

第三節　編導者的族裔背景與創作觀點

刁毓能（Will Tiao）是臺裔美國人第二代，[22]一九七三年出生於美國堪薩斯州曼哈頓。他的父親名為刁明華（Joe Tiao）出生於臺灣高雄，一九七〇年代曾留學日本，隨後赴美求學，畢業於美國堪薩斯州立大學農業經濟系，一九八〇年代任教於堪薩斯州立大學農業經濟系，並定居美國，直至一九九〇年代開始從事房地產事業，退休後在曼哈頓擁有一家建築公司。[23]一次訪問中，刁毓能表示其父親留學美國時，因為參加美國臺灣學生會而遭列入黑名單，被拒絕入境臺灣。

刁毓能表示，他從小出生自堪薩斯州，此處有「臺獨大本營」之稱，許多留學至此者是因具有臺獨意識，或者慕名而來，而自己就是在這樣的環境中成長。與多數臺美人第二代一樣，刁毓能的自我認同來自父執輩的家庭教育與同儕，但與其他人不同的是，他主動探索臺灣的歷史與政治，也因而形塑自我認同時更顯得其具有批判性與反思後的行動力，凸顯他將電影《被出賣的臺灣》拍攝完成所依憑的「使命感」。

22　臺裔美國人，英文稱之為「Taiwanese American」，第一代是指臺灣出生，歸化美國籍者。關於臺美人的身分認同過程詳述可參考筆者論文第二章第一節的討論，頁18-23。

23　堪薩斯州立大學農經系所網站課程介紹，網頁標題：「Joe Tiao Lecture Series」，網址：http://www.k-state.edu/economics/seminars/tiaolect.html，2012 年 4 月 20 日閱讀。

　　直到二〇〇九年，刁毓能成立「福爾摩沙電影公司」，專為電影「被出賣的臺灣」架設網站，宣布籌備開拍的訊息，且剪了一支預告片放在網路上後，在網友間引起騷動，三週就吸引了近二萬人次的點閱。隨後的資金募集過程，他像一位傳教士一般，跑遍大大小小近兩百場臺美人的社團聚會。他以訴諸臺美人的共同歷史記憶「白色恐怖」、「海外黑名單」、「職業學生」、「陳文成與江南案」等作為創作的焦點，希望獲得臺美人的支持和贊助，將近有兩百萬左右資金來自於此。整部電影的資金來源自各種不同的領域與對象，總募集資金為八百萬美金左右，而招募過程是透過一再宣稱自己的理念與得到認同。此後，募款的過程始終艱困，也影響日後開拍時諸多難題發生時做出取捨的根本原因，並造成電影上映後的爭議與質疑，筆者曾透過訪談共同製片林仁惠小姐，對電影製作過程有進一步的了解與釐清，限於篇幅，請讀者參閱筆者碩士論文附錄摘要。

　　想要檢視電影作者觀點背後承載怎樣的集體記憶與電影中運用符號的關聯，則必須理解臺美人的身分認同的過程。簡言之，一九七〇年代是「臺美人認同」形塑的關鍵年代。隨著一九七〇年代的中國與臺灣兩岸的政治關係的新狀況，如釣魚臺事件、尼克森訪華、中日建交、臺灣退出聯合國、美中建交等，臺灣面臨國際處境的困境，此時赴美留學從合作發揮「愛國情操」到逐漸走向分裂對立，最終也影響其對國家的認同與反思。[24]也因受到國內白色恐怖的壓抑和國際情勢的變化，促使留學的動機逐漸將反國民黨的威權統治心境，轉為追求臺灣獨立建國的行動，將個人的自我認同與民族認同合而為一。從此，「臺美人」成為具有高度政治性的「族裔／民族」（ethnic/national）身分。[25]

　　筆者在碩士論文中以一九六八年離臺赴美定居的作家黃娟創作為例，試圖

24　林小慧，〈留美學生和中華民國政治發展互動——一個新聞從業員的觀察〉，頁315。
25　詳請參閱筆者論文，頁23。

分析何謂臺美人的意識與觀點，得出幾個重要的看法。根據上述的時空背景所形塑的身分認同之外，流傳於集體記憶中對國民黨政權的失望，一部分是留學至海外，閱讀二二八見證者、美國民官身分的葛超智（George H. Kerr, 1911-1992）著作《被出賣的臺灣》（Formosa Betrayed, 1965，與本電影中文譯名相同）影響。另外與其同時代的臺灣政治事件，如美麗島事件、林宅血案、陳文成案，及自身遭列「黑名單」身分，有家歸不得的離散經驗等，促使日後選擇成為美國人身分，透過陳述臺灣人的被殖民經驗與抵抗中國離散想像的建構。臺美人的離散經驗凸顯臺美之間家國想像的與情感的斷層，離散主題揹負背叛的原罪。[26]換言之，臺美人落地生根的選擇與國家認同的矛盾，展現出臺美人一方面相信對美國的忠誠與付出，並相信美國的自由、人權與正義精神終能保護祖國（臺灣），成為達到對祖國（臺灣）忠誠的前提與複雜兩難。

電影透過再現國家暴力反思歷史，解釋臺美人族裔「國家認同」的轉變，「二二八事件」的符號成為臺獨運動的重要背景，也反映在臺美人的獨立意識之中。根據以上臺美人身分認同的討論與家國想像的意識分析，或許我們稍加理解隱含於臺美人集體記憶與想像符號，為何如電影中呈現人物與事件的選擇了。

以上論點可藉以延伸探討電影呈現的幾項意義：其一、編導群情感上趨向臺灣為主體的認同；其二、「臺灣認同」的由來與「壓迫／反抗」有關，即同理「黑名單」與「異議分子」的處境，如陳文成、江南、林義雄等代表「受壓迫」的意義；其三、展現文化上親屬關係為根基的集體記憶，[27]如刁毓能接受訪問時曾言其父親被列為「黑名單」與從小教育子女使用閩南方言與「臺灣人

26　王智明，〈福爾摩沙及其背叛：情感斷層與離散矛盾〉，《中外文學》，第 39 卷 4 期（2010），頁 54。

27　王明珂，〈過去、集體記憶與族群認同：臺灣的族群經驗〉，收錄於《認同與國家：近代中西歷史比較論文集》（臺北：中央研究院近代史研究所，1994），頁 251-253。

認同」。這與身為第二代「臺美人」身分認同與集體記憶的選擇成正相關,因此電影形塑的「臺灣認同」也呼應臺美人的記憶與認同;其四、電影忽略「臺灣人認同」下的少數族群,如劇中高雄集會與遊行,明對 Kelly 解釋「政府不准臺灣人講臺灣話」,而僅是以閩南語代表臺灣話忽略其他族群的方言,這可能造成「臺灣人認同」範疇排除其他族群的誤解,並被視為是福佬人受難記憶的閩南沙文主義批評;其五、電影提供思考:集體記憶與遺忘導致認同的轉變造成世代的隔閡與選擇認同的游移。

另外,無論是從電影的名稱,或是形塑臺美人認同的經典──葛超智(George H. Keer)著作,中文譯名《被出賣的臺灣》[28]皆凸顯「出賣/背叛/(betrayed)」對於追求「正義」價值的吶喊和企圖。也就是說,電影除了建構存在於臺美人集體記憶中的臺灣歷史詮釋,也隱含對於臺灣國家認同和想像的危機感。

就編導定義的「出賣/背叛」可以從幾個層面討論,一場遊行後 Kelly 和明的對白設計,可見編導詮釋何謂「背叛」。明以臺獨青年身分道出「二二八事件」後,臺灣人在光復慶賀下,一廂情願的抱持對中國(祖國)的熱情,但是短暫接觸後發現,政治權力和文化隔閡嚴重挫折臺灣人,迫使其思考共同體的意義。而這段對話道出「臺灣人被祖國的背叛」下,使「高度自治」成為部分臺灣人的渴望。

其次,如美國專業影評人羅傑‧艾伯特(Roger Ebert, 1942-2013)看完電影後提出一項發問:「美國為何願意對臺軍售,卻不願承認他是一個國家?」[29]一針見血的指出美國政策的矛盾性。電影中描述美國於冷戰期間為圍

---

28 George Kerr 著,陳榮成譯,《被出賣的臺灣》(臺北:前衛出版社,2008)。

29 羅傑‧艾伯特(Roger Ebert),電影影評〈Formosa Betrayed〉,2010 年 5 月 17 日刊登,載於網站:http://rogerebert.suntimes.com/apps/pbcs.dll/article?AID=/20100317/REVIEWS/100319985/1023,瀏覽日期:2011 年 11 月 5 日。

堵共產政權，如何干涉他國政治與支持他國境內的獨裁政權與內戰，確實凸顯其為自身利益或宰制世界的欲望中，經常犧牲其他國家或小國人民的人權，甚而遭自家人批判為「流氓國家」。[30]因此，對美國曾存有幻想的中華民國政府，也是在一連串的「背叛」過程中體驗從依賴到自立，外交地位也在美國決策下從躋身「世界強權」（聯合國安理會成員）到外交孤立（邦交國驟減）。[31]

電影中又是如何描述美國政策的矛盾呢？筆者認為可以分為兩段，一是高雄遊行前黃澧培對 Kelly 敘述戰後臺灣與美國的關係；第二段則是結尾將軍和 Kelly 的對話。筆者之所以劃分為二，主要是根據美國對臺政策的轉向，前者是戰後初期，美國視中華民國為中國的代表，同時又為反共的盟友，因而於一九五〇年代支持援蔣並對臺提供美援；後者劇情轉為交代一九七〇年代以後，尤其以尼克森的外交政策轉向為主。這兩段劇情的既說明美國對臺政策的轉變，也因時序得見兩蔣時代高壓統治的情形。必須注意的是，筆者認為編導可能為彰顯美國的「背叛」而誤解一九八〇年代臺灣與美國的關係，尤其是一九八〇年代「反共」已非美國行政部門的目標，然而電影裡代表美國立場的在臺協會官員不斷強調「反共堡壘」的臺灣當局與美國利益的關係，這樣的設定或不符合事實。

簡言之，編導交代一九四九年國民黨撤退抵臺，美國對蔣介石「自由中國」與反共立場的支持，促使其在臺實施威權統治，並確立中華民國政府接收臺灣的合法性，因此臺籍知識菁英主張的高度自治，甚至是獨立，均違反「一個中國」的原則，也觸動合法政權的敏感神經，與違背美國利益，臺灣的人權自由與國際地位的不確定使之遭到「背叛」。編導強調這對不了解臺灣歷史者

30 杭士基（Noam Chomsky）著，林祐聖譯，《流氓國家》（新店：正中出版社，2002）。

31 丹尼・羅伊（Denny Roy）著，何振盛、杜嘉芬譯，《臺灣政治史》（臺北：臺灣商務印書館股份有限公司，2004）。其中作者在第五章〈冷戰時期的臺灣〉談論中華民國政府在經歷羅斯福、杜魯門、艾森豪、尼克森到卡特等美國總統對臺決策的轉向，於外交、軍事上使中華民國政府經驗大國霸權的「背叛」。

而言,臺灣於戒嚴時期所受的壓迫外人很難理解。

另外一段則提到美國政策的轉向即一九七二年尼克森的中國行,致使中華民國政府面臨內外交迫的「背叛」危機。電影凸顯美國於戰後對中國問題處置上呈現「腳踏兩條船」的控訴。

The New York Times 於電影上映時曾作如下評論:

> 基於臺灣與中國雙方皆為美國貿易夥伴的利益而言,這部電影表達了一個全球政策中詭譎的平衡行動,是一個典型的「腳踏兩條船」的外交關係,即美國拒絕承認臺灣是個主權獨立的國家,並維持一個中國原則的宣示。[32]

對於二○一○年的觀影者而言,《被出賣的臺灣》這部電影是否具有從歷史暗示臺灣處境的意涵,筆者認為是肯定的。其一,從歷史思考「臺灣經歷威權時期至民主化歷程」的意義;其二,從歷史思考臺灣國際上的處境存在怎樣的現實危機;其三,電影提醒:大國霸權的利益糾葛,經常犧牲小國以至於其人民的權益。[33]

追問歷史的本質為何時?英國歷史學家卡爾(Edward Hallett Carr, 1892-

---

32. Stephen Holden, Movie Review Formosa Betrayed (2009): When the Language of Diplomacy Includes 'Kapow !', The New York Times, 2010/02/25.原文登載於網站:http://movies.nytimes.com/2010/02/26/movies/26formosa.html,瀏覽日期:2011 年 11 月 5 日。

33. 參看 Taipei Times 對刁毓能的專訪,筆者認為可以看見編導的動機與現實的關懷,並證實筆者的推論。J. Michael Cole, INTERVIEW: Producer brings Taiwan's history to the big screen, Taipei Times, 2010/08/02.原文登載於網站:http://www.taipeitimes.com/News/taiwan/archives/2010/08/02/2003479389 部分翻譯引自:http://www.228.net.tw/index.php?option=com_content&task=view&id=8156&Itemid=7 1,瀏覽日期:2011 年 11 月 5 日。

1982）曾言：「歷史是歷史學家跟他的事實之間，不斷交互作用的過程，是現在跟過去之間，永無止境的對話！」[34]意即歷史著作不可避免的會滲入作者個人主觀的意識及其背後的時代因素。專業史家皆如此，更何況多數的電影製作者，並非歷史學者，若以專業史學角度看待虛構的確實無足可觀，但是，若從反映當時代的某一主流意識進一步追問：為何虛構？則是影視史學的價值所在。換言之，觀眾可以不認同編導對電影中「意識形態」的建構，但是，電影所反映「人權」、「正義」、「霸權」等思辨，或許能激起人們正視這些議題，並對此付諸行動。[35]

第四節　主題融入歷史的素養導向教學設計示例

　　十二年國民基本教育課程綱要（以下簡稱 108 課綱）於 108 學年度正式實施，108 課綱改革的訴求在彰顯學習者的主體性，強調「終身學習」的意涵，不以「學科知識」為學習的唯一範疇，而是注重學習的歷程、方法及策略，能連結真實情境，在生活中能夠實踐力行的知能與特質。

　　依據普通型高級中等校課程推動工作圈彙編《108 新課綱普通型高級中等學校學科課程地圖發展與應用成果彙編》所示：「高中歷史必修課程依時序選擇基本課題設計主題，透過歷史資料的閱讀和分析，培養學習者自主探究、分析理解及解決問題的基本素養。以核心素養為基礎規劃學習重點的教學實踐，以學生為主的課程設計包含『學習表現』及『學習內容』，認知『學習表現』是學生的學習歷程，強調在學習歷程中培養學生知識、能力、態度等，並可做為課堂學習和評量的依據。符合新課綱的歷史學教學目標重視以學生為中心的

34　Edward. H. Carr 著，江政寬譯，《何謂歷史？》（臺北：博雅書屋有限公司，2009），頁126。

35　李道緝，〈影視史學〉，《通識歷史》（臺北：二魚文化事業有限公司，2008），頁 46-47。

課程設計，從核心素養出發，培養具有歷史思維——歷史解釋、歷史理解、時序變遷、史料證據等能力的學生，並有面對未來世界挑戰的解決能力。」[36]

面對新課綱的素養導向教學，筆者自問：新課綱素養精神與歷史教學目標的連結，究竟如何鋪排成課堂實踐的樣貌？身為一位中學歷史教師應如何落實歷史學特性的教學，從而造就學生素養？本文的教學示例，僅是筆者擔任中學教師以來的思考與嘗試，藉此分享也就教領域先進和同儕。

首先說明，關於如何實施素養導向的課程與教學，除了依據現行課綱為本，筆者另行參考國外研究與教學設計理論，如「重視理解的課程設計」（Understanding by Design, UbD）、核心提問（Jay McTighe & Grant Wiggins, 2005, 2016），以及概念為本的課程教學（ConceptBased Curriculum and Instruction, CBCI, H. Lynn Erickson & Lois A. Lanning & Rachel French, 2018）等觀點，與國內國家教育研究院測驗與評量研究中心社會領域十二年國教素養導向教學提問與評量（李鳳華，2019）、社團法人瑩光教育協會藍偉瑩執行長素養導向教學設計與提問工作坊、歷史學科中心教學資源、國內歷史教學研究等，希望藉由理論與實務的結合，為落實具備歷史素養導向的教學找到著力點。為避免冗長教案篇幅，筆者擬以 108 學年發表於歷史學科中心網站臺灣史教案示例——「白色恐怖主題課程設計分享」為本，[37]融入本文討論電影修改為教學提問設計與架構示例之參考。

關於 UbD 的課程設計理念，強調「逆向設計」三個階段，即從「確認期望的學習結果」出發到「決定可接受的學習成果」——最後設計使學生具備能

---

36 甄曉蘭主編，《108 新課綱普通型高級中等校學科課程地圖發展與應用成果彙編》，教育部國民及學前教育署委辦計畫，未出版。檢自：http://web.ylsh.ilc.edu.tw/hscd/，擷取日期：2021 年 12 月 12 日。

37 洪慧霖，白色恐怖主題課程設計分享，檢自：歷史學科中心 108 歷史科教案示例，網址：http://history.cygsh.tw/upload/file/20190911/1568164930134099.pdf，擷取日期：2021 年 12 月 13 日。

力所需的「學習經驗及教學活動」。[38]筆者認為此一以終為始的教學設計思考，可以幫助回應素養導向教學幾個層面：學習重視文本／內容中的核心概念與教學目標的關聯、學習歷程即評量歷程，回應教師對學生學習表現證據的蒐集、學習歷程具脈絡化、層次性、學習朝兼顧概念理解與能力展現，也挑戰教學多元方法非僅僅講述式等。

　　基於此概念，筆者嘗試將歷史教學運用此一理論，並嘗試以「白色恐怖」為主題，進而思考以學生為中心的學習可以如何展開？期使學生兼具歷史思維的能力與主題探究方法與歷程養成的公民素養。以下示例將分為幾個部分：主題與概念發想、學生背景分析、學習重點與核心素養選擇、教學情境脈絡化組織與展開、學習評量（表現任務）設定、提問設計與學習表現的對應、評量規劃與反思。

一、主題、概念發想、學生背景分析與素養導向教學思考

　　筆者於教學準備時必會自問自答：學生為何要學「白色恐怖」？如何連結與之疏離的過往歷史（白色恐怖）和學生生活經驗？促進學生對議題延伸的重要概念如人權、正義如何引導理解並檢核其反思、行動？這堂課的終點目標為何？根據學生先備知識分析（學生為高中生），筆者認為學生於國中已經學過當代臺灣史二二八事件與白色恐怖的背景、因果分析與影響等基本概要，但是對於造成白色恐怖的威權體制形塑與意涵、二二八事件與白色恐怖的異同、臺灣邁向民主化歷程與威權體制的關聯、威權體制的影響與延續至今的相關重大爭議與議題理解相對淺薄，缺乏理性與具備證據性的論述，也普遍缺少認知、同理後的行動。

　　為兼顧學生學習經驗深化、以終為始的課程設計與素養能力的培養，筆者

38　Grant Wiggins & Jay McTighe，賴麗珍譯，《重理解的課程設計》（臺北：心理出版社，2005），頁7。

提出以人權和正義為主要概念,期待學完該單元後學生能「覺察生活中涵括白色恐怖時期延伸的政治爭議由來,能藉史料比較和分析白色恐怖時期受難者經驗異同,理解政治受難者面對威權體制的個人與群體選擇與所付代價,並省思戰後法律體制形塑威權統治的影響與意義」的目標設定,預計以三~四個小時進行教學,並參考「十二年國民基本教育課程綱要國民中小學暨普通型高級中等學校—社會領域學習重點」選擇學習內容分項:歷 Db-V-2「戰後的民主化追求與人權運動」,擇用學習表現分項:歷 Ib-V-1「連結歷史知識與現今生活,並運用歷史知識分析社會現象或變遷」;歷 2b-V-1「理解時空背景對歷史事件發展或人物的影響」;歷 3b-V-2「研讀或考察歷史資料,分析其生成背景與其內容的關係」;歷 3d-V-1「規劃、執行歷史類作品的創作或展演」,期能發展核心素養社-U-A2「對人類生活相關議題,具備探索、思考、推理、批判、統整與後設思考的素養,並能提出解決各種問題的可能策略。」筆者認為教師如果想深化對相關議題的教學,或許應用於探究課程能有更充分的時間。進入課程脈絡安排前,筆者針對本單元進行主題的概念分析如圖所示:

圖 2-2　主題概念分析

二、課程的脈絡化組織與展開

確定目標後,為促進理解的產生,並建立融貫知識、技能與態度、創造學

習經驗，教學者須安排適當、具層次的情境脈絡，幫助學生從生活（事實）經驗到抽象理解。[39]簡言之，安排由淺至深的學習脈絡，以便學生能理解自己的學習歷程。經由脈絡化的學習歷程鋪排也使得教師得以檢視或蒐集學生的學習證據，修正或調整教學。基於此，筆者設計的學習情境與選擇的閱讀資料文本如下：

表 2-2：課程設計脈絡的思考

生活情境 1	生活情境 2	生活情境 3
・播放三段影片：全聯 2018 中元節廣告 被出賣的臺灣預告 返校電影預告	・學生分組找出、整理三段影片資訊：歷史背景、故事時間序、影射事件與人物；聚焦核心於作者、意識形態或觀點、影片正、反評論 ・學生討論三段影片爭議與論點	・學生透過沃草網頁：〈你是戒嚴時代的誰？模擬人生〉，理解白色恐怖受難者經驗，並分享自己的感受
學術情境 4 閱讀文本		**學術情境 6 閱讀文本**
・學生查找國家人權博物館「認識白色恐怖──見證者」的故事，擇一介紹與簡述之 ・學生分類與比較不同時期白色恐怖受難者的類型與受難因素異同	**學術情境 5 閱讀文本**	・如何理解白色恐怖的影響與被害者的思考與行動？──閱讀陳文成博士紀念基金會網站 ・如何思考 1970 年代的中美台關係對海外華人認同的影響？台美人的身分認同和威權時代的關係？──閱讀許維德〈「台美人草根運動」到「台美人認同」的落實：美國 1980 年人口普查的個案研究〉
	・如何定義白色恐怖？──閱讀吳乃德〈威權獨裁下的國家暴力〉 ・如何從法律角度反思「正義／不正義」？──閱讀蘇瑞鏘〈戰後台灣政治案件審判過程中的不法與不當〉、黃丞儀〈戒嚴時期法律體制的未解難題與責任追究〉	

（續下表）

---

39 藍偉瑩，〈2018 素養導向課程設計工作坊 Day1〉，瑩光教育協會（2018 年 8 月 23 日）。網址：https://www.youtube.com/watch?v=rrbVqYRZNoA，擷取日期：2021 年 12 月 11 日。

學術情境 7 閱讀文本	學術情境 8 閱讀文本	反思與統整 9
• 引導學生思考如何避免錯誤再發生？歷史反思與行動的例子？——閱讀林靜雯〈召喚記憶的展示——白色恐怖死難者遺書展〉	• 學生的反思與創造：試寫一封信給威權時代的受難者，根據對其生平的理解出發，同理並提出疑問 • 設計展覽全班同學的一封信，會如何規劃與呈現，包括策展主題、策展方式、分類與佈景，並以書面提案說明。	• 學生寫下本單元學習反思：包括習得哪些新知識？哪些以往未曾注意的思考？哪些思考和任務是有挑戰性的？為什麼？哪些學習幫助深化對過去的理解？如何應用閱讀的資料與思考完成表現任務？還有哪些是你疑惑尚未解決的？你準備怎麼做？

　　從上述的教學情境脈絡鋪排，筆者主要希望透過連結學生生活經驗到學術情境，選用資料、根據教學脈絡，回應教學目標。透過影片、廣告與互動式網站（沃草）等拉近學生生活經驗與歷史事件的關聯，引發好奇與同理後，再藉由學術文本思考重要核心問題如：白色恐怖與威權體制的定義和內涵、國家暴力與威權體制運作的機制、能理解並指出哪些現存的爭議與議題來自過去歷史的遺緒？思考威權體制與冷戰結構下的關係、思考臺美人認同建構歷程和威權體制的關聯？理解威權時期的歷史之後如何反思與產生行動，以及對自身學習歷程的理解。透過小組分享、個人書寫閱讀摘要、作者論點、比較差異和分類政治受難者分期與類型以及單元任務的創作皆可作為評量依據。

三、建構學習概念與評量的提問設計及認知歷程向度關係

　　根據國家教育研究院素養導向的教學提問與評量示例，可見素養導向教學四大原則包含整合知識、技能與態度；情境化、脈絡化的學習；學習歷程、方法及策略；實踐力行的表現等；而評量則依據素養導向的教學強調「學習表現」和「學習內容」的結合，應用於真實情境中的問題解決，引導課室脈絡化

的教學與學習。[40]簡言之，素養導向的教學引導歷程即素養導向的評量歷程。教什麼？培養什麼能力？引導探究的核心問題是什麼？與問哪些問題引導學習？皆是素養導向教學的要素，更是做為評量學生學習的關鍵。因此，引導學生學習思考的素養關鍵在如何提問──與主題探究相關的「提問」。教師應注意做為核心問題的特徵、提問是否連結探究問題與素材、提問屬性能否兼顧不同能力？提問的先後脈絡是否合於邏輯？引導問題是否符合學習表現？

筆者嘗試以白色恐怖主題談人權與正義的概念，提出對應於主題的核心問題為：國共對峙下，威權統治是必要之惡嗎？怎麼論述白色恐怖對人權的影響？如何避免相類似於白色恐怖時期的悲劇再發生？而另一個跨學科的核心問題則是：人權的本質是什麼？筆者擬於上述核心提問下設計引導提問串，希望兼顧先後脈絡與資料素材的關聯，並引用美國教育心理學家布魯姆（Benjamin Samuel Bloom, 1913-1999）認知層次與提問類型進一步檢視培養學生能力和學習表現對應關係。[41]為方便讀者閱讀，嘗試以表格呈現對應關係，唯須提醒讀者引導提問旨在協助學生透過系統、具邏輯層次的推理思考，更重要是藉引導提問導向理解、反思從會到不會的歷程與因應，並發展學生以自己的理解學會詮釋學科概念的本質與思考，[42]因此提問內容、次序皆須兼顧學生程度、提

---

40 李鳳華，〈十二年國教素養導向教學提問與評量社會學習領域種子教師培訓推廣版〉，國家教育研究院網頁（2019 年 9 月─2020 年 1 月）。網址：https://www.naer.edu.tw/PageSyllabus?fid=53，擷取日期：2021 年 12 月 12 日。

41 教育部自民國 87 年公布「國民教育階段九年一貫課程總綱綱要」至民國 103 年發布「十二年國教課程綱要」以來，課程特色經歷從學科知識到基本能力再到核心素養的轉變。新的課程面臨實務上的挑戰，其中之一為課程綱要中建構發展領域學習重點與素養對應關係的構面和其分項指標的解讀與轉化。因此，國內學者與教育工作者投入指標的解讀與轉化，如葉連祺、林淑萍，〈布魯姆認知領域教育目標分類修訂版之探討〉，2003；李宜玫、王逸慧、林世華，〈社會學習領域分段能力指標之解讀─由 Bloom 教育目標分類系統（修訂版）析之〉，2004；李坤崇，《教學評量》，2006；陳豐祥，〈新修訂布魯姆認知領域目標的理論內涵及其在歷史教學上的應用〉，2009，曾介紹 Bloom 的認知目標理論應用於歷史教學上。本文參酌李坤崇，《學習評量第二版》（臺北，心理出版社，2019），頁 34-66 中探討能力指標（學習表現）解讀轉化整合的解與內涵意義。

42 藍偉瑩，2020 暑假臺東共備工作坊，瑩光教育協會。取自：工作坊手冊、筆記，未出版。

供素材對應、幫助探究歷程發生，重點不在問問題的數量而是確認問的問題能幫助學生導向有系統、證據的展現對探究問題的見解與思考，能後設自己的學習經驗。

表 2-3：發展影視史學主題核心概念的問題思考[43]

主題概念分析	總括式／主題式核心問題	學生迷思／另有概念
白色恐怖影視史學 歷史時空因果建構：冷戰結構、國共對峙、威權/黨國體制 歷史詮釋與論據：文本再現、歷史記憶、身分認同 歷史影響與遺留：轉型正義、人權	主題式核心問題 最初提問：為什麼我們要紀念 228？ 最末提問：我們國家如何從威權走向民主化？ 總括式核心問題 如何兼顧國家安全與憲法賦予人權保障的權利？	1.228 與白色恐怖本質上的差異 2.只有被害者沒有加害人的創傷敘述（悲情又疏離） 3.戒嚴時代法律制定與威權形塑的關聯 2.詮釋白色恐怖歷史是反映詮釋者的政治立場和意圖（藍綠選邊站） 3.歷史創傷有時空背景不會再發生（過去讓他過去） 4.轉型正義是清算還是走向和解

表 2-4：提問問題組與認知歷程向度及學習表現關聯

提問問題組	李坤崇修訂 Bloom 認知目標分類與認知歷程向度	領綱學習表現
1.從廣告、兩段影片節錄運用過往歷史學習經驗，說出影片各自影射或具體呈現哪些事件、人物、歷史背景？	1.1 再認	歷 1a-V-1 藉由史實的主題脈絡，建立時間架構觀察事件與事件間的關聯性

（續下表）

43　表格設計參考 Jay McTighe & Grant Wiggins，侯秋玲，吳敏而譯，《核心問題：開啟學生理解之門》（臺北：心理出版社，2016），頁 41-60；藍偉瑩，2020 暑假臺東共備工作坊歷程編輯。

提問問題組	李坤崇修訂 Bloom 認知目標分類與認知歷程向度	領綱學習表現
2.你會怎麼對影片涉及的歷史事件進行時間排序？並提出你認為影片各自描述的主題為何與判斷依據？	2.1 詮釋	歷 1b-V-1 連結歷史知識與現今生活，並運用歷史知識分析社會現象或變遷
3.請查找三段影片的相關資料，你會如何補充與修正自己的哪些觀察缺漏？	2.4 摘要	歷 1a-V-3 比較過去與現在的異同，並說明過去與現在的關聯性
4.分組討論三段影片中的（作者）觀點怎麼被描述？運用哪些歷史例子、符號、表現手法和情節、說詞、氣氛）	2.5 推論	歷 1b-V-2 辨識、解釋不同歷史時期的變遷與延續
5.各組查找資料後列出三段影片各有哪些爭議與議題討論？（爭議的論點或不同觀點的形成脈絡有什麼差異？）	2.7 解釋	歷 1b-V-3 選用及組織資料、提出合乎邏輯的因果關係與歷史解釋 歷 1c-V-1 檢視特定歷史解釋所反應觀點
6.上沃草網站試選「回到戒嚴時代，你是誰？」請找出「你的」故事、遭到判刑理由、結果，並分享你的感受？	3.1 執行	歷 3b-V-1 根據主題，進行歷史資料的蒐集、整理與分類 歷 2b-V-1 理解時空背景對歷史事件發展或人物的影響
7.透過國家人權博物館網站「認識白色恐怖─見證者」的故事，你會根據什麼概念來區分白色恐怖受難者的類型？	3.2 實行	歷 1b-V-3 選用及組織資料、提出合乎邏輯的因果關係與歷史解釋
8.閱讀吳乃德文章後，你會如何分析造成戰後臺灣造成威權統治、白色恐怖的歷史背景、因果、關聯與影響？	4.2 組織	歷 1c-V-2 綜合歷史知識與史料證據，提出個人的分析與詮釋

（續下表）

提問問題組	李坤崇修訂 Bloom 認知目標分類與認知歷程向度	領綱學習表現
9.閱讀許維德文章後，你會怎麼解讀電影《被出賣的臺灣》的意識形態與創作的關聯、影響和適切性？	4.2 組織	歷 1c-V-2 綜合歷史知識與史料證據，提出個人的分析與詮釋 歷 2c-V-1 審視重要的歷史爭議事件，理解歷史作為共同記憶的政治意涵
10.閱讀蘇瑞鏘〈戰後臺灣政治案件審判過程中的不法與不當〉、黃丞儀〈戒嚴時期法律體制的未解難題與責任追究〉後，小組討論如何從戒嚴時期的司法（軍法）審判歷程中，思考誰應為「白色恐怖」負責？	4.3 歸因	歷 1c-V-2 綜合歷史知識與史料證據，提出個人的分析與詮釋 歷 1c-V-3 反思並評論重要歷史事件的影響
11.有人主張威權統治是基於國共對峙下必要之惡；另一方則主張威權統治時期惡法侵害人權，你會怎麼解釋兩方說法的脈絡差異並提出你個人對此爭議的問題和見解？	5.2 批判	歷 3a-V-1 覺察當代事件與歷史的關係啟發問題意識，並進行問題釐清與探究
12.蒐集和閱讀相關白色恐怖主題展覽後，你會如何規劃以白色恐怖為主題的展覽並具備啟發觀者反思與達到歷史理解？（需包括主題展覽名稱、主題概念與策展目的、徵稿方向規劃、展覽子題分類與主題關係說明、策展呈現方式）	6.2 規畫	歷 3b-V-4 應用歷史資料，藉以形成新的問題、呈現自己的歷史敘述、或編製歷史類作品

（續下表）

提問問題組	李坤崇修訂 Bloom 認知目標分類與認知歷程向度	領綱學習表現
13. 說明你在本單元學到哪些新的認知、思考時哪些地方產生困惑？如何解決問題？你對過去歷史同理聚焦哪些方面？你的行動（策展）方案和學習的關係是什麼？你還有哪些困惑？你打算怎麼做？	後設認知（UbD）自我認（Self-knowledge）：表現後設認知的覺察力，覺知個人風格、偏見、心理投射，同時形塑個人理解的心智習性；省思學習和經驗的意義（UBD）。[44]	歷 2c-V-2 省思歷史發展的多重面向，珍視融合多元族群、文化的社會體系及人權的價值

第五節　結語

　　書寫歷史與影視史學皆是傳達人們如何選擇歷史並詮釋之的媒介，最大不同是影像不只能敘述歷史，更能「觀看到」歷史，是將敘事與想像視覺化的「再現」過程。對於歷史教育的作用而言，透過影像認識歷史是一種激發學習興趣的途徑。但是，更重要的是如何教育學習者詮釋影像的訊息，並作為培養歷史思維與思辨的能力，才符合本質上屬於史學的思維方式或知識理論。

　　本文以電影《被出賣的臺灣》討論戰後臺灣民主化歷程，藉由影像解讀威權時代的壓迫與延續至今的歷史爭議。這部電影的作者是一位臺裔美國人第二代，對於戰後臺灣威權時期的歷史經驗，主要受到第一代移民即父執輩的影響，與其說是作者個人的意識，更適當而言是屬於臺美人集體記憶與家國想像的再現。

　　透過電影的再現，我們看見臺美人集體記憶的符號與記憶中歷史事件的揀

44　Grant Wiggins & Jay McTighe 著，賴麗珍譯，《重理解的課程設計》（臺北：心理出版社，2017），頁 90。

選，如「二二八事件」、「白色恐怖」、「美麗島事件」、「陳文成案」、「江南案」與「鄭南榕臺獨主張」的新建國運動；更可見，編導因參與政治的經歷而使其關注到戰後臺灣／中國／美國三角外交關係的互動與牽扯，透過對臺灣歷史的了解與複雜的國際利益關係的糾葛，編導提出一個批判性的字眼——「背叛／出賣」提供觀看者同理與爭議的想像。

《被出賣的臺灣》與臺灣新電影最大不同在於，對過去歷史不義直白的提出控訴，並追問元凶的責任，批判造成威權體制的共犯結構。雖然，編導強調希望在輕鬆氣氛下思考嚴肅的臺灣政治議題，但是，筆者更願意相信，編導也試圖拋出爭議，創造歷史思辨的對話空間。

論其電影的缺失，除了當代臺灣場景的考證缺失、服裝與語言的格格不入降低臺灣觀影者的涉入感，尤以劇中對性別的再現更是充滿東方主義的想像，使得客觀上，臺灣民主運動歷程中缺乏女性的角色而遭致性別歧視的批評。筆者認為，這些缺失在解讀影像時，必須謹慎面對並能提出質疑。畢竟，符號化的想像有時違背的歷史的客觀事實，也造成某些刻板印象的持續複製與制約。

不過，筆者認為，《被出賣的臺灣》具有討論意義之處在於，電影中不只控訴過去威權政府對人權的「出賣」，同時也提醒：以國家利益角度出發的外交政策是經常致使大國霸權侵害小國弱勢的根本原因所在。因此，依附於大國並不是小國最佳生存的方法。電影從過去歷史中臺灣與美國的互動關係，提醒著「背叛」的軌跡，延伸至電影結尾的批判：「現在全世界有二十三個國家承認臺灣是獨立國家，美國不在其中。」這樣的狀況是臺灣面臨中國與美國建交後，外交處境陷入困頓的現實，對電影創作與上映時空背景而言，反映編導對臺灣主體意識的追求行動受到崛起中國挑戰的關注與焦慮。

身為臺美人第二代的刁毓能透過對歷史的省思，建構臺美人對國家認同的敘事思維，並以行動實踐對臺灣未來國際處境所面臨挑戰的關注，也使當時看完這部電影後逾五成的觀眾覺得有助於了解臺灣民主化的過程，更有近四成的

觀影者思考應如何拍攝屬於自己本地人敘事角度的電影。[45]

　　最後，筆者認為，電影與教科書對歷史的詮釋最大殊異，影像是透過由下而上的發聲，並不斷挑戰既存的觀點。探討歷年的歷史教科書對「威權時期」的書寫，所依憑的不僅是歷史學專業而已，而是各方控制過去詮釋權的選擇。值得慶幸的是，對於教育現場的工作者而言，教育體制的自由化，讓教師有權選擇適當的補充教材，社會也同意歷史教育應該兼具多元的觀點。因此，筆者認為，透過影視媒體作為歷史教學的輔助是可行的嘗試，需要注意的是教學者必須扮演引導對話的角色，也就是說如何詮釋影像的訊息、比較影視與書寫史學的觀點差異、提供多元的學習教材是影視史學在歷史教學中積極的價值與意義。

　　因此，筆者建議透過教師對單元主題概念的分析，從對應學生的先備知識提出核心問題，連結與安排學習的情境脈絡，以提問引導學生的思考與理解，並思考其迷思或另有概念的困頓處，設法深化學生的學習經驗，兼顧學科思維的特質，掌握對歷史因果、解釋和證據與論述形成學習者自身的能力與價值判斷。並於教學中安排適當的形成性評量與設定相應的表現任務，透過做中學與思，回應素養導向教學的挑戰。期待本文的教案示例能對讀者或教學者都有一點靈感的激發。

45　參閱筆者碩士論文整理附錄四電影觀後問卷調查統計，頁 186-187。

三、電影《牽阮的手》在中學歷史教學的運用

洪筱婷
高雄市立明義國民中學歷史教師*

　　十二年國教課綱給予國民中學階段的學生，每周在歷史領域有一節四十五分鐘的課程時間；對於歷史老師要達成的教學目標來說，授課時間稍嫌不足。因此利用彈性學習課程加深加廣學生對歷史的認識，是各校常見的做法。

　　為什麼要在課綱規定以外的時間增加歷史課程的時數呢？筆者認為學生在學校最重要的任務，是學習如何生活。在各種不同教學領域之間，對構築學生與生活產生連結的橋樑最有幫助的科目之一，便是歷史。相反的，在今日歷史課堂中，學習表現冷漠的孩子比比皆是，歷史也常在學生心中淪為「背多分」的機械化背誦課程。這或許是因歷史課程內容和學生的人生經驗並未產生連結，教科書書寫與老師講述的內容無法使學生產生觸動，導致許多學生對學習歷史缺少動機與興趣；本文即是筆者試圖解決在教學現場觀察到此一現象的嘗試。

第一節　教科書中的「戰後民主化歷程」敘述

　　筆者任職學校今年使用的社會科教科書版本為「康軒版」，因此本文對國中歷史教科書的書寫探討，以康軒版（2021）年作為論述對象，並鎖定「戰後民主化歷程」的相關敘述，作為探討範圍。

　　康軒出版社將臺灣戰後民主化歷程的內容編寫於七年級下學期社會科課本歷史篇的第四課，章節名稱為「戰後臺灣的政治變遷」，其下分為三小節：

---

*　本文為筆者碩士論文〈影視教材在臺灣史教學的運用：以紀錄片《牽阮的手》為中心〉（臺北：國立臺灣師範大學歷史學研究所碩士論文，2016）改寫精簡而成。

（4-1）二二八事件、（4-2）戒嚴體制與白色恐怖、（4-3）民主化的歷程。

　　十二年國民基本教育課程綱要「社會領域」中指出，國中階段學習內容在當代臺灣部份重視政治外交的變遷與經濟社會的變遷，這一主題可留意討論：

1. 一九四五年以後移入臺灣的中華民國統治體制，以及其後因應民主化運動所推動的政治改革。

2. 不同性別、族群在二二八事件與白色恐怖時期受難的情形、受難者家庭及社會所受到的影響，以及歷史真相與和解的關係。

　　相對於九年一貫基本內容，新版課文大致依循舊有版本類似脈絡書寫課文，但為因應十二年國教課綱的要求，增加了對「多元族群、不同性別與族群」的說明與重視。在此前提下，就康軒版七年級下學期第四課文各小節內容進行文本分析：

一、前言

　　第二次世界大戰結束，臺灣人民歡喜期待「祖國」政權的到來，但隨之而來的政治、經濟動盪，引發政府與人民間的矛盾衝突。衝突過後，臺灣進入威權統治，民主發展緩慢，促使人民展開追求民主的運動。歷經雷震案、美麗島事件等，政府終於陸續解除戒嚴、終止動員戡亂，臺灣民主逐步落實。本段落並附有課文旁的照片：作家柏楊在綠島人權紀念碑上的題字。之後有提問、教師版提示答案等。

　　「前言」將祖國加引號，或可用以引導學生思考「祖國」此一名詞使用的演變與其背後帶有的政治意涵與意識型態。課本在此處所做提問，由於學生缺乏先備知識，或許無法適當回答，但教師可藉此做為引導動機。

二、二二八事件

　　本課課文一開始略述國民政府接收臺灣：

　　民國三十四年八月，日本宣布無條件投降，臺灣、澎湖改由中華民國治理。

在九年一貫版本課文中，各版教科書多會敘述日本無條件投降是因第二次世界大戰結束，而臺灣與澎湖藉此脫離日本的殖民統治。新版課文中在此缺少了文字引導學生認識臺灣與中華民國在第二次世界大戰中扮演的角色、與中美日在亞洲區的外交角力和整體局勢發展，使學生無法藉由歷史課程體會世界局勢對臺灣、個人發展的重要性，歷史教師或許應在此提供學生更多背景理解。

二二八事件劇烈衝擊了戰後臺灣的政治發展、社會族群紛爭、國族認同形塑等不同層面，因此在討論臺灣戰後民主化歷程時，對二二八事件的理解是不可或缺的。康軒版對二二八事件的敘述，包括其背景、經過與影響。另有「充電站」，補充說明「清鄉」。

在此段課文中，書寫者使用「掃蕩反政府分子」、「執行過當」等詞彙，顯示其書寫偏向政府立場、認同二二八事件為反抗政府的民眾暴動之意識型態，此段敘述又與其上「民眾抗議卻遭射殺、士紳要求改革卻被陳儀視為叛亂」的敘述相背離。此外，二二八事件受害者若為冤案，為何家屬會長期遭到社會的誤解和排斥、處境為何艱困？政府在這些誤解、排斥與艱困背後扮演何種角色？課文並未對此說明，又施以減少政府負面作為的描述，會使學生認為政府是勇於承擔錯誤、而且是負責的，增加學生對政府的認同感，[1]減弱學生尋求轉型正義的動機。

三、戒嚴體制

戒嚴體制的實施對臺灣人民的生命、自由、財產等基本人權造成莫大的傷害，康軒版對此段歷史的敘寫，主要包括對戒嚴體制與白色恐怖的敘述。另外，亦有「充電站」補充說明白色恐怖之定義，以下並舉白色恐怖事例做為參考依據。

1　馮美滿，〈國中臺灣史教科書政治意識形態之批判論述分析—以翰林（2013 版）教材內容為例〉，《嘉大教育研究學刊》，第 33 期（2014），頁 96。

　　在課文書寫中指出政府制定動員戡亂時期臨時條款，是為了「因應國共內戰」、發布戒嚴令是為了「防止共產黨滲透和傳播共產思想」、總統得以一再連任是為了「應付嚴峻的兩岸局勢」、白色恐怖是為了「防止共產黨擴張」，背後隱含這些行為是逼不得已的意涵，無形中加深學生對政府當時威權統治的認同，[2]也並未討論這樣的舉措是否合乎比例原則。

　　但相對於九年一貫版本課文中，「白色恐怖」僅為小幫手中的一個註解，十二年國教版本改為給予一段課文的篇幅，並提供不同身分的民眾受到迫害的事例，確實增添了學生理解當時背景的引線。

四、民主化的歷程

　　第四章第三節探討臺灣社會從戒嚴體制邁向民主社會的過程，相關敘述包括：雷震與自由中國、美麗島事件、解除戒嚴等歷史發展。「充電站」則補充說明「黨外人士」。

　　不過，在探討民主化歷程的課文前言中，強調「政府開放地方自治」才使「黨外人士得以發展勢力、實施政治理想」，如此敘述對於使學生理解臺灣推動民主化歷程、其背後的主要動力而言，是否符合改變推動者的主從性？

　　在 4-3 開始進行民主化歷程的教學前，課文在標題旁放下了一個問題：「臺灣人民如何追求民主化？」對於沒有先備知識的國中生而言，他在閱讀完課文的敘述之後，會如何回答這個問題呢？教科書這樣的書寫內容，是否真的能使學生如課綱所說的：理解當時的人民與家庭「受到的影響、以及歷史真相和和解的關係」？

　　由於受到教科書篇幅的限制，課文中對於民主化歷程的敘述只有片段式的介紹雷震與美麗島事件，這兩個事件之間間隔了近二十年，而美麗島事件結束後

2　馮美滿，〈國中臺灣史教科書政治意識形態之批判論述分析─以翰林（2013 版）教材內容為例〉，頁 96。

又經歷了近十年的時光，臺灣才得以走向解嚴。這段漫長的道路對學生而言是一大段空白，僅就兩個事件的片段敘述，對於讓學生理解民主之得來不易、珍惜民主和人權成果、認識歷史脈絡與當時臺灣民眾的各種面貌，我想幫助並不大。

　　將過去轉化為歷史，並與現在相連結，既是一種能力，也涉及誰有權力這麼做的問題。過去無論是東方的史學或西方的歷史學都認為，「平均」以上的人才有資格進入歷史，所以歷史紀錄的必須是重要的人與事，[3]這樣的觀念呈現歷史書寫常以官方史觀為主的現象，也影響了教科書的內容呈現。然而，歷史思維是一種有時間感的脈絡性思考，歷史事件必須要放在當時的情境中理解，考量多重因果關係，[4]缺少一般民眾觀點的歷史敘述，難以讓學生對歷史產生同理心和興趣。為改變學生對歷史感到冷漠、或者接收到的僅是片段的有趣故事，卻對整體歷史脈絡理解不深的問題，歷史老師能在教學過程中提供那些方式的輔助呢？筆者因此希望能在國中歷史教學課程中，加入大眾史學與影視史學的概念。

第二節　《牽阮的手》，牽起個人生命與國家命運

　　當人們忽視了不同立場、不同族群的人對於相同的歷史事件會有不同的記憶，便會導致認知出現差異與爭議，也使得歷史思維趨向片面、斷裂。因此，歷史研究不只是要還原過去、追求真相，更要思考如何跳出以往官方史觀的框架，重新講述平凡的大眾，[5]這正是大眾史學所關切的問題。

　　歷史課程和學生生命經驗關聯甚少，起因之一是臺灣中小學的歷史教育以

3　陳瀅州，〈「大眾史學與博物館座談會」觀察紀錄〉，《歷史臺灣》，第 8 期（大眾史學專題）（臺北：國立臺灣歷史博物館，2014），頁 209。

4　宋佩芬、吳宗翰，〈歷史脈絡性思考與國際視野：以國中社會教科書「牡丹社事件」為例〉，《當代教育研究季刊》，第 21 卷第 1 期（2013），頁 109。

5　陳瀅州，〈「大眾史學與博物館座談會」觀察紀錄〉，頁 209。

涌中為主，教科書的編纂方式受傳統史觀影響極深。傳統史家常偏重菁英主義，忽略一般常民的生活和文化，輕忽地方史、弱勢族群以及各種他者的歷史；[6]這樣的歷史書寫方式，使得臺灣歷史教科書中極少呈現一般庶民的生活軌跡，學生也難以從官方史觀的論述中，產生對自我歷史的理解與認同。

筆者希望透過在歷史課堂裡導入多方觀點的文本、增添講述法以外的教學模式，藉此引導學生神入歷史情境、建構歷史核心能力，使學生不僅能夠後設認知自己的思考模式，並進而學會理解他人立場、增強與他人和社會的連結。

為達成此目的，影視文本是相當適合應用在課堂上的教學教具，不僅能補充教科書論述之不足，影音媒體獨特地敘述能力也能刺激學生產生與過去對話的意圖。與歷史相關的影視文本極多，若特指影片媒體，可分為兩大類：一是歷史劇情片，另一是紀錄片。前人研究多利用歷史劇情片，故筆者希望擴增應用紀錄片於歷史課程中的論述。

在紀錄片的眾多定義中，討論最廣泛的說法是由約翰·格里爾生（John Grierson, 1898-1972）所提出的：「對真實事物（的影像紀錄）做創意性的處理。」[7]在此定義下，紀錄片不只是對素材的描述而已，而是要主動安排這些素材，並創意性地形塑它，[8]透過拍攝紀錄片對社會、經濟、政治及文化議題做誠實的探討，[9]告訴觀眾社會問題的根源以及政治原因。因此紀錄片的發展與整體社會脈動息息相關，拍攝對象包含全體社會成員與多元議題，符合大眾史學本質的關懷，也符合筆者希望帶給學生的多方觀點。

臺灣紀錄片數量龐大不勝枚舉，筆者決定透過與臺灣戰後民主化軌跡同時

6　周樑楷，〈認識你自己—大家來寫村史與歷史意識的自覺〉，《當代》，第 211 期（2005），頁 54-55。

7　Forsyth Hardy (ed.), *Grierson on Documentary* (New York: Praeger Publisher,1971), p. 13.

8　Forsyth Hardy (ed.), *Grierson on Documentary* (New York: Praeger Publisher,1971), p. 146.

9　Richard M. Barsam 著，王亞維譯，《紀錄與真實：世界非劇情片批評史》（臺北：遠流，2012），頁 133。

成長的紀錄片，探討臺灣民主化歷程的發展。因周樑楷曾在〈大眾史學的定義
和意義〉中指出：

> 對大眾史學的關注不僅止於應該寫大眾、群眾的歷史，而且要突出群眾
> 如何影響歷史，以及由下而上的作用力。[10]

　　故筆者從眾多紀錄片中挑選《牽阮的手》作為探究對象。《牽阮的手》主
要紀錄田朝明夫妻的人生經歷，他們的人生與臺灣民主化進展緊密結合，彰顯
出個人生命和群眾力量如何由上而下影響國家歷史發展。

一、個人生命與國家命運

　　《牽阮的手》紀錄主角為田朝明醫生（1918-2010）和田孟淑女士（以下
省略敬稱），他們在白色恐怖時期積極參與臺灣民主運動，並展開救援政治犯
的行動。全片以兩人的愛情與人生經歷為主軸，從個人生命介紹連結到國家發
展關鍵事件，透過田孟淑情緒豐沛而生動的口述影像，鋪陳出一幅個人生命與
國家命運交織而成的歷史輪廓。片中使用素材包含日常生活紀錄影像、翻拍照
片、繪畫、報紙、信件、口述歷史訪談影像、動畫重現等不同文本，展現導演
書寫大眾史學的多元視野與方法，並藉此串聯起田氏夫婦和許多人相遇的生命
故事，結合而成對臺灣時代演變的歷史表述。

　　筆者以片中敘述內容和主題為基礎，將《牽阮的手》全片分為十一個段
落，段落大綱整理如下表（表 3-1）。導演將田氏夫婦與其家庭成員的生活史
作為敘事主軸，並分出對以下事件的支線描繪，如：二二八事件、李萬居
（1901-1966）與《公論報》、救援政治犯行動、美麗島事件和林家血案、鄭南

10　周樑楷，〈大眾史學的定義和意義〉，《人人都是史家：大眾史學論及第一冊》（臺中：采育
　　出版社，2004），頁 26。

榕（1947-1989）自焚等，在這些臺灣歷史發展的關鍵時刻，田氏夫婦也作為參與者和相關人事有著密切的互動。透過田氏夫婦的生命故事娓娓道來，也同時重建以庶民身分作為參與者的歷史視角，讓觀影者和田媽媽產生情感上的聯繫，提供觀眾另一種思維或理解、省思的可能性。

表 3-1：《牽阮的手》段落大綱

影片時間	段落大綱	使用文本	配樂
00:00:00 ｜ 00:03:00	【片頭】 1. 田媽媽的生日聚會。 2. 田媽媽一邊炒菜一邊唸歌，歌詞內容與政治思想有關，表示其理念已融入日常生活。 3. 強調田媽媽與田爸爸緊握彼此雙手、參與社運的照片，照片淡出後導入標題：「牽阮的手」。	生活影像 照片	《十八姑娘》
00:03:00 ｜ 00:27:55	【田媽媽的戀愛】 1. 導演開車載田媽媽回臺南老家。 2. 動畫呈現兩人的愛情故事：田媽媽與田爸爸在常關庵診所的初遇、兩人開始戀愛。 3. 田媽媽房間牆上有許多照片、包含社運紀錄與田媽媽田爸爸年輕時的合照，談兩人相處。 4. 田媽媽參加水噹噹合唱團活動的影像。 導演旁白：《無米樂》製作完成後，2006 年攝影機來到另外一個世界，花費四年的時間紀錄田醫生夫婦用生命走過的臺灣歷史，這個故事，就從少女的田媽媽最驕傲的愛情說起…… 5. 田媽媽翻譯田爸爸寫的日文小說《Love Story》，此小說根據兩人思慕之情創作而成。 6. 動畫呈現兩人熱切的愛情與家庭的反對、田媽媽私奔過程。	生活影像 照片 動畫 信件 旁白	《流浪者之歌》 《臺灣》 《月亮代表我的心》 《家後》

（續下表）

影片時間	段落大綱	使用文本	配樂
00:27:55 ｜ 00:38:06	【二二八事件】 1. 動畫呈現田媽媽的童年，如：愛打抱不平（寫信反對老師體罰）與喜歡學唱歌仔戲；鏡頭轉向田媽媽在1992年反核四運動唱歌仔戲的影像紀錄，部分歌詞：「可憐一代又過一代，國民政府最腐敗，統治臺灣不應該，趕走日本中國來，無疑滲尿換挫屎。」 2. 導演旁白，由「無疑滲尿換挫屎」轉而介紹二二八事件，穿插影像文本，田媽媽訪談時說明田爸爸曾參加臺南二二八，並認為「臺灣人是從比較好的地方掉入無底深淵」。 3. 田氏夫婦認為臺灣人在國民黨統治下是奴隸，方言受限、報紙與教育有問題等。	生活影像 動畫 旁白 照片 報紙 網頁 漫畫 訪談	《白鷺鷥》 《月光光》 《點仔膠》
00:38:06 ｜ 00:44:30	【田爸爸的生活方式、受國民黨迫害的經歷】 1. 動畫呈現田爸爸與別人不太一樣的想法，如：從日本帶回一屋子的書，而不是藥物、拍身分證證件照時將臉塗黑等生活方式。堅持用他的生活向體制說「不要」，用身體的不合作來表示抗議。 2. 動畫描述田爸爸因為讀報時念出臺獨新聞，受國民黨情報系統追查、無法獲得醫院薪資，最後賣掉祖產自己開診所。 3. 田永人牧師口述呈現生活方式：我爸爸媽媽走街頭，就一邊走一邊吵架，人家說你們不要在這裡吵架，他們說你管我，我們要在街頭談論家裡的事跟國家大事。 4. 田秋菫立委口述：父親不肯讓她上學，認為國民黨的教育是愚民教育，在美感上也會對小孩造成破壞，因此自己設計女兒學生制服。	動畫 訪談 照片	《永遠的尪婿》

（續下表）

影片時間	段落大綱	使用文本	配樂
00:44:30 ｜ 00:56:58	【和自由中國、和李萬居的關係】 田永人牧師訪談提到時代改變了，導演旁白藉此將議題導入戒嚴時期，認為老百姓在戒嚴時期活在一個什麼都禁止、靜悄悄的年代，而此時臺灣有一群不分本省外省，勇敢站出來反抗，並開始介紹田家與這些人的情誼往來。 1. 田醫師受邀在中國民主黨成立座談會發言。 2. 李萬居與《公論報》 由李萬居寫給田爸爸的信展開雙方的關聯，動畫描述田氏夫妻與李萬居的互動。晚年貧病交迫的李萬居身影和五年臥病在床的田爸爸影像交疊。	旁白 訪談 照片 報紙 動畫 信件 生活影像	《發光的靈魂》 《白蘭花》
00:56:58 ｜ 01:00:58	【田爸爸的主張，臺灣獨立】 呈現臺獨聯盟主席黃昭堂到醫院探望田爸爸的紀錄影像。田媽媽討論田爸爸開始談論臺灣獨立的契機：國民黨、二二八、戒嚴令。	生活影像 照片 影像 訪談 文件	《臺灣翠青》
01:00:58 ｜ 01:16:55	【救援政治犯】 1. 動畫描述田媽媽假借買菜行動走入日本大使館，要求日本不能引渡政治犯回臺。 2. 謝秀美至田爸爸的診所，要求幫忙救援其兄謝聰敏（1934-2019）。並描繪外國人的協助、田家在救援政治犯過程中扮演的角色。	動畫 口述 照片 報紙	《思想起》
01:16:55 ｜ 01:32:18	【田秋堇視角】與田媽媽的互動、對父母的想法與對局勢轉變的擔憂。 1. 田媽媽協助田秋堇參選立法委員。 2. 田秋堇對田爸爸的印象與想法：屈原「天問」與田爸身影的重疊、田醫師演講、從小擔心父母會被抓走、在退出聯合國隔日沉重的心情。 3. 旁白將畫面引向對蔣介石（1887-1975）的評論、退出聯合國、中美斷交。	生活影像 照片 新聞影像	《蝴蝶飛啊飛》 《望你早歸》

（續下表）

影片時間	段落大綱	使用文本	配樂
01:32:18 | 01:56:17	【美麗島事件、林家血案】 1. 介紹美麗島事件。 2. 日本人渡田正弘演講受到刑求過程。 3. 田媽媽在景美看守所回憶過去探監情形、美麗島事件對田爸爸的影響。 4. 林家血案（動畫與訪談影像交錯呈現） 旁白引出當時新聞報導、動畫描述身為林義雄助理的田秋堇發現案發現場的過程、田爸爸田媽媽到現場的行動等，與林家追思會影片。	生活影像 報紙 信件 照片 動畫	《望你早歸》 《補破網》
01:56:17 | 02:13:40	【田氏夫妻參與社運、鄭南榕自焚】 1. 林義雄演講提到「只有愛與寬恕才能解決人類的衝突和糾紛」，畫面轉向五二〇農民運動時，警察鎮壓抗議民眾的紀錄影像。 2. 田媽媽敘述參加社會運動的經歷：拍攝團隊問田媽媽，他們參與的第一次遊行集會是什麼，引出對鄭南榕的討論。 3. 鄭南榕為表達其決心，自囚雜誌社並決定自焚，動畫呈現田氏夫妻與鄭南榕、葉菊蘭的互動，穿插紀錄影像、呈現鄭南榕自焚現場與後續發展。	紀錄影像 照片 口述 動畫	《南國大榕樹》
02:13:40 | 02:17:02	【田醫生之死】 1. 在詹益樺（1957-1989）自焚影像播放時，旁白表示他用生命向國民黨政府宣示臺灣獨立的決心，畫面轉向田醫師住院的影像。 2. 旁白念出田醫師的日記：「……尋找恰當的死亡時間是最困難的」，展示田氏夫妻的照片。最後以「人權鬥士田朝明於 2010 年 3 月 18 日去世。獻給從一而終、不改其志、為這塊土地受難的人」的字幕作為影片結束。	生活影像 照片	《牽阮的手》

本片敘事首先以田孟淑探望自私奔起就未曾重返的老家為緣起，緩緩展開她與田朝明的愛情故事。在兩人婚後，田朝明被懷疑與臺獨活動有關聯，受到國民黨黨政系統的壓迫而不斷失業，決定自己開立診所，因此認識了創辦《公論報》的李萬居先生。田朝明在每天為李萬居看診聊天的過程中，對臺灣的政治發展有了更深刻的認識，也因為曾受壓迫的親身經歷，使田氏夫妻逐漸建構其身分認同與政治理念，導致在日常生活中對政治的參與漸深，並且推己及人開始救援政治犯。

導演又透過對田氏夫妻的子女進行口述訪談，側寫田朝明與田孟淑的個性和以實際生活方式實踐政治理想的態度；其後敘事分支至田家大女兒田秋堇的經歷，敘述田秋堇從小在家耳濡目染、從不安恐懼到認同並參與政治活動的心路歷程，並介紹因臺灣時局變化而引發的美麗島事件，以及田秋堇身為林義雄秘書而發現林宅血案第一現場的親身經歷。

其後以林義雄「希望愛可以緩和仇恨」的演講，轉而討論臺灣社會運動的發展，因田氏夫妻初次參加的社會運動是由鄭南榕所舉辦，再介紹鄭南榕對臺灣民主運動發展的重要性與決定自焚的始末，最後以田朝明的逝世作為影片的結束。

《牽阮的手》藉由導演摘選出田氏夫妻生命中的關鍵時刻，說明他們身處社會的普遍氛圍與臺灣時局變化的進展。如：憑藉田朝明與李萬居間情誼的展現，引導觀眾了解戰後初期臺灣省參議員「五龍一鳳」對臺灣民主發展的深遠影響、以田氏夫妻參與拯救政治犯的經歷刻劃，側寫出白色恐怖時期國民黨政府對人民生活的監控與對思想的箝制、依據田家與林義雄和鄭南榕的關係，展現林家血案與鄭南榕自焚等重大事件中實際參與者的口述歷史，使觀眾能體會戒嚴前後臺灣民主發展曾經歷的黑暗。

影片段落之間由於導演常剪輯各式史料文本作為註解，導致時序有時交錯，但原則上依舊是以田氏夫妻的生命歷程做為引導主軸；導演透過田朝明與田孟淑一家平凡的生活呈現臺灣黎民百姓的縮影和其中蘊含的愛與勇氣，以一

般平民生活的近寫引發觀眾的共鳴。紀錄片的前半段以介紹田朝明和田孟淑的愛情為主軸，後半段則透過田氏夫妻身為普羅大眾的視角構築臺灣民主運動發展架構，以大眾史學的方式展現宏觀的時代氛圍。

　　十二年國教課綱要求歷史課程內容需要探討「不同性別、族群在二二八事件與白色恐怖時期受難的情形、受難者家庭及社會所受到的影響，以及歷史真相與和解的關係。」筆者認為歷史課要教導學生的不僅是過去曾經發生過的事情，更重要的是了解「每個人看待同一件事情，角度跟立場不一樣」，希望能透過互相理解、減少誤解，使得悲劇不再重演。面對因篇幅受限而描寫有限的教科書，歷史教師可運用《牽阮的手》讓學生透過不同立場的敘事，思考歷史人物也曾經是活生生的一般民眾，透過設身處地、試圖從不同角度看待事件，增廣自己面對人生的視界。

　　以片長一百四十分鐘的紀錄片而言，《牽阮的手》導演採訪的人數並不多，而且明顯呈現相同立場的敘事面向。或許這也是部分觀影者認為《牽阮的手》只為「本省人」說話而忽略「外省人」的原因，莊益增導演對此表示：

> 我們如果去採訪很多人，將採訪內容串在一起，非常簡單，可節省我三分之二以上的時間跟工程，但是我們不想要這樣敘事。而且我們也不負平衡報導的責任，像一些重要民主事件，我們只問田媽媽的記憶，除非必要不問其他參與者，我們想要專注在個人歷史上。[11]

　　事實上在《牽阮的手》所探討的歷史事件之中，李萬居是曾任接收委員的「半山」、雷震是曾任中國國民黨重要幹部的「外省人」、鄭南榕則是「外省人

11　誠品網路編輯群著，〈《牽阮的手》，重現理想主義伴侶的奮鬥歲月：專訪莊益增導演〉，誠品網頁（2011 年 11 月 10 日）。網址：http://stn.eslite.com/ArticleByPrint.aspx?id=1556，最終查閱日期：2015 年 6 月 20 日。

第二代」，他們皆為影響臺灣民主意識發展的重要人物，可見這部紀錄片並未排除外省人，僅是單純以田氏夫妻曾參與過的歷史事件為敘事對象。並且導演不擔心本片會變成一部單向的人物傳記片，莊益增認為：

> 紀錄片我採取的方式就是較忠實呈現拍攝對象的立場跟意識形態，不會另外拉出客觀的平衡報導或是什麼其他的……我希望不同的政治立場和意識型態可以有較多的紀錄片來處理，讓觀眾自己去看、去欣賞。[12]
> 每個人都有自己的意識型態，這部影片的意識型態是我們拍攝對象的意識型態，我們的拍攝對象的政治立場需要被尊重。[13]

《牽阮的手》由於重視紀錄與再現田氏家族的親身經歷，使得全片對臺灣歷史的探討角度較為一致，缺少不同意見的激盪；但也因本紀錄片的拍攝宗旨是希望透過呈現不同族群的想法與歷史背景，促使閱聽者可藉由觀看與自己相異意識型態的人生體驗與視角，重新認識彼此的心路歷程以促進對話的可能性，故可理解導演選擇此種敘事模式的原因。

紀錄片《大同》的導演周浩曾說：「影片構成是需要不同力量的，沒有對手戲不會好看……所有片中的輔助角色，都是來讓主角更加立體的力量。」[14]歷史課堂也一樣，僅呈現單方角度的敘述會使探討面向扁平化。《牽阮的手》

---

12 林木材、關魚訪問，關魚整理，〈不要害怕自己的意識型態——專訪《牽阮的手》導演莊益增〉，《紀工報》，第 18 期（2011 年 12 月 13 日）。網址：http://docworker.blogspot.tw/2011/12/blog-post_13.html，最後查閱日期：2015 年 5 月 14 日。

13 林文淇，〈一輩子總要不顧一切去愛一次，《牽阮的手》導演顏蘭權、莊益增專訪〉，《放映週報》，放映頭條 324 期（2011 年 9 月 9 日）。網址：http://www.funscreen.com.tw/headline.asp?H_No=370，最後查閱日期：2015 年 5 月 14 日。

14 童一寧採訪、撰文，〈專訪金馬獎最佳紀錄片《大同》導演周浩：「真實不可能被還原，只能夠趨近」〉，娛樂重擊（2016 年 7 月 14 日）。網址：http://punchline.asia/archives/28432，最後查閱時間：2016 年 7 月 29 日。

注重大眾史觀歷史的再現為其特色，但全片因此缺少辯證過程，以同樣談論白色恐怖的影片為例，《天公金》讓男女主角分立於受害者與加害者的角度，辯論責任歸屬與威權體制的問題。葉虹靈在〈臺灣白色恐怖創傷記憶的體制化過程：歷史制度論觀點〉[15]中提出「為什麼高度複雜且異質的白色恐怖歷史，在國家博物館中被大幅化約成為冤、假、錯案、甚至是『莫須有』的無辜敘事，占據歷史主體的地下黨組織性案件卻幾乎匿跡，是什麼機制在形塑國家博物館的歷史敘事？又產生了什麼影響？」的問題且試圖解答。林傳凱在〈「他們為什麼不說話？」論一九四〇年代抗爭史田野過程中的一些觀察。〉[16]中指出：在以前的訪問中，許多受訪者習慣說出「我到今天，我始終不知道為什麼要抓我？」、「我只是看了一本書，我就被抓走了！」但是，二〇〇八年以來，這些長輩卻開始這樣訴說：「其實，我有參加地下組織，我當時是真正想要革命的……」林傳凱想分享「他們為什麼不說」的各種原因、探討「他們認知中的真實經歷」為何始終在我們的集體記憶與公共聆聽中缺席的難題。利用這些不同角度的文本，能使學生在閱讀與思考的過程中，讓歷史課堂更具有深度與廣度。

第三節　教學設計與實施

　　本節將探討如何透過大眾史學、影視史學與紀錄片《牽阮的手》的應用，使歷史教學與學生的日常生活和生命經驗結合，設計出應用於彈性課程的臺灣戰後民主化歷程課程。

15　葉虹靈，〈臺灣白色恐怖創傷記憶的體制化過程：歷史制度論觀點〉，《臺灣社會學》，第 29 期（2015），頁 1-42。

16　林傳凱，〈他們為什麼不說話？〉，《跨界期刊 Interlocution》（2013）。網址：http://interlocution.weebly.com/3632830028315320226399652882012126 5289/1，最後查閱時間：2014 年 12 月 19 日。

在設計課程之前，需先理解課程評鑑的標準；因課程評鑑的用意在於隨著現場需求不斷調整與反思課程教學的成效、確保學生的學習成效具有一定的品質。一般泛用的彈性學習課程設計評鑑表（表 3-2），參考彈性課程設計評鑑表以進行課程計畫（表 3-3）。

表 3-2：高雄市○○國民中學○○學年度彈性學習課程設計評鑑表

評鑑重點	檢核指標	檢核評估
一、學習效益	1. 單元或主題內容符合學生學習需要。	
	2. 單元或主題內容符合學生身心發展層次。	
	3. 教材內容與活動提供學生練習、體驗、思考、探究、發表及整合之充分機會。	
	4. 學習經驗之安排具情境脈絡化、意義化及適性化特徵，確能達成課程目標。	
二、內容結構	5. 課程計畫內含年級課程目標、教學單元／主題名稱、單元／主題內容摘要、教學進度、擬融入議題內容摘要……等。	
	6. 課程計畫內含自編或選用之教材、學習資源和評量方式。	
	7. 課程內容符合課綱規定之四大類別課程（統整性主題／專題／議題探究、社團活動與技藝課程、特殊需求領域課程、其他類課程）及學習結束規範。	
	8. 單元或主題，彼此間符合課程組織的順序性、繼續性及統整性。	
	9. 教學設計有系統具邏輯關聯，符合教學重點、教學期程。	
	10.活動設計能引起學生學習的動機與興趣。	
	11.評量方式多元化，評量面向兼顧認知、情意與技能。	
三、邏輯關聯	12.課程規劃主題能呼應學校課程願景及發展特色。	
	13.教學單元或主題內容、課程目標、教學時間與進度及評量方式等，彼此間具相互呼應之邏輯合理性。	

（續下表）

評鑑重點	檢核指標	檢核評估
四、發展過程	14.呈現規劃與設計過程中，所蒐集且參考及評估各彈性課程規劃所需之重要資料（如相關主題的政策文件與研究文獻、學校課程願景、可能之教材與教學資源、學生先備經驗或成就與發展狀態、課程與教學設計參考文獻等）。	
	15.規劃與設計經由彈性學習課程規劃小組、年級會議或相關教師專業學習社群之共同討論。	
	16.規劃與設計經學校課程發展委員會審議通過（特殊需求類課程，並經特殊教育相關法定程序通過）。	

表 3-3：○○國民中學○○學年度七年級校定（認識臺灣）彈性學習課程計畫

課程名稱：認識臺灣
課程類型：■統整性主題／專題／議題研究
授課年級：七年級（下學期）
課程目標： 1.學生能透過歷史影片，進行歷史事件的因果分析與詮釋。 2.學生能透過歷史資料，解釋重要歷史人物與事件間的關聯。 3.學生能透過問題發現、資料蒐整與應用、溝通合作、規劃執行之實作歷程，完成學習任務。
對應學校課程願景／校本素養： 品格力-良善禮貌：1-2-2 能包容異己，待人接物謙和有禮。 品格力-同理關懷：1-3-2 能關懷周遭的人事物，具備為他人服務之熱忱。 互動力-自我負責：2-1-1 了解自我能力與遵守生活規範，完成份內工作。 互動力-溝通表達：2-2-1 能用適當語言或其他媒介等表達自己的看法。 互動力-溝通表達：2-2-2 能耐心傾聽對方意見，同理他人立場，給予理性回饋。 互動力-團隊合作：2-3-1 發揮自我專長，分工合作，與人和諧互動。 創造力-批判思考：3-1-1 蒐集生活中各項資訊加以統整、歸納，以理解情境全貌。 創造力-問題解決：3-2-1 能運用所學的知識覺察日常生活中待解決問題。 創造力-國際視野：3-3-2 能覺察多元文化的差異，並尊重、接納與欣賞不同文化內涵。 創造力-國際視野：3-3-3 能主動關心全球議題並參與公共事務。

（續下表）

表現任務（總結性評量）：學生能以臺灣史為範圍，選定主題做探究，並完成學習任務。

評量機制（含評量方式及比例）：課堂參與（20%）、學習單（30%）、小組互動（20%）、分組報告（30%）

週次	課程／單元主題	學生學習重點／教師教學重點／教學進度	使用教材	協同領域／科目及授課老師	議題融入
7	第一次定期考察	完成學習單	自編教材		
8	《牽阮的手》一	1.能了解戒嚴體制背景 2.能說明戒嚴體制對臺灣社會的影響	自編教材		法定：社會-人權（人J1）1
9	《牽阮的手》二	1.能判斷白色恐怖的成因 2.能指出白色恐怖時代的社會氛圍	自編教材		法定：社會-人權（人J5）-1
10	《牽阮的手》三	1.能理解戒嚴時期人權所受到的限制 2.能舉例臺灣邁向民主政治過程的事件 3.能列舉解嚴前後政府統治方式的變動	自編教材		法定：社會-人權（人J7）-1
11	白色恐怖（一）	1.能指出不同文本之間的立場不同 2.能歸類不同立場之間的具體論述	自編教材		法定：社會-人權（人J3）-1 法定：社會-人權（人J5）-1

（續下表）

12	白色恐怖（二）	1.能判讀不同立場的文本 2.能了解歷史事件的多重面向	自編教材		法定：社會-人權（人 J3）-1 法定：社會-人權（人 J5）-1
13	第二次定期考察	完成學習單	自編教材		

　　學校的歷史教學應該提供學生重要的資源，擴張其歷史經驗與判斷能力，使學生能建構自己的認同，[17]而這些資源應能展現多元族群的歷史意識與提供庶民經驗，透過大眾史觀的引入，將歷史從菁英史觀與國家框架中拉出，在課堂上呈現多元面貌。

　　筆者於此文聚焦在使用紀錄片《牽阮的手》運用於戰後民主化歷程的教學，希望透過田氏夫妻的生命歷程，讓學生感受到個人生命與國家命運之間的交錯與互相推動，並能融合自身生活體驗，建構屬於自己的歷史理解與認同。以下便是在此概念下所形成的影視教學教案設計：

教學主題	《牽阮的手》—— 臺灣戰後民主化歷程	設計者	洪筱婷
教學對象	七年級	教學時數	3 節課（150 分鐘）
教材來源	康軒版歷史科七年級下學期課本、紀錄片《牽阮的手》		
教學資源	電子白板、電腦、課本、學習單		
教材內容分析	1.介紹戒嚴體制的建立與臺灣邁向民主政治的過程。 2.在授課期間，播放剪輯過的紀錄片片段，使學生透過影像獲得課本文字以外的歷史情境、引起動機。 3.透過學習單引導學生思考，並評鑑學習成效。		

（續下表）

17　宋佩芬、古庭瑄，〈歷史觀點的覺察：國中教科書臺灣史之差異敘述〉，《教育實踐與研究》，第 28 卷第 2 期（2015），頁 64。

	單元目標	具體目標
教學目標	認知	1. 能理解戒嚴體制建立的背景 2. 能描述《動員戡亂臨時條款》的要點 3. 能描述《戒嚴令》的要點 4. 能說明戒嚴體制對臺灣社會造成的影響 5. 能判斷白色恐怖的成因 6. 能指出白色恐怖的時代社會氛圍 7. 能理解戒嚴時期人權受到的限制 8. 能舉例臺灣邁向民主政治過程發生的事件 9. 能說明威權統治下的反對勢力 10.能列舉解嚴前後臺灣政府統治方式的變動
	情意	1. 能同意人權的重要性 2. 願意注意臺灣歷史的發展 3. 能思考轉型正義的議題 4. 能比較不同視角與價值觀的生命史
	技能	1. 能區分紀錄片中談論事件的內涵 2. 能回答思辨性問題 3. 能使用學校設備、網路資源蒐集資料

教學目標	教學活動	時間 (分)	教具
	【前置作業，在課程開始前】 1. 向學生說明在課程中會觀看紀錄片，講解紀錄片的性質與影視史學的特色。 2. 發放【歷史／影視媒體接觸，背景問卷】進行【形成性評量／前測】 　了解學生在課程開始之前，對戒嚴、白色恐怖與黨外人士等事件的認知程度。		學習單
	【第一節課】 【引起動機、課程前言】 1. 詢問學生是否到過高雄美麗島捷運站？	6	黑板 粉筆 學習單

（續下表）

教學目標	教學活動	時間（分）	教具
能比較不同視角與價值觀的生命史	詢問學生是否知道美麗島捷運站的命名由來，以及美麗島事件對臺灣民主和政治發展的重要性？ 2. 告知學生接下來的三節課程與臺灣民主發展有關，老師的敘述會盡量不涉及黨派議題，僅討論歷史發展的內容。若對上課內容有疑慮，隨時歡迎提問。 3. 告知學生歷史的詮釋會有不同立場存在，希望學生在上課期間思考這些敘述那些與立場有關，並判斷是何種立場。		
能理解戒嚴體制建立的背景	4. 提醒學生閱讀文本時，史源與脈絡化的重要性。 在閱讀「事件過程」時，需先理解自己所看到的文本是誰所寫、背後有何立場？事件發生時，當事人與時間、環境的互動關係如何？		
能描述《動員戡亂臨時條款》的要點	5. 說明《牽阮的手》是以一對夫妻的生命史為敘述主軸，裡面有些事件是課本中看不到的，要多留意這些內容。並思考這些敘事與自己以前聽到的、知道的有何不同？為什麼？	15	黑板 粉筆 課本
能描述《戒嚴令》要點	【教師講述】連結教科書知識 1. 略述國共內戰，探討其對臺灣的影響（複習二二八事件）		
能說明戒嚴體制對臺灣社會造成的影響	2. 說明動員戡亂時期臨時條款制定的背景，以及其限制憲政實施對臺灣的影響。 3. 說明政府宣布戒嚴的背景。 提示戒嚴的目的是反共，但政府藉此長期限制人民的人權、壓制反對意見，形成白色恐怖。	23	電子 白板
能判斷白色恐怖的成因	4. 為白色恐怖所造成的人權侵害舉實例說明。		

（續下表）

教學目標	教學活動	時間（分）	教具
能說明白色恐怖的社會氛圍	5. 觀看紀錄片，認識本紀錄片的主角：田孟淑女士 《牽阮的手》00:00-09:00，誰是田媽媽？ 《牽阮的手》09:50-13:06，田媽媽的戀愛 《牽阮的手》31:17-37:25，對二二八、光復的想法 《牽阮的手》38:14-42:15，受迫害的經歷 從這些片段讓學生認識田氏夫妻的性格、複習二二八事件對臺灣的影響、了解白色恐怖對人權的侵害。	4	抽籤
能理解戒嚴時期人權受到的限制	6. 【抽籤提問】 你在剛剛的紀錄片片段中看到了什麼？		
	【第二節課】 【引起動機】 1. 回憶上一節課戒嚴體制的建立背景。	15	電子白板
能同意人權的重要性	2. 複習形成戒嚴體制的法條有哪些內容，討論這些內容可能對日常生活造成什麼影響？	25	
能區分紀錄片中談論事件的內涵	【教師講述】 1. 說明在黨政體制下，國民黨政府控制國家政治資源的狀況，以蔣介石與蔣經國連任總統的狀況舉例（並提示與動員戡亂時期臨時條款的關聯）	2	
能說明臺灣邁向民主政治過程中發生的事件	2. 說明在戒嚴體制政府控制人民的情況下，有很多人依舊不畏困難希望突破困境。 《牽阮的手》43:30-45:00，雷震、萬年國會 《牽阮的手》47:00-55:05，李萬居 《牽阮的手》01:00:58-01:06:55，拯救政治犯	14	

（續下表）

教學目標	教學活動	時間（分）	教具
能說明威權統治下的反對意見	【第三節課】 【引起動機】複習上一節課白色恐怖與人民的抵抗。	20	電子白板
能列舉解嚴前後政府統治方式的變動	【教師講述】 1. 講解高雄美麗島事件的背景與發生經過，說明在此事件後，黨外聲勢興起的原因。 《牽阮的手》01:45:00-01:56:17，林家血案	10	
能思考轉型正義的問題	2. 介紹蔣經國宣布解嚴的背景與影響，課文認為在解嚴後便回歸憲法保障的基本人權，透過紀錄片觀看這樣的敘述是否有疑慮，了解歷史變動的過程非一蹴可幾。 《牽阮的手》01:56:17-02:13:14，鄭南榕		
能使用學校設備、網路資源蒐集資料	3. 說明民主改革的推動歷程 【總複習並交代回家作業、完成學習單】		

此份教案於筆者任教的高雄市立國民中學實際實施，七年級共四個班級以此教案進行教學，並彙整分析學生填寫的學習單，以推論此教學模式的可行性。

學習單題目

一、請你一邊觀看紀錄片《牽阮的手》，一邊找出下列問題的答案：
1. 在紀錄片中，你看到主角田爸爸與田媽媽經歷過下列哪些政治、社會事件？請勾選。
    （　）A：拯救政治犯、（　）B：八零年代社會運動、（　）C：白色恐怖、（　）D：林家血案、（　）E：美麗島事件、（　）F：二二八事件、（　）G：反核四、（　）H：鄭南榕自焚、（　）I：解嚴、（　）J：陳文成命案、（　）K：江南命案、（　）L：其他＿＿＿＿＿＿＿＿
2. 在上述事件中，哪些是課本中提到過的？（請填寫代號）
3. 在上述事件中，哪些是課本中沒有提到過的？（請填寫代號）
4. 你對紀錄片裡面提到的那些事件印象特別深刻？為什麼？

（續下表）

5. 請你選出這些事件中，你認為對臺灣歷史發展影響最大的三個事件，並說出為什麼。
6. 請你選出這些事件中，對你現在生活影響最大的三個事件，並敘述為什麼。

二、你對紀錄片裡面描述的哪位人物印象特別深刻？為什麼？

三、文本敘述的背後都有立場存在，請試著思考下列問題：
1. 這是你第一次看紀錄片嗎？
2. 你覺得紀錄片與一般電影相同嗎？為什麼？
3. 你覺得紀錄片所呈現的內容
　（1）完全是真相（2）有可能不是「真相」，而具有敘述者的立場（3）有可能造假
4. 你認為導演對於黨外運動事件的觀點是（1）同情（2）反對
5. 你認為這部紀錄片所敘述的內容會是
　（1）歷史事實（2）包含導演的觀點（3）包含田爸爸田媽媽的立場
6. 你認為同時期的其他人，會不會有自己的故事與不同的觀點？

四、你對《牽阮的手》這部紀錄片有什麼感想？

五、你認為臺灣人如果遺忘過去，則失去自由的歷史有可能在臺灣重演嗎？
　　你認為國中生學習歷史這堂課的意義是什麼？

六、對於老師在歷史課堂中使用紀錄片，你的感想是？
1. 是否為你帶來對歷史的不同感觸？
2. 身邊的同學在上課時的反應，有與平時不同嗎？
3. 你喜歡這種方式嗎？為什麼？
4. 你希望老師之後多利用電影或紀錄片上課嗎？為什麼？

　　學習單第一大題的前三條設計目的在於確保學生認真觀看紀錄片，並藉此讓學生知道國中歷史教科書所呈現的描述並非歷史全貌，以回應授課時強調的「歷史會隨著不同人有著不同的視角」觀念。絕大多數的同學在這題都認真勾選，雖選項多少有所出入，但大致上相同。

一、4.你對紀錄片裡面提到的那些事件印象特別深刻？為什麼？

　　本題主要檢驗教學目標中，希望學生「能區分紀錄片中所談論事件的內

涵」以及「能舉例臺灣邁向民主政治過程中發生的事件」這兩個目標達成程度。大多數學生能舉出例子並簡單說明自己印象深刻的原因。

大部分學生以「鄭南榕自焚」作為印象最深刻的事件，除了他們在看紀錄片之前幾乎都不認識鄭南榕，導致看到紀錄片中描述他決定自焚時的動畫重現與現場照片，讓學生受到很大衝擊以外，他們也對鄭南榕為了自己的理想決定自焚的行為感到敬佩；少部分學生覺得用這樣的手段抗議過於激烈、不理性，但也肯定他的行為需要很大的勇氣；部分學生選擇以「白色恐怖」作為印象特別深刻的事件，藉由紀錄片的影像補充學生對時代氣氛的理解，使他們對原本單調的課本文字敘述產生共鳴；少數學生提出了其他紀錄片中讓他感動或印象深刻的事件，也都能以明確的字句表達自己的想法與對紀錄片內容的理解。

從學習單可看出，透過紀錄片提供當事人的觀點與經歷，使學生們對過去事件的情境和人物產生興趣，也開始對歷史產生思考與情感的投射，引發學習歷史的興趣。

二、5.請你選出這些事件中，你認為對臺灣歷史發展影響最大的三個事件，並說出為什麼。

本題主要檢測學生是否達成「能舉例臺灣邁向民主政治過程中發生的事件」以及對其作出綜合比較的教學目標。多數學生會在三個事件中選擇二二八事件、白色恐怖或美麗島事件，這種直接侵犯人權甚至迫害性命的行為，讓孩子們相當恐懼，也認為受害者家屬的痛苦依舊持續至今，對臺灣社會影響很大。

在學生回答的字句中可看出，他們對歷史的認知還是有稚嫩與誤解的地方，這裡應是教師提供的先備知識與輔助文本不足，應在此處改進。但學生們仍能捕捉到整體大環境的氛圍。

一、6.請你選出這些事件中，對你現在生活影響最大的三個事件，並敘述為什麼。

此題主要檢測學生是否有能力將過去發生的歷史事件與現在的日常生活和自己的生命經驗相結合，並選出影響最大的三項事件。許多學生都會提到解嚴與反核四，雖然片中反核四的議題討論較少，但是因為對日常生活具有非常直接的影響性，學生因此印象深刻，而會另外選擇解嚴則是因為學生普遍認為此事件是帶來臺灣人權的關鍵時刻；但在回應中忽略以自身的生活經驗出發，為之後教師講解時應多重視提醒的部分。從學生的回答中可看出，這些歷史事件已經不再是課本中簡單的文字記述，而是透過影像帶來栩栩如生的描繪，使學生開始思考民主自由的珍貴，並開始珍惜自己現在所擁有的權利。

二、你對紀錄片裡面描述的哪位人物印象特別深刻？為什麼？

本紀錄片是以田氏夫妻做為主軸，透過田孟淑的口述訪談、動畫重製畫面、照片等文本，重演出普通民眾的生命史，與他們生命和臺灣民主運動發展史之間的交錯。此題主旨是測驗學生是否能理解《牽阮的手》中「人物生命史」的內涵，並瞭解學生對哪些人物或敘述具有共鳴。

本題大多數同學回答印象最深刻的人物是田氏夫妻與鄭南榕，許多人提到很驚訝田孟淑身為女性卻會站出來為自己的理想奮鬥，也注意到她在跟看護聊天時流利的英文，對於學生而言，田孟淑並非課本的專有名詞，而是像鄰居阿嬤一樣有溫度、情感的一般民眾，透過對她的認識，學生開始進入歷史情境之中，理解時人的想法。

或許是因本課程實施時，陳菊身為當時高雄市市長的緣故，雖然她在片中只出現一個口述的段落，許多學生還是會注意到陳菊的登場，並且對她印象深刻。如這份學生意見：「陳菊，因為她現在是高雄市長，而且在知道她參與了這麼多社會運動覺得很佩服她。——103 班 20 號。」可見生活化的人物，對

學生而言更能夠吸引到注意力、增進思考。

三、文本敘述的背後都有立場存在，請試著想想下列問題：

1. 這是你第一次看紀錄片嗎？

2. 你覺得紀錄片與一般的電影相同嗎？為什麼？

本題用意在瞭解學生接觸紀錄片的情況，與對紀錄片、電影性質的認識多寡。絕大多數的學生勾選這是第一次觀看紀錄片，他們都認為紀錄片與電影的性質是不同的，但對其本質的瞭解並不深刻。舉例來說，103 班 20 號認為這兩者不同，是因「紀錄片是拍一個人的經歷，並以導演的角度去拍攝，電影則不一定。」可看出學生的認知較為片面，因此若要在課堂上使用紀錄片進行教學，或許需先對學生解釋紀錄片與歷史劇情片之間的異同。

3. 你覺得紀錄片所呈現的內容

（1）完全是真相

（2）有可能不是「真相」，而具有敘述者的立場

（3）有可能造假

4. 你認為導演對於黨外運動事件的觀點是（1）同情（2）反對

5. 你認為這部紀錄片所敘述的內容會是

（1）歷史事實

（2）包含導演的觀點

（3）包含田爸爸田媽媽的立場

6. 你認為同時期的其他人，會不會有自己的故事與不同的觀點？

這幾題題組的設計用意，是測試學生對於「每個人有自己的不同形式觀點、歷史有視角不同產生不同描述」此種歷史思維模式瞭解多少，絕大多數學生在第三題勾選（2）有可能不是「真相」，帶有敘述者的立場、第四題勾選（1）同情、第五題勾選（2）包含導演的觀點或（3）包含田爸爸田媽媽的立場，第六題勾選（會）有自己的故事與不同觀點。

本題並未特別限定是單選或複選題，但學生仍直覺性的以單選題作為答題依據，忽視一部影片的詮釋不應只有一個選擇或看法，或許是因受到一般學校考試教育的影響、導致學生認為一個問題只會有一個答案，這樣的思考方式尚未打破盲點達到多元觀點的教育目標，是筆者日後應更加努力的方向。但仍有些學生的回答較有進步，如 103 班 31 號在第六題特別註解：「會，站在不同的角度，若換成政府的角度去拍劇情又不同了。」

四、你對《牽阮的手》這部紀錄片有什麼感想？

本題用意在於瞭解學生透過紀錄片《牽阮的手》認識臺灣戰後民主發展歷程後，是否引發他們對歷史的興趣，並逐漸建構起自己的歷史認知。部分學生還是將觀看紀錄片視為準備考試的方法之一，如 103 班 20 號：「當然學得比課本更細，也學到當時人的想法及作法。」

部分學生因為觀看紀錄片，而對過去的人產生敬佩之情；部分學生開始珍惜自己現在所擁有的民主自由，了解習以為常的生活並非憑空得來，而是由許多過去的人的犧牲奮鬥換來的幸福，並且透過紀錄片對過去的人物意志與時代背景有了更深刻的認識，或者是發現除了歷史課本所記載的內容以外，其實還有很多歷史事件曾經發生過，自己卻不知道：

> 原來以前發生的不只是課本提過的事件而已，還有很多只是我們都不知道。──114 班 14 號
>
> 我學到戒嚴時期人民的不滿，和黨外人士的獨立遊行，爭取自己的自由。用另一種角度看這些歷史，和書中有所不同。──114 班 15 號
>
> 從紀錄片中學到如何從多種角度去看歷史，紀錄片不一定完完全全正確。──114 班 20 號
>
> 對課本所提到的某些事情更加瞭解，也發現不只是因為課本所提到的事件而有今天的臺灣。──107 班 05 號

從看影片中，可以知道更多課本沒提到，卻對臺灣很有幫助的歷史事件。——107 班 22 號

課本只有一點點，所以通常點到為止，無法瞭解它的來龍去脈。紀錄片的好處是讓課程更生動，並傾聽當時人的想法，以及當時的情況。——105 班 04 號

　　從學生的學習單回饋，可看出學生開始對歷史感同身受，並且反省該如何珍惜自己所享受的民主自由，符合課程設計中對情意目標的理念：使學生同意並重視人權的重要性。

五、你認為臺灣人如果遺忘過去，則失去自由的歷史有可能在臺灣重演嗎？你認為國中生學習歷史這堂課的意義是什麼？

　　對於「如果臺灣人遺忘過去，則失去自由的歷史有可能在臺灣重演嗎？」這一題，學生的回答分成三派：肯定的「有可能」、「不會」，與比較不確定的「不一定」。覺得「有可能再失去自由」的學生佔大多數，而且大部分都提出明確的理由，如 107 班 13 號提出：「我們學習歷史的意義，也是為了不要讓我們忘記這些人用生命爭取而來的自由、民主，並阻止這些事情再次發生。」105 班 25 號回答：「如果忘記以前發生的事，會讓人一直犯相同的錯誤。」可見學生在觀看紀錄片後，對失去自由的人的痛苦感同身受，開始思考屬於自己的歷史認知。

　　認為不一定會發生或者是不會發生的人較少，但也佔相當比例。覺得不會發生的人理由大都是認為臺灣的民主已經相當穩固，因此不會再發生威權統治的狀況。

六、對於老師在歷史課堂中使用紀錄片，你的感想是？

1. 是否為你帶來對歷史的不同感觸？
2. 身邊的同學在上課時的反應，有與平時不同嗎？
3. 你喜歡這種方式嗎？為什麼？
4. 你希望老師之後多利用電影或紀錄片上課嗎？為什麼？

這幾題的設計目標，是希望了解學生是否能接受利用影視媒材進行教學的形式，可發現幾乎所有的學生都喜歡利用紀錄片進行教學。同時也覺得身邊的同學在上課時的反應有些不同，如 103 班 21 號同學表示：「同學上課時表現不一樣，開始思考、看到不同的觀點。」但也有不少同學反應，在看紀錄片時班級的上課秩序比較不佳，容易有人說話，這點是筆者日後授課時需要在班級經營多留意的部分，將這些學生觀影有感而發的話語轉為對話與討論。

從以上學生的學習單分析成果可得知，透過在歷史課堂導入大眾史學文本、在傳統講述法以外增添新的教學模式成效相當不錯，可達到引導學生神入歷史情境、建構屬於自己歷史認知的教學目標。尤其現在的校園設備都相當充足，教師在上課時若使用影音文本的剪輯取代單調的口語講述，對授課時間影響不大，甚至能以短暫幾分鐘的影像補足許多文字或口語的說明，更能讓學生對歷史課程產生興趣、產生對時代背景更深入生動的理解。

需要留意的是，國中階段學生抽象思考的能力有待加強，對於一些基本觀念的理解不足，所以教師在授課時，每一個步驟與每一段上課所使用的影音文本、選擇這段文本背後的用意與希望學生學習到的內容，都需要向學生說明清楚，不僅能引導學生更輕易理解上課內容，也可減少誤導的可能性。舉例來說，筆者希望透過鄭南榕的經歷向學生說明，在解嚴後臺灣並未立刻獲得民主自由，還是會因為思想或語言的不同而受到政府的迫害。實際操作時，雖在講解蔣經國總統解嚴後，才透過電子白板播放《牽阮的手》鄭南榕爭取言論自由的段落，但從學習單中可看出部分學生誤解鄭南榕自焚的舉動是在解嚴前發

生，而未達成筆者採用這個段落的用意。除此之外，雖然同學已知道紀錄片背後蘊含著導演與田氏夫妻的立場，但仍常將紀錄片視為學習資料的一部份，重視其細節以進行背誦，這種概念或許是將紀錄片視同教科書，並且重視考試的概念並未改變，此種現象仍需要在日後進行授課時，對學生再加以說明。

由於紀錄片《牽阮的手》的內容以重現田氏夫妻的生命歷程與觀點為主，因此學生在這三堂課後獲得的是一方觀點的論述，在後續彈性課程中再搭配上同一時代不同觀點的看法，應能使學生更能理解歷史的複雜性，並進而培養歷史批判性思考的能力。

第四節　結語

本文利用紀錄片《牽阮的手》作為教學輔助媒材，以康軒版（2021）年作為論述對象，討論「戰後民主化歷程」的相關歷史課題，從而瞭解影視史學在中學歷史教育上的運用。全文先解說康軒版七年級下學期社會科課本歷史篇的第四課「戰後臺灣的政治變遷」之書寫與局限；接著解讀紀錄片電影《牽阮的手》的敘事與主要內容；最後透過學生觀影後的施測，了解電影教學對學生的實質影響。

就方法而言，本文主要結合影視史學、大眾史學、文獻分析等方法，並結合相關教育理論，期待能深入考察紀錄片在教學上的運用與效果。

《牽阮的手》紀錄主角為田朝明醫生和田孟淑女士，他們在白色恐怖時期積極參與臺灣民主運動，並展開救援政治犯的行動。電影以兩人的愛情與人生經歷為主軸，透過田孟淑情緒豐沛而生動的口述影像，鋪陳出一幅個人生命與國家命運交織而成的歷史輪廓。由於兩位主角的生命歷程恰好與戰後臺灣民主運動史息息相關，既可以彌補教科書上的不足；又可以透過具體事例，讓學生更貼近真實的歷史，從而產生對歷史事件的共鳴。

從觀影後的施測來看，學生確實普遍能透過影像獲得更深入的歷史理解與

認知，證明該紀錄片確實是一部非常值得於課堂上運用，並與教科書書寫相互對比討論的好媒材。

中篇

中國史

本篇以《發現虞弘墓》、《中國大漠之寶》、《天地英雄》、《誘僧》、
《達摩祖師傳》、《間諜佐爾格》影片、〈製作武則天〉微型實驗
與中國史歷史教學結合為例

四、影視教材在高中歷史教學的應用
——以隋唐史教學為中心

陳登武
國立臺灣師範大學歷史學系教授*

第一節　緒言

「影視史學」（historiophoty）在臺灣學界似處於方興未艾的階段。西元一九八八年美國史家懷特（Hayden White）在《美國歷史評論》（The American Historical Review）首創「historiophoty」。周樑楷教授不但是第一位將此一概念引入臺灣之學者；同時也是華語世界最早將此一語彙翻譯成「影視史學」的學者；[1]甚而他故意將「影視」範疇擴大，說成「影像視覺」，指凡是任何圖像符號，不論靜態的或動態的，都屬於這個範圍。因此他定義「影視史學」包括：（一）「以靜態的或動態的圖像、符號，傳達人們對於過去適時的認知」；（二）「探討分析影視歷史文本的思維方式或知識理論。」[2]

周樑楷教授對「影視史學」的定義與詮釋，獲得上海復旦大學張廣智教授肯定，並藉以在中國推廣「影視史學」，[3]同時引起更多學界同好的迴響。

＊　本文曾發表於《歷史教育》，第 14 期（2009），頁 233-264。

1　周樑楷譯，〈書寫歷史與影視史學〉，《當代》，第 88 期（1993），頁 10-17。周樑楷教授另有多篇闡述「影視史學」理論與分析觀點的論著，舉其要者如：〈銀幕中的歷史因果關係─以「誰殺了甘迺迪」和「返鄉第二春」為討論對象〉，《當代》，第 74 期（1992），頁 48-61；〈影視史學與歷史思維─以「青少年次文化中的歷史圖像」為教學實例〉，《當代》，118 期（1996）；〈影視史學與地方史〉，《宜蘭文獻》（1999 年 11 月），頁 3-11；〈劇情片的「實」與「用」─以「羅馬帝國淪亡錄」和「神鬼戰士」為例〉，《當代》，156 期（2000），頁 48-61；〈影像中的人物與歷史：以『白宮風暴』為討論對象〉，《興大人文學報》（2002 年 6 月），頁 1101-1116。

2　周樑楷，〈影視史學：理論基礎及課程主旨的反思〉，《臺大歷史學報》，第 23 期（1999），頁 446。

3　張廣智著，《影視史學》（臺北：揚智文化，1998）。張廣智先生另有數篇「影視史學」論文，舉其要者如：〈影視史學：歷史學的新領域〉，《學習與探索》，第 6 期（1996），頁 116-122；〈重現歷史──再談影視史學〉，《學術研究》，第 8 期（2000），頁 80-86；〈影視史學與書寫史學之異同──三論影視史學〉，《學習與探索》，第 1 期（2002），頁 129-134。

　　近年來，學界對於「影視史學」作為一門學科領域的理論建構，已然有諸多成就與貢獻。另一方面，如何落實「影視史學」並結合歷史教學從而推廣「歷史教育」，成為歷史授課教師關切的課題。

　　「多媒體教學」是近年來不斷被強調的其中一種教學教法。如何在課堂上有效的利用多媒體教材，是授課者經常思考的課題。論者以為「視聽媒體所帶來的感官和心靈的感動是空口白話或白紙黑字無法比擬的」，[4]因此，將視聽媒體教材導入課程中，一直是許多授課者試圖努力的方向。「影視史學」中較為重要的一類文本就是「影視教材」，而「影視教材」是「多媒體教學」之中的一種形式。如何將「影視教材」運用在中學歷史教育上，自然成為歷史教學值得重視的課題。

　　中學歷史教育受限於授課時數，試圖運用「影視教材」，顯然會遇到許多難題。「授課時數」不足，是每個授課者面臨的難題之一；其次，以「聯考制度」為導向的現實制約，造成「考試」領導「教學」的必然走向，成為充滿「理想與熱忱」的授課老師最大的現實阻礙。如何在有限的時間內使用「影視教材」？以及如何突破「考試」制約，而能在兼顧講述歷史事件的同時，傳導學生進行歷史思維，同樣是每個歷史授課者所深感關切者。

　　另一個讓中學歷史老師關切的問題是：哪些「影視教材」可以和教科書結合？應該如何運用？「影視教材」中的「虛實」問題應該如何理解與說明？拙稿擬以高中歷史教育中的隋唐史教學為例，試舉若干「影視教材」，回應以上問題，並藉以說明「影視教材」如何運用在中學歷史教育的教學上。

　　由於可以斟酌選用的相關影片有限，拙文不刻意區別「報導性影片」或「劇情片」，以利討論。又基於授課時數與學生理解能力的限制，「國中」歷史教學配合影視教材的困難度或許更高，因此，拙文「中學」暫以「高中」歷史

4　杜正勝，〈從歷史到歷史劇〉，收入氏著，《古典與現實之間》（臺北：三民，1996），頁147-148。

教學為討論主體。

第二節　從《發現虞弘墓》看到粟特人的宗教信仰與政治動向

　　《發現虞弘墓》是北京中央電視臺所製播「考古中國」系列報導的其中一個單元。類似的「報導性」歷史影集，大多容易讓人昏昏欲睡，教學成效有限；但本部影片卻頗具可看性。這是因為該影片報導手法具有「懸疑性」；報導課題具有「新穎性」。

　　所謂「懸疑性」是指整體的報導過程，不斷使用帶有強烈懸疑口吻的「疑問句」旁白，誘發閱聽大眾的好奇心，並引導閱聽大眾逐步進入一個考古遺址的現場，從而還原一個令人印象深刻的入華西域人的生命史。所謂「新穎性」是指墓主人是第一個出土具有「粟特人」族裔背景的墓葬。由於「虞弘墓」的出土，以及隨後陸續出土的粟特人墓葬，引領出近十年來「粟特人」研究的新趨向與新風潮，[5]特別是「虞弘墓」浮雕所特有的「中亞風格」以及「祆教信仰」，[6]都足以導引出新的研究課題。尤其是粟特人的「祆教信仰」對於重新理解唐代「安史之亂」具有更深刻的意義，[7]而使得整個議題的報導具有「新穎

5　唐代的傳統文獻稱「粟特人」為「昭武九姓」。雖然「粟特人」的研究不是「新課題」，但陸續出土的粟特人墓葬，以及墓葬中的生動浮雕，使得入華粟特人的生活史得以在世人面前呈現，這些珍貴的出土文物，不能不說確實使得粟特人研究出現新風潮與新趨向。

6　從藝術史角度解讀此一課題，最值得注意的著作是姜伯勤，《中國祆教藝術史研究》（北京：三聯書店，2004）。

7　雖然 1950 年代西方漢學家 Pulleyblank（蒲立本）就已經指出安祿山具有粟特人的族裔身份，並說他是粟特人安延偃的兒子，但當時蒲立本尚未注意到安祿山的種族與宗教信仰，對於他的起兵所代表的意義。北京大學榮新江先生是近年來研究粟特的大家，對此課題有深刻的剖析。榮氏，《中古中國與外來文明》（北京：三聯書店，2001），集結他對粟特人研究的成果；其中，〈安祿山的種族與宗教信仰〉一文，詮釋安祿山的信仰與政治的關係，更引起學界高度重視。以上蒲立本的見解，參看 E. G. Pulleyblank, *The Background of the Rebellion of An Lu-shan* (New York: Oxford University Press, 1955), pp. 7-23.

性」。

　　一九九九年七月，山西省太原市城郊王郭村村民無意中發現一座墓室。七月十三日，由山西省考古所、太原市考古所、晉源區文物旅遊局組成的聯合考古隊進駐挖掘現場。他們發現那個墓室的漢白玉石制屋頂採用的是歇山頂形式。太原市考古所所長李非表示：「歇山頂在皇親貴族、宗教祭祀這一組建築群裏，它是僅次於廡殿頂的一種形式。」李非認為墓主人採用歇山頂，過去在太原地區相當少見，顯示墓主人的身份非比尋常。

　　歇山頂下，是一個全部由漢白玉組成的方形石槨，而槨門兩側的漢白玉石壁上浮雕的人物形象，高鼻深目，髮型奇特。槨門右側的浮雕「牽馬圖」和槨門左側的浮雕「奉果圖」，圖中的形象也充滿了中亞和西亞的藝術特色和民族風情。

　　種種跡象顯示這座墓葬曾多次遭竊盜，後來考古隊員找到墓誌蓋，上邊寫著：「大隋故儀同虞公墓誌」，因而確定這是一座隋墓，它的墓主人是一個姓虞的官員。就在石槨原址的下面，一塊相對完整的墓誌隨即出土，且正好與前面出土的墓誌蓋匹配。

　　根據墓誌記載，墓主人叫虞弘，歷經北齊、北周、隋三朝為官。西元五七九年前後，虞弘曾統領代州、并州、介州三州的檢校薩保府。從字面上理解，檢校薩保府一職相當於督察，就是負責監督薩保府的工作；而薩保府是專管入華西域人事物的機構。虞弘並非中原人士，而是西域胡人，更準確地說，他是一個粟特人。由於職能特殊，因此墓主人虞弘能夠享有歇山頂式的厚葬。

　　榮新江說：「薩保」源自於粟特語 s'rtp'w，原是粟特胡人商隊首領的稱呼，通常由粟特商業貴族擔任。粟特人進入中原後，形成各個聚落，薩保也就成為一個粟特聚落的大首領。後來，中原政府為了管理和控制粟特聚落，就將薩保列入中央政府，成為政府任命的一個官職。薩保是中國歷史上唯一一個外來官職，這是很值得注意的一件事。

　　虞弘從小跟隨父親進入柔然，後來曾出使波斯，又到過北齊，遭留置；北

周滅北齊又成為北周官員，最後入隋擔任檢校薩保府，死於太原。太原古稱晉陽或并州，這裡向西與靈州（就是現在的靈武）相通；向南可達長安和洛陽；向北通漠北突厥；而向東則可到達河北道重鎮恒州和幽州。由於天然的地理優勢，太原成了民族融合的大舞臺。

虞弘的墓誌充分顯示魏晉到隋唐時期，多元族群的遷徙與互動以及一個在華西域人的生命史。

圖 4-1　虞弘夫妻宴飲圖
資料來源：擷取自張慶捷著，《胡商 胡騰舞與入華中亞人—解讀虞弘墓》（山西：北岳文藝出版社，2010）

虞弘墓出土浮雕壁畫共五十四幅，所繪內容多是宴飲、歌舞、騎射和狩獵。在虞弘夫婦宴飲圖中，帳前有一個胡人正在表演舞蹈，那是有名的「胡騰舞」；舞者兩旁各有幾個人正在演奏各種樂器，顯然是一支有規模的樂團。與胡旋舞一樣，胡騰舞也起源於粟特。

圖 4-2　胡騰舞
資料來源：擷取自張慶捷著，《胡商 胡騰舞與入華中亞人—解讀虞弘墓》（山西：北岳文藝出版社，2010）

虞弘墓石槨前壁的正中間，兩個半人半鳥的神，護衛一個火壇，這是典型

的祆教圖案，可稱為聖火祆神的圖像，這個圖像表現了對於聖火的崇拜和歌頌。

圖 4-3　聖火壇與祭司圖
資料來源：擷取自張慶捷著，《胡商 胡騰舞與入華中亞
人—解讀虞弘墓》（山西：北岳文藝出版社，2010）

　　祆教，大概在西元三世紀以後，隨著粟特人逐漸進入中原，把他們信仰的祆教也帶進了中國。他們拜祭的火壇相當精緻，祭祀過程中，主持儀式的祭司必須帶上口罩，以防人體不潔的氣息污染了聖火的純潔。

　　通過這些浮雕，人們能夠清晰地感受到這樣一個事實：即使來到萬里之遙的中原，粟特人仍舊保持了自己虔誠的宗教信仰。即使死後，他們也要將對聖火的崇拜和敬畏帶入墓中。虔誠的宗教信仰甚至使粟特聚落內部產生了足以影響歷史進程的凝聚力。

　　西元七五五年，唐朝遭遇了由安祿山和史思明發動的安史之亂，泱泱盛唐從此竟成歷史煙雲。安祿山便是中國歷史上最著名的粟特人之一，兵變時官至范陽節度使，獨霸河北。安祿山能號令別人一起舉兵原因複雜，但是有一點不容置疑，兵變中，安祿山倚重的將領和兵士多數是粟特聚落中的胡人。榮新江認為，其中宗教信仰是安祿山登高一呼而士卒百萬的因素之一。

　　姚汝能《安祿山事跡》記載：安祿山的母親「無子，禱軋犖山，神應而生

焉⋯⋯其母以為神,遂命名『軋犖山』」,[8]安祿山母親將他取名為「軋犖山」,據伊朗語專家恒寧(W. B. Henning)教授的考證,那就是粟特語 roxšon 的音譯,意為「光明、明亮」,榮新江進一步說:安祿山在粟特聚落裡將自己裝扮為「光明之神」,作為團聚轄境內外粟特胡眾,號召民眾。[9]這才是他兵變的真正社會基礎。[10]

透過《發現虞弘墓》的報導,可以了解粟特人以及粟特文化與宗教信仰;可以重新認識中國音樂史、舞蹈史,乃至於中西文化交流史。更重要的是,透過本部影片可以對安祿山的族裔背景有更深刻的了解,甚至對於「安史之亂」的社會基礎有更全面的認知。

《發現虞弘墓》在授課運用上的缺點或許是片長太長,即便完整觀賞,也不可能在兩堂課中完成。因該報導共有三集,每集約四十五分鐘。但優點是該報導每一集開始都有約三分鐘詳細的「前情提要」,易於掌握。

現行高中教科書第二冊第二章(或篇)「中古的變革」主要包含兩個單元:1.從分裂到統一;2.多民族與多文化的交流。前一單元都會討論到安史之亂,授課者可以選擇《發現虞弘墓》第三集前十五分鐘,討論粟特人的祆教,從而導出安祿山的種族、宗教信仰與兵變的關係。

高中教科書中的「多民族與多文化的交流」單元,大部分也都討論到「西域文化」的傳入中國。授課老師當然也可以在這三集的報導中擇取所需,進行

8　這段文字,上海古籍標點本斷句讀為:「無子,禱軋犖山神,應而生焉」,榮新江認為「軋犖山」非山名,而是神名,斷句有誤。說見榮新江,〈安祿山的種族與宗教信仰〉,收入氏著《中古中國與外來文明》(北京:三聯書店,2001),頁 224。

9　據榮新江考證,安祿山死後,史思明諡「祿山曰光烈皇帝」,同樣取「光明」之意。即使是史思明本人,「思明」二字「也同樣有祆教的色彩」。參看榮新江,〈安祿山的種族與宗教信仰〉,頁 236。

10　以上對於「虞弘墓」出土經過的介紹,大致綜合整理自「發現虞弘墓」的報導。並參看榮新江、張志清主編,《從撒馬爾干到長安:粟特人在中國的文化遺跡》(北京:北京圖書館,2004)。

部分觀賞、導讀、乃至於分析。例如：第二集為了解說「虞弘墓」夫妻雕像正前方的「胡騰舞」表演，影片導入大約十分鐘對於唐代「胡騰舞」與「胡旋舞」的介紹與討論，就可以做為西域文化對唐代影響的輔助教材；又或者「虞弘」格外特殊的生命史，對於彰顯「多民族與多文化的交流」的特質，亦別具意義。在第一集解讀「虞弘墓墓誌銘」時，對於虞弘的生平作了大約十分鐘的介紹，同樣很適合作輔助教材。榮新江就認為在中國歷史上要找一個像虞弘這麼獨特的生命經驗，而且還保留歷史資料的人物，恐怕是相當少見的。

　　「粟特人」研究近年來在中國引起風潮，授課老師不妨利用機會閱讀研究成果，斟酌選取相關材料與學生分享。[11]

第三節　佛教、絲路與帝國統治：《中國大漠之寶》與《天地英雄》

　　《中國大漠之寶》（China's Frozen Desert）是美國國家地理頻道在二〇〇〇年所發行的影片，片長本五十三分鐘。DVD 的影片介紹寫著：

> 中國西方邊境橫亙著十萬哩的沙漠，這片嚴酷而險惡的荒漠名為「塔克拉馬干」——意即進去就出不來，然而荒漠中的城市卻曾因絲路的貿易往來與盛而富裕繁榮。考古探險家斯坦因依循中國唐朝僧侶玄奘往返中國與印度時所留下的著作，深入亞洲尋找夢想中的失落城市。在這段艱鉅的探險歷程中，他將踏著古人的足跡為你訴說一段唐朝高僧朝聖的傳奇故事。

11　現行教科書中，管見所及，論及「粟特人」的似乎僅有南一書局本。該教科書第二冊第二章第二節談到長安城內有來自西域「粟特商人」最為活躍。出版社為老師準備的「備課用書」第 117 頁特別有關於「粟特」的進一步「名詞解釋」。

具體地說，這是一部透過英國考古探險家斯坦因（Marc Aurel Stein 1862-1943）與唐朝僧侶玄奘（602-664）兩個人的生命史，所串連起來的歷史性報導。前者導出「敦煌文物」被發現的歷史；後者呈現唐代玄奘穿越大戈壁，通過中亞，到達天竺（印度）求取佛經的過程。兩人的生活時空相距逾千年，但由於斯坦因對中亞的著迷與對考古的熱衷，使他有機會依循玄奘的足跡，進入大戈壁和中亞地區。製作單位有意讓兩個不同時空的生命體，透過相近的生命志向與知識熱忱，在異時空中進行交會。正如影片中所說：「斯坦因一定覺得他的僧侶式生活與玄奘相映成趣」；甚至說：「他（斯坦因）的中文翻譯員猜臆，發現稀有佛經，不是出於意外，它們是玄奘越過時間之海送來的禮物。」

　　影片的前二十七分鐘（幾乎剛好是一半），報導斯坦因發現「敦煌文物」的過程。報導的依據，顯然除了採取斯坦因的個人日記之外，還加上幾位研究斯坦因的著名學者的口述。故事的開始，溯源自斯坦因少年時代對亞歷山大大帝建立橫跨歐亞帝國，卻在中亞地區止步，令他感到好奇；尤其是他在歐洲圖書館發現希臘化的佛像，他想瞭解這樣的希臘化佛像最遠到達何處？中國是否受到影響？這些疑惑伴隨著他的成長，後來在奧地利和英國的大學生活使之進一步的萌芽，並且開啟他日後的考古探險之旅。一八八七年斯坦因至英屬印度，擔任拉合爾東方學院校長、加爾各答大學校長等職。

　　在英屬印度政府的支持下，先後進行三次中亞探險。他認真閱讀玄奘的著作，並且依循著玄奘到印度取經所走過的中亞路徑，和玄奘一樣冒著橫跨大戈壁的危險，展開他的考古探險之旅。透過這些旅程，他發現亞歷山大的影響確實遠及中國；其次，他發現五世紀與六世紀僧院圖書館的經卷。後者「都是失落文明的證據，它們將使考古界一片熾熱，而且使他成名。但它們也帶給他糾纏他餘生的考古掠奪者的惡名」。

　　對於斯坦因以廉價向敦煌的王道士購得大批敦煌文物，究竟應該如何評價？報導引述原新疆文物考古所所長王炳華的話說：「斯坦因作為一個學者，

與王道士是不同層次的人。王道士實際上是非常愚昧，沒有歷史文化、現代文化的人。就像有人看到的是鑽石；但對某些人而言那只是玻璃渣。」斯坦因則「自忖如果不是他介入，他所搶救的文物將永遠失落。」耶魯大學的歷史教授 Valerie Hansen 說：「或許你會問：『斯坦因是小偷嗎？』從正常角度說當然是。因為他帶走中國的文物，而且永遠都不會再歸還。但如果你用他那個時代的標準來評斷他，他就不是小偷，而是探險家。他將所有發現的都付印成書。如果我們以發現者的角度來論斷斯坦因或者這些手稿的命運，如果你們是被中國人發現的，我們就很難看到你了。你是一份幸運的手稿，能被斯坦因發現。因為今天人們上網就可以看到你了。」

影片後半段轉入玄奘西行求法的旅程。玄奘研讀佛經，發現佛經的諸多矛盾。他的方法就是直接到印度取得原始佛經。另一個促成他決心西行的理由是他要到佛陀證道的地方進行朝聖之旅。但是，玄奘西行求法遇到兩個嚴重考驗。首先是政治上的阻礙：唐太宗得知他要西行，下令逮捕他。

玄奘遇到的另一個難題，就是要橫跨大戈壁沙漠。影片甚至形容這是一趟「自殺式的旅程」。日夜極大的溫差，以及舉目不見水草的沙漠惡地，處處威脅他的生命，甚至讓他一度考慮折返。在生命受到最大威脅時，他向佛陀祈求保佑，最終平安的通過大戈壁沙漠，綠洲在望。之後進入吐蕃王國，受到熱烈歡迎；但當玄奘告訴吐蕃國王將前往印度時，吐蕃國王憤怒的阻止他，甚至囚禁他。玄奘的堅持最後感動吐蕃國王，並得到吐蕃國王的協助，獲得馬匹、僕役，甚至具有外交人員的身份；同時透過吐蕃取得突厥人允許，順利抵達印度。他在印度停留將近二十年，並與無數僧人論辯，且所向無敵。最後他帶回無數佛經，並翻譯成漢文。

玄奘出國時以「偷渡」方式離境，並歷經千辛萬苦；而回國時，獲得唐太宗特赦，並予以召見。唐太宗為什麼原諒曾經違背他的旨意而出境求法的玄奘？影片引述普林斯頓大學 Young Lu（陸揚）的看法：「唐太宗起初的心裡可能有些實用主義的目的，他意識到花這麼多時間與精力經過中亞旅行到印度

的人，應該知曉這些地區。何況太宗對那裡素有政治興趣。後來，他們發展出很特殊個人友情。」報導最後說：玄奘因為得到皇帝的友誼，而得以以餘生翻譯他用生命換來的佛經。

這部報導影片掌握了斯坦因與玄奘的某些生命特質，而將兩個生命體聯繫起來，手法相當獨特而具新意。作為一個歷史課程的輔助教材，自當具有一定的意義。「敦煌文物」的發現，是二十世紀考古學界的重要發現之一，而斯坦因確實是關鍵性的角色。討論敦煌學，幾乎都必須從他談起。但評價他或許也容易受到民族主義觀點的影響。這部影片的報導，可以提供另一種思維。

玄奘是唐代佛教史上，甚至是中國佛教史上非常重要的人物。他的不凡不僅僅表現在對佛學的貢獻，同時也表現在非凡的毅力。他因未取得關津許可，因而偷渡出境，這顯示他為了追求佛學知識而不惜挑戰國家體制的堅強意志。

影片對此事僅寥寥數語。或許可以再細按玄奘傳記資料，補充數語。

唐代僧人出入國境或越州行遊，需要取得政府許可通行證，才能通過關津渡口。史載貞觀元年（627）玄奘到涼州，準備西行前往印度。但他並未取得政府出蕃許可，而新任都督李大亮還特別下令嚴防偷渡出關者。其間有人密告李大亮玄奘準備西行求法一事，因而傳問他，玄奘答以：「欲西求法」，李大亮逼迫他必須回長安。後來玄奘得到涼州當地的慧威法師暗助，密遣兩名弟子「竊送向西，自是不敢公出，乃晝伏夜行，遂至瓜州」。接著，他還必須經歷五個烽候，才能完全脫離唐境。此時，「涼州訪牒又至」，也就是說：通緝他的公文書又隨之而來。公文書上寫著：「有僧字玄奘，欲入西蕃。所在州縣，宜嚴候捉」，可知唐代邊防的確嚴密。正當愁苦之際，又得到胡人石槃陀相助。[12]石槃陀拜玄奘為師，並為之嚮導，願協助過五烽。之後經五烽到高昌國，玄奘受到高昌國王麴文泰熱烈款待云云。

---

12 有學者認為胡僧與「猢猻」音近，而胡僧石槃陀相助，就是後來孫悟空的原型。參看張錦池，〈論孫悟空的血統問題〉，《北方論叢》，第 5 期（1987），頁 5-18。

　　唐代邊防嚴密，玄奘如何能順利通過五個烽候？據《三藏法師傳》所載玄奘偷渡過程的確相當不容易。即使他已經小心翼翼，隱伏在沙溝中，甚至選擇夜行，還是被斥候發現。邊區校尉王祥經盤查並證實玄奘身份後，因尊重法師而不予罪責。王祥獲悉玄奘堅決西行求法意志後，與鎮守第四烽的兒子王伯隴，共同協助玄奘出國境。[13]

　　從玄奘「偷渡」出境的過程，就足以彰顯國家對於佛教控制之嚴密；而從玄奘「英雄式」返國的歸鄉之路，又呈現唐太宗對於控制中亞地區的現實意圖。這樣的生命型態所折照出的國家統治與統治者心態，是多麼值得注意的課題。

　　現行高中歷史教科書大多一筆帶過玄奘的成就，這部影片或許可以提供一些更深入的觀察與分析。如果說斯坦因的部分，對於高中歷史教育而言，稍顯生澀；至少可以選擇後半段關於玄奘的報導，作為輔助教材。

　　假使考慮報導性的影片顯得比較枯燥，欠缺劇情片的張力。那麼，相關的課題中，《天地英雄》也許是另一個選擇。

　　《天地英雄》是劇情片，而且是一部投入鉅資的商業電影，導演何平，二〇〇四年發行。許多影評家將《天地英雄》視為「武俠片」；但導演說是「史詩片」。故事的背景設定在唐代；場景主要由西域和大戈壁沙漠構成；最重要的人物由一個邊疆校尉、日本遣唐使、將軍的女兒以及得到突厥帝國支持的大漠響馬首領，再加上一個護送佛陀舍利子的僧侶所組成。電影製片在上映前所預告的情節這樣說：

13　以上玄奘事蹟，主要參看慧立撰、彥悰箋，孫毓棠等點校，《大唐大慈恩寺三藏法師傳》（北京：中華書局，2000）、道宣，《續高僧傳・玄奘傳》（《大藏經》，第 50 冊）、冥祥，〈大唐故三藏玄奘法師行狀〉及劉軻，〈三藏大遍覺法師塔銘〉（分見王昶，《金石萃編》，卷123）。又玄奘西行時間，有貞觀元年、二年、三年諸說。拙文以楊廷福考證元年說為準。參看楊廷福，《玄奘年譜》（北京：中華書局，1988），頁 89-105。

唐朝年間，一個趕往長安的神秘商隊途徑西域一小鎮。在小鎮上突然出現了形形色色的人物：落魄的將軍、日本遣唐的使節、大漠響馬的頭子、將軍的女兒、護塔的高僧、中年突厥人……他們懷揣著各自的心思聚集到了這裏，使原本熱鬧的小鎮頓時被一種無形的不安和恐懼籠罩著。是通緝的要犯，還是尋覓多年的救命恩人；是信守承諾，還是苟且於亂世。是俠風，是情仇，是遵規守律，還是執行道義，無意江湖卻已身在江湖。唯有那依舊的大漠斜陽，塞外的胡笳，伴著商隊開始了一段艱難而漫長的旅程。有光明正大的對決，有冷箭暗槍的偷襲，有路見不平拔刀相助，有尋覓已久的恩情，一路蹣跚地走向那許許多多的未知。隨著壯士的鐵騎，迎著粗獷的黃沙，江湖兒女用人的本性，奏響了一曲慷慨高昂的民族之歌，回蕩在天地間，縱橫於茫茫荒漠。

電影公司所發行的 DVD 故事介紹則形容電影是「講述一個發生在盛唐時期的大漠邊關的傳奇故事。」接著說：

戍邊校尉李（姜文）因違抗軍令，不願屠殺突厥的俘虜——一些手無寸鐵的老人、婦女和孩子而被朝廷通緝，日本遣唐使來棲（中井貴一）因屢請回國而被朝廷貶為捕快，派往西域緝拿逃犯，二人相遇後，一場大戰不分勝負，於是相約再戰。正在此時，他們迎頭碰上了護送經書的朝廷商隊、覬覦駝隊的地頭蛇安（王學圻）、曾被李所救的將軍之女文珠（趙薇），而安的背後，似乎還另有主謀，一場生死大戰就此展開。

兩段文字雖多少可拼湊出情節，但因為都出於宣傳效果，對故事內容敘述自然有限。電影敘事其實並不複雜。絲綢之路象徵著財富；佛教是西域諸國的精神信仰。一個僧侶與一個落魄士兵領著駝隊護送佛陀舍利子，準備前往長安，途經西域。掌握佛教信仰就能控制西域地區（電影宣稱西域三十六個大大

小小的國家），西突厥人建立的龐大帝國試圖進一步控制西域地區，因此西突厥汗國準備搶奪佛陀舍利子。

鎮守邊關的中階軍官「校尉李」，因不願執行殺戮被逮捕的突厥俘虜（主要是女人和小孩），因而違令兵變，並遭到通緝，後來靠護衛駱駝商隊維生。因機緣湊巧，而成為僧侶隊伍的護衛。十三歲就來到中國學習的日本遣唐使「來棲大人」，經過二十幾個寒暑，學習武藝和兵法，武功高強，屢屢申請回國。大唐皇帝給他最後一個任務就是捕殺「校尉李」。

將軍的女兒文珠，因父親與來棲大人有交情，面對邊關戰亂，遂委請來棲大人護送女兒回長安。試圖搶奪舍利子的西突厥大汗，不願直接出面，因而收買西域深具影響力的響馬頭子安，以便坐收漁翁之利。

這些人因著這些事而聚集在一起，衝突勢所難免。幾次劇烈的大對決，場面都相當浩大壯觀，看起來更像中國的西部片。來棲大人終於找到校尉李，初次對決難分勝負，來棲允諾讓校尉李完成護送僧侶與駝隊的工作，並相約長安再戰。當突厥人與響馬聯手襲擊校尉李所護衛的駝隊時，來棲不願見到校尉李被殺，心中亦漸起英雄相惜之感，因而聯手抗敵。在劇烈對抗之後，眾人懷疑駝隊必有珍貴之物，要求確認。僧人告知護送的正是佛陀舍利子，並說：「西域乃萬里佛土，僧民之地，有了祂，就可以統治這裡大大小小的佛國。」來棲大人更加相信安的背後一定是突厥人，而感受到面臨的是生死對決。

最後的生死決戰在沙漠中的小孤城展開。來棲大人被安殺死，他最終還是無法回到他的故鄉日本。安的武藝顯然更加高超，他一劍劃開金寶塔，佛陀舍利子的佛光讓所有人震撼。已經被安割喉而死的僧侶，因佛祖顯靈而復活，在殺掉安之後再度死去。最後，校尉李和文珠將佛陀舍利子順利送到長安。

如果純粹從觀眾的角度說，這或許是一部好看的電影。場面浩大、音樂悲壯、演員陣容堅強。如果從史實的角度衡量，明顯的錯誤亦所在多有。例如：電影一開始的字幕就將時序定位在公元七百年，但螢幕上出現的中國皇帝是男性，並且說是「大唐王朝」。公元七百年，相當於武周久視元年，皇帝是武則

天，國號早已改成周。

另一個更明顯的錯誤是公元七百年西突厥汗國試圖控制西域區的敘述。西突厥汗國確實曾經在六、七世紀時期盛極一時，在極盛時期，甚且控制大部分地西域地區。但是西突厥汗國在唐太宗貞觀二十三年（649）已經滅亡；即便高宗時期曾一度試圖復國，但也在高宗顯慶二年（657）被徹底滅絕。從顯慶三年（658）開始，唐朝在西域設置羈縻府州安西都護府，確立唐朝在西域的統治秩序。[14]公元七百年怎麼還會有西突厥帝國呢？

至於利用電腦合成製造出來的兩次舍利子被打開後的特殊效果，試圖營造佛光普照下的感召與報應。特別是最後的結局，僧侶已經死在安的刀下，竟然在佛光舍利照射下復活，並殺死安之後再度死去，儼然是佛祖親臨懲罰惡人。這樣的手法能否被接受？當然會成為被議論與批判的焦點。

既然存在著時序的嚴重錯誤以及結局的荒謬手法，這樣的電影如何成為輔助教學的文本？

面對類似這種具有「歷史敘事」性質的「劇情片」，就必然涉及到「虛實」的問題。周樑楷教授針對這個問題，提出「虛中實」與「實中實」的分析角度，可提供參考。歷史小說或歷史劇情片，有較多虛構的自由與空間，但如果能夠透過「虛構」呈現「實相」，也就是「中之實」，那就是值得嘉許的文本。就如美國歷史家羅森史東（Robert A. Rosenstone）所說：「每一種媒體都必然各有各的虛構成分」、「在銀幕之中，歷史為了真實必須虛構」。[15]

從另一個面向說，批判性的閱讀，對於任何一個學習者而言，也是必須培養的態度。「指出錯誤，尋找真相」本來就是「歷史教育者」的其中一個任

---

14 關於西突厥汗國的滅亡，可以參看吳玉貴，《突厥汗國與隋唐關係史研究》（北京：中國社會科學出版社，1998），頁 393-397、405-406。

15 以上周樑楷教授的分析，參看氏著，〈影視史學：理論基礎及課程主旨的反思〉，頁 458-459。

務。因此，電影存在敘事或時序上的錯誤，並不影響其成為輔助教材的作用，重要的是如何指出這些錯誤？如何詮釋這些錯誤？這是其一。其次，了然這些錯誤之後，就可以開始運用這些影片。以本片而言，就可以討論導演為什麼會將焦點聚集到西域？絲綢之路在古代中國或者西域諸國的意義為何？即使「西突厥汗國」的敘事是錯誤的，但唐朝的西部究竟有沒有著競逐西域爭霸權的政治戲碼？而佛教是不是確實在西域統治秩序中扮演重要角色？中學生是不是對中古時期西域的霸權爭奪戰相當陌生？

事實上這部電影即便看起來像中國的西部片，但在作為歷史教育的輔助教材方面而言，卻也不是一無可取。

首先，長期以來談到唐代歷史，以地域而言，目光大多集中在長安。這部具有強烈商業性質的劇情片電影，將焦點轉移到西域，是具有意義的。特別是對於大部分的中學生而言，「西域」的圖像，很少有機會透過「影像」傳達，就這一點而言，就可以加以運用。

其次，注意到佛教在中古中國統治上的意義，其實是可據以討論的課題。如果從宗教發展的角度，檢視北周-隋-唐-武周-唐之際的歷史演變，顯然會有另一個面向的體會。

北周排佛的背景，促成楊堅確立以「佛教」作為建國的意識型態依據的基礎，也是這樣的背景下，楊堅將自己裝扮成佛陀在俗世的代理人，就具有深刻的政治的考量。學者甚至認為，楊堅利用佛教，固然是因為北周排佛的背景，其實他更考慮到南方的佛教氣氛，以備平陳所需；甚至他也考慮到對西域佛教國家的號召，有利於建立大一統的帝國。[16]唐朝以「道教」為國教，一般認為是基於「李」姓與老子同宗的考量，其實這是相當表象的理由。更重要的背景就是刻意彰顯與「佛教隋朝」的差異。但李唐又深悉佛教的重要性，所以即便

---

16 Arthur F. Wright, *The Sui Dynasty—The Unification of China, A.D.581-617.* （臺北：敦煌書局，1985）, pp. 20-55.

對佛教充滿疑慮，卻依然不斷地謹慎加以運用。[17]武則天建立武周，學界早已指出她利用「彌勒下世」的概念，將自己化身為彌勒，以確立統治地位。[18]在政治操弄上，又可見其刻意與「道教李唐」作區隔。

如果再對照《中國大漠之寶》，這部報導性影片所掌握到若干唐代國家統治的特質。譬如唐太宗對玄奘的態度，特別是想透過玄奘瞭解西域諸國的政治現實考量。可以說：佛教、絲路與帝國統治的連結，在這兩部性質不同的影片，找到共同的契合點。

在教學運用上，筆者建議可以考慮選播《中國大漠之寶》若干片段，如上文所述。另外，《天地英雄》可以作為課外作業，並設計具有提問式的學習單，引導學生觀影之外的思維。透過這樣的教學設計，或許有助於開啟學生另一個對歷史現場的不同體會。

第四節　《誘僧》在教學上的多重運用

《誘僧》是香港著名導演羅卓瑤在一九九三年的作品，劇本改編自李碧華同名小說。故事的背景是著名的「玄武門之變」。

大唐太子李建成（589-626）部將太子宮衛隊右虞侯石彥生（吳興國飾），與秦王李世民（598-649）護衛霍達（張豐毅飾）惺惺相惜，霍達利誘石彥生暗助秦王奪得太子之位，許以事成之後封為驃騎大將軍。玄武門之變當天，太子宮衛隊右虞侯石彥生守在玄武門外，明知門內兵變發生，卻按兵不動。一場

17　Stanley Weinstein 不只一次的在他的著作中強調高祖、太宗對佛教都無好感，甚至充滿虛假偽善的態度。Stanley Weinstein 同時指出，儘管高祖、太宗每次頒佈僧道管理措施，都是僧道同時發佈，但他準確的指出這只是他們要掩飾自己想排佛的意圖。事實上，高祖、太宗在對佛教和道教的用語和態度上，是完全不同的。以上參看 Stanley Weinstein, *Buddhism Under The T'ang* (University of Cambridge, 2008), pp.10-30.

18　汪娟，〈唐代彌勒信仰研究〉，（臺北：中國文化大學中國文學研究所碩士論文，1990）。

腥風血雨的殺戮展開，太子建成與齊王元吉（603-626）雙雙被殺；之後東宮和齊王府同遭徹底滅門。石彥生一方面獲得封賞；另一方面卻遭受母親嚴責，同時陷入道德譴責，因而開始逃亡，並改裝躲進佛寺。唐太宗則持續派人追殺石彥生。

有了新的法號「靜一」的石彥生，仍與舊部暗中串連，試圖報仇，卻反遭部屬出賣密告，舊部盡被殺死。當他指控出賣者是「叛徒」時，卻被反問：「你不是叛徒嗎？」更加劇他良心的苛責，因而繼續逃亡，終於逃到深山野寺，並拜百歲老住持為師父。朝廷的追殺並未停止。先有貌似第十九公主紅萼的大唐將軍的寡婦（陳沖飾），前往佛寺為亡夫舉行祈福法會，實則欲誘殺石彥生，在危急時刻，為老師父所救。最後是霍達與石彥生的生死對決，石被迫反擊並殺死霍達。佛寺燒毀，石彥生繼續浪跡天涯。

以「玄武門之變」為背景，似乎無題目可作；也容易令人感覺會落入傳統窠臼。但事實上，這部電影不但具有其可觀之處，而且詮釋歷史的角度也與傳統觀點不同，格外值得注意。在教學上，可以多重運用這部影片作為輔助教材。

這部電影第一個值得注意的是對唐太宗形象的呈現。

中學教科書受到考試制度的制約，以及部分強調歷史教育的正面意義的影響，對於人物的刻畫，有時難免易於落入善惡二分法，甚至無形中受「成王敗寇」的傳統價值牽引。因此，中學歷史教育所呈現的歷史人物的形象，有時候就顯得比較平面而難以立體化，也就是歷史人物的性格易流於好壞兩極的現象。唐太宗就是其中一個顯著的例子。

唐太宗被視為千古名君，幾乎是所有教科書的共同書寫。他和魏徵（580-643）君臣遭遇之盛事，最被稱道；他創造貞觀之治，最受肯定。即便有「玄武門之變」的道德瑕疵，也有史書用「逆取順守」來解釋。甚至認為他是被迫自衛，而不是主動發動政變。但對於這些陳述，史家早有不同見解。陳寅恪很

早就指出太宗包容魏徵，充滿各種算計與利用；[19]「貞觀之治」其實也充滿溢美；[20]「玄武門之變」的真相，更因太宗竄改史書，而遭到扭曲。[21]即使太宗本人自評，也說自己「居位以來，不善者多矣」；《新唐書》雖然也高度肯定太宗一生，但也說他：「牽於多愛，復立浮圖，好大喜功，勤兵於遠，此中材庸主之所常為」，[22]認為他某些面向只是庸主的作為；宋代理學家朱熹直批「太宗之心，則吾恐其無一念之不出於人欲也。直以其能假仁借義，以行其私」。[23]

即使史學研究對於唐太宗已經有許多新的觀點，[24]但教科書書寫或有其不得不然的限制，以致於大部分的學生或者社會大眾對於唐太宗的認知，仍偏於傳統看法。《誘僧》雖然從頭到尾不曾出現太宗影像，但是對於太宗人物性格的呈現，至少是極罕見地採取大異於傳統手法的影視文本。影片前後幾次透過男主角石彥生或者十九公主紅蕚對太宗的批判，都相當露骨且到位。玄武門之變後的滅門與對建成舊部的追殺，都具有一定程度的震撼效果，而足以彰顯唐太宗的另一個面向。導演讓建成舊部石彥生躲到佛寺，顯然掌握到若干歷史

19　參陳寅恪，〈論隋末唐初所謂「山東豪傑」〉，收入氏著，《金明館叢稿初編》（北京：三聯書店，2001），頁 255-256。

20　關於「貞觀之失」，涂緒謀有比較完整而簡便的檢討可以參看。〈唐太宗貞觀之失述評〉，《西南民族大學學報（人文社科版）》，第 26 卷第 2 期，頁 313-317。

21　太宗竄改史書，造成初唐歷史多不可信，最全面的研究當可參考李樹桐教授系列文章。李樹桐，〈初唐帝室間相互關係之演變〉、〈玄武門之變及其對政治的影響〉，收入氏著，《唐史考辨》（臺北：臺灣中華書局，1979 臺三版），頁 118-152、頁 153-191；或〈唐太宗的模仿高祖及其對唐帝國的影響〉，收入氏著，《唐史新論》（臺北：臺灣中華書局，1972），頁 119-165。

22　（宋）歐陽脩、宋祁撰，《新唐書》（北京：中華書局，1975），卷 2，〈太宗本紀〉「論贊」，頁 48-49。

23　朱熹，《晦庵先生朱文公文集》（本文使用版本為收入朱傑人等主編，《朱子全書（第 21 冊）》（上海：上海古籍出版社，2010），卷 36，〈答陳同甫〉，頁 1583。

24　對於唐太宗的全面評價，參看高明士，〈明君的虛像與實像—論唐太宗的歷史地位〉，收入氏著《中國中古政治的探索》（臺北：五南圖書出版，2006），頁 183-200。

材料,而不是憑空想像。[25]凡此都可以引導作為對於歷史人物形象更深刻的思考。

另一方面,即便從佛教的角度看,這部電影充滿「禪味」,作為理解唐代「禪宗」也有一定的幫助。特別是深山野寺的老和尚與男主角的對話,隨處可見的禪機,或可藉以說明禪宗的思維。例如:有一天,靜一(也就是石彥生)心煩意亂,因而不斷地以敲木魚誦經方式試圖求得心安,老師父進來劈頭就說:

老師父:吵死了!這些鳥都沒辦法睡覺啦?你不是要清靜嗎?

靜一:我想做晚課。

老師父:回房去睡覺。

靜一:我睡不著,心不安。

老師父:去找點吃的。

靜一:不餓。

老師父:不吃,肚子空,心不空的,去,到山下的田裏去挖一挖。

靜一:有很多妄念,怎麼會這樣?

老師父:本來就這樣。

靜一:想要忘,忘不了。

老師父:誰要忘記?

靜一:我。

老師父:誰?

---

25 唐太宗多次下令對長安、洛陽佛寺進行檢校,其中一個原因就是對佛寺內潛藏著的反對勢力感到不安,其中就包括建成舊部。Arthur F. Wright, "*T'ang T'ai-tsung and Buddhism*", in Arthur F. Wright and Denis Twitchett, ed. *Perspectives on The T'ang* (New Haven and London: Yale University Press, 1973), pp. 239-263.唐太宗對佛教充滿敵意、利用與謹慎的態度,另參看拙著,《從人間世到幽冥界—唐代的法制、社會與國家》(臺北:五南圖書出版,2006),第七章〈陰間判官—冥司與庶民犯罪〉,頁 310-317。

靜一：靜一。

老師父：靜一是誰？……

老師父：餓死了，還有誰？還有誰啊！誰啊！不要吵，搞清楚再說。

　　老師父是《誘僧》中非常顯眼的角色。他看似既老又糊塗的外型，卻又處處充滿智慧以及扮演引導「靜一」開悟的角色，很難不引起注意。特別是他言語中所呈現的「禪意」，不但容易令人會心，也很言簡意賅的引領思維。也就是在這樣的引領下，有一天，老師父已經睡覺了，而靜一突然開悟似的到老師父房間大聲喊叫：

　　參到啦！參到啦！餓死了，我跟他們都一樣，其實根本就一樣，征戰沙場，殺人無數，我有惻隱之心嗎？玄武門是為了仁義？他（指自己，也就是出家前的石彥生）想過功名嗎？他想做一品驃騎大將軍，統領百萬雄兵，英名蓋世，出賣主子，這個心，跟那幫狗賊一樣，卑鄙，黑，髒，冷血！這個臭皮囊，還要他有什麼用呢……不能靜，不能忘記，不能……

　　但靜一的興奮，似乎沒有得到老師父的認同。這段看似開悟的話，最多只是自我生命的體悟與反省，與「開悟」還有距離。難怪老師父說：

　　像我，一百歲啦，不忘記也要忘記，老得耳朵壞了，還不清靜。自尋煩惱……笨頭！這裡就是這裡，那裡就是那裡，還要用心想……真笨！

　　「這裡」，當指一切遠離塵世的「方外」；「那裡」，則是充滿權力角逐與人性貪婪的世間百態。真正了悟，就已經不存在「那裡」，就已經自然超脫，那是自我內心的觀照，不證自明的真理，連想都不用想的當下了悟。或許這就

是老師父傳達的禪意。所以靜一自認「參到了」，對老師父而言，卻只是「自尋煩惱」。

《誘僧》具有戲劇張力，也有異於傳統的手法。但缺點是影片歸類為「限制級」，若干影像對中學生教學使用上，或許的確需要審慎。在作為輔助教材的運用上，建議擇取數段即可。例如：開頭前十五分鐘，呈現不同面貌的「玄武門之變」，其實很可以作為引導學生進行思考的材料。建成舊部躲入佛寺的部分，可以討論唐太宗的佛教政策。另一部份可以考慮選擇「老師父」與「靜一」的若干對話，從而討論禪宗的精神。影片中老師父一句「吃飯的時候吃飯，睡覺的時候睡覺」的口頭禪，尤其具有平凡中的禪味或生活中的禪意。

此外，值得一提的是：《誘僧》獲得了一九九三年金馬獎最佳美術設計獎和最佳音樂獎。其實，電影對於唐代的服飾、建築，乃至於化妝的呈現，都可看出導演投入的心力與用心，也都有可詮解之處。

第五節　從《達摩祖師傳》說到唐宋禪宗的發展

《達摩祖師傳》完成於一九九三年，導演：袁振洋，現在已重新發行DVD出版。電影敘述達摩到中國傳法的經過，大概所有民間社會有關達摩的傳說，電影都呈現了。其中包括最有名的：達摩與梁武帝對話、一葦渡江、少林寺面壁九年、二祖惠可斷臂求法、一花開五葉的偈語、隻履西渡等等。電影透過這些著名的傳聞，串連達摩從印度到中國傳法的傳奇一生。

電影內容，除了二祖惠可生平部分，顯係編劇隨意創造之外，大多有所本。只不過所本的主要材料是大約成書於公元一〇〇〇年的《景德傳燈錄》，以及若干其他民間筆記史料的傳聞，與真實達摩傳法時間已相去超過五百年。因此，所呈現的達摩形象絕非本尊，甚至已經夾雜太多「層累造成」的痕跡。

《景德傳燈錄》出現時，禪宗已經經歷過由唐至宋期間南北宗的激烈角力。《景德傳燈錄》所呈現的達摩，是禪宗已經發展成熟，並且經過激烈角力

後的神化產品。解讀《達摩祖師傳》，就可以從許多個視角進行。

　　透過本部影片，至少可以討論：1.禪宗發展史上南北宗的角力問題；2.「達摩」形像的書寫及其轉化，透過史料所見達摩的敘述，依時序排列，當可見其「層累造成」的經過；3.近代學者對於禪宗系譜的爭議。不論是胡適或錢穆對於禪宗史學術見解的分歧，甚或晚進葛兆光的看法，均可進一步疏解。[26]

　　筆者經常運用這部影片作為討論唐宋之際禪宗發展史的材料。通常是在影片欣賞之後提供一份書面資料，依時序將所有關於「達摩」的佛教史料加以排比呈現。大致就是從楊衒之《洛陽伽藍記》開始，[27]到宋代的《景德傳燈錄》為止，[28]每條材料均附以該著作成書年代。另輔以其他史書的材料，以相互對照印證。透過這樣的史料排比，學生非常輕易的就會發現影片的主要史料依據就是《景德傳燈錄》。易言之，不論是影片所傳達的達摩形象；或者民間社會久存的那個達摩形象，其實主要都來自《景德傳燈錄》的記載。

　　再者，透過史料排比，可以清晰地看見一個「禪宗初祖」是如何透過「層累造成」而誕生。如果再運用其他相關史料，就可以釐清許多傳言的真假與可

26　胡適對於禪學發展最重要的幾個看法包括：1.《六祖壇經》最重要的部分，是惠能弟子神會所作，《壇經》裡的思想亦是神會的思想，神會是「南宗的急先鋒、北宗的毀滅者、新禪學的建立者」。2.神秀為了接續「惠能」的系譜，所以從「達摩」以降到「神秀」一脈所傳的「楞伽宗」徹底被減絕與改造。3.達摩傳法重視「定」與惠能所傳重視「慧」（即當下了悟）全然不同。錢穆對於胡適抬高神會在佛學史上的地位，深不以為然，認為「很大膽，可惜沒證據」。葛兆光重新檢視神會，也認為胡適過於看重神會的影響力。但對於胡適提到達摩一脈實屬楞伽宗，他們都無回應。以上參看胡適，〈禪學古史考〉、〈楞伽宗考〉、〈菩提達摩考—中國中古哲學史的一章〉、〈荷澤大師神會傳〉，收入姜義華主編，《胡適學術文集·中國佛學史》（北京：中華書局，1997），頁38-53、94-128、270-277、324-362。錢穆，〈神會與壇經（上）（下）〉，收入氏著，《中國學術思想史論叢》（臺北：東大，1983），頁91-127。葛兆光，〈荷澤宗考〉，《新史學》，第5卷第4期（臺北，1994），頁51-78。

27　《洛陽伽藍記》出現兩條關於達摩的記載，是目前史書中最早的紀錄，從這兩條史料可以約略考證達摩到中國的時間，從而可知包括《景德傳燈錄》在內的許多記載都明顯是錯誤的。參看楊衒之撰，范祥雍校注，《洛陽伽藍記校注》（上海：上海古籍出版社，1978），「永寧寺條」、「修梵寺條」，頁5、頁60。

28　雖然《景德傳燈錄》之後，達摩傳說仍甚多，但關於達摩最重要的神話，幾乎已經在這部著作中得到完成。至於明清之際，有人假達摩之名，書寫《達摩易筋經》，那就更不足道了。

信度。舉例言之，如《景德傳燈錄》記載惠可「斷臂求法」故事：

> （神）光聞師誨勵，潛取利刀，自斷左臂，置于師前。師知是法器，乃
> 曰：「諸佛最初求道，為法忘形。汝今斷臂吾前，求亦可在。」師遂因
> 與易名曰：「慧可」。光曰：「諸佛法印，可得聞乎？」師曰：「諸佛法
> 印，匪從人得。」光曰：「我心未寧，乞師與安。」師曰：「將心來與汝
> 安。」曰：「覓心了不可得。」師曰：「我與汝安心竟。」[29]

　　惠可原法號「神光」，入達摩門下後改法號。影片中神光跪在雪地，另有
所本（見下引史料），但「斷臂求法」的故事主要來自此條材料，當可確定。
透過影像，將這一幕早已為人熟知的傳承，再一次傳導給閱聽大眾，再一次深
化禪宗傳法的這一感人故事。惟《景德傳燈錄》對於達摩的記載，其實是彙整
前此的所有相關傳說，並進一步加以神化而成。以「斷臂求法」故事為例，先
將前此相關史料排比如下：

> 甲：初，達摩禪師以四卷《楞伽》授可曰：「我觀漢地，惟有此經；仁
> 者依行，自得度世」。可專附玄理，如前所陳。遭賊斫臂，以法御心，
> 不覺痛苦。火燒斫處，血斷帛裹，乞食如故，曾不告人。後（曇）林又
> 被賊斫其臂，叫號通夕，可為治裹，乞食供林。林怪可手不便，怒之。
> 可曰：「餅食在前，何不自裹」。林曰：「我無臂也，可不知耶。」可曰：
> 「我亦無臂，復何可怒」？因相委問，方知有功。故世云無臂林矣！
> （釋道宣撰《續高僧傳·釋慧可傳》【約成書於 650 年】）

> 乙：唯可大師得我髓。時魏有菩提流支三藏、光統律師，於食中著毒餇

29　（宋）釋道原編輯，《景德傳燈錄》（臺北：新文豐出版社，1990），卷 3，〈中華五祖·第
　　二十八祖菩提達摩〉，頁 47。

大師。大師食訖，索盤吐蛇一升，又食著毒再餉。大師取食訖。於大磐石上坐，毒出石裂，前後六度毒。大師告諸弟子：「我來本為傳法，今既得人厭，久住何益」。遂傳一領袈裟，以為法信。語惠可：「我緣此毒，汝亦不免此難，至第六代傳法者，命如懸絲」。言畢遂因毒而終。……奉事大師六年，先名神光。初事大師，前立，其夜大雪，至腰不移。大師曰：「夫求法不貪軀命。」遂截一臂，乃流白乳。大師默傳心契，付袈裟一領。(《大藏經·歷代法寶記》【約成書於 780 年】)

丙：至梁，詣武帝，帝問以有為之事，達摩不說。乃之魏，隱於嵩山少林寺，遇毒而卒。其年，魏使宋雲於蔥嶺回，見之，門徒發其墓，但有衣履而已。達摩傳慧可，慧可嘗斷其左臂，以求其法；慧可傳璨；璨傳道信；道信傳弘忍。(《舊唐書·方伎·神秀》，成書於 945 年)

甲史料出自《續高僧傳》，是相對較早且較可信的材料，當時禪宗內部南北宗角力尚未白熱化。該史料對於惠可「斷臂」，明白記載是「遭賊斫臂」，他是靠著「以法御心」才「不覺痛苦」。甚至連他的同門師兄弟曇林手臂也「被賊斫其臂」。達摩一門究竟與誰結仇？為何弟子紛遭追殺砍斫？這是值得注意的現象。[30]

但是這一記載在往後的禪宗史料中消失了。「遭賊斫臂」到約成書於七八〇年的《歷代法寶記》中，變成「斷臂求法」的故事原型，同時首次出現「架裟」傳法的記載。甚至連達摩本人都前後六次遭下毒，還預言「至第六代傳法者，命如懸絲」，達摩本人最後也「遇毒而死」。有學者就懷疑乙史料的記載，其實是唐代禪學南北宗內部鬥爭的具體投射。[31]

---

30 楊惠南對於達摩及其弟子與北方佛教界的衝突，有所討論，可以參照。楊惠南，《禪史與禪思》（臺北：東大，1995），頁 67-72。

31 楊惠南，《禪史與禪思》，頁 69。

丙史料所載,胡適評論是「後起的神話」,[32]但亦可見至五代時期,禪宗關於達摩神話的傳播已經相當普遍,而且故事也越來越完整。到《景德傳燈錄》時,可說百川匯海,達摩神話大致建構完成。

《達摩祖師傳》相當具有故事張力,節奏也相當明快,作為輔助教材,其實蠻受學生喜愛。只是,如何詮解,需要費心。「斷臂求法」是諸多達摩祖師的故事之一,影片也具體呈現這一幕,上述考證,試圖說明該影片的類似問題,都可以透過類似的史料排比的方法得到瞭解。

透過《達摩祖師傳》,一方面可以瞭解人們心中存在的那個達摩形象;另一方面,可藉以將該影片視為文本,運用史學方法加以詮解、分析與討論,從而理出唐宋禪宗發展史的軌跡。

第六節　結語

中學歷史教育受限於授課時數,運用「影視教材」,確實會遇到許多難題。「授課時數」不足,是每個授課者面臨的最大難題之一,正課都未必可以上完,遑論以影片作為輔助教材。加上「考試」領導「教學」的現實困境,運用影視教材就更加困難。但「多媒體教材教學法」又確實具有一定成效,且為教育部門長期所推動與重視。因此,如何有效運用「影視教材」,成為老師們關心的課題之一。

拙文選擇若干影片作為教材案例,一方面希望可以因而讓教師們瞭解有這些影片可以運用的機會;另一方面試著呈現「影視教材」與教科書結合運用的方法與進行模式。

從《發現虞弘墓》,看到一個粟特人傳奇的一生,並可以用來彰顯「多民

32　胡適,〈菩提達摩考─中國中古哲學史的一章〉,頁272。

族與多文化的交流」的課題。同時，可以透過粟特人虞弘的祆教信仰，從而看到同樣是粟特人安祿山，是如何利用宗教信仰作為政治動員的力量。

《中國大漠之寶》報導斯坦因與玄奘的一生。兩個人都冒著生命危險，通過大戈壁，完成屬於自己的夢想。斯坦因因而發現「敦煌文物」，玄奘則如願地完成朝聖的目標，並帶回無數的印度佛經。高中歷史教科書大多會提到玄奘的成就，這部影片或許可以提供一些更深入的觀察與分析。

《天地英雄》是具有歷史性質的商業劇情片，看起來像中國的西部片。但導演將焦點轉移到西域，並描述對於佛陀舍利子的爭奪所象徵的政治意涵，是可以疏解的觀點。

將《中國大漠之寶》與《天地英雄》結合，可從不同面向理解唐朝時期「佛教、絲路與帝國統治」的連結。

《誘僧》對於唐太宗評價的呈現，有著異於傳統的態度，可說是具有突破之處。倘藉以討論「玄武門之變」，不失為可以運用的影視輔助教材。又該影片所蘊含的「禪宗」意味，亦可作為討論的課題。至於影片整體所呈現的唐代建築、服飾或者化妝，均甚考究，都可作為引導思考的題材。

從史學方法的角度說，《達摩祖師傳》是個好的文本。「好」不一定是指「電影本身」的真實性；恰恰相反地，是因為電影文本雖有所據，但卻根據已經不符史實的禪宗史著作，以致於可考之處、可解之處甚多，作為輔助教材應有其價值。

筆者以為，將「影視文本」作為「輔助教材」，是教學教法可以盡量運用的方法之一。無論是「紀錄片」、「報導性影片」或「劇情片」，都可以成為「輔助教材」。問題並不在於影片類型，而在於如何使用，如何與教科書結合，以及如何透過詮釋影像，從而引導學生進行歷史思維。

本文原錄於《歷史教育》，第 14 期（臺北：國立臺灣師範大學歷史學系，2009），頁 233-264。

五、製作武則天——影視史學與歷史
教學的微型實驗

劉彥伶

臺北市立永春高級中學歷史教師

第一節　緒言

　　在筆者的教學生涯中，發現學生對「電視歷史劇」上演過的歷史人物，總多了一份親切感。例如教到雍正皇帝時，拜「步步驚心」、「後宮甄嬛傳」所賜，同學上起課來頓時興趣濃厚。但電視歷史劇往往有誇張、渲染的劇情，若未加以說明，反而會造成學生對歷史人物的錯誤認知。

　　目前在教學現場已有不少歷史教師以電影融入教學活動，藉由影片引導學生思考、提升學習興趣。然而此教學模式仍是學生被動的在臺下看，接收影像媒體所傳達的訊息或教師對電影所進行的分析，因此筆者不斷思考是否還有其他方法能將「影視史學」與「歷史教學」加以結合？二〇一五年筆者在師大教學碩士班寫畢業論文時，嘗試以「製作歷史劇」為研究主題，讓學生化被動為主動，製作一部屬於自己版本的歷史劇「武則天」。期望學生透過蒐集資料、分組討論、角色扮演、影片後製的過程，身兼導演、編劇與演員的身分，用他們的角度重現武則天的一生。

　　在活動過程中讓學生神入歷史時空，感受歷史人物所面臨的處境與心情，進一步思考歷史是什麼？歷史是如何被書寫出來的？事實上，歷史乃論述過去，但絕不等於過去，歷史經常被有權力的人重新製作與安排，[1]因此在課堂上教導學生分辨是非與檢核證據的能力（歷史思考），遠比「講授真相」更重

1　Keith Jenkins 著，賈士蘅譯，《歷史的再思考》（臺北：麥田出版社，2011），頁 85。

要。[2]

至於為什麼選擇武則天（624-705）？除了二〇一四年范冰冰主演的《武媚娘傳奇》帶來話題性之外，武則天作為中國歷史上唯一的女皇帝，她的一生波濤起伏，故事性強，爭議性大，種種驚世之舉被賦予兩極的評價，既是女權主義者心中的典範人物，又是保守主義者眼中的禍國妖婦，為史家帶來極大的挑戰，也成為無數小說、戲劇津津樂道的主題。由於國高中歷史課都介紹過武則天，基於學生對她擁有的相關背景知識較多，戲劇上可發揮的空間較大，也較容易取得參考資料，因此筆者選定以武則天做為歷史劇拍攝的主題。本文藉由提出另一種教學模式及分享活動過程中所遭遇的困難與因應方法，希望對從事相關歷史教育工作者有些許幫助。

第二節　武則天的評價與歷史書寫

在中國數千年的歷史中，女主參政的例子不勝枚舉，如西漢呂后（前241-前180）、清朝慈禧太后（1835-1908）都曾經獨攬朝政大權。這些后妃得以臨朝，與宗法制度、帝王制度有著密切關連性，可以說是帝王統治天下的另一種形式。[3]在以父系為中心的宗法社會裡，雖然對女子的身分權利有所限制，然而對母親的尊崇，卻賦予女性另一種權利與義務，一旦皇帝無力治理朝政，或皇帝猝崩導致皇權有旁落危機時，由后妃或外戚出面主政是一種「權宜之計」的政治形態，不僅具有統治的正統性和合理性，也能達到維護政權的目的。[4]

2　彭明輝的人文網誌：歷史課與「更好的填鴨教育」（最後檢索時間：2017 年 8 月 1 日）http://mhperng.blogspot.tw/2017/06/blog-post_25.html

3　朱子彥，《帝國九重天—中國后宮制度變遷》（北京：中國人民大學出版社，2006），頁341。

4　楊聯陞，〈國史上的女主〉，收於氏著，《國史探微》（臺北：聯經出版事業公司，1983），頁 91-108。

武則天與中國其他女主相比，最大的不同在於她曾以名符其實的大周皇帝身分君臨天下，在中國歷史上她是第一個，也是最後一個。在她之前，出現過不少掌權的皇后、太后，但沒有人像她一樣有膽識改朝換代正式稱帝。在她之後，也有許多效仿者躍躍欲試，但即使在婦女地位較高的唐代，也沒有人能問鼎成功。因此對於武則天的評價充滿各種不同的聲音，以下藉由古今學者專家的研究成果，我們可以對這位傳奇女性有更深入的認識，並了解武則天的形象是如何形成的。

一、古代學者的評價

古人對武則天的評價，最早或可追溯到武則天在世的時候。武則天臨朝稱制時，駱賓王（640-684）曾寫過〈為徐敬業討武曌檄〉，[5]攻擊武則天是穢亂東宮、勾引太子的淫徒妖女，掩袖工讒的奸佞小人，包藏禍心的殺人惡魔，竊窺神器的邪惡大盜。但這畢竟是政敵的醜化之詞。

武則天死後，唐人對武則天的評價曾發生一些變化，雖然武則天曾廢立中宗（656-710），但他對武則天還是相當尊重的，神龍二年，中宗為武則天舉行隆重喪禮，並在〈則天大聖皇后哀冊文〉中總結武則天的一生，稱她「英才遠略，鴻業大勛，雷霆其武，日月其文」。[6]大致上，武則天的子孫在位時，她仍然保持受尊崇的地位。安史之亂後李唐王朝日漸衰微，女禍誤國的議論漸興，出現不少士人非難武則天的聲音，因此晚唐對武則天的評價以否定居多。[7]

五代後晉劉昫（?-946）等人所撰的《舊唐書》，在唐亡後逾四十年完成，

5　（唐）駱賓王著，陳熙晉箋，《駱臨海集箋注》（上海：上海古籍出版社，1985），頁 329-338。

6　李希泌主編，《唐大詔令集補編》（上海：上海古籍出版社，2003），卷 2，崔融，〈則天大聖皇后哀冊文〉，頁 63-64。

7　胡戟，《武則天本傳》（西安：陝西師範大學出版社，1998），頁 192。

該書選擇以〈則天皇后〉為本紀名稱表露出史家對武后政權的看法；撰述者雖然認可她曾經行使皇權，政由其出的行為，但認為她改唐為周自立為帝並不具正統性，倘若將她的王朝列於帝紀之中，變亂了名分，因此選擇以則天皇后稱之，把她視為高宗的妻子，李唐宗室的媳婦，拒絕承認她建立的大周政權，也拒絕把她當作皇帝看待。[8]《舊唐書》具有鮮明的女禍意識：「歷觀前古邦家喪敗之由，多基於子弟召禍。子弟之亂，必始於宮闈不正。」[9]作者直斥武則天「韋、武喪邦，毒侔蛇虺。陰教斯僻，嬪風浸毀。」[10]雖然書中亦有對她的幾句讚賞，說她在輔佐高宗時「伏以則天皇后，初以聰明睿哲，內輔時政，厥功茂矣。」[11]但整體而言，《舊唐書》以「牝雞司晨」的眼光看待武則天的掌政，對武則天的評價以負面居多。

隨著專制主義中央集權日益強化，以及宋明理學的綱常禮教日益氾濫，世人對武則天的評價也愈來愈壞。[12]成書於北宋仁宗嘉佑年間的《新唐書》由歐陽脩（1007-1072）、宋祁（998-1061）等人撰寫，該書將武則天的事蹟同時列入本紀和列傳中，〈則天順聖武皇后本紀〉內所載乃其稱制後之政事，其他事蹟則見於〈后妃列傳〉內。值得注意的是，此處使用「皇后」二字，而未標示「大周神聖皇帝」的尊號，說明《新唐書》的作者並不承認武則天為正式皇帝，且在〈后妃列傳〉中，又特別標立「則天武皇后」條目，似乎有意藉此凸顯強調其為「皇后」，並非「皇帝」一事。[13]歐陽脩、宋祁等人對武則天的批

8　梁筱婷，〈漢唐女主政治之研究—以呂太后和武則天為中心〉（臺北：國立臺灣師範大學國文學系碩士論文，2015），頁 150。

9　（後晉）劉昫，《舊唐書》，卷 51，〈后妃列傳上〉，頁 2162。

10　（後晉）劉昫，《舊唐書》，卷 52，〈后妃列傳下〉，頁 2204。

11　（後晉）劉昫，《舊唐書》，卷 149，〈沈傳師列傳〉，頁 4034。

12　胡戟，《武則天本傳》，頁 195。

13　邱添生，〈女皇帝武則天評析〉，《空大學訊》，第 205 期（1997），頁 35。

評相當嚴厲，指責她「自高宗時挾天子威福，脅制四海。」[14]還針對武則天的秉性說道「然畏人心不肯附，乃陰忍鷙害，肆斬殺怖天害。內縱酷吏周興、來俊臣等數十人為爪吻，有不慊若素疑憚者，必危法中之。宗姓侯王及它骨鯁臣將相駢頸就鈇，血丹狴戶，家不能自保。」[15]但作者也承認她「賞罰己出，不假借群臣，僭於上而治於下，故能終天年，阽亂而不亡」[16]可見《新唐書》對於武則天參預朝政、任用酷吏、殺戮宗室大臣以及改朝換代大力批評，但對其政績並未完全否定。

北宋司馬光（1019-1086）《資治通鑑》，其中的隋唐紀是在范祖禹（1041-1098）草稿的基礎上刪改而成，范祖禹對武則天廢立中宗，自己臨朝執政持反對立場：「中宗之有天下，受之於高宗也。武后以無罪而廢其子，是絕先君之世也。況其革命呼！……天下者，唐之天下也，武后豈得而間之。故臣復繫嗣聖之年，黜武氏之號，以為母后禍亂之戒。」[17]司馬光對綱常倫理極為重視，在《資治通鑑》採用了舊史中有關武則天過惡的一些記載，[18]並不厭其煩的詳細描述武則天暴虐與殘忍的事實，對其惡評可以想見。[19]

由於《舊唐書》、《新唐書》、《資治通鑑》是研究唐代史事的基本史料來源，對後世具有權威性影響，再加上受到儒家思想影響的父權社會對女人當家的反感，不難想像為何傳統史家對武則天的評價以負面居多。

二、現代學者的評價

民國以後「五四運動」對傳統的男尊女卑提出批判，有些學者從爭取女權

14　（宋）歐陽脩、宋祁，《新唐書》，卷76，〈后妃列傳上〉，頁3481。

15　（宋）歐陽脩、宋祁，《新唐書》，卷76，〈后妃列傳上〉，頁3481。

16　（宋）歐陽脩、宋祁，《新唐書》，卷76，〈則天順聖皇后武氏傳〉，頁3496。

17　（宋）范祖禹，《唐鑑》（臺北：臺灣商務印書館，1968），卷7，頁64-65。

18　王雙懷，〈歷代對武則天的評價〉，頁71。

19　邱添生，〈女皇帝武則天評析〉，頁35。

的角度，發表一系列呼籲婦女解放的文章，開始對武則天進行重新評價。文革期間，四人幫的御用文人為吹捧江青（1914-1991），極力抬高武則天，將她塑造為「尊法反儒」的女政治家。認為歷代儒家對武則天進行誹謗和汙衊，流毒非淺。文革結束初期，隨著四人幫遭逮捕，原本清一色對武則天表示讚揚的聲音，開始轉變為對武則天的撻伐，一九七六至一九七九年間學術界出現數十篇「撥亂反正」的文章，這些文章出於對四人幫的憤怒，為了否定江青，一併否定了武則天，認為她是野心家、陰謀家。[20]

一九八〇年代以來，學術界對於武則天的研究和評價進入一個新的階段，隨著四人幫審判終結以及經濟改革開放，對武則天的研究也趨於多元化，中國學者開始從不同面向評價武則天的是非功過，不再一面倒的讚揚或批判。[21]1990 年代又受到電視劇《武則天》的播出，引發大眾迴響，許多學者紛紛藉此提出自己的看法，發表眾多討論武則天的文章，[22]其佐證文獻雖大多出於《新唐書》、《舊唐書》與《資治通鑑》，但因著所引論據、事例的不同，產生出不同見解；甚至引用相同資料，卻因解讀觀點的出入，而產生不同評斷。[23]

武則天的形象隨著時代變遷而轉變，傳統史書可能基於政治需要和發揮鑑戒史學的功能，對武則天除了評論，也採用了一些文學手法，導致武則天被過度醜化。武則天之所以受矚目，有很大程度在於她是中國歷史上空前絕後的女

20　王雙懷，〈本世紀以來的武則天研究〉，《史學月刊》，第 3 期（1997），頁 112。

21　黃文珊，〈論近代學者對武則天之歷史評價〉，（臺北：臺北市立教育大學社會科教育學系碩士論文，2009），頁 78。

22　西元一九九五年電視劇《武則天》播出前後，就有四十多篇文章發表在探討武則天，如毛鋒，〈歷史劇要有歷史的眼光—評電視劇《武則天》〉，《電影評價》，第 6 期（1995），頁 23；楊光，〈淺析歷史人物的塑造—看《武則天》有感〉，《電影評價》，第 6 期（1995）；李斌成，〈歷史上的武則天與電視劇《武則天》〉，《群言》，第 10 期（1995），頁 28-30……等。

23　黃文珊，〈論近代學者對武則天之歷史評價〉，頁 93。

皇帝，不少人因為這個原因反對她，也有不少人因為同樣原因無條件支持她，把她視為婦女解放的象徵，一個男權社會的反叛者和挑戰者。筆者將嘗試以研究成果設計教學活動，讓孩子抽絲剝繭的從現存的各種記載和傳說中，追尋這位非凡女子的不同面貌。

第三節　教科書對武則天的書寫

　　武則天作為中國唯一的女皇帝，在過去國高中的歷史教學中是必定會介紹此人，故筆者在進行「製作武則天」的活動之前，先針對不同時期教科書對武則天的相關書寫進行檢視分析。

　　統編本時期師生習慣把教科書當作唯一「聖經」，此時武則天在教科書中的形象是強勢且殘忍的，課文內容採取傳統史書中「高宗庸懦」使武氏得以掌權的說法，容易引導學生產生刻板印象，認為武則天是貪權、竊權的女人，偏向「女禍史觀」。

　　審定本時期的教科書編寫受課綱規範，然而歷史課綱又幾經轉折。《88課綱》強調以專題呈現教材，因此大部分版本都將武則天穿插在「主題脈絡」或插圖的「文字說明」裡，形象不夠鮮明，甚至有些版本對這位中國歷史上唯一的女皇帝隻字未提。《95暫綱》有較多版本開始注意到武則天的評價問題，但關注焦點多半放在她的私生活、殺害李唐宗室、大臣或取得權力的正當性等問題上，以負面形象居多。《101課綱》由於教材綱要的重點說明有「武后稱帝」，各家出版社對武則天的書寫在比重上明顯增加，且試圖兼顧歷史知識與歷史解釋兩個層次。眾版本幾乎都有說明「武則天」名稱的由來與李唐復國的過程，對武則天的評價開始有較正面的看法，其掌權過程不再一面倒地被寫成因高宗軟弱無能，武后趁機奪權，不少版本採用高宗晚年健康欠佳，無法親理政務，將國事委以武后的說法。值得注意的是，從統編本到審定本時期的教科書，都相當重視武則天在打壓關隴集團方面的影響以及在「拔擢人才」方面的

貢獻，反映了學界對武則天的研究成果。雖然在《108 評綱》的東亞史中已經沒有對武則天的書寫，但是在加深加廣的「族群、性別與國家的歷史」或是「探究與實作」的課程設計中仍可對她進行討論。

筆者以為教科書的書寫累積了眾多學者的研究心血，歷史研究的每一步，都為歷史教學提供進一步深入探討的可能性。學者專家對武則天的研究「形成」學界對武則天的評價，歷史教科書的書寫又「傳遞」了武則天的各種形象與面貌，因此歷史研究與歷史教學有著密切關係。張元說過「教科書不等於教材，卻是教材中極重要的部分，教科書中每一課的編撰形式與具體內容都有關鍵性的影響，是探索加強深度教學時首先需要討論的重點。」[24]可見歷史教科書扮演歷史思維能力培養的重要媒介，但同時得注意教科書只是教師授課的教材之一，並非唯一，身為第一線教師必須對其內容仔細斟酌過濾，不可全盤接受。學生在面對一綱多版的教科書時會「接收」到什麼形象的武則天，筆者以為教師在此過程中扮演了重要角色，若能在課堂上適時引導，讓學生從中學習理解、分析的能力，將有助於學生發展獨立思考的能力，進一步建構出自己的歷史觀念。

第四節　影視作品中的武則天形象

武則天的一生富傳奇色彩，一直是電視劇製作者青睞的題材，因此以武則天為主題的影視作品不勝枚舉，一九八〇年代以來兩岸三地有多部電視劇翻拍武則天的一生，如一九八四年香港演員馮寶寶主演的《武則天》、一九八五年臺灣演員潘迎紫主演的《一代女皇》、一九九五年中國演員劉曉慶主演的《武則天》，這些作品在當時收視率都頗高，轟動一時。此後關於武則天的電視劇

24　張元，〈加強歷史教學深度的一些看法〉，《清華歷史教學》，第 16 期（2005），頁 6。

依然很多，其中二〇一四年湖南衛視播出《武媚娘傳奇》後，再度颳起一陣武則天風潮，該劇由范冰冰一人飾演十四至八十二歲的武則天，播出後因為低胸爆乳造型引發熱烈討論，又因尺度太大，遭廣電局勒令停播並重新剪輯。復播後女演員只剩頸部以上的頭部特寫，被稱為「大頭版」；後來香港播出的版本雖未剪裁，但以電腦後製方式添加「布料」，被稱為「封胸版」。雖然與武則天相關的影視作品非常多，眾女星詮釋的武則天各有千秋，但筆者相信許多年代久遠的作品，大部分學生都沒有看過，《武媚娘傳奇》是距離學生最近且話題性最高的一部武則天相關電視劇，因此筆者在進行「製作武則天」的教學活動之前，將先檢視該劇，藉此了解學生心目中的武則天形象是否受到影視媒體的影響。

首先，劇中武媚娘說自己本名武曌、字如意，是不符史實的。史書中並未記載她的本名，武媚是唐太宗（598-649）賜的號，武曌是她臨朝稱制後自己取的，武則天則是根據其尊號「則天大聖皇帝」而來，因此在現代影視作品中經常稱呼她為武媚娘。

其次，該劇用了長達五十三集的篇幅大肆渲染李世民與武媚娘的「情投意合」，在李淳風算出「唐三代而亡，女主武氏代之」的卦，並奏請殺盡宮中所有武氏時，李世民處處維護武媚娘，對其寵愛有加，在出征與臨終前都不忘託付好她的歸宿。事實上，武則天從十四歲入宮開始，做了十二年唐太宗的才人，地位始終沒有提升，也沒有為太宗誕下一子半女，可見她並不受寵。

在二十一集中韋貴妃（597-665）為了陷害武媚娘，對唐太宗送給武媚娘那匹名叫獅子驄的白馬下藥。誰知當天李治騎上了這匹受到驚嚇的白馬，武媚娘為了救皇子用匕首割斷獅子驄的咽喉，此事讓朝中官員認定武媚娘是殘酷無情的女人，李世民卻不以為然，對其救子一事頗為感謝。其實史書中對武則天當唐太宗才人時期的記載甚少，獅子驄是唐太宗養的一匹性情暴烈的名駒，武才人曾提出可用鐵鞭、鐵鎚和匕首來馴服，如此強勢剛烈的性格嚇壞了唐太

宗，不但沒有任何賞賜，也沒直讓武則天武馴馬。[25]反倒是劇中原本與武媚娘情同為姊妹，因不受寵逐漸淪為陰險奸妃的徐慧（原名徐惠，627-650），在歷史上是個著名才女，頗受太宗寵愛。

在許多武則天題材的影視作品中都有武昭儀為了上位，殘忍掐死自己剛出生的女兒嫁禍給王皇后（622-655）的一幕，令觀眾印象深刻，但《武媚娘傳奇》中高陽公主（?-653）成了最大的幕後黑手，劇中高陽公主與和尚辯機（619-649）欲私奔，被長孫無忌（594-659）擒獲，唐太宗勃然大怒斬殺辯機，讓高陽痛心疾首，埋下仇恨的種子。為了讓武媚娘留在宮裡幫自己復仇，高陽先利用甘草茶與被蕪花浸染過的帝女花編織圖使武媚娘小產，製造王皇后所為的假像；接著用一條王皇后留下的絲巾悶死了武媚娘的長女安定公主（654-654），並嫁禍給王皇后，此事成為李治（628-683）「廢王立武」的導火索。歷史上，武則天並沒有小產的紀錄，安定公主到底是怎麼死的至今學界仍有爭議，雖然成書於宋代的《新唐書》與《資治通鑑》都詳細記載了武則天掐死襁褓中的女兒並誣陷王皇后的經過，但五代時期所著的《舊唐書》和《唐會要》只記錄公主暴斃，死因不明，故也有學者認為公主是因天生體弱而夭折的，這個歷史謎團留給小說、戲劇無限想像與發揮的空間。

《武媚娘傳奇》後半部的劇情著眼於君權與相權之爭，大權旁落的年輕皇帝李治與威名震主的顧命重臣兼舅父長孫無忌產生矛盾，於是回宮後的武媚娘與李治聯手，藉助李義府（614-666）、許敬宗（592-672）等所謂的「寒門士人」打壓以長孫無忌為首的「關隴集團」。但劇中人物不斷重複「關隴世家」、「關隴門閥」等詞實在有些穿越了，因為「關隴集團」這名詞是當代史學家陳寅恪（1890-1969）提出來的，在唐代雖然有世家、門閥等語彙，但史書中並沒有關隴門閥並用之例。

---

25 王壽南，《武則天傳》（臺北：臺灣商務印書館，2015），頁7。

　　《武媚娘傳奇》雖然為一部歷史劇，但劇名有「傳奇」二字，勢必對歷史事實有許多改編與藝術加工，劇中人物的情感與關係糾葛猶如一齣古裝的愛情偶像劇，范冰冰飾演的武則天是個有主見、具現代思想的新女性，武媚娘曾在劇中說道「對於擁有權力、重視權力的男人來說，想要得到他們的真心，不能一味的只是奉獻和犧牲，最好的辦法是要做一個盡量和他們一樣平等的人，低若塵埃的姿態，永遠都換不來男人的尊重，更何況是真情了。」編劇似乎有意凸顯武則天的女權意識。筆者以為這些對白在現代時裝劇也適用，可見歷史劇是時代的產物，不同時代的戲劇作品往往可呈現出當代的思維。

　　《武媚娘傳奇》塑造出一個不同於以往同類型作品中的武則天形象。事實上，最早進入臺灣人集體記憶中的武則天應是一九八五年由李岳峰執導的《一代女皇武則天》，筆者小時候看潘迎紫演的武則天，對其留下的印象是野心勃勃、心狠手辣，為達目的不擇手段；而范冰冰飾演的武如意／武媚娘在劇情前半部呈現出一個心地善良、耿直不屈、行俠仗義又凡事以德報怨的女孩，在腥風血雨的宮廷鬥爭中她總是能險象環生、逢凶化吉，後半部劇情中武媚娘為了腹中胎兒，原本一心想遠離塵囂過普通人的生活，並未有回宮的野心，因著高陽公主的暗中活動才回到宮中，又因喪子之痛走上復仇之路。該劇強調一個失去孩子的母親做出任何極端之事，都是出於母愛，是被逼出來的無奈之舉，不應過度苛責。

　　此外，劇中武媚娘與唐高宗的互動也顛覆了傳統史書記載因「高宗庸懦」導致武則天強勢主導一切的形象。當李治身染風疾、病情惡化時，武媚娘曾協助處理政事，但貫徹的仍是李治的意志。七十三集李治對代替他上朝回來的武媚娘說「媚娘，今日難為你了，可朕的皇后做得非常好，甚至比朕想像中的還要好。懂得先發制人、以退為進，不僅僅為寒門將領在此戰中爭了一席之位，還能夠順勢把關隴門閥在內宮的兵權徹底解除」。八十集在太子李賢（655-684）謀反案確立後，李治對媚娘說「眼前這片江山，到底該由誰來繼承？……這些年來，在處理朕的政務上，除了你以外，還有誰真正讓朕安心

過？」可見編劇刻意營造兩人除了是夫妻搭檔，更是親密戰友的形象，高宗對武則天充分理解、極端信任，在君臣關係上也自一套有政治手腕。八十二集高宗去世後，武媚娘在他靈柩前哭著說「雉奴，我知道你在最後一刻最擔心的事情是什麼，就算冒著全天下人的唾罵，就算是要殺的血流成河，我也一定會為你，把這片江山守下去。」劇中武則天是個重情重義的女人，處處為李治著想，參政是為其分勞解憂，甚至為治療李治的風疾以身試藥，從未想過要架空其皇權。筆者以為《武媚娘傳奇》呈現出當代史家孟憲實的觀點，認為傳統史家為了妖魔化武則天，不得不把高宗寫得很弱智，唐高宗其實是妖魔化武則天的副產品，在歷史上受到不公平的對待。[26]此劇替這兩人平反的意味頗濃。

　　《武媚娘傳奇》播出後，有媒體評論「這樣的武媚娘艷絕天下、智力超群、極其幸運，是當之無愧的『瑪麗蘇』[27]，當她被歷史脅迫著一步步登上權力的巔峰，又彷彿盛唐版的『甄嬛』。」[28]不少網友批評這樣的武則天簡直是小白兔、白蓮花，被過度「洗白」了，嚴重偏離史實。但筆者以為范冰冰演繹的武則天在某種程度上反映了武則天研究的新視角，為這位大家都耳熟能詳的一代女皇提供了更多元的當代解讀，當眾人因著刻板印象評論武則天應該演得更兇狠些才配得上女皇的霸氣時，此劇正可讓大家思考史書中的武則天是否被過度「抹黑」了？

26　孟憲實，《唐高宗的真相》（臺北：遠流出版社，2008），頁 296-299。

27　瑪麗蘇源自一國外《星際迷航》粉絲寫的同人文章，作者虛構了一個被多名男性愛上的女主角瑪麗蘇，從此這個虛構名字也成為「某一類」女主角的代名詞。特質是內心善良、相貌美、出身平凡，但身邊的男主角、男配角全都愛她愛得死去活來，雖然磨難重重，但每一次都能逢凶化吉。這類作品抓住一般人渴望浪漫的潛意識，讓觀眾投射在自己身上，享受虛擬的快感。參見新聞晨報：〈「瑪麗蘇」與「杰克蘇」〉（2015 年 3 月 12 日）。http://sh.people.com.cn/BIG5/n/2015/0312/c134768-24136748.html，最後檢索日期：2017 年 8 月 1 日。

28　參見新京報：〈中國人心中的武媚娘=甄嬛+瑪麗蘇？〉（2015 年 1 月 14 日）　http://opinion.people.com.cn/BIG5/n/2015/0114/c159301-26379235.html，最後檢索日期：2017 年 8 月 1 日。

第五節　「製作武則天」活動設計與實作

一、活動設計

　　筆者的實作對象為四個高二社會組班級的學生，由於授課時數有限及拍攝空間不足，上學期筆者僅規劃三堂課的事前準備與引導活動在課堂上進行，實際拍攝與影像剪輯則請學生自行利用課餘時間完成，成品於下學期在各班公開播放，並透過學生填寫之活動紀錄、分組報告觀察表、學習單、回饋單以及訪談了解他們的學習歷程。教案設計如下：

表 5-1：「製作武則天」教案設計

「歷史與人物」教學活動設計			
教學主題	製作武則天	設計教師	劉彥伶
教學對象	高二學生	教學節數	五節課
教材來源	1.翰林版歷史第二冊第五章「魏晉到隋唐政局的演變」 2.開放學生自行找資料，亦提供推薦書單： 　(1) 孟憲實，《唐高宗的真相》，臺北：遠流出版社，2008。 　(2) 蒙曼，《蒙曼說唐：武則天》，臺北：麥田出版社，2012。 　(3) 蕭讓，《武則天—女皇之路》，臺北：遠流出版社，2009。 　(4) 王壽南，《武則天傳》，臺北：臺灣商務印書館，2015。 　(5) 楊西雲，〈女皇武則天古今第一人〉，《歷史月刊》177 期，2002，頁 62-68。 　(6) 陳俊強，〈說武則天的垂簾聽政〉，《歷史月刊》218 期，1996，頁 54-59。 　(7) 王壽南，〈從才人到皇帝—武則天傳奇〉，《歷史月刊》234 期，2007，頁 63-69。		
教學設備	電腦、單槍投影機、麥克風、黑板、討論桌		
教學目標	1.認知方面 　(1) 知道武則天崛起的背景與過程 　(2) 了解武則天對唐代政局的影響 2.情意方面 　(1) 探討武則天的歷史地位與評價 　(2) 理解歷史教材與影視媒體傳達的訊息是經過篩選的		

（續下表）

		(3) 澄清電視劇《武媚娘傳奇》中的錯誤觀念
		(4) 體會因時代、處境與角色的不同,導致歷史解釋的多元性
		3.技能方面
		(1) 具備蒐集資料並加以歸納統整的能力
		(2) 培養理解資訊而不盲從的思辨能力
		(3) 學習團隊合作與溝通協調的能力
		(4) 具備製作 PPT 的能力
		(5) 訓練上臺報告的表達能力
		(6) 具備拍攝與剪輯影片的能力
評量方法		學習單、小組報告、劇本撰寫、歷史劇影片製作
時間安排		教學活動流程
上學期	第一節	活動說明、請學生完成「前測學習單」
	第二節	進行分組報告,各組須繳交「小組報告觀察互評表」
	第三節	進行討論活動,各組須繳交「史料閱讀學習單」
下學期	第四節	播放各組拍攝之影片,每人須繳交「他評自評表」
	第五節	播放對照組影片,請學生完成「後測學習單」、「教學回饋單」

    本課程的設計理念是以 101 課綱的高中歷史第二冊為本,希望教師能在教材上擴充,帶領學生對歷史人物做較深入且多元的延伸討論。在這個資訊爆炸的時代裡,學生的歷史知識來源除了教科書、還包括市面上出版的歷史著作、網路訊息、影視媒體,這些以通俗文字或影像紀錄的歷史素材,也是學生理解歷史的重要「文本」。蔡文榮曾提出「老師的角色不應該是知識的提供者,而是學生主動探索與建構之過程中的嚮導與諮詢者。」[29]筆者希望透過這個教學活動,引導學生主動探索學習,配合多元評量的方式,激發學生學習歷史的興趣,並認識建構歷史的策略與方法,讓一些被視為「理所當然」的歷史事實或結果成為值得深思、再討論的邏輯推演。

29　蔡文榮,《活化教學的錦囊妙計》(臺北:學富文化事業有限公司,2007),頁 iv。

二、教學現場實作

筆者在教學現場的經驗是「活動設計與實際執行往往會有落差」，以下將探討筆者如何實際操作，在過程中所遭遇的困難與嘗試解決的方法。

（一）分組方式

在「製作武則天」的教學活動設計中，大量運用分組合作學習法，希望經由小組成員之間的相互合作與討論達到教學目標。由於筆者任教學校的班級人數一班約三十五人左右，設計每班分成四組，分別介紹與演出武則天的一生。第一節課進行活動說明時，筆者先針對這四個階段的時間分期加以說明，第一組「少女武氏」可介紹武則天的出身背景，從她第一次入宮成為唐太宗的才人演到出家為尼。第二組「皇后之路」是武則天從感業寺回來，如何從唐高宗的昭儀，進而成為皇后的過程。第三組「皇帝之路」則是討論武則天當上皇后之後，如何爬上權力的巔峰，成為一代女皇。第四組「女皇晚年」可著眼於女皇的政績、男寵與退位過程。此外，為力求公平，筆者請各組抽籤決定各組的主題。

「如何分組」以及「挑選組長」是一門大學問。由於高二在選組後重新分班，開學第一週除了學生彼此間還不太熟悉，老師對任教班學生也不夠了解，於是筆者先挑選「前測學習單」中作答表現較佳的同學，私下詢問擔任組長意願，讓該同學充分感受到被老師看重，然後給各組長一週時間去尋找組員，在時間內尚未完成分組的組別則由老師介入處理。此外，合作學習的重要特徵為「異質分組」，[30]筆者以為在進行武則天研究時，「性別」因素也許會影響學生對此人的觀感，故要求分組須兼顧男女比例，以期在小組討論時能有較多元的意見出現。

---

30 吳翎君，《歷史教學理論與實務》（臺北：五南圖書出版，2004），頁153。

（二）分組報告

　　組長與組員名單都確定之後，要不斷提醒各組開始蒐集資料，雖然開放同學自行蒐集資料，但筆者也擔心學生無法判斷資料的參考價值，故提供一份推薦書單，列出較適合高中生閱讀的相關書籍與文章，書籍部分，已向圖書館事先提出請購，同學在學校圖書館即可借閱；期刊部分，筆者先印好一班一份交給各班小老師，讓有需要的組別自行借閱或影印。

　　另外，傳統教室座位安排為學生面對老師排列而坐，嚴重限制了團體互動，為鼓勵團體成員踴躍參與討論，圍成圓圈可以讓彼此能夠看到與聽到的方式，互動效果較佳。[31]由於在分組報告時，筆者要求以「小組」為單位討論填寫「觀察互評表」，故上課之前要求各組需調整座位坐在一起。

　　填寫觀察互評表的目的，是希望各組除了準備自己負責的主題之外，也能夠藉由做摘要，更專心地聆聽別組的報告，對武則天的一生有基本認識；其中「觀察項目」的作用在提醒同學上臺報告應注意哪些地方。

（三）討論活動

　　各組皆報告完畢後，筆者設計了一份「史料閱讀學習單」，欲藉由討論活動帶領同學思考「何謂歷史？」筆者以為高中歷史教育的目的是要教會學生如何思考，讓他們學習如何比較不同的闡述，如何質疑作者之動機，並且將歷史事件置於其所屬之時代脈絡之中。因此筆者選擇了在眾多武則天相關影視作品以及小組報告中都有提到的「公主之死」作為討論主題，引用四段史料，請各組討論後，派代表上臺發表該組意見。設計學習單時，筆者擔心史料原文會造成多數學生的閱讀障礙，在課堂上逐字翻譯又佔用太多時間，於是選擇將這資料翻譯改寫為白話文。學習單設計如下：

31　黃光雄，《教學原理》（臺北：師大書苑，1990），頁 319。

※請閱讀下列資料，並回答問題。

資料一：《唐會要》

武昭儀剛出生不久的女兒突然夭折，她哭訴是王皇后下手殺害了小女嬰，唐高宗於是有了廢黜皇后的念頭。[32]

資料二：《舊唐書·則天皇后本紀·史臣曰》

武后為了奪取嫡位，動手掐死了自己剛出生的女嬰，又殘酷對待爭寵失敗的王皇后與蕭淑妃，實在很沒人性，這就是奸險小人與妒心過重的女人常做的事啊！[33]

資料三：《新唐書·則天武皇后傳》

王皇后來探望武昭儀剛生的女兒，一離開，武昭儀就在被子裡偷偷殺死了女兒。等到唐高宗一來，武昭儀假裝歡笑，掀開被子，發現女兒已經夭折。一詢問左右，大家都說皇后有來過。武昭儀立刻悲傷地嚎啕大哭。唐高宗不明白真相，非常生氣地說：「皇后殺了我的女兒！以前她和蕭淑妃說妳的壞話，現在竟敢做出這種事！」於是，武昭儀趁機說皇后的缺失。皇后提不出合理的解釋，唐高宗因此更加憐惜武昭儀，於是開始產生廢黜皇后的想法。[34]

資料四：《資治通鑑·唐紀·永徽五年》

王皇后雖然漸漸失寵，但唐高宗並沒有意思要廢黜皇后。恰巧，皇后來看望武昭儀剛生的女嬰，又逗弄她好一會兒才離開。武昭儀馬上偷偷掐死了女兒，然後用棉被蓋上。等到唐高宗一來，武昭儀假裝歡笑地打開被子，發現女

---

32 原文為「昭儀所生女暴卒。又奏王皇后殺之。上遂有廢立之意。」參看 （宋）王溥，《唐會要》，卷3，〈天后武氏傳〉（上海：上海古籍出版社，1991），頁26。

33 原文為「武后奪嫡之謀也，振喉絕襁褓之兒，菹醢碎椒塗之骨，其不道也甚矣，亦奸人妒婦之恆態也。」參看（後晉）劉昫，《舊唐書》，卷6，〈則天皇后本紀〉，頁133。

34 原文為「昭儀生女，后就顧弄，去，昭儀潛斃兒衾下，伺帝至，陽為歡笑，發衾視兒，死矣。又驚問左右，皆曰『后適來。』昭儀即悲啼，帝不能察，怒曰：『后殺吾女，往與妃相讒媚，今又爾邪！』由是昭儀得入其訾，后自無解，而帝愈信愛，始有廢后意。」參看（宋）歐陽修、宋祁，《新唐書》，卷76，〈武則天傳〉，頁3474-3475。

兒已經夭折，就哭得不成人形。詢問左右，大家都說皇后剛剛來過這裡。唐高宗非常生氣地說：「皇后殺了我的女兒！」武昭儀趁機邊哭邊添油加醋說皇后的缺失，皇后沒有辦法證明自己的清白，於是皇帝開始產生廢黜王皇后改立武昭儀為后的想法。[35]

> 問題一、閱讀上述四段有關「公主之死」的記錄後，你認為武則天是否真的殺死了自己的女兒？請說明為何做出如此判斷？

在開放討論前，筆者先說明這四段資料出處的成書背景。此題引發相當熱烈的討論，討論時間截止時，還有很多小組無法達成共識。贊成武則天殺女者，多半站在武則天心機重、有野心、為達目的不擇手段等立場，也有不少組別抱持「很多資料」顯示是如此應該就是如此的觀點。不贊成武則天殺女者，有人站在人性角度考量，有人意識到史家的著述可能有主觀立場或政治壓力的干擾，也有同學天馬行空的想像嬰兒被事先掉包了，所以武則天殺的是別人。筆者從學生的回答中發現，他們經常忽略題幹中的「請『閱讀以下資料』並回答問題」，因此不少同學的論點「純屬推測」，證據不足，甚至是用自己的「刻板印象」來判斷作答。

由於此問題本來就沒有標準答案，而且同一組別中也經常出現意見分歧，於是筆者後來嘗試打破組別，以辯論的方式讓正反兩方形成兩個團隊，上臺陳述己見，除了增加趣味性，也希望學生能藉此建立有憑有據的觀點，最後在班上以舉手投票的方式看支持哪一方的票數較多，表示該方論述較具說服力。在整個討論過程中，筆者主要工作是協助歸納出正反雙方的意見，並且提出學界

---

35 原文為「后寵雖衰，然上未有意廢也。會昭儀生女，后憐而弄之，后出，昭儀潛扼殺之，覆之以被。上至，昭儀陽歡笑，發被觀之，女已死矣，即驚啼。問左右，左右皆曰：『皇后適來此。』上大怒曰：『后殺吾女！』昭儀因泣訴其罪。后無以自明，上由是有廢立之志。」參看（宋）司馬光，《資治通鑑》（北京：中華書局，1997），卷199，頁6286-6287。

對此問題的多元解釋給同學參考，希望同學藉由這樣的討論建立自己的史觀，進而在歷史劇中呈現。

> 問題二、「歷史是真正發生過的事，而且歷史真相只有一個，所以武則天的故事只有一種版本」你同意這個說法嗎？為什麼？

第一題討論完畢後，此題全部組別都回答「不同意」，絕大多數同學已經能夠理解歷史這門學科的性質，除了客觀存在的「歷史事實」，還有主觀評論的「歷史解釋」，亦有組別注意到中國傳統史家多為男性，「性別」因素可能導致對女性書寫的不公平，傳統史書上對武則天的評價可能是一種「女禍史觀」的呈現。

（四）劇本編纂

按照筆者原先規劃，上學期須繳交劇本初稿，下學期須繳交劇本完稿與拍攝完成之影片。原先預期學生的初稿與完稿之間應該是有差距的，前者不夠完善的部分後者應該要補強，但是實際操作的結果是，大多數組別根本沒有重新檢視劇本是否完善，所以完稿和初稿交的劇本差異不大。

（五）影片製作

「拍攝影片」對這些 E 世代的學生來說並非難事，智慧型手機或相機都有錄影功能，但「影片後製」就沒那麼容易了。筆者為了讓活動能順利進行，在學期初先與任教高二的生活科技科老師溝通，希望進行「協同教學」。在教學現場，目前已經有很多老師嘗試進行跨科合作，以整合更多教學資源，筆者與生科老師取得共識後，他將在生活科技課時教導學生簡單的「影片剪輯」技巧，而歷史劇的影片將成為「歷史與人物」與「生活科技」這兩門課程的共同作業，意味著若拍不出來，這兩科會一起被當掉，於是對學生來說似乎多了點

「動力」和「壓力」得把它完成。

（六）活動紀錄

　　為進一步了解學生在活動中的參與、討論狀況，筆者設計了活動紀錄表，並要求各組須認真記錄每次開會的討論內容以及參與者，為避免「參與同學」造假，規定每篇紀錄得附上兩張以上的活動照片佐證，每學期至少要繳交兩篇活動紀錄。

（七）計分方式

　　在班級播放各組歷史劇成品時，為了讓大家都認真觀賞影片，筆者設計了「影片欣賞評分表」。學生對於在課堂上觀看影片的認知通常是坐在椅子上被動接受視聽娛樂，在觀賞前，若能先告知學生認知上的重點與後續討論之安排，將能使學生從休閒娛樂的心態轉為認真觀察比較的態度。[36]筆者希望藉此評分表，讓同學化被動為主動，以「影評人」的角度對同學的作品加以批判分析。實際播放後，筆者發現根本不需要擔心同學們不認真看影片，因為每一班都很期待看到拍出來成果，對認識同學的演出相當捧場，整堂課笑聲不斷。

　　為求分組作業的公平性，筆者在最後一堂課要求每個人得填寫「他評自評表」幫自己以及小組內的其他成員打分數，並寫出具體原因，作為教師評分的參考依據並反映該生在小組報告中的參與程度。筆者以為小組作業經常會有礙於同學情誼，在分工表上呈現的「官方版」，營造每個人看似都有做事的假象。透過此方式可以看出較為真實的一面。若滿分為十分，大部分同學給的分數平均為七—八分左右，因此平均分數九分以上者，筆者以為是較認真的同學，該生的成績為全組成績*1.1，平均分數在四—五分者，表示此人參與度不

36　蔡文榮，《活化教學的錦囊妙計》，頁168。

高，該生的成績為全組成績*0.8，若平均分數只有三分以下，表示此人幾乎沒有參與，甚至有引起全組公憤的狀況，因此該生成績為全組成績*0.6。

第六節　教學檢視與回饋

一、影像分析與檢討

在分析完以上十六組同學的影片後，筆者發現一個共同的現象，即所有影片皆使用大量的旁白，多數組別以跑字幕的方式呈現，有些則是模仿「谷阿莫」、「臺灣吧」的形式，以幽默風趣的口吻來介紹武則天，如210-4開場白：「《大雲經》四卷說武后是彌勒佛化身，應作為天下主人，武后當然爽爽下令頒行天下啦~。而這好棒棒的大雲經讓她取得了地位へ~~當然不能虧待囉!於是命兩京諸州各置大雲寺一所，藏《大雲經》，命僧人講解，提升佛教的地位。……」二〇一五年臺灣吧的創辦人蕭宇辰先生曾到本校演講，談到「臺灣吧讓觀眾透過影像的呈現，知道歷史並不遙遠，能夠與現實生活連結的歷史才有意義」。筆者相當認同此觀點，臺灣吧之所以廣受好評，是因為用現代且有趣的方式呈現，能夠吸引學生目光。學生在製作影片時，紛紛以臺灣吧為模仿對象，可見他們嘗試結合「實際的過去」與「現代的呈現」。歷史不只是專業史家的工作範疇，影視媒體獨特的敘述方式能夠刺激學生與過去對話，讓歷史課程與學生的生命經驗產生連結，形成自我的歷史意識。筆者以為學生透過他們的視角，以影片呈現過去，也許不夠成熟，但值得鼓勵。

另外，也有組別模仿「現代啟示錄」的敘事風格，以主持人開場，穿插學者專家講史與同學的演出片段來呈現。筆者以為各組都使用「大量」旁白，反映出學生了解「歷史劇必須有所本」的概念，但是他們沒有足夠能力將書本內容轉化為戲劇，於是採用一種較簡單的呈現方式，將許多蒐集到的資料變成為旁白，選擇演出的部份往往是「簡化過」的史實，或是較「容易詮釋」、較有

「戲劇效果」的內容。整體而言,各班第二組演出的史實問題較少,原因可能是該分期內容學生較為熟悉,在戲劇上也較容易發揮;各班第一組的劇情有較多改編自電視劇《武媚娘傳奇》,可見當缺乏史實根據時,拍出來的歷史劇就會有較多杜撰虛構的成分。另外,有半數以上組別以《武媚娘傳奇》或《一代女皇武則天》的主題曲作為片頭、片尾曲或是劇中背景音樂,也反映出影視媒體對學生的影響頗大。

值得注意的是,學生在編劇時常使用一些「穿越時空」的用語,如 202-2 劇中武則天在感業寺遇到李治時說「北鼻,我兩條槓很久了」,李治回答「什麼!?朕居然這麼威!?朕一定會把你接進宮中的!」劇中的「兩條槓」為現代人使用驗孕棒時的懷孕標誌,這句話放在唐朝應該沒人聽的懂是什麼意思吧。另外,203-2 劇中蕭淑妃對王皇后說「看你那張嘴臉,死板的讓高宗都看膩了呢」,王皇后行厭勝之術時又說「武則天,我看妳不爽很久了」,這些都是不可能出現在當時的用語,「高宗」為李治的廟號,其妃子不會在皇帝生前使用此稱呼,「武則天」的名稱由來,是中宗復位後尊其母為「則天大聖皇帝」,在她身為武昭儀時期,也絕對不可能用此稱呼。再者,208-2 演到王皇后看到武昭儀日益得寵後說「看來『哀家』的后位要不保了」,歷史上只有太后才會自稱「哀家」,因為哀家意指丈夫去世後,悲哀先帝的意思,皇后只會自稱「本宮」。210-3 劇中太監對著資深宮女叫「姑姑」,對皇上下達的指令回應「喳」,被打入冷宮的王皇后與蕭淑妃見到武后說「皇后娘娘萬福金安」,筆者以為可能是學生受清朝宮廷劇影響太深所致。

綜上所述,學生作品中有許多無俚頭的創意,有些組別甚至刻意讓男同學飾演武則天,認為這樣較有「笑果」。雖然影片中出現不少史實上的錯誤、用詞上的穿越,以及同學對宮廷劇的想像,但筆者也從中看到有同學花了很多心思蒐集資料、準備服裝道具並認真演出。筆者以為「高中生」的作品,不能以太專業的標準來檢視,出錯是「正常」的。許多打著專業旗幟製作的歷史劇也經常會出現史實錯誤或時空錯亂等技術犯規,例如《康熙王朝》中孝莊皇后動

輒「我孝莊如何如何」，孝莊是死後的諡號，生前怎麼可能有此稱號？[37]因此實在不必太苛責學生。同學影片中的錯誤反到可以讓筆者了解，學生自主學習的過程中容易出現哪些「盲點」，待影片播放完畢，便可趁機引導學生或澄清錯誤的觀念。

二、教學回饋單分析

筆者設計之「教學回饋單」一共有五題，回收有效問卷一百二十九份，目的為了解學生對此活動的想法與建議，作為日後實施類似教學活動之參議意見。

認為此活動可以提升學習動機的同學有高達八成以上，多數同學認為可以透過不同的方式學習歷史很有趣，自己找資料以及課堂討論的過程，可以發現歷史人物的不同面貌，讓歷史不只是課本上死板的知識。不到兩成的同學認為此活動並沒有增加自己對學習歷史的興趣，其中部分同學的理由是，自己本來就很喜歡歷史，用哪一種教學方式都喜歡；不喜歡此活動的同學則反應，拍攝歷史劇太花時間了，要念的科目不是只有歷史這一科，也有人點出此活動雖然可以暫時跳脫考試框架，但是活動結束後，歷史依舊是考試科目。筆者以為在「升學主義」的包袱下，不能要求學生不計較分數或不在乎考試，當有學生對於「為何需要訓練歷史思維能力」有疑慮時，最根本的解決方式是從考試制度下手。在教學現場，很現實的情況是「考試領導教學」，雖然近十年來高中歷史考試的題型已逐漸擺脫純粹記憶性的題目，需要使用更高層次的理解思考能力才能作答。但是高中教師若要在正常授課時數內教授完畢，又要經常在課堂上進行歷史思維的相關引導課程，確實有難度，若能減少一些考試內容，給教師更大的發揮空間，筆者相信會有更多教師願意嘗試多元的教學方法。

37　陳登武，《歷史與人生》（臺北：三民書局，2008），頁41。

　　筆者分析同學的作答後發現，此教學活動對學生而言最困難前三名，第一是「時間」，要在非上課日把組員聚集起來並不容易；第二是「劇本」，同學表示雖然找到很多資料卻不知道哪一個才是正確的？以及如何把找到的資料轉化為對白？第三是「演戲」，正式開拍時，這些非專業的演員們覺得臺詞太長了，背不起來。而學生提出的活動改善建議可呼應他們遇到的難處，由於各組都有時間不夠用的問題，因此回饋單中提出希望延後繳交作業的時間、影片時間縮短、調整活動時間或增加課堂實作時間等建議。此外，編寫劇本對學生來說是一大挑戰，在面對真假難辨的資料時，他們非常需要老師從旁協助引導，若能提供一些「範本」做參考，可以減少自行摸索的時間。

　　由於本活動進行過程中，一直有學生和筆者反映希望有機會能夠拍攝其他歷史人物，於是筆者在教學回饋單中設計若想進一步了解、探討的歷史人物前幾名是誰？統計問卷後得知，學生心目中最想深入了解的前十名依序是希特勒（1889-1945）、秦始皇（前 259-前 210）、曹操（155-220）、慈禧太后、拿破崙（1769-1821）、孫文（1866-1925）、唐高宗、狄仁傑（630-704）、毛澤東（1893-1976）、劉備（161-223）。以上十位最受歡迎的歷史人物全是政治人物，且在歷史課本中出現過，可見同學們對中外君主、名臣的興趣較高，從課程中延伸探討是較佳的方式。筆者曾好奇為何「希特勒」是學生心目中的首選，訪談後有學生表示「因為大家都覺得他很殘忍，我想知道他是不是也有善良的一面，還有他為什麼會變成一個那麼特別的人？」選秦始皇的同學也表示「因為他的評價很兩極，希望有機會了解他到底是賢君還是暴君？」選唐高宗的同學則表示「因為拍完武則天之後，覺得唐高宗很酷，一點也不懦弱，值得進一步探討」。筆者以為在設計歷史人物相關課程時，人物的選擇除了考慮重要性之外，其特殊性及爭議性也要列入考慮。當學生透過「製作武則天」的活動，能夠對其他歷史人物產生好奇心，甚至思考評價問題時，表示他們已逐漸懂得運用批判思考能力重新看待過去。

　　回饋單的最後一題，許多人表示透過此活動，自己對武則天更了解了，不

但澄清了之前看電視劇時的錯誤觀念，也發現歷史有很多面向，不能以偏概全。還有因為要繳作業，所以學會影片製作技術，能夠和同學合作拍完一部片很有成就感。由學生的答案可知，此活動結合實作、思辨與價值澄清，能夠培養學生知識的運用與整合能力。綜上所述，「製作武則天」的教學活動確實能夠提高學習歷史的動機與培養歷史思維能力。

第七節　結語

本文或可稱為筆者在教學上所進行的一場「微型實驗」，既不是傳統的角色扮演法，也不是單純的觀看歷史劇，而是讓學生透過演戲走入歷史，利用前置作業、拍攝、後製以及公開播放的過程，他們學著像史家一樣閱讀、像史家一樣思考，理解歷史人物的形象往往是被後人「製作」出來。

整體而言，「製作武則天」的教案設計運用了許多教學方法，包括合作學習法、發表教學法、議題中心討論法、角色扮演法……等，並搭配協同教學與多元評量，筆者希望透過不同於傳統講述法的多元教學設計來活化歷史教學。一堂有意義的歷史課「學生不能僅是被教導固化的知識，還應該被教導探究歷史知識的方式」，[38]而教師的角色也不再是知識的儲存庫，其重要性在於指引學生尋找能夠幫助他們解答歷史問題的資源，協助學生使用證據建立個人的假說。[39]

教學現場經常可以聽到教師抱怨專家學者研發了一堆「理論」過於理想化，卻不管「實務」層面到底可不可行的聲音。筆者以為教師每天處於複雜多

38　陳冠華，《追尋更有意義的歷史課：英國中學歷史教育改革》（臺北：龍騰文化，2001），頁144。

39　林慈淑，《歷史要教什麼？—英美歷史教育的爭議》（臺北：臺灣學生書局，2010），頁46。

變的教學情境中，面對各式各樣的教學問題，實際演練各種教學策略與方法，相較於專家學者，更適合參與教學實務研究。「製作武則天」的活動過程，就是站在「教師即研究者」的角度，透過觀察、反省與回饋，了解學生的思維方式與學習歷史的盲點，再藉由親自指導對照組的過程，了解拍攝一部歷史劇可能會遇到的問題，進而提出改善建議。在影片製作完畢後，課堂播放與講評是活動中極重要的一環，歷史教學最重要的關鍵在於知曉其「思維過程」，而非「結果」，唯有了解學生的思維過程，才知道該如何設計妥當的教學策略，並啟發學生發現歷史解釋中的觀點與價值立場。「好的文本不一定指『電影本身』的真實性，恰恰相反地，是因為電影文本雖然有所據，但若根據不符合史實的著作，以致於可考之處、可解之處甚多，那麼作為輔助教材是有其價值的」。[40] 因此一個好的教學活動，也不一定是學生都拍出完美的成品，不成熟的作品恰巧可以讓老師在課堂上有更多解釋發揮的空間。

　　根據此活動過程觀察，筆者試著提出以下淺見，作為將來教學之參考建議：

一、本活動設計適合開成跑班選修

　　筆者在此活動中，發現學生需要更多的「教師引導」，才能拍出較佳的作品，而教師一人的力量有限，若能善用協同教學，跨科合作，便可整合更多資源，培養學生的綜合能力，例如和國文老師合作研發劇本撰寫課程，和美術老師合作進行道具服裝的製作，和表演藝術老師合作，訓練孩子的肢體動作，和資訊老師合作，教導學生攝影與影像剪輯技巧。精彩的教學是需要花時間的，當這個活動被認為是有趣的，但是教師與學生都有「時間不足」的問題時，筆者以為將它開成「跑班選修」是較可行的方式。一來，若學生「主動」選擇此

40　陳登武，〈影視教材在高中歷史教學的應用—以隋唐史教學為中心〉，頁 264。

課程，表示學生本身已對歷史較有興趣，筆者相信他們對接下來要進行的活動會較有意願配合；二來，若能在歷史正課之外，有更多時間讓孩子在「課堂上」進行討論、撰寫劇本、甚至排戲、拍戲，而整個過程都有老師在場協助指導，又不耽誤正常授課進度，筆者相信效果會更好。三來，跑班選修人數有上限，教師不用一次面對太多學生，批改劇本或指導學生演出時負擔不會太重，能夠減少一些心理壓力。

二、教師須有發展教材的能力

　　當教科書不再是教學唯一的教材時，教師面臨的挑戰是必須培養「發展教材」的能力，筆者以為要提高歷史教學的品質，教師需不斷的自我成長，勇於創新。不可否認的，歷史知識仍是歷史教學的基礎，如果對歷史毫無所知，如何進行更高層次的歷史思辨？但找尋可用的素材，發展成認知、情意、技能並重的教材，是培養學生批判思考能力和正確史觀的第一步。筆者以「製作武則天」作為自己發展教材的嘗試，若有教師願意進行類似教學活動，希特勒、秦始皇、曹操、慈禧太后、拿破崙、孫文、唐高宗、狄仁傑、毛澤東等是由教學回饋單統計出學生較感興趣的歷史人物，但筆者並不主張挑選主題時全面開放，一來同學討論時無法聚焦，二來教師備課壓力太大，有限度的開放幾個主題應為較適當的方法。

　　最後，筆者期許透過歷史課堂的訓練，學生不僅要了解歷史知識，還要知道這些知識是如何形成與傳遞的。現代社會若缺乏對新聞媒體的閱讀素養，在觀察與表達時便容易流於偏見，歷史教育應該強調培養學生省察與批判的能力，讓他們能夠從紛雜的訊息中，找出矛盾現象的意義，看清事件的來龍去脈，發展出屬於自己的觀點，同時了解到，教科書並非唯一的知識來源，歷史也不是塵封於過去的事件。如同英國史家卡爾（Edward H. Carr, 1892-1982）說過「歷史是史家與事實之間持續不斷的互動，是『現代』與『過去』之間永

無終止的話。」[41]學習歷史是為了打開我們的胸襟，看見各種可能性，除了認識過去，也為了面對今日與明天的未知。

41　E. H. Carr, *What is history* (Middlesex: Penguin Books Ltd., 1990), p. 30. 翻譯參考 E. H. Carr 著，王任光譯，《歷史論集》（臺北：幼獅文化事業公司，1995），頁 23。

六、影視史學在高中歷史教學的應用
——以《間諜佐爾格 (Spy Sorge)》為中心

劉先芸

臺北市立成功高級中學歷史教師*

第一節　緒言

　　臺灣社會長期在政治意識形態的高壓環境中，左派被等同於共產黨長期以來對共產主義的漠視與陌生，讓我們所理解的現代社會片面、破碎，也忽略許多具有左派傾向的知識菁英對於社會的關懷與熱情。

　　本文所研究「佐爾格」（Richard Sorge, 1895-1944）即是很好的例子。他生長在德蘇邊境，長大後隨父親移居到德國，在德國取得博士學位後，服膺祖父對社會主義的嚮往而投身蘇聯第三國際。不僅連結中國與日本的左派知識菁英，更促使日本軍部將戰爭重心鎖定於中國，導致史達林轉調軍隊對抗德國，扭轉戰爭局勢。尾崎秀實（1901-1944）則是在臺灣度過青春時期的日本人，臺灣經驗產生的中國關懷使他透過記者的身分深刻剖析南京政府的意向，進而成為近衛文麿（1891-1945）內閣的顧問，並藉此取得機密資料傳遞給佐爾格。

　　本文欲藉由「佐爾格」、「尾崎秀實」彌補長期以來被忽略的時代圖像，希望藉由兩人的事蹟，探討左派知識菁英在特定的時代中曾經發揮的角色與功能，這些統治者心中的「造反者」如何感動知識菁英？如何在東亞穿梭流動，甚至改變整個世界局勢？希望讓學生重新認識和思考。

　　《間諜佐爾格》是導演篠田正浩（1931-）息影之作，包含了他對左派知識菁英的同情，也將自身經驗融入其中，展開「兩個世代」、「三個時期」的

---

*　臺北市立成功高級中學歷史教師、國立臺灣師範大學教育學系研究所博士生

對話。一九三〇年代的上海知識菁英對馬克思主義的嚮往，對映一九六〇年代日本青年學生對馬克思唯物主義的強烈興趣。片中青年才俊、充滿理想的尾崎秀實與篠田正浩同為早稻田大學畢業校友，並由早稻田大學協力拍攝，篠田正浩更在影片中以「山崎淑子」父親的角色在片中現身。由於本片所敘述的主人翁們，多是在歷史上的謎樣人物，如何運用「影視史學」方法論分析影片中的真實與虛構？如何釐清影片本身與史實貼近與想像的部分，並落實於教學中？都考驗教師與學生對於歷史課程深度、廣度與培養多元角度看待事物的方法。

　　教學是一場學生與教師互動的過程，過去對於「評量學習成果（AOF, Assessment of learning）」的依賴，使「教師教學」、「學生成就」之間少有交集，教師如何根據學生在階段性學習成就調整教學方式的助益也不甚明確。如何讓透過影視教材，讓學生在課堂學習中，發現主動建構、重組、思考、提問、回饋教師並自我評量的能力，是本文研究的另一個重要目的。

第二節　佐爾格的間諜網與一九三〇年代的東亞世界

　　佐爾格的間諜活動從上海開始，在東京結束。上海的特殊時空環境不僅提供佐爾格等人從事地下活動，國民黨、共產黨、日本、傀儡勢力、黑社會、共產國際、販賣情報為主的特工頭子的身影，都交錯在上海這個具有多重異質文化與奇特政治格局的環境中。

一、知識菁英與一九三〇年代的上海

　　一九三〇年代，上海的工業產值占全國六成以上，金融業則占了八成左右，新聞業、出版業都在上海集中。[1]十九世紀以來，上海、香港、新加坡就

1　熊月之，〈上海城市對於中共領導革命鬥爭的意義（1921-1949）〉，頁 25。

是以華僑商貿網絡為中心，也吸納了近代中國最風華雲湧的知識菁英們。租界中的電車、電燈讓上海青年人相互聯繫更為緊密，職業青年白天工作，晚上透過夜校、讀書會、社團組織而互相交往。三〇年代受到經濟大恐慌影響下，上海白領階層失業率大增，廣大的職工也工作難保，職場上的危機感不僅動搖了資產階層創造的救國論述，也激發左翼思潮在上海集結。

　　以勞工階級利益出發的中國共產黨，最初苦於釐清馬克思主義的意涵，加上入黨條件嚴格，領導人物陳獨秀（1879-1942）、李達（1890-1966）都是留日學生，仰賴社會主義的日文資料，偏重理論研究。直到一九二一年十月，陳獨秀被巡捕房逮捕，原先亟欲擺脫「第三國際」支配的他，只能接受第三國際支援的龐大律師費，並同意將中共變成共產國際的支部。[2] 一九二七年四月國民政府率領軍隊，在當地武裝集團與幫派合作之下，橫掃上海的共產黨員，支持左翼分子者，都遭到機槍無情掃射、蠻橫驅離。許多的知識菁英蟄居在公共租界中，儘管有被逮捕引渡的危險，被魯迅（周樹人，1881-1936）嘲笑是窩藏在租界中喊革命，[3] 還是比在國民政府控制的其他城市安全多了。

　　上海便捷的交通與通信網絡，也是知識菁英雲集的原因之一。一九二〇年代，由上海開往其他國際城市的定期客輪，可以直接到達倫敦、馬賽、漢堡、新加坡、舊金山、西雅圖、溫哥華、檀香山和神戶，國內航運則北至天津，南至廣州，西至重慶，有三百多艘船隻載運。上海口岸停泊各國的郵船，郵件可由英國、美國、法國、德國、日本、蘇聯在上海開設的郵局遞出。電報系統完整，國際電報可直接通往日本、蘇聯、香港與歐美各國。一九一八年租界內電話用戶已經多達二萬七千多戶，一九二六年長途電話可通至吳淞、蘇州、無錫

2　陳永發，《中國共產革命七十年》（臺北：聯經出版社，1998），頁93。

3　史景遷著，溫洽溢譯，《天安門—中國的知識分子與革命》（The Gate of Heavenly Peace: The Chinese and Their Revolution, 1895-1980），頁319。

三地，一九三六年國際電話可直通東京，一九三七年可與美國通話。[4]也因此，包括共產國際、日本軍部、國民政府等情報單位都以上海為重要據點。[5]

上海租界形成的奇特政治格局，也提供許多異議分子與各種國際人士自由穿梭的空間。上海被稱作「一市三治四界」，一個城市分為「三區」，有三個城市管理機構、三個司法體系、三個警察局、三個公共運輸系統；英美租界與法租界將華人居住的地區分為南市、閘北區、真如區、浦東區兩界，無論是在哪一界居民，中國的地方官員都不能隨意拘捕，華人區也未必將他區的管理方式照單全收。[6]利用這個空間優勢，即便陳獨秀以「過激主義」的名義被逮捕釋放後，仍然可以在上海繼續活動。一九二七年國民政府控制上海後，租界地區才轉變態度將部分被捕人員引渡南京。華洋雜處也是上海的一大特色。上海的外僑人口從開港通商以來不斷增加，對外來人口沒有限制，也沒有挨家挨戶調查戶口的單位，加上城市空間大、人口密集，居民之間相互關係陌生，為需要經常變換身分、轉換住所的間諜工作增添隱匿與流動的最佳環境。[7]

二、佐爾格與共產國際

佐爾格於一九三〇年到一九三二年之間，以德國記者與撰稿人的身分到上海組織情報網，為蘇聯掌握遠東軍隊與德軍進攻方向蒐集情報。[8]上海開港後，其優越的地理位置、便捷的內外交通和對境外人士無出入限制的高度國際化，治外法權與租界的雙重保護下，儼然是「冒險家的樂園」。一九二九年共

---

4 熊月之，〈上海城市對於中共領導革命鬥爭的意義（1921-1949）〉，頁 27。

5 魏斐德（Frederic Wakeman Jr.）著，梁禾譯，《間諜王：戴笠與中國特工》（南京：江蘇人民出版社，2007），頁 56。

6 卜正民（Timothy Brook）著，林添貴譯，《通敵：二戰中國的日本特務與地方菁英》，頁 210。

7 熊月之，〈上海城市對於中共領導革命鬥爭的意義（1921-1949）〉，頁 37。

8 〈蘇聯英雄佐爾格〉http://www.warheroes.ru/hero/hero.asp?Hero_id=489，最後瀏覽日期 2017 年 8 月 20 日。

產國際一度將遠東局遷移到上海，負責與中國及遠東各國共產黨組織聯絡。[9]

　　佐爾格一八九五年生於俄國領地 Sabunchi（今亞塞拜然，Azerbaijan），是家中九子中最小的成員。祖父 Friedrich Adolph Sorge（1828-1906）是德國社會主義學家，熟識馬克思、恩格斯，與二人維持通信達二十年之久，後移居美國並從事勞工運動。一八九八年佐爾格隨德國籍工程師的父親移居柏林郊區，在漢堡大學經濟學院取得社會學博士學位。[10]一戰期間佐爾格在父親鼓勵中加入德軍陣營，負傷回到後方時，閱讀許多關於共產主義的文章，一九二一年決心加入德國共產黨，一九二四年移居蘇聯並加入蘇聯共產黨後，便以共產國際特派員的身分在歐洲活動。[11] 一九二八年投入紅軍總參謀部楊・別爾津（Jan Karlovich Berzin, 1889-1938）將軍麾下，改以共產國際情報局遠東地區情報員身分展開活動。一九二九年佐爾格以"Alexander Johnson"為化名在柏林取得德國護照，一九三〇年以《德意志糧食報》特派記者的身分來到上海，他以與生俱來的俊俏樣貌與合宜風度，[12]迅速進入德國顧問團的社交圈中，更在後來擔任上海總領事的柯倫貝格（Heinrich Rüdt von Collenberg, 1875-1954）引薦給當時軍政部長何應欽（1890-1987）。

　　佐爾格需要完成的任務包括：分析南京政府的各項政策；[13]中國與日本對蘇聯的外交策略、列強在華軍事行動研究；中國工人、農民發展概況等。為順

9　蘇智良，〈佐爾格在上海（1930-1932）〉，收錄蘇智良主編，《左爾格在中國的秘密使命》（上海：上海社會科學院，2014），頁 2。

10　Andrew, Christopher; Gordievsky, Oleg (1990), *KGB: The Inside Story of Its Foreign Operations from Lenin to Gorbachev*, New York: Harper Collins, p. 39.

11　邵雍，〈佐爾格在上海活動初探〉，收錄蘇智良編，《佐爾格與上海情報戰國際學術研討會》（上海：上海師範大學，2013），頁 77。

12　蘇智良，〈佐爾格在上海（1930-1932）〉，頁 3。文中引述另一位拉札姆小組成員 Ruth Wernersm 女士回憶錄《諜海憶舊》（原名《索妮雅的報告》（北京：解放軍文藝出版社，2000），頁 38。形容佐爾格「既有魅力又漂亮，他有一個狹長的腦袋，一頭濃密而捲曲的頭髮一雙深藍色的眼睛，鑲著一圈深色的睫毛，還有一張輪廓漂亮的嘴。」

13　本文將訓政時期國民政府，依尊重原始資料敘述稱為「南京政府」。

利推展情報工作，他一到上海便重整情報網，組織「拉姆札小組」（Ramza team）。[14]

　　一九三一年九一八事件爆發，中日關係惡化，南京政府為因應此時期國際關係，成立「特別外交委員會」，面對中國各地出現「反日聯蘇」的聲浪，委員會成員也熱烈討論「聯蘇制日」的可能性，主席戴傳賢（1891-1949）認為蘇聯需保證不再包庇或在精神與物質上援助中共，「聯蘇」議題就此踩了剎車。[15]同時，南京政府情治單位在上海大規模掃蕩共黨人士，中共政治局委員特工領袖顧順章（1903-1964）在漢口被捕後，向南京政府輸誠，導致活動負責人惲代英（1895-1931）、中央總書記向忠發（1880-1931）遭到捕殺，同時曝光中共在上海的地下黨中央，活動幾乎陷入癱瘓。南京政府順勢推出讓中共黨員自首自清的辦法，上海租界當局則應允配合。[16]王明（1904-1974）、周恩來（1898-1976）、李立三（1899-1967）在一九三三年後不得不放棄上海作為據點，轉向自一九二七年以來在鄉村經營的偏遠山區移動。[17]佐爾格的小組成員得到消息後，透過潘漢年（1906-1977）告知中共成員主動退出根據地並轉進四川陝西，[18]使國民黨軍隊的軍事行動間接失敗，是拉姆札小組與中共合作的成果之一。[19]小組以上海為中心，尚有南京、北平、大連、哈爾濱、廣州、武漢六個站點，並將情報員分布在長春、天津、太原、重慶、海豐、杭

14　佐爾格在蘇聯工作時的代號為「拉姆札」，因此他在中國的組織網被稱為「拉姆札小組」。引自蘇智良，〈佐爾格在上海（1930-1932）〉，收錄蘇智良主編，《佐爾格在中國的使命》（上海：上海社會科學院，2014），頁4。

15　李君山，〈對日戰備與中蘇談判（1931-1937）〉，《臺大歷史學報》，第3期（2009），頁87-149。

16　陳永發，《中國共產革命七十年》（臺北：聯經出版社，1998），頁277。

17　吳基民，〈得不償失的大營救—牛蘭、宋慶齡與佐爾格〉，收錄蘇智良主編，《佐爾格在中國的使命》（上海：上海社會科學院，2014），頁257。

18　朱玖琳，〈佐爾格小組與宋慶齡30年代初政治活動關係之初探〉，收錄蘇智良主編，《佐爾格在中國的使命》（上海：上海社會科學院，2014），頁252。

19　蘇智良，〈佐爾格在上海（1930-1932）〉，頁16。

州、漢口、河南、香港等地。

在中共逐漸撤出上海的同時，「牛蘭案」成為佐爾格的拉姆札小組撤出上海的關鍵事件，佐爾格的身分引起國民政府的懷疑與注意，一九三二年底，佐爾格事先撤離中國據點，奉命前往日本。一九三三年佐爾格抵達日本東京，透過學者與《法蘭克福報》駐日記者、德國駐日使館新聞專員、德國駐日大使奧托（Eugen Ott, 1889-1977）將軍親信等身分，聚集許多左翼分子形成龐大的間諜網。一九四四年十月十四日日本特高警察逮捕尾崎秀實，十八日逮捕佐爾格，案件牽涉前首相西園寺公望（1849-1940）的孫子西園寺公一（1906-1993）、前首相犬養毅（1855-1932）的兒子犬養健（1896-1960），前首相近衛文麿的顧問尾崎秀實，及美國左翼記者史沫哲萊。[20]日本司法省公布被逮捕的五人諜報團—佐爾格、布蘭克・武凱利奇（Branko Vukelić, 1904-1945）、宮城與德（1903-1943）、尾崎秀實、馬克思・克勞森（Max Christian-sen-Clausen, 1899-1979）等十七人的住所及其間諜網組織形成的過程，[21]並以違反〈國防保安法〉、〈治安維持法〉、〈軍機保護法〉等罪名，向東京刑事地方法院提出要求預審。

佐爾格於一九四四年一月放棄上訴，尾崎秀實則在四月放棄上訴，同年十一月二人被以違反〈治安維持法〉「意圖變更國體」與「違反集會組織」為

20 曹強，〈紅色間諜佐爾格在中國〉，《文史天地》，第 9 期（2010），頁 40-43。

21 根據法政大学大原社会問題研究所編著，〈第四章ゾルゲ事件〉，《日本労働年鑑—特集版（太平洋戦争下の労働運動）》，被捕十七人為：北林友宏（成衣業，1988-1945）、宮城與德（畫家，1903-1943）、秋山幸治（無業，1888-未知）、九津見房子（公司職員，1890-1980）、尾崎秀實（滿鐵調查負責人）、水野成（百科辭典編輯，-1945）、Branko Vukeli（法國 Agence Havas 報社記者）、Max Christiansen-Clausen（印刷機工程師）、川合貞吉（公司職員）、田口右源太（1903-1970）、山名正實（東亞澱粉公司社員，1900-未知）、川越壽雄（中國問題研究所所長）、河村好雄（滿州日日新聞上海分局局長，-1942）、小代好信（公司職員，1908-未知）、安田德太郎（醫學博士，1898-1981）。

由，[22]在東京執行死刑，其餘牽涉此案的十七人則被判處二年以上至終身監禁。[23]戰後一九四五年十月，獄中八名生存者與其他政治犯都予以釋放，但案件的相關卻因牽涉特高警察間升遷鬥爭內幕而遭到部分銷毀。在一九四六年追悼會上「賭上性命拯救祖國」的尾崎秀實，由友人將他在獄中七十四封家書、二百多篇手札重新編輯成《愛情像繁星落下》（愛情はふる星のごとく：獄中通信），[24]日本大眾才因而了解此事件。

一九六四年九月，蘇聯發表官方新聞，正式將佐爾格介紹為「共產主義諜報員，佐爾格英雄」。時值中蘇論戰正盛之時，擺脫史達林崇拜後，蘇聯正需要一個代表共產主義的愛國者。九月下旬 Yves Ciampi（1921-1982）導演的「佐爾格博士，你是誰？」[25]（ゾルゲ博士、あなたは誰か？）[26]在莫斯科首映，蘇聯隨即發表授與佐爾格「蘇聯英雄」的稱號，並在一九六五年追封「紅旗勳章」給協助佐爾格諜報工作人員。

佐爾格事件在特高警察逮捕到司法部刻意隱匿的審判過程，涉及政府高層權力鬥爭與特高警察間的升遷競爭，充滿戲劇性與陰謀論的氣氛，日本作家松本清張（1909-1992）據以批判政府官員不肖勾當與打壓人民言論自由的例證，寫成《日本的黑霧（日本の黒い霧）》（1960），雖然因為松本清張資料

---

22 日本政府在戰爭時期，於 1937 年將原有〈治安維持法〉、〈軍用資源密保護法〉、〈國防保安法〉、〈軍機保護法〉皆於 1939 至 1942 年間重新修正並擴大解釋其適用範圍，佐爾格等人被捕當下雖僅搜捕有 1941 年後資料，但因根據自白佐爾格的間諜小組自 1931 年就開始活動，因此被認定為適用其條款。摘自，法政大學大原社會問題研究所編著，〈第四章ゾルゲ事件〉，《日本勞働年鑑—特集版（太平洋戰爭下的勞働運動）》（東京：法政大學研究所勞働旬報社），1965 年 10 月 30 日，頁 158。

23 法政大學大原社會問題研究所編著，〈第四章ゾルゲ事件〉，《日本勞働年鑑—特集版（太平洋戰爭下の勞働運動）》（東京：法政大學研究所勞働旬報社），1965 年 10 月 30 日，頁 152。

24 尾崎秀實著，尾崎英子編，《愛情はふる星のごとく：獄中通信》（東京：世界評論社，1946）。

25 法籍導演，與日本演員岸惠子結婚，旅居日本。

26 日譯「珍珠港前夜」（真珠湾前夜）。

取得方式不明、解析有誤，但「伊藤律（1913-1989）事件」（伊藤律スパイ）所引發的軒然大波，間接說明佐爾格事件在戰後日本研究與重視的程度。[27]

三、作為關鍵的尾崎秀實

以共產國際派往各地的國家代表或地下工作人員而言，中國地區的情報分析工作相較更為困難且複雜，在克服語言障礙、溝通人際關係之外，中國境內尚有軍閥勢力相互傾軋、政府各機構權力鬥爭、列強在華商業競爭等，還要將情報準確傳達回蘇聯。因此史沫特萊引介佐爾格認識許多中國、日本及各國在上海的左派知識菁英，如尾崎秀實、王培春（1949-）、王學文（1895-1985）、陳翰笙（1897-2004）夫婦等人。

尾崎秀實自小在臺灣生長，不僅可流利使用中文，也精通德文、英文、法文，身為日本《朝日新聞》資深駐華記者，並引薦川合貞吉（1901-1981）等駐華記者加入情報小組，回日本後擔任首相近衛文麿的顧問兼私人秘書，堪稱佐爾格的間諜活動中「最尊敬的助手」。[28]一九三三年九月佐爾格抵達日本，透過尾崎秀實了解日本政府高層在「二二六事件」、三國同盟、關東軍特別演習的情報。[29]

尾崎秀實並非專業間諜，與其他間諜工作者不同，他沒有因為從事地下工作而接受一些特別的訓練，更未從中接受任何金錢回饋。被引薦加入佐爾格小組成員，是出於對共產主義的響往。[30]尾崎秀實是家中次子，一九〇一年，甫

27　該事件被稱為「昭和三大虛報事件」之一。

28　Mader, Julius, *Dr.-Sorge-Report*, Militärverlag der Deutschen Demokratischen Republik, Berlin, 1984. 鐘松青、殷壽征譯，《佐爾格的一生》（北京：新華書店群眾出版社，1986），頁48。

29　A. 柯爾帕克基（Aleksandr Kolpakidiss）著，田洪敏譯，〈佐爾格之後蘇聯在華情報工作〉，收錄蘇智良主編，《佐爾格在中國的使命》（上海：上海社會科學院，2014），頁109-125。

30　徐靜波，〈上海與東京：尾崎秀實情報活動的起點與終點〉，收錄蘇智良主編，《佐爾格在中國的使命》（上海：上海社會科學院，2014），頁155。

出生十天，父親尾崎秀真便應前輩友人臺灣民政長官後藤新平邀請來到臺灣，擔任《臺灣日日新報》主持記者。在臺灣渡過青少年的秀實，切實地感受到國家權力造成民族間統治者與被統治者之間的不平等關係，促成他日後對民族問題的關切，進而深入瞭解中國問題的契機。

　　尾崎秀實在一九一九年考上東京第一高等學校，一九二三年再進入東京帝國大學法學部德國法學科就讀。正逢日本第一次世界大戰後「大正民主時代」，「民族自決」浪潮、社會主義思想、普遍選舉等議題不斷湧進日本社會。一九二三年日本政府大規模搜捕包括豬俣津南雄（1889-1942）在內的早稻田大學出身日本共產黨成員，秀實當時剛好住在特高警察進行搜捕的地區，對此印象深刻。[31]

　　尾崎秀實體認國家權力造成嚴重的民族歧視問題，也開始認真研究社會問題。[32]在好友山崎謙（1903-1990）介紹下，開始研討《共產主義宣言》和其他德文版左翼文章，從中了解共產主義。大學畢業後，轉攻勞動法，並開始閱讀馬克思《資本論》、列寧《國家與革命》、《帝國主義論》。[33]一九二六年，考入東京朝日新聞社，隔年轉入大阪分社中國部。讀到魏復古（Karl A. Wittfogel, 1896-1988）發表〈覺醒的中國：中國歷史與當前問題〉，進而與他少年的臺灣經驗結合，使他的焦點轉向正在發展共產勢力的中國。[34]一九二八年因精通中文，加上時局需要，尾崎秀實獲派成為上海特派員。

　　尾崎秀實到達上海後，在精通英文、德文，又善於社交底蘊的基礎上，被分配負責與外國媒體與各界人士往來的工作。[35]採訪新聞之餘，一方面開始參

31　尾崎秀實，〈上申書（一）〉，《尾崎秀實著作集》，頁 293-294。

32　尾崎秀實，〈上申書（一）〉，《尾崎秀實著作集》，頁 294-295。

33　C. A. Johnson: *An Instance of Treason: Ozaki Hotsumi and the Sorge Spy Ring* (CA: Stanford University Press, 1964), p. 156.

34　徐靜波，〈上海與東京：尾崎秀實情報活動的起點與終點〉，頁 157。

35　白井久也著，王亞琴譯，〈艾格妮絲・史沫哲萊：20 世紀 30 年代在上海的情報活動〉，收錄蘇智良主編，《佐爾格在中國的使命》（上海：上海社會科學院，2014），頁 180。

與上海左派知識菁英文學運動，一方面結交各國新聞同業友人，當中與任職《法蘭克福報》美國記者史沫特萊，兩人在社會議題、關注中國農民、社會運動等觀點中意氣相投，也是透過史沫特萊的介紹與佐爾格相識。[36]尾崎秀實對佐爾格的信任，也是出於對史沫特萊的信任，後來也為佐爾格的人格魅力及淵博學識吸引。

一九三〇年十一月尾崎秀實見面後加入佐爾格情報網，往後則應「John」（佐爾格在日本的化名）的請託協助蒐集日本記者對中國情勢的情報，包括逐漸增長的南京政府軍事力量、中國各派系軍閥間的社會政治關係，與日本內閣正在發展的對華政策現狀的綜合研究分析，也引介在上海的左翼友人川合貞吉等人相識。

佐爾格在一九三三年因「牛蘭案」險些曝光間諜身分後，離去上海回到莫斯科，輾轉在柏林取得《法蘭克福報》駐日本記者的身分來到東京，又加入納粹黨東京分部，主要任務是觀察九一八事變後日本對蘇聯政策的轉變與進軍計畫，並將相關情報回傳與莫斯科當局。一九三四年佐爾格再度與尾崎秀實約在奈良公園見面，偕同水野成（1910-1945）、川合貞吉與 Branko Vukelić、Max Christiansen-Clausen，重新組織諜報工作。尾崎秀實在一九三六年加入近衛內閣智庫性質的「中國問題研究會部」負責撰寫「滿州鐵路調查事件報告書」，一九三七年接替風見章（1886-1961）出任近衛內閣的書記官，一九三八年離開《朝日新聞社》經內閣大臣秘書官牛場友彥（1901-1993）推薦之下，被聘任為內閣參議，辦公地點就在首相官邸之中。

雖然這個瀟灑的神祕友人總是邀請他坐上摩托車，一邊兜風一邊交換情報，尾崎秀實卻未曾懷疑這位自稱 John 或 Johnson 可能是警察或間諜之類的身分，一九三六年九月，尾崎秀實應邀以日本代表的身分參加在帝國飯店舉辦

36　徐靜波，〈上海與東京：尾崎秀實情報活動的起點與終點〉，頁 157。

的「太平洋問題調查會」的會場中巧遇 John，但主席卻介紹為「德意志帝國
記者代表佐爾格博士」，尾崎才驚覺 John 是佐爾格在上海工作時的化名。[37]尾
崎秀實總共向佐爾格遞交了五十三份有關日本經濟、政治和軍事問題及日本對
中國策略的戰略機密文件，其中包括日本政府與汪精衛政府之間進行兩國外交
往來的條約、近衛首相對日美談判的草案及日本在滿州駐軍對蘇聯進軍與否的
動向分析。情報傳遞的途徑還包括偽裝成繪畫老師的宮城與德，藉尾崎秀實女
兒尾崎揚子來傳遞情報。[38]

　　一九四一年十月特別高等警察署先逮捕了宮城與德，十月十五日尾崎在東
京目黑區佑天寺借住的房舍中遭逮捕，三天後佐爾格也被捕。秀實在被關押的
三年之中，寫了二百多封家書給妻子英子與愛女揚子，卻始終不肯為自己申
辯。秀實對於自己入獄帶給家人與眾多好友的連累，感到痛苦不堪，對親友的
好意與請求無法拒絕之下，在第一份《申述書》中先是表明對共產主義與同志
們堅定信任的心情，對自己「國際主義的美夢」感到悔悟，還說馬克思主義不
再適用於現代社會，階級鬥爭與歷史事實充滿著巨大的矛盾。[39]然而申述書並
沒有起任何作用，多次公開審判之後，一九四四年九月二十九日還是以違反
「國防保安法」、「治安維持法」的罪名，將佐爾格與尾崎秀實都判處死刑。[40]

　　一九四四年十一月七日清晨，他微笑婉拒為死刑犯準備的豆沙包，將茶水
一飲而盡，對身旁的人說了聲「再見」後走向絞刑臺，佐爾格也在同一天受絞
刑。[41]

37　風間道太郎，《尾崎秀實傳》（東京：法政大學出版局，1977），頁 167。
38　徐靜波，〈上海與東京：尾崎秀實情報活動的起點與終點〉，頁 157。
39　尾崎秀實，〈上申書（一）〉，《尾崎秀實著作集》，頁 296-297。
40　風間道太郎，《尾崎秀實傳》（東京：法政大學出版局，1977），頁 189。
41　風間道太郎，《尾崎秀實傳》（東京：法政大學出版局，1977），頁 305。

第三節　電影的再現與關鍵情節的繁簡之間

　　日本電影從一九五〇年代到一九六〇年代之間導演拍攝風格與題材的變化，與日本社會變革息息相關，從反省戰後日本的反戰思潮，轉變為呼應觀眾喜好探討年輕人的認同價值觀，《間諜佐爾格》導演篠田正浩也正處於關鍵的變動時代，也因此所導演的風格隨著世代變遷在各時期產生不同作品。本文所探討的《間諜佐爾格》是篠田正浩的息影之作，當時他擔任早稻田大學特命教授、日本中國文化交流協會理事長，因此拍攝時在史實考證與攝影技術方面皆與早稻田大學協力完成。

　　篠田正浩以《間諜佐爾格》講述一個讓他童年感受衝擊的重大事件，並從中希望觀眾能體會主角們當時身處複雜史實的背景中，如何確認自我認同的方向與道路，他希望以此做為導演生涯的最終樂章，呼喚在歌舞昇平的時代卻迷失方向的年輕人，用兩個世代的對映，形成多重對話空間。

一、導演敘事風格與視角選擇

　　美國極力扶持下，日本經濟神速復興，經濟成長率平均每年達到百分之十三，一九六七年國民生產總額來到一千億美元，不但為亞洲國家之冠，更是自由世界第四位。[42]經濟突飛猛進為這一代的青年學生帶來無盡的享樂資源，為促進產業經濟普遍開發，大學院校以一府縣一大學的方式增設，加上消除軍費、產業升級，教育資源迅速倍增，培養更多大學生。但政治理想的失落卻使他們對未來前景感到模糊，[43]青年學生在這個時代交錯著失落、慾望、頹廢、反叛、矛盾與對未來的不確定感。

42　林明德，《日本史》，頁 425。

43　村上春樹著，賴明珠譯，《挪威的森林》（臺北：時報出版社，1997），頁 102。

　　一九六〇年代的日本導演不再堅持沉悶憂鬱的風格。他們大半是在二次大戰中的青少年，成長後有志從事電影工作，對於「戰爭」與「戰敗」的詮釋與前輩們感受不同，「反抗軍國主義」已經不再是他們關注的焦點，剖析複雜的人性心理探討也不再吸引觀眾。戰後穩定的環境之下，更希望另闢蹊徑尋找新的題材。

二、篠田正浩與《間諜佐爾格》

　　電影《間諜佐爾格》（Spy Sorge /スパイ・ゾルゲ）從魯迅（周樹人，1881-1936）〈故鄉〉[44]的尾聲作為引言：

　　希望本是無所謂有，無所謂無的。

　　這正如地上的路。

　　其實地上本沒有路，走的人多了，也變成了路。

　　標示著本片將以「日本知識菁英」與「佐爾格」（Richard Sorge, 1895-1944）在中國的交互影響中展開。

　　本片以三個階段方式呈現：蘇聯間諜佐爾格與朝日新聞記者尾崎秀實的往來、日軍攻陷上海後日本知識菁英主戰與反戰的掙扎、一九三六年「二二六事件」後近衛文麿掌握內閣走向法西斯政權，[45]透過佐爾格與尾崎秀實被逮捕後自述過程，貫穿全劇重心：「知識菁英無國界的理想」。

　　佐爾格被處死時宣揚「共產國際萬歲」，及約翰藍儂（John Lennon,

44　魯迅，〈故鄉〉，《新青年》，第 9 卷 11 號（1921），頁 15。

45　又稱「帝都不詳事件」，是指 1936 年 2 月 26 日發生於日本東京的一次失敗政變，日本陸軍部分「皇道派」青年軍官率領數名士兵對政府及軍方高級成員中的「統制派」對手與反對者進行刺殺，最終遭到撲滅，直接參與者多判死刑，間接相關人物亦非貶即謫，皇道派因此在軍中影響力削減，而同時增加了日軍主流派領導人對日本政府的政治影響力。

1940-1980）歌曲〈Imagine〉結尾「想像沒有國家，那並不難，沒有人因此喪生或殉難，也沒有宗教，想像所有人類，生活在和平之中。」[46]呼應開頭魯迅的文章，象徵一種希望、一個目標，同行者越多則越有可能實踐。

電影以時空交錯的方式，從一九四二年尾崎秀實被捕倒敘，延伸逮捕蘇聯間諜佐爾格。佐爾格最初以出身德國與蘇聯交界，一戰時自願入伍，加入德軍炮兵野戰部隊，申辯自己是忠誠的德國公民，到後來直接承認為間諜。透過他的口述，將觀眾帶到第一次世界大戰後複雜而詭譎的國際關係，再透過尾崎秀實在上海工作的經歷，重現一九三〇年代上海作為國際租界的特殊地位。

一開始是一九四一年秋天裡一個平和的早晨，朝日新聞記者尾崎秀實的女兒揚子踏著輕快的步伐上學，特高警察衝進尾崎秀實家中，被帶走的秀實面對特高警察指控他是「背叛國家的菁英」絲毫沒有驚訝與辯解，冷靜地面對警察逮捕與暴力刑求。同一時間，佐爾格家中也被監視的警察盯上，確認只有佐爾格在家時前往逮捕，同時繼續搜查佐爾格家中所有資料。佐爾格被指控違反《國家保安法》意圖顛覆國家，他輕鬆表示他只是一名在德國外交史館工作的人員，並非日本公民怎會觸犯顛覆國家的罪名，沒有同盟國的同意怎可輕易逮捕外國人士，審訊者宣稱四處都有共產主義者，佐爾格則回應：「你們是納粹嗎？」

導演篠田正浩用極短的篇幅透露許多資訊，篠田正浩出生於一九三一年，從小就被教導要「為天皇戰死」，十四歲那年，日本戰敗投降，改變了日本人的價值觀，也讓他決心重新思考日本的未來。篠田正浩說他十一歲在報紙上看到「佐爾格」等人被逮捕的事件時，感到萬分震驚，這個童年經驗一直在心中佔據著相當重要的地位，因此一九八四年就開始規劃製作一部關於「佐爾格」的電影。直到二〇〇一年三月，成立「《間諜佐爾格》製作委員會」才正式展

---

46 這首約翰藍儂創作的歌曲，後來曾被 Joan Baez 唱的更紅，後來被視為無政府主義者的國歌。

開製作。

　　日本政府並非在戰爭期間才大量逮捕共產黨員，日本共產黨於一九二二年由堺利彥（1871-1933）等人成立後，一九二三年便被政府列為非法政黨並展開查禁，一九二四年解散，一九二六年重新組織創立，卻在一九二八年三月十五日遭到大規模圍捕，其中四百八十三人被捕，同年六月二十六日依《治安維持法》判處刑期。一九三五年再度解散，一九四五年才再次重新組織。[47]共產黨成員在中國也同時被查禁逮捕，而以佐爾格當時以德國記者身分被逮捕，強調「納粹黨」才會四處搜捕共產黨，雖然與史實有所差距，卻也因此暗示導演將當時的日本政府法西斯走向的政局與希特勒政權相似。

　　關於佐爾格與尾崎秀實在獄中究竟如何交代自己的間諜工作，相關資料皆無從查考，雖然兩人皆有律師陪同，但畢竟將間諜工作全盤托出，以減少自己的刑度，似乎有違常理。因此導演安排了一個尾崎秀實遭到刑求的橋段，當佐爾格看到尾崎秀實具名簽署的自白書時，也認為是經過不正常手段取得的口供。

　　片中強調蔣介石對日本海軍進駐上海一再妥協，卻不容許中國共產黨在上海活動，史沫特萊在引薦尾崎秀實給佐爾格認識的場合中，譴責國民黨在上海以非人道的方式對待中國共產黨員，佐爾格也強調希望能以共產主義化解族群間的仇恨。片中淡化日本居民在上海為何需要海軍駐紮保護身家安全，而忽略當時中國逐漸高漲的民族情緒。電影中關於國民黨與共產黨的矛盾，藉由尾崎秀實與同事討論「蔣介石政權對於日本海軍進駐上海並不在意，卻大肆搜捕不同路的上海人民」來表現。[48]

　　尾崎秀實透過史沫特萊的介紹認識自稱「Johnson」的佐爾格，並在勸說之下將報社未刊登的情報轉與佐爾格。電影中敘述兩人的關係超越一般友情，

47　宇野俊一等編，《日本全史》（東京：講談社，1991），頁 1030。
48　郭廷以，《近代中國史綱》，頁 640-641。

單就與史沫特萊的超友誼的情結，是否能催動一個知識菁英捨棄一切，違背身旁親友的期待而從事傳遞情報的工作，似乎缺乏說服力。但以一個熟悉中國事務的記者而言，對日本政府不斷侵略中國的軍事行動感到焦慮不安，從而尋求解決之道是較為合理的角度。

篠田正浩試圖用背景音樂提示觀眾每個歷史事件的關聯性，每個畫面中的背景音樂都藏有寓意，在池邊晉一郎編寫的交響樂作為背景音樂，日本國旗與納粹字卍字旗在日本飯店的筵席上共同揭幕時，用日本傳統樂器「三味線」演奏奧地利作曲家舒伯特所譜《菩提樹》。戰敗後，東京街頭傳唱的「東京爵士」（東京ブギウギ）、「蘋果之歌」（リンゴの唄）也不斷從畫面中呈現。當柏林圍牆倒塌、列寧銅像被推倒時所播放的歌曲，則是蘇聯從一九一七年到二戰期間作為共產國際聯合的「國際之歌」（The Internationale）。[49]

雙重認同不僅發生佐爾格與尾崎秀實身上，宮城與德身為在美國加州求學的日裔美籍人士，與尾崎秀實一同前往奈良時，說到為什麼要接下一個自己完全不熟悉的工作，感慨說出：「在美國，東方人備受厭惡與歧視，而在美國的日本人又歧視我們沖繩人。」史沫特萊身為美國人，短暫離開上海回到美國後又返回中國，在中國為底層社會奔走，並相信中國人民比美國人需要她的貢獻。佐爾格本身也具有多重認同的特質，當史達林忽視德國將入侵蘇聯的密報，德軍勢如破竹深入蘇聯境內時，身為德國人的佐爾格為此潸然淚下。政治上的認同、家庭上的認同，佐爾格都在複雜交錯的環境中，尋求奮鬥與付出。面對妻子來信告知不幸流產的消息，佐爾格一面要維持理性達成任務，一面又不可自制地喝酒療傷，導致失控車禍。傳遞密報的過程中，Branko Vukelić興奮認為即將以間諜身分獲得勳章，佐爾格則說：「不要把自己只想成傳遞情報的間諜，我們是可以對政治產生影響的人。」即便是曾任蘇聯共產黨中央政

49　映評〈篠田正浩監督作品『スパイ・ゾルゲ』—「戦争と革命の時代」は描けたか〉，2003年，http://www.jrcl.net/frame0377e.html，最後瀏覽日期：2018 年 10 月 6 日。

治局委員，也是蘇共早期的領導人之一，被視為「導師」的布哈林（Николай Иванович Бухарин, 1888-1938）遭史達林處死，同志 Max Christian-sen-Clausen 開著賓士車抱怨黨中央提供資金不足，思考放棄間諜工作時，佐爾格都未曾動搖他對間諜工作的理想。

據說尾崎秀實冷靜面對執行官，佐爾格在執行死刑前表示「我想說最後一句話」接著就高喊：「共產國際萬歲！」片中呈現的這些橋段，真假難以考證，但可以說明佐爾格對理想的堅持到生命結束的時刻，而尾崎秀實對於自己選擇交付情報資訊的行動結局，也不曾感到懊悔或遺憾。

片中以女性角色作為實現理想者的結語，尾崎英子收到秀實從監獄寄出的最後一封信，望著秀實的骨灰崩潰痛哭；Branko Vukelić 的妻子山崎淑子（1914-2006）在戰後隻身前往冰天雪地的北海道網走監獄領回遺體；「三宅華子」則請人將佐爾格遺骨尋出指認後，[50]重新下葬。片尾以年邁的「三宅華子」看著電視機的新聞畫面，莫斯科列寧銅像被拉下，東西德人民在歡欣鼓舞的氣氛中以槌頭拆毀在布蘭登堡街頭人們相互擁抱迎接新年，黑紅金三色旗飛揚伴隨煙火在高亢的情緒中飛揚，將過去悲傷的歷史埋藏在倒下的圍牆裡。三宅華子說「佐爾格不但是我的情人，還是更偉大的存在（そんざい）。」

篠田將此片灌入強烈的自我意識，電影最後結束前，篠田留下一段希望觀眾共同思索的議題「想像一下，這世界上沒有國家存在，就沒有難以決定的困難，也沒有殺戮與死亡，宗教衝突也會消失。想像一下，所有的人類在和平中

---

50 真實姓名應是「石井花子」，片中皆以歷史中實際人物姓名登場，當時石井花子仍健在，考量本人意願後，將姓名改為「三宅華子」；尾崎秀實獨生女真實名字應是「揚子」，也是因此改名為「京子」；山崎淑子則同意以真名在電影中出現（於 2006 年過世），也在首映會穿著當時與 Branko Vukeli 相遇的和服現身。資料來源：https://ja.wikipedia.org/wiki/スパイゾルゲ，最後瀏覽日期：2018 年 10 月 6 日。

生活。你會認為這樣的我，是個夢想家嗎？」[51]回應電影引介時開頭——魯迅的〈路〉。

「路」，是本片中相當重要的隱喻，片中場景幾乎都是在街道——無論大道或小巷——中前進。尾崎秀實在街頭看著日本海軍登陸上海，抗日群眾與日軍的衝突；佐爾格時常以摩托車穿梭大街小巷，傳遞情報或與聯絡人接頭；參與「二二六事件」的士兵在風雪中前進首相官邸。導演將視野拉到觀眾眼光，看著電影中主人翁的背影，如同歷史學家追尋歷史人物的流動足跡一般。

三宅華子最後一句「更大的存在」也饒富意義，日文中使用「存在（そんざい）」代表一個人生命中的總結，[52]導演也藉此賦予佐爾格一個接合過去與未來的創發地位。進入二十世紀後，工業資本主義帶來的鐵路與輪船，有效驅動各方面的運輸與航空，使人群與物資在當中流動更為快速與顯著。經由殖民政府與私人企業培養與推動的現代化教育，所培養出來的青年知識菁英，不僅在當中處於核心地位，資本主義的發展，持續擴張的全球市場經濟，也意味著這些擁有兩個以上國家經驗、具備雙語能力的知識菁英，如同班納迪克・安德森（Benedict Anderson, 1923-2015）所言：「重新塑造屬於自己的民族屬性與民族主義模型，這些模型則又協助雕琢成型一千個初生的夢想。」[53]

第四節　課程設計與規劃

「歷史科彈性學習研究計畫」影視史學結合歷史教學——以《間諜佐爾格》

51　原文為「想像してごらん、この世に国家なんか存在しないと。決して難しいことではない、殺戮も死もなくなり、宗教の争いも消えてしまう。想像してくれよ、すべての人間が平和に暮らしている姿を。君はこんな私を夢想家と思うだろうが.」由筆者略譯。

52　Goo 辭書／思想・哲學類，「そんざい」的意義，https://dictionary.goo.ne.jp/jn/131986/meaning/m0u/，最後瀏覽日期：2018 年 10 月 6 日。

53　班納迪克・安德森（Benedict Anderson）著，吳叡人譯，《想像的共同體：民族主義的起源與散布》，頁 143-145。

為中心

　　地點：活動教室（一）進行，課程共六小時。

　　課程目標：本課程結合影視史學、歷史哲學與英國歷史教學中階段性評量，為歷史科增廣型加深課程，課程完成後，將提供同學了解如何從影視資料看待歷史事實與歷史解釋，並對自身學習歷史的層次有基本了解。

表 6-1：課程大綱

名稱	中文名稱	影視史學：以《間諜佐爾格》為中心
	英文名稱	The Application of Historiophoty: Centered on "Spy Sorge"
授課年段	高一、高二	
內容屬性	■充實（增廣）　○補強	
師資來源	■校內單科　○校內跨科協同　○跨校協同　○外聘（大學） ○外聘（其他）	
學習目標	引入「影視史學」介紹學生全然未知的歷史人物，對當時世界局勢的影響，以史實為核心，透過電影與導演背景將人物立體具象，分析導演如何將資料抽絲剝繭形成影像，傳達歷史的「再現」與「辯證」。	

教學大綱	週次	單元／主題	內容綱要
	1	導言／電影觀賞（一）	1.簡介電影主角佐爾格生平與 1930 年代上海與東京 2.觀看電影《間諜佐爾格》
	2	電影觀賞（二）	觀賞《間諜佐爾格》中段
	3	影片解析	簡介佐爾格間諜活動的背景與日本新浪潮電影導演風格，引入英國歷史教育「Assessment for Learning」進行階段評量

（續下表）

	4	電影觀賞（三）	觀賞《間諜佐爾格》後段
	5	導入影視史學	解析導演視角與電影的「虛構」與「再現」
	6	討論與回饋	解析同學在階段評量表現，與歷史教學的層次發展

在設計評量題目的過程中，因〈總綱〉中規劃彈性課程以小班教學為導向，原本設計便以三十人為主的小班課程，豈料高一學生熱情踴躍，有六十六位學生報名參加，其中有四十一位同學參與所有課程，完成並繳交評量卷，以下就四十一位同學的評量內容展開分析，參與學生將分類為主旨代碼（pattern code, 例如題目一甲同學，則為 P1C1）的方式列舉其回應。

學習階段評量，本階段評量內容將歷史教學中「變遷與因果概念」中發展6個等級區分學生到達的歷史認知程度：

Level 0　　　記住一些資訊，僅只是單純在敘述一個過去的故事。

Level 1　　　了解某些歷史事件引發變遷，並且能分辨某些歷史事件發生後的影響。

Level 2　　　能理解歷史事件的變遷會隨著時間與事件重點特質，產生不同。（describe how W was followed by X）

Level 3　　　能分辨變遷會隨著時代特質不同，而有顯著差異。在處理歷史故事中，會將各項變遷加以連結。

Level 4　　　能將歷史事件中的變遷與現在做連結，並理解「歷史變遷」與「延續」。

Level 5　　　能在組織與分析歷史事件中，理解「變遷」與「延續」是相互影響，而這整個過程就是「發展」。

Level 6/6+　對於變遷——延續——發展的概念會形成「理論上的結構」。

評量題一：

佐爾格仕進行間諜工作時，家裡並未因此寬裕，也未獲得蘇聯中央的重要權力，甚至在一九四五年到一九六四年間，蘇聯當局不承認他的存在，也等於不認可此人的存在，可見他在蘇聯當局眼中，是個隱形人物。但是佐爾格被處死之前，高喊「共產國際萬歲」。

尾崎秀實並非專業間諜，與其他間諜工作者不同，他沒有因為從事地下工作而接受一些特別的訓練，更未從中接受任何金錢回饋。1941 年被逮捕時，承認他自己是個「共產主義者」而非共產黨員，在好友松本慎一百般勸說之下，出於彌補家人與朋友的傷害，才為自己撰寫〈申述書〉。

1. 左派知識菁英為何少見於教科書中？
2. 這些人是「造反者」嗎？
3. 他們所堅持「左翼思想」為什麼足以讓這些知識菁英拋頭顱、灑熱血？
4. 這些知識菁英如何在東亞穿梭流動，會改變整個世界局勢？

本題的設計的重點在使學生回顧過去國中以前學習的背景知識，進而重新思考為什麼我們對於本片所敘述的背景相較其他歷史事件更為生疏，包括過去將馬克思主義理解為叛亂分子的背景，還有對於民國初期知識分子接受外來文化的心態，上海作為現代文化交流重鎮所扮演的角色時常被略而不談。共產主義在中國、日本與全世界都有相當大的影響力，足以改變世界局勢，其「同路人」的奮勇，與對共產世界美好未來的憧憬，使許多知識分子前仆後繼加入共產國際的麾下，不僅是為宣傳理念，也不是為了自己民族的大義，而是一種新型態的「全人類」思考模式。由於高一學生不了解高二才會談到的馬克思主義等內容，在填答本題之前，筆者就高中教科書所陳述的「左派」、「馬克思主義」、「左翼知識分子」的內容，事先作出解釋，並提出歷年課綱對於共產主義思想的篇幅，提供同學在填答時參考。

在設計題目三到題目五的過程中，加入「歷史變遷」的概念。會有這樣的

概念出現，主要是受到《普通高級中學必修科目「歷史」課程綱要》（簡稱九五暫綱）將史學研究中「時序觀念、歷史理解、歷史解釋、史料證據」導引入高中歷史教學，並作為學生學習歷史的核心能力。「時序觀念」是歷史作為一門學科特有的性質，學生應了解歷史事件、人物發展必須放置在時間架構中，才能顯示意義與價值，也是讓學生依時間順序所建構的歷史事件產生關連性，理解歷史上變遷、延續、發展、進步或倒退在過去與現在所產生的意義，並做出合理的解釋。

P1C1：「1.因為學生判斷能力欠佳，而左派思想又太過偏激，可能誤解其義（想想一個國小生被父母禁足或扣零用錢，然後就大喊：「打敗資本主義，大家權利平等，你們不能對我這樣，我要革命！」那有多誇張！）而且左派與現今政府所推崇的右派相反，所以較少見。2.以右派思想來看，他們是破壞權力制度和秩序的罪人；但以左派思想來看，他們是使世界和平統一的推進者。3.因為當時的右派人士太過腐敗，只在乎自身權力是否鞏固，想向外擴張領土，卻忽略人民生活在水深火熱之中。所以他們希望用新的方式改變世界。」

P1C2：「1.國家可能害怕我們接受左派知識分子的思想，造成之後認同左派的知識分子越來越多，影響到整個國家發展。2.在當時的背景，他們算是造反者，因為他們違背了政府當時所推動的政策。3.這些知識分子可能受到當時環境的影響，造成他們認為左翼思想可以改變現有困頓的狀態，使他們不惜生命去推動。」

P1C3：「1.因為他們的手段較激進，統治者不願讓血氣方剛的我們，把自己同化成其中一群人，而且認為我們的思想不夠理性，容易曲解文章，更不用說陳述事實都太過主觀，而多數人還無法客觀描述。2.根據價值觀的不同，我認為他們對感到威脅的國家來說是造反者，無法控制他們。但若站在我的角度來說，我覺得他們的想法是好的，顧及的不只自己。3.目睹現實中許多的不合理，所以希望用左翼思想來推翻現任的體制。」

評量題二：

佐爾格自小生長在德蘇邊境，長大後隨父親移居到德國，在德國取得博士學位後，服膺祖父對社會主義的嚮往投身蘇聯第三國際，從上海到東京之間，透過間諜工作連結中國與日本的左派知識菁英，更將日本軍部戰爭重心鎖定中國與南洋的消息傳遞回蘇聯，讓史達林將軍隊轉調前線對抗德國，扭轉戰爭局勢。尾崎秀實則是在臺灣度過青春時期的日本人，過去臺灣經驗產生的中國關懷使他透過記者的身分深刻剖析南京政府的意向，進而成為近衛文麿（1891-1945）內閣的顧問，並藉此取得機密資料傳遞給佐爾格。促使他們二人進行間諜工作的三個關鍵：

・兩人在當時都屬於高階知識菁英，也同時具有對共產主義的嚮往。

・兩人皆在一戰前生長在多重影響下的地區。

・兩人相遇的上海具備當時進行間諜工作的時空環境。

在三個可能因素中：其中有兩個因素普遍存在於許多同時代的人身上，而有其中一項是可改變的，也就是說有一個因素在某種情況下對佐爾格有較高的重要性，而在其他人身上卻是不太重要或完全沒有重要性的因素。

(a) 哪一個因素是可改變的（variable），哪兩個因素是不可改變的（常數，constant）？

(b) 請解釋區分的理由？

(c) 請試著解釋為什麼區別「變因」、「常數」對歷史學家很重要？

評量題三：

在解釋佐爾格協助處理的案件前，也必須解釋如果沒有佐爾格與其間諜網穿梭在上海與東京等各大城市，國家發展會有所不同嗎？

(a) 共產國際有其他的地下行動嗎？

(b) 佐爾格來到上海或東京之前，共產主義早已傳播在中國與日本，請解釋：

(1) 如果沒有佐爾格出現，因此不會有組織當地共產主義者支持共產國際的人士出現嗎？

(2) 同樣的間諜活動，可能發生在佐爾格出現前的其他人身上嗎？

評量題四：

> 假設佐爾格的間諜工作沒有成功，是因為一位時間旅行者及時回到過去，而他僅改變了一部分的歷史。

(a) 這位時間旅行者必須回到多久之前，且它需要改變什麼最小的因素，以確保佐爾格的間諜失敗？請解釋。

(b) 這位時間旅行者必須回到多久之前，且它需要改變什麼最小因素，以確保佐爾格的間諜工作在當時、之前或之後都不會產生影響？請解釋。

(c) 如果佐爾格從未從事間諜工作，現在會不會有所不同？假如是這樣，會是哪些方面不同？未來有沒有可能會不同？假如是這樣，請解釋改變過去如何可改變還沒有發生的未來？

本題設計希望同學就三個關鍵因素，區別出歷史學家如何看待一個歷史事件的發生。課堂中先解釋「變因」代表在同一個因素如果發生在其他人身上，可能會不同的發展；「常數」則代表同一個因素發生在任何事件或人物身上都不會對歷史事件產生不同變化。從學生如何選擇「變因」與「常數」中可發現學生對於歷史事件成因有不同角度的理解。

有十一位同學同學認為「變因」是：「兩人在當時都屬於高階知識分子，也同時具有對共產主義的嚮往」。P2C3：「因為有高階知識才能理解而非盲從政府的主流或政策，也願意全心全意投入。」P2C2：「自我的思想是自己可以決定，而環境、背景則是自己無法改變的。」P2C1：「因為是高知識分子，所以會思考當今社會，如何做最好的改變，進而選擇從事間諜工作以達成和平統一的理想。」P2C4：「有雙博士學位大可不做間諜，但他相信共產主義能改變

當時社會的蕭條，所以成為間諜。」P2C6：「當時有許多人都是在一戰前後多重影響下的環境中成長，其中有些人也會到上海，但如果沒有對共產主義的嚮往，就不一定會從事間諜工作。」

十三位同學認為是「兩人皆在一戰前生長在多重影響下的地區」，P2C7：「並不一定要是身為高階知識分子，重點在於受到環境影響，才可能讓人願意成就某些事情。」

十五位同學認為是：「兩人相遇的上海具備當時進行間諜工作的時空環境」。P2C8：「學歷與生長環境對整個間諜活動沒有太大相關，但如果兩人沒有在上海相遇，佐爾格不可能獲得這麼多情報。」P2C9：「同時期世界各國都有共產勢力，也不乏高知識分子。一戰後的巴爾幹、土耳其、德國也受到相當大的影響。但要像當時的中國，尤其是上海同時匯集世界列強的勢力範圍（租界），並產生影響力的環境不多。」P2C10：「同時代的人這麼多，其中嚮往共產主義的高知識分子也不少，不過能接觸到間諜工作的人並不多，能勝任又在可以執行任務的環境中，更是少之又少。」

進一步分析同學們的答案會發現，大部分的學生達成上述「Level 2，能理解歷史事件的變遷會隨著時間與事件重點特質，產生不同。」能夠理解不同變動特質間的轉變，對單一歷史事件延續與發展的角度有所不同，也能延伸想像其他歷史事件中的資訊，與新接觸的事件加以整合。

第五節　結語

本文研究假設學生以「蘇格拉底研討會」模式進行，[54]假設學生對於歷史知識具有開放性價值觀，從一個未曾接觸過的人物與事件，體認到自己身處的

---

54 Estes, T. H., and Mintz, S. L. (2016). Instruction: A models approach (7th Edition), New Jersey: Pearson. pp. 157-179.

環境與接收到的知識是被揀選的結果，從而發掘對歷史人物乃至現實生活有更多元與寬廣的視野。了解歷史事件從來未曾單獨出現過，讀歷史不僅該具備鳥瞰的能力，學會耐心看待現實並尊重彼此的歧見，更希望將過去作為縮影，將過去奮力追求理想的人物作為借鏡，以求行動改變自身或環境。歷史教學中，教師教學的信念影響擷取知識與傳授的過程，成為如何連接過去與現在的條件。如同 Frederick A. Olafson 所說，「我們的世界只是暫時被當代的人定義，其中必定包含過去事實陳述，卻未必能說明未來發展。」

「佐爾格」與「尾崎秀實」對高中學生而言是全然未知的人物，兩人生長環境的複雜程度，也非高中學生所能想像。同樣的，導演篠田正浩身處的昭和到平成，日本政治社會從顛覆與動盪，回歸到平靜與省思的掙扎過程，也是高中生難以觸及的衝擊與變化。課堂中清楚講述來認識一個歷史人物已非易事，更何況是其中人物交錯繁複的背景，運用「影視史學」概念在課堂中導入史實與人物，不僅克服學生對陌生歷史人物的距離感，透過劇情引導學生了解電影中所提的人事物，也加深學生在課程外討論的機會。

劇情從尾崎秀實被特高警察逮捕開始倒敘，提示本片資料來自尾崎秀實與佐爾格在獄中的口供筆錄及之後根據這些資料的研究成果。順著佐爾格的足跡，從 Sabunchi、柏林、上海、莫斯科、東京，知識菁英選擇不同的立場看待二次世界大戰在生命的重量。篠田正浩曾口述，對於日本軍國主義教育下的孩子，尾崎秀實身為間諜被逮捕是難以想像的震撼，在他最後結束導演生涯前，一定要將這樣的震撼傳達出去，因此佐爾格、尾崎秀實、篠田正浩與觀眾就在本片中展開二個世代的三種對話。

有趣的是，《間諜佐爾格》所設定的對話情境，在今日的高中生眼中，又可增添新世代的觀點，形成第四種對話。二〇一八年的學生要面對的「意識形態」已經不是過去二十世紀「資本主義」與「共產主義」在二戰前後與冷戰期間國際與群眾之間的「零—合」決戰，也可能不再有類似佐爾格與尾崎秀實等人願意「以身相許」期待美好未來世界的到來。導演篠田正浩經歷這個期待與

理想看似逐漸失落，卻萌發新時代意象的時刻，將「自我認同」與每個世代的掙扎相結合，呈現於電影中。這或許就是「影視史學」作為教材的魅力所在，當我們不斷尋找史料在課堂中呈現各種不同史家觀點的同時，可以讓學生自身投射在電影劇情中，由學生自己成為史家，一同看待歷史事件。

下篇

世界史

本篇以《林肯》、《以祖國之名》、《美麗天堂》、《我的名字叫可汗》

四部電影與世界史歷史教學結合為例

七、影視教材在高中世界史「南北戰爭」教學的運用——以電影《林肯》為中心

陳美瑾
國立基隆高級中學歷史教師

第一節　緒言

　　本文以「影視教材在高中世界史教學的運用」為題進行研究,[1]將歷史電影作為一種另類的「歷史文本」,在帶領學生解構的過程中,希冀訓練學生能從中培養出解讀、判斷、分析與歷史思辨的能力。

　　以南北戰爭作為主題,是因為美國在經歷了這一場自建國以來規模最大、也是唯一的一場內戰後,並沒有因此而衰敗,而是在這場戰爭後逐漸走向了富強,它的內在究竟擁有著怎樣的一股推力?此外,選定由史蒂芬・史匹柏(Steven Allan Spielberg, 1946-)所執導的《林肯》(Lincoln)作為探究的中心,則是因為這部電影雖以林肯(Abraham Lincoln, 1809-1865)為名,但卻未拍攝林肯的一生,而是將整部電影聚焦在內戰結束前的四個月,以林肯強力推動《憲法第十三條修正案》(*Thirteenth Amendment to the United States Constitution*)的通過,去勾勒出引發戰爭以及戰爭期間的諸多問題。這部影片對於戰爭的場景雖著墨不多,但卻深入探討林肯的困境、聯邦政府的決策、共和黨內的角力、政黨間的競爭、南北雙方的談判等,因此筆者選定以這部電影融入教學之中。

　　但從另一個面向來說,我們也不能忽視,這場因奴隸而起的戰爭,雖以

1　本文由筆者碩士論文改寫而成,因為篇幅上的限制,研究回顧不得不捨去。有興趣的讀者可以參考:〈影視教材在高中世界史「南北戰爭」教學的運用—以電影《林肯》為中心〉,(臺北:國立臺灣師範大學歷史研究所碩士論文,2018)。

《憲法第十三條修正案》終結了奴隸制度,但美國截至目前為止,仍有嚴重的種族衝突問題。二〇一五年民眾所發起的「黑人生命也重要」(Black Lives Matter)運動,就是一個實例;因而,這個主題毋寧是帶領學生去理解所謂「歷史脈絡」最佳的歷史事件。

歷史教學的目的,除了引領學生具備基礎知識外;更重要的是讓學生擁有美好情操。這是筆者書寫本文的初心,也是作為一位歷史教育工作者終身的期盼。

第二節　南北戰爭前奴隸制發展以及林肯的態度

一八六一年四月南北戰爭開打,歷經四年結束,造成約一百萬人傷亡。對於誰該為這場戰爭負責?戰爭是否是能避免的?該如何看待這場戰爭?不同時期的史家有不同的論述。但對於為什麼會引發這場戰爭的根本原因,美國史家們的看法則大多數指向奴隸制度。奴隸和奴隸主分屬不同族群,加以美國的立國精神標榜「平等、自由」,奴隸制使人們在道德上感到難堪,因而必須有一套為奴隸制開脫的理論,而這樣的理論卻在美國社會造成了撕裂。[2]本節要論述的是南北戰爭前的奴隸制發展,以及林肯從政後對於奴隸制以及相關法案有什麼觀點及其立場。

一六一九年一艘荷蘭商船帶著二十名黑奴進入南卡羅萊納(South Carolina)的查理斯頓港(Charleston),這是黑奴進入英屬北美殖民地的開始。在此之後,自非洲或中美洲,黑奴源源不絕的輸入北美,十三州殖民地因此都有了黑奴的存在。[3]一六七〇年,麻州(Massachusetts)制定了黑人奴隸之子可

2　陳靜瑜,《美國史》(臺北:三民書局,2007),頁 130。
3　孫同勛,〈林肯與解放奴隸宣言〉,《食貨月刊》,第 1 卷 5 期(1971),頁 252。

以用奴隸身分進行買賣的法律。[4]

　　十八世紀中葉七年戰爭（1756-1763）後，北美各州人民「被壓迫者」的意識逐漸高漲，也產生了自己是對黑人奴隸壓迫者的意識，對奴隸制的批評和責難與日俱增。此一效應使得傑弗遜（Thomas Jefferson, 1743-1826）在一七七四年「關於英領美洲之權利的意見摘要」中，主張廢止奴隸貿易。[5]一七八七年頒佈的「西北條例（Northwest Ordinance）」，是第一個由大陸會議通過反對奴隸制度的法案，它禁止尚未成為州的領土蓄奴。在這樣的氛圍下，當時大部分人都承認奴隸制度是——「必要的邪惡（necessary evil）」，並預期有一天終將會廢除。[6]但其後，因英國紡織業的發展，促使棉花田的需求量大增，需要為數眾多的奴隸來工作，棉花田的擴張造成奴隸的擴張，凡是棉花到達的地方，黑奴也跟著出現。[7]

　　以下，就從幾個對美國內部造成重大衝擊的奴隸制法案以及一八三〇年代以後的廢奴運動來說明何以一八六一年南方會以獨立的方式來捍衛奴隸制的存續。

一、一八二〇年《密蘇里妥協案》（Missouri Compromise）

　　一八一九年為了讓自由州與奴隸州在參議院中的勢力平衡，參議院同意密蘇里領地（Missouri Territory）、緬因州（State of Maine）各以奴隸州、自

4　Tomo Hisa Kiomizu 文，陳映真譯，〈美國的黑人奴隸制度〉，《中華雜誌》，第 17 卷 4 期（1979），頁 44。

5　但其後礙於奴隸貿易商人強大的勢力，於是將批評英國國王的奴隸制、奴隸貿易條款從獨立宣言中刪除。Tomo Hisa Kiomizu 文，陳映真譯，〈美國的黑人奴隸制度〉，頁 45。

6　孫同勛，〈林肯與解放奴隸宣言〉，頁 252。關於「必要的邪惡」論點，請參看盧令北，〈由「必要之惡」至「全然有益」：內戰前美國擁奴思想的發展與轉變〉，《成大歷史學報》，第 42 期（2012），頁 55-116。

7　南北戰爭前，南部生產的棉花是世界棉花產量的 60%，同時為英國的紡織業提供了 70% 的棉花。James Kirby Martin 等著，范道豐等譯，《美國史（上冊）》（北京：商務印書館，2012），頁 477。

由州身分加入聯邦。不過，當時眾議院議長亨利・克雷（Henry Clay, 1777-1852）提出一項但書：在北緯 36 度 30 分以北的路易西安那（Louisiana）地區，除了密蘇里之外，均不可蓄奴，南方國會議員接受了此一但書，因為北緯 36 度 30 分以北地區的自然條件並不適合種植棉花，這就是著名的一八二〇年《密蘇里妥協案》。[8]

此妥協案是便宜行事，並未根本處理奴隸制在美國所帶來的爭端，因而美國在一八四八年因美墨戰爭（1846-1847）領土向西南擴展的同時，矛盾立刻再現。

二、一八五〇年加利福尼亞妥協案 (California Compromise of 1850)

一八四八年美墨戰爭，美國從墨西哥（Mexico）取得加利福尼亞（California）和新墨西哥（New Mexico）兩地，公眾對於是否要在墨西哥割讓的領土上擴張奴隸制，展開了激烈的爭論。

肯塔基州參議員克萊（Henry Clay, 1777-1852）為了解決爭端，提出幾項折衷方案，在經過八個月的辯論後通過。內容為：1.准許加利福尼亞以自由州加入聯邦；2.德克薩斯州放棄對新墨西哥地區的土地要求，聯邦以一千萬美元作為補償；3.准許新墨西哥和猶他兩地組成領地，至於蓄奴與否，留待該兩領地人民建州時自行決定，這是「人民主權」（popular sovereignty），國會不得干預；4.自一八五一年起廢除哥倫比亞特區的奴隸貿易，但不廢除該區的奴隸制；5.制定一項十分有利於南方奴隸主的《逃奴法》。[9]

此妥協案的通過，在當時雖被視為南北雙方的最終解決方案，但其中的「人民主權論」與《逃奴法》卻潛藏著隨時可能引爆分裂的危機。在「人民主

8　盧令北，〈由「必要之惡」至「全然有益」：內戰前美國擁奴思想的發展與轉變〉，頁 59。

9　劉景輝，〈從林肯到歐巴馬─紀念林肯誕生 200 週年（2）：黑奴悲歌南北嗆聲〉，《歷史月刊》，第 255 期（2009），頁 45。

權論」的部份，它可能使奴隸制跨越北緯 36 度 30 分，從而破壞了一八二〇年的《密蘇里妥協案》。而《逃奴法》的規定則對非裔美國人相當不利。北部的黑人團體因為不滿此法，他們通過秘密組織幫助一千五百名奴隸藉由「地下鐵路」（Underground Railroad）從南方逃往北方獲得自由；同時，北方的黑人還成立了治安維持會，防止黑人受到來到北方尋找逃跑奴隸的受雇者的綁架。而廢奴主義者斯托夫人（Harriet Beecher Stoew, 1811-1896）因為對於《逃奴法》的義憤而寫出了《黑奴籲天錄》（*Uncle Tom's Cabin*, 1852，亦名 *Life Among the Lowly*），出版後在十六個月內就銷售了一百萬冊所引發的廣大迴響，更是進一步激化了南北兩方的區域衝突。[10]

三、一八五四年《堪薩斯─內布拉斯加法案》（The Kansas-Ne-braska Act）

伊利諾州（State of Illinois）民主黨參議員史蒂芬‧道格拉斯（Stephen A. Douglas, 1813-1861）提出了《堪薩斯─內布拉斯加法案》（The Kansas-Nebraska Act），主張以「人民主權論」來解決兩個領地的奴隸制問題，並包含完全廢除《密蘇里妥協案》；五月，《堪薩斯─內布拉斯加法案》在參議院通過，引發北方強烈的不滿，到處舉行示威遊行。[11]

四、一八五七年斯科特判決書（Dred Scott Decision）

判決書中說，無論是已獲得自由的黑人或黑奴都不是美國的公民，無權向聯邦法院提出訴訟；《獨立宣言》中所主張的「人人生而平等」中的「人人」並不包括黑人在內；一八二〇年的《密蘇里妥協案》是違憲的，國會無權在各

10　James Kirby Martin 等著，范道豐等譯，《美國史（上冊）》，頁 556-558。

11　James Kirby Martin 等著，范道豐等譯，《美國史（上冊）》，頁 563。

領地禁止奴隸制；奴隸是財產，無論奴隸主要把財產帶到何地，還是奴隸主的
財產，奴隸主的財產權受到憲法的保護。[12]此外，最高法院還裁定民主黨參議
員道格拉斯的人民主權論說法也是違反憲法的，因為准州的州政府無權禁止奴
隸制。[13]

這項判決對為了阻止奴隸制向西部新領地擴張的共和黨而言，無疑是致命
一擊；而總統、聯邦最高法院和南方則是指望經由這項判決來終結南北雙方長
期對於奴隸制度的爭執。但事與願違，這項判決使得北方反奴隸制情緒更加高
漲。[14]

五、一八三〇年代起風起雲湧的廢奴運動與擁奴制的反制

一八三〇年以後北方出現了一批激烈的反奴分子，其中，麻薩諸塞州
（Commonwealth of Massachusetts）葛里遜（William Lloyd Garrison,
1805-1879）最具代表性。一八三一年他在波士頓創辦了《解放者》（The
Liberator, 1831-1865）週報，宣揚立即無條件釋放黑奴，並與塔潘兄弟（Ar-
thur Tappan and Lewis Tappan）等人共同創立了「美國反奴隸制協會」
（American Antislavery Society, 1833-1870），反對逐步有償地解放黑奴與
遣送黑人回非洲，同時主張立即全面解放黑奴。

另有一群廢奴派以實際的行動協助南方的奴隸逃往北方。普維斯（Robert
Puvis）在一八三一至一八六〇年間協助九千名左右的黑奴逃亡成功，人稱
「地下鐵路總統」（Underground Railroad president）；塔布曼（Harriet Tub-
man, 1821-1913）則是在自身逃亡成功後，隻身返回南方十九次，救出黑奴

12 劉景輝，〈從林肯到歐巴馬—紀念林肯誕生 200 週年（3）：國事蜩螗林肯釋奴〉，《歷史月刊》，第 256 期（2009），頁 40。
13 James Kirby Martin 等著，范道豐等譯，《美國史（上冊）》，頁 570。
14 劉景輝，〈從林肯到歐巴馬—紀念林肯誕生 200 週年（3）：國事蜩螗林肯釋奴〉，頁 40-41。

約三百人，人稱「黑人的摩西」。[15]

　　一八五九年約翰・布朗（John Brown, 1800-1859）率領游擊隊，攻佔了西維吉尼亞哈波斯渡口（Ferry Harper's）的聯邦兵工廠。天亮以後，城鎮的武裝市民得到民團的協助展開反攻，布朗的游擊隊十七人陣亡，而包含布朗在內的五人則遭到逮捕。其後，布朗被以陰謀、叛國和謀殺罪在一八五九年十二月二日遭到絞刑。[16]美國文學家拉爾夫・沃爾多・愛默生（Ralph Waldo Emerson, 1803-1882）將布朗與耶穌基督做了對比：「他的死使絞刑架與十字架一樣光榮。」而主張通過非暴力方式反對奴隸制度的葛里遜則表示：「布朗的死使他終於明白了需要用暴力來摧毀奴隸制。」[17]

　　面對這樣日益積極的反奴活動，南方則嘗試從歷史、宗教、醫學與經驗上找出證據證明奴隸制度是公平合理的，南方擁奴的論述從獨立戰爭之初「必要之惡」的概念，逐漸演進為「全然有益」的論調。[18]

六、林肯在南北戰爭前對奴隸制及其相關法案的態度

　　一八三七年三月，二十八歲時任伊利諾州眾議員的亞伯拉罕・林肯（Abraham Lincoln, 1809-1865），在州眾議院第一次就奴隸制提出書面意見：

　　　我們認為，奴隸制度是建立在非正義和錯誤政策上的，但是傳播廢奴主

15　Alan Axelrod 著，賈士蘅譯，《美國史》，頁 163。

16　James Kirby Martin 等著，范道豐等譯，《美國史（上冊）》，頁 577-578。劉景輝，〈從林肯到歐巴馬─紀念林肯誕生 200 週年（4）：國事蜩螗林肯釋奴〉，《歷史月刊》，第 257 期（2009），頁 34-35。

17　James Kirby Martin 等著，范道豐等譯，《美國史（上冊）》，頁 577。James W. Loewen 著，陳雅雲譯，《美國高中課本不教的歷史─老師的謊言》（臺北：紅桌文化，2015），頁 202-203。

18　盧令北，〈由「必要之惡」至「全然有益」：內戰前美國擁奴思想的發展與轉變〉，頁 55-116。

張只會增加而不會減少奴隸制度的罪惡。按照憲法，國會無權干預各州的奴隸制度，但國會有權在哥倫比亞特區廢除奴隸制度，但非經該區人民主動提出要求則不能行使該項權利。[19]

林肯這份書面意見，表達的是伊利諾州輝格黨對奴隸制度的看法，雖提出奴隸制度是非正義以及錯誤的政策；卻也同時主張依照憲法，國會無權干預各州的奴隸制度。

一八五五年八月林肯在給好友史皮德（Joshua F. Speed）的信件中寫道：

> 你問我現在的立場是什麼。怎麼說呢？我認為我是一個輝格黨人；但是別人說現在已經沒有什麼輝格黨人了，因而說我是一個廢奴主義者。……我現在所做的，不過是反對奴隸制的擴張罷了。……在我看來，我們的理想沉淪的很快。建國之初，我們宣稱「人人生而平等」，現在我們實際上把這句話解讀成「人人生而平等，黑人除外」。[20]

在這封私人信件中，林肯所陳述的一如他的公開演說，表明自己並不是一位廢奴主義者，所主張的僅僅是反對奴隸制的擴張而已。

一八五九年，林肯為爭取成為共和黨提名的總統候選人而於各州奔波演講，在演講中，林肯除了重申他已在多次演講中主張的黑人和白人一樣有資格享受《獨立宣言》中所列舉的各項天賦人權的自然權利外，卻也同時表明對於已實施奴隸制各州的尊重；而在黑人與白人在政治上和社會上是否應平等的部份，林肯的演講內容反映的則是當時大多數北方白人的想法。在一八六〇年二

19　劉景輝，〈從林肯到歐巴馬—紀念林肯誕生 200 週年（1）：自強不息亞伯揚名〉，《歷史月刊》，第 254 期（2009），頁 35。

20　劉景輝，〈從林肯到歐巴馬—紀念林肯誕生 200 週年（3）：國事蜩螗林肯釋奴〉，頁 33。

月二十七日於紐約市庫珀學會（Cooper Union）的演講中，林肯說：

> （奴隸制）作為一種邪惡之事不應當被擴張了；但是它受到容忍和保護
> 只是因為其在我們中間的客觀存在，使得那種容忍和保護成為一種必要
> 之事……共和黨的主張和宣言一直反對對你們的奴隸進行任何形式的干
> 涉，或者干涉你們對待奴隸的任何做法……確實，我們像創建我們賴以
> 生活的政府的先輩們一樣，宣稱奴隸制度是錯誤的……雖然我們認為奴
> 隸制是錯誤的，但是在實行奴隸制的地方，我們還是任由它發展，因為
> 那是出於它在國內實際存在的需要。[21]

林肯毋寧是務實的廢奴主義者，他的這場演說成功地吸引了紐約四家報紙全文刊登，為邁向總統之路奠下基礎。

一八六○年十一月六日，林肯當選總統，但在南方卻沒有拿下任何一票，就全國來說他的普選票也不超過四成。其後，南卡羅萊納州（South Carolina）於十二月二十日率先脫離合眾國，並且南方在林肯就職前共有七個州宣布脫離聯邦。[22]在這樣困窘的情況下，一八六一年三月四日林肯的就職演說其重要性不言而喻：

> 對於蓄奴州內存在的奴隸制度，我無意進行直接或間接的干涉。我認為
> 我既無這樣做的合法權力，也沒有這樣做的意向……任何區域的財產、
> 和平與安全，都不會受到現在開始執政的新政府的危害……任何一州都
> 不能單憑自己的動議即可合法地脫離聯邦……任何一州或數州以暴力行

---

21 Abraham Lincoln 著，張愛民譯，《勇者無敵──從演講看林肯的奮鬥》（臺北：五南圖書出版，2014），頁 268、273、281。

22 Alan Axelrod 著，賈士蘅譯，《美國史》（臺北：臺灣商務印書館，2011），頁 190。

動反對美國政府，都應視其具體情形定為叛亂或革命。[23]

在這場就職演說中，林肯除了向南方保證對於蓄奴州內存在的奴隸制度他不會進行任何形式的干涉，但也同時聲明他捍衛聯邦政府完整、不允許分割的決心。自林肯從政以來，對於已存在的奴隸制度，他的想法是將之限縮在已存在的奴隸州，然後期待它的自然消亡，未曾激進的想即刻終止奴隸制度。

第三節　《林肯》的敘事風格與脈絡分析

一、敘述的脈絡與歷史發展

史匹柏沒有選擇叨叨絮絮的講述林肯的一生，而是選擇他以為最能彰顯林肯性格與價值信念的片段來向這位歷史人物致敬。電影一開始導演藉由字幕、地圖與幾張照片來說明南北戰爭是因奴隸問題而起；接著，以不到一分鐘的畫面來處理戰場上的搏鬥，並藉由兩名黑人士兵與林肯之間的對話，導演傳達了北方軍中雖已接受黑人從軍、配槍，但實際上黑人在軍中仍受到諸多不公平的對待。

這一場死傷慘重的戰爭，究竟要將美國帶往何處？在此，史匹柏安排了由白人與黑人士兵，緩緩地背誦出林肯在一八六三年十一月於蓋茲堡（Gettysburg）為紀念戰亡將士所發表的部份演講詞：

> 八十七年前，開國元老在這個大陸上，創建應自由而生的新國度，並致
> 力於一個事業，即人生而平等……而這個國家，在上帝帶領下，將重生
> 為自由國家，而這個政府屬於人民，支持人民、為人民著想，它將永遠

23　Abraham Lincoln 著，張愛民譯，《勇者無敵—從演講看林肯的奮鬥》，頁 331-332、335。

屹立不搖！

眾所周知，一八六一年四月開打的這場內戰是因南方諸州宣布獨立而起，一開始聯邦政府是為了阻止國家分裂，而不是為了給奴隸自由而打。一八六三年一月一日由林肯發佈的《解放奴隸宣言》（The Emancipation Proclamation），亦有其戰略上的目的，解放的奴隸僅限於已宣布獨立、脫離聯邦政府的州，四個邊境的蓄奴州奴隸並不在解放之列。[24]因此，林肯的這篇講詞極其重要，他將這場戰爭的高度提升了，這場戰爭不只是為了國家不分裂而是因為信念，認為生活在美國這塊土地上的每一個人，不分黑白都必須要是平等且自由的。史匹柏讓這篇講詞在電影的一開端上場，其用意便在彰顯這場戰爭林肯所賦於它的價值信念。

接著，夢境裡的林肯單獨地於黑暗中在一艘疾駛的船上。船在大海上航行的意象從來就不是安穩的，大海的詭譎莫測、變化多端更多時候象徵的是危險，導演以此來隱喻林肯欲推動的《憲法第十三條修正案》（Thirteenth Amendment to the United States Constitution）可能在政治上遭遇諸多的困難。

這條憲法修正案之所以重要，是因欲透過立法永久根除奴隸制，已於 一八六四年四月在參議院通過；但在眾議院的表決，並沒有取得所需的三分之二票數。林肯在一八六四年十二月的年度國情咨文報告中，催促國會重新考慮這個提案。[25]但這個法案要在眾議院中通過的困難度極高，因為就算共和黨議員不跑票，還須從他黨手中爭取到二十張同意票。

24　這四個州分別是：德拉瓦（Delaware）、馬里蘭（Maryland）、肯塔基（Kentucky）、密蘇里（Missouri）。見孫同勛，〈林肯與解放奴隸宣言〉，《食貨月刊》，第 1 卷 5 期（1971），頁 258。

25　Doris Kearns Goodwin 著，高育慈等譯，《無敵》（臺北：大塊文化，2013），頁 686。

林肯急切地欲經由法案的通過以廢除奴隸制度，但人民是如何看待奴隸制度的廢除呢？這裡，導演安排了一對來自密蘇里蓄奴州的喬里夫妻因要向總統陳情而與總統、國務卿蘇爾（William H. Seward, 1801-1872）展開的對話。

蘇爾：「夫人，您知道第十三修正提案嗎？」

喬里夫人：「對，大家都知道，總統贊成提案。」

蘇爾：「你們贊成嗎？」

喬里夫人：「我們贊成。」

蘇爾：「你知道提案要廢奴嗎？」

喬里夫人：「是的，我知道。」

蘇爾：「這是你贊成的原因？」

喬里夫人：「我只希望戰爭結束。廢奴之後，叛軍就會停止抗爭，因為奴隸制度是他們抗爭的原因，林肯先生，您一向是這麼說的。修正案通過後，奴隸制度廢止，他們就會放棄，戰爭就會結束。」

蘇爾：「如果戰爭在我們廢奴前先結束……」

喬里夫人：「林肯總統說除非終止奴隸制度，否則戰爭不會停止。」

蘇爾：「但萬一如此呢，夫人？……如果叛軍下禮拜投降，在這個月底之前，你會希望，波頓投票贊成第十三修正案嗎？」

喬里夫人：「如果沒有戰爭了，我想喬里先生不會希望眾議院通過修正案。」

蘇爾：「這是，為什麼呢？」

喬里先生：「黑人。」

喬里夫人：「如果不必讓阿拉巴馬的黑人來密蘇里搶走吃的跟工作，我們寧可不要。」

這一對夫妻是白人的縮影，導演藉由喬里夫婦呈現出特別是沒有脫離聯邦

的邊境蓄奴州白人，普遍性對黑人觀感的看法。他們擔心的除了黑人可以自由移動外，更擔心黑人低廉的工資會造成白人的失業。大多數時候，人民考量的是務實的生計問題，悲天憫人的胸懷或美好的信念都必須是要在能維持日常物質所需之後。

蘇爾在了解人民的想法後，從原來質疑林肯的做法轉為認同，但要在眾議院的投票中取得共和黨全體議員的同意票，那就必須獲得共和黨保守派的支持；此外，還須竭力爭取民主黨眾議員的贊成票。電影從這裡展開三條主要路線，一條是共和黨保守派法蘭西斯・普萊斯頓・布萊爾（Francis Preston Blair Sr., 1791-1876）要求林肯若要保守派支持《憲法第十三條修正案》的通過，必須嘗試與南方議和，只有在所有的可能性都沒了之後，保守派才會投贊成票。第二條主線則是為了爭取民主黨眾議員的同意票，必須從一八六四年十一月聯邦眾議員選舉中不再續任的眾議員著手，因他們的任期即將在一八六五年三月屆滿，他們需要工作，而作為美國的最高領導人，林肯可以提供他們想要的工作機會。第三條主線，則是在眾議院中的幾場辯論以及最後的投票過程。

但內閣不明瞭，隨著戰爭的情勢對北方日漸有利，南方的投降已是指日可待，為什麼林肯非得急著在一八六五年一月推動這個在眾議院幾乎不可能通過的修正案，以便為了讓南方因此投降？導演在此安排了一場林肯與內閣商討進攻威明頓（Wilmington）的會議，好讓他得以因為內閣的提問而有機會進行陳述：

> 解放宣言只是一種戰爭的手段，不同的律師見解各自不同……憲法賦予我戰爭的權力，但是沒人清楚，這些權力到底是什麼？……我主張不是南方的州在反叛，而是只有住在這些州的叛軍在反叛。這些州的法律依舊有效……假設沒有修正案廢除奴隸制度，假設戰爭結束了，我不再能動用戰爭行使權，以忽視法院的決議，有時我是認為我必須這麼做！我解放的這些人可能根據命令，又恢復奴隸身份嗎？所以我希望，眾議院

能通過第十三修正案，受到各州認可，把奴隸的問題永遠解決。

　　林肯在未從政前是名律師，他對法律所賦予的總統權限瞭若指掌，因此不斷重申唯有通過《憲法第十三條修正案》才能一勞永逸地將奴隸制度從美國連根拔除。只有這樣，奴隸制度才不會像是一根刺，不斷扎著美國，挑動所有支持與反對者的心。

　　一月九日，眾議院就此議題展開辯論。其中，民主黨的紐約州（State of New York）議員費南度伍德（Feranado Wood, 1812-1881）、共和黨的賓夕法尼亞州（Commonwealth of Pennsylvania）議員史蒂文斯（Thaddeus Stevens, 1792-1868）與民主黨的俄亥俄州（State of Ohio）議員喬治‧潘德爾頓（George Pendleton, 1825-1889）之間的對話相當精彩！

　　　　伍德：「大家應反對這項修正案，任何傷害自然法則的法律都是對上帝與人的侮辱，眾議院絕對不得宣布那些生而不平等之人與我們平等。」
　　　　史蒂文斯：「奴隸制度才是對自然法則的侮辱。」
　　　　潘德爾頓：「就你看來，什麼違反了自然法則？黑人投票嗎？黑人議員？史蒂文斯，這符合自然法則嗎？種族通婚？」

　　這段對話是否句句為真不得而知，但經由演員間的對白充分呈現出十九世紀中葉白人普遍對黑人的看法，尤其在潘德爾頓說出「黑人投票嗎？黑人議員？種族通婚？」這幾個語詞時，不僅民主黨議員發出反對的聲音，就連共和黨部份議員的表情也展露出了無法認同。議員們的態度尚且如此，大多數民眾對奴隸制的廢除，甚而更進一步給予黑人公民權的態度便可想而知。

　　此時的布萊爾取得了林肯的同意，以個人身分前往南方謀求議和。一月十一日，抵達南方邦聯首都里奇蒙（Richmond）會見了與他私交甚篤的南方總統戴維斯（Jefferson Davis, 1808-1889），在與戴維斯取得了初步共識後，布

萊爾返回華盛頓將戴維斯的信交給林肯。林肯在與戰爭部部長史坦頓（Edwin McMasters Stanton, 1814-1869）商量後，同意如果要和平的話，那將會是「這個」國家的和平，沒有兩國這回事，在這個前提下準備好迎接任何使者。布萊爾帶著林肯的回應再度前往里奇蒙見戴維斯，雖然南方對林肯提出的「一個共有的國家」有異議，但要求和平的強大呼聲，讓戴維斯同意派三名使者前往門羅堡（Fort Monroe）。一月二十九日，南方邦聯副總統亞歷山大・史帝芬（Alexander H. Stephens, 1812-1883）、前合眾國參議員杭特（R. M. T. Hunter, 1809-1887）、前最高法院大法官約翰坎培爾（John A. Campbell, 1811-1889）抵達維吉尼亞彼得斯堡（Petersburg）。[26]

　　以上是歷史事實的發展。但在史匹柏的電影中南方和平使者抵達彼得斯堡的時間則是一月十一日，且國務卿蘇爾事前完全不知情。導演之所以做出這樣的安排，無非是想要增強戲劇的懸疑與張力，因此刻意讓南方使者前來和談的時間與眾議院辯論《憲法第十三條修正案》及遊說者說服民主黨籍議員的時間同步；以此彰顯林肯在這個過程中如何進行危機的處理。此外，在電影中南方使者抵達彼得斯堡時，雙方軍隊分站兩側的畫面是相當肅靜的，而當南方的代表發現迎接他們的北方軍隊是黑人士兵時，杭特與坎培爾略顯驚恐的眼神，對照黑人士兵堅定的神情，巧妙地呈現出南方白人對黑人的不信任。不過，這個橋段亦與歷史中的發生有所不同。事實的情況是，因為南方的三名使者被視為是「和平的通報人」，因而當他們抵達彼得斯堡時，兩邊的陣營均響起了如雷的掌聲，久久不散，且當樂隊奏起〈家，可愛的家〉（Home Sweet Home）這首歌時，雙方陣營竟一同大聲地歌唱。這樣感人的場面史匹柏並沒有採用，他選擇了較嚴肅的態度來處理黑白議題，導演這樣的呈現方式不僅淡化了南北雙方厭戰的心，更以相當隱晦的手法將這場戰爭的核心問題——黑奴，融入其

26　Doris Kearns Goodwin 著，高育慈等譯，《無敵》，頁 690-691。

中。

為了使《憲法第十三條修正案》能順利在眾議院通過的林肯，不僅個人加入了遊說的行列，也委請他在國會中的盟友去見尚在搖擺不定的議員。[27]電影中，導演則是安排了由國務卿蘇爾的朋友的朋友介紹了具地痞形象的畢伯（Bilbo）與對政治敏銳度高的拉森（Latham），將這個遊說的重責大任主要交由他們負責。因畢伯大刺刺與草莽的性格，在遊說的過程中與議員們的互動橫生了許多趣味，加上節奏明快的配樂，替這部議題沉重的電影增添了些許幽默、搞笑的畫面。

電影中格蘭特（Ulysses Simpson Grant, 1822-1885）的電報給林肯帶來了巨大的衝擊。此時的北方，瀰漫著有南方和平使者前來的傳言，畢伯、拉森的遊說工作更難進行了，因為就如畢伯所言：「如果戴維斯想停火，誰會真的在乎解放黑奴的事？」林肯清楚的知道若讓南方特使前來華盛頓，他們會要求以和平來換取憲法修正案的不通過，這樣戰爭雖可即刻結束，但卻也讓即將可能通過的憲法修正案功虧一簣；但若不見和平特使，格蘭特的電報中寫道「我擔心他們回去後，不會為任何當局者的利益表達意見，林肯先生，這可能會有不良影響。」

史匹柏在這裡選擇了兩次以拍攝林肯緩慢行走的背影來呈現他的孤寂，究竟怎樣的抉擇才是正確的？林肯在凌晨三點多鐘走進傳達室，初始要傳令人員打一通電報給格蘭特，請他讓南方特使前來華盛頓，但當傳令人員詢問林肯：「我要發信嗎？」林肯卻是反問：「你認為出生是我們的選擇嗎？我們適合我們出生的時代嗎？」接著林肯說道：

歐幾里德的第一公理是「與同一個事物相等的事物，彼此相等」，這是

---

27 Doris Kearns Goodwin 著，高育慈等譯，《無敵》，頁 687。

數學推理的規則，這是真的，因為它能作用，過去如此，未來也會永遠如此。在書中歐幾里德說，公理不證自明！看吧，這就是簡單的真理，就算是兩千年前，古書裡的數學法則也一樣，這是不證自明的真理「與同一個事物相等的事物，彼此平等。」我們始於平等，這是我們的起源，不是嗎？這是平衡，這是公平，這是正義。

導演在此讓「與同一個事物相等的事物，彼此相等」這一句話重複了兩次，說完這一段話後的林肯改變了心意，他讓和平使者到維吉尼亞罕普頓道等候，不要到華盛頓來。最終，在即刻和平與平等這兩者之間，林肯選擇了平等。

林肯除了爭取共和黨保守派的支持外，亦須取得共和黨激進派的合作。保守派與激進派的最大差異在於，保守派在奴隸問題上主張限制奴隸制的擴張，但反對以激烈的手段終結奴隸制度；激進派則主張不僅要廢除奴隸制、落實黑人應與白人享有同等權利外，對反叛聯邦政府的南方蓄奴州提出將其土地充公、沒收財產且設革命法庭進行審判，其中史蒂文斯是代表人物。因此，林肯請求史蒂文斯在接下來由共和黨辯論發言的議會中務必收斂他的言論。

一月二十七日，眾議院再次就修正案發表辯論。民主黨伍德為了刺激史蒂文斯，好讓史蒂文斯的言論能成為明日各家報紙的頭條而發言：「史蒂文斯先生，我請教了一個問題，你必須回答我。你相不相信『所有人皆生而平等』為真？這不是此修正案的真正目的嗎？為了提倡你終極熱切的夢想……」史蒂文斯非常清楚的知道對手想要他吐出什麼樣的話，在環顧了現場許久之後，非常艱困地說出：「我不相信所有事物皆平等，只有在法律面前平等，如此而已。」民主黨議員們開始鼓譟，而伍德不可置信的大聲喊出：「不是這樣，你相信黑人與白人完全平等，你說過無數遍了！」民主黨的潘德爾頓也激動地咆哮：「可恥！別再塘塞了，回答伍德眾議員。」第一次說的囁嚅的史蒂文斯，第二次則是較坦蕩的說出：「我不相信所有事物皆平等，只有在法律面前平等。」

和史蒂文斯同黨的艾希里開心的站起來說：「他回答你的問題了，本修正案與種族平等無關。」就在現場因史蒂文斯的違心之論鬧哄哄之際，他再複述了一次：「我不相信所有事物皆平等，只有在法律面前平等，如此而已。」

此時的鏡頭轉向坐在旁聽席上的總統夫人，她悠悠地吐出：「誰能想得到這讓人頭痛的人會這麼強？他有成為政治家的潛力。」但坐在總統夫人身旁曾為奴隸的黑人女僕凱克里太太（Mrs. Keckley）卻因為史蒂文斯的這番言論難受的說她必須先行離開。史蒂文斯的這番言論確實有其策略性上的必要，因當時大多數白人並無法接受黑人與白人平等的論調，若史蒂文斯堅持他原有的想法，勢必影響法案的通過；但這樣的言論，縱使是因策略性上的需要，聽在黑人的耳裡，情感上仍是受到了傷害。

民主黨的潘德爾頓不想就此放過史蒂文斯，因此繼續衝著史蒂文斯說：「你欺人太甚，根本不配當議員，事實上，你不配當個白人。」受到批判的史蒂文斯這麼回應：

> 我要如何相信所有人皆生而平等，當我面前站著來自俄亥俄州發臭而道德腐敗的先生，他證明了有些人是次等人……潘德爾頓，即使是你，你這個犯了叛國罪早就該受絞刑的人，就算是你這個下三濫，在法律之前也應當受到平等對待。所以我要一而再再而三說明，我不相信所有事物皆平等，只有在法律面前平等。

史蒂文斯這番慷慨激昂的言論，雖對潘德爾頓充滿了諷刺，但卻也深刻的刻畫出法律之前人人平等的深意。不過與史蒂文斯同屬共和黨激進派的亞薩（Asa）卻對史蒂文斯顯得失望至極，因為在那個能為黑人發聲的國會殿堂裡，已為種族平等奔走三十年的史蒂文斯卻沒能說出「所有的人都是人」這一句話。這一段亞薩與史蒂文斯的對談很發人省思，當我們有一個正確的目標但它很難達成，我們可以為了達成這個目標而做出違心之論嗎？這樣是符合了道

德，還是違反了道德？

　　時間來到了一月三十一日的投票日，就在要開始進行投票之際，民主黨潘德爾頓提出他獲得了可靠的消息，南方的委員們帶著即刻停火的協議應該已經在此刻抵達華盛頓市。這番言論一出，會場頓時失序，「延後表決、延後表決、延後表決……」的聲音貫穿了整個空間，就在民主黨伍德提出延後表決的動議後，共和黨保守派議員哈丹（Haddam）也附議：「對此我們抱持嚴正的質疑，和平提議是否被壓下，以利修正案過關。」

　　眼看狀況失控，拉票人畢伯與林肯的兩位秘書約翰・尼可萊（John Nicolay）、約翰・海伊（John Milton Hay, 1838-1905）反應相當快的往白宮奔跑，他們知道林肯必須要對這個傳言提出反駁，表決才可能繼續進行。當林肯在紙條上寫下「據我所知，華盛頓境內並沒有和平使節團，而且也不太可能會有」時，海伊憂心忡忡地對林肯說：「對眾議院說假話是可能遭到彈劾的。」

　　史匹柏在這裡刻意製造的衝突與緊張，在林肯寫下回覆後有了化解的方法，但全知的觀眾們知道，林肯並沒有說實話，只是它也不全然是謊話。導演在這裡，再一次充分展現出林肯性格中的機智與臨危不亂。

　　但史實的發展卻不是如此。在投票前夕，南方和平使者前來的消息早已甚囂塵上，艾希里擔憂所有的努力會因此而功虧一簣，所以寫信懇求林肯授權讓他反駁這件事的真實性，因此在進會場時，艾希里的手中已經有了林肯的回覆。此外，為了展現這個法案是在共和黨與民主黨共同的支持下通過，艾希里還將自己的發言時間讓給了願意支持法案的幾位民主黨議員，讓他們說明為什麼他們願意改變立場支持修憲。[28]顯然，這個段落史匹柏沒有選擇依照史實的發展來進行敘事，因為電影需要有更強的張力來吸引觀眾，好奇接下來的劇情發展究竟會如何？

---

28 Doris Kearns Goodwin 著，高育慈等譯，《無敵》，頁 688-689。

接下來，史匹柏以長達六分鐘的時間來呈現投票的過程，畫面在眾議院裡的一一唱名、林肯所在的白宮以及格蘭特將軍的營區間切換，關注這個法案的所有人全都屏息以待結果，最後由議長史戴勒·科法斯（Schuyler Colfax, 1823-1885）宣布：「有八人缺席或不投票，反對票為五十六票，贊成票為一百一十九票，兩票差額。」這裡，導演再一次刻意製造懸疑，在議長宣布結果前，畫面的鏡頭給了正在數票數的總統夫人，最後停格在她臉部的特寫，但瑪麗（Mary Todd Lincoln, 1818-1882）的表情讓人無從得知其結果究竟如何？而議長最後的那「兩票差額」與他臉部的表情，亦讓人摸不清是多了兩票？還是少了兩票？直到林肯在白宮先是聽到遠處傳來了鐘響，繼而是響徹雲霄的大砲聲，此時，觀眾終於可以落下心中的一塊大石，《憲法第十三條修正案》終於過關了！畫面再度回到眾議院，熱烈的掌聲、歡欣的道賀聲、激動地哭聲，鏡頭一一帶過在眾議院裡得意的、感恩的、失意的人們，接著場內慷慨激揚的唱起由喬治·弗雷德里克·魯特（George Frederick Root, 1820-1895）所創作的〈為自由而戰的吶喊〉（Battle Cry of Freedom）。[29]

史蒂文斯在眾人的歌聲中步出會場，獨自一人返家的身影與街上揮舞著旗幟、歡慶的人們錯身而過，所有的喧囂都在闔上家門的那一刻回歸寧靜。他將自眾議院帶回的官方法案原件交給黑人管家，並對她說「這是給你的禮物」；當他走進臥室，鏡頭帶往坐躺在床上的女管家，觀眾明白了原來兩人是情人的關係。在那個不允許黑白種族通婚的年代，身為政治人物的史蒂文斯，不僅兩人之間的情感不得張揚，甚至是必須要被隱藏的，所以導演安排了莉迪亞·史密斯（Lydia Smith）在只屬於兩個人的私密空間裡唸出憲法修正案的全文內容：

---

[29] 這首歌創作於 1861 年，它可能是南北戰爭期間人們最喜歡的一首聯邦歌曲。資料引自 https://baike.baidu.com/item/Battle%20cry%20of%20freedom，最後瀏覽日期：2018 年 7 月 12 日。

提議並且採用一個修正案附加於美國憲法，第一節，除了正式遭到定罪而處以罰則以外，奴隸制度或非自願勞役，皆不得存在於美國或任何受制於其司法權之處；第二節，眾議院透過恰當的立法，有權落實本修正案。

這是《憲法第十三條修正案》全文第一次於電影中出現，史匹柏沒有選擇讓此修正案的內容在一個公眾的場合被宣讀，而是藉由一對關係不能被公開的男女在只屬於兩人的房間裡靜靜地讀著這個條文，藉此隱喻著黑人在美國的處境。

二月三日，林肯、蘇爾與三位南方代表在大河女王號（River Queen）的交誼廳會面，這一場長達四個小時的會議，林肯要求南方即刻停止抵抗、重返聯邦，南方則要求繼續保有奴隸制度、維護他們原有傳統生活，雙方在各陳己見之後，史匹柏讓這場會議以林肯向南方代表發問：「我們要阻止這場流血嗎？」結束。當觀眾還沒來得及思考這一句話是停止戰爭呢？還是戰爭繼續呢？就在畫面還停留在林肯臉上的同時，隆隆的砲聲已經響起，繼之看見了遭砲彈攻擊、陷入火光的城市，這場會議最終雙方沒能達成任何共識。

接著，林肯在戰火的城市與橫屍遍佈的荒野這兩個交疊的畫面中，憂傷地騎著馬緩慢前行，成堆的死屍，這就是戰爭。[30]時間來到了一八六五年四月三日，林肯與格蘭特在彼得斯堡市集街（Market Street）上一棟有庭院的磚造房子見面，此時南方邦聯的首都里奇蒙已即將失守，和平就在眼前。[31]林肯對格蘭特說：「我要散播自由，不是懲罰……和平來臨時，千萬不能只會到處對人

---

30 這場為期四年的內戰，聯邦軍傷亡六十三萬人，南方邦聯傷亡四十八萬人。陳靜瑜，《美國史》，頁148。

31 Doris Kearns Goodwin 著，高育慈等譯，《無敵》，頁716-717。

絞刑。」32

四月九日下午，在維吉尼亞州的阿波馬托克司法院（Appomattox Court House）舉行了受降儀式，美國陸軍總司令格蘭特步下法院階梯並以脫帽來表示對南方李將軍（Robert Edward Lee, 1807-1870）的尊重，李將軍也輕脫帽子以表回禮。史匹柏雖以相當簡潔的手法交代了戰爭的結束，但卻隱含了林肯對南方邦聯的寬容。歷史學家威尼克（Jay Winik）形容：「勝利的將軍氣度寬大，失敗的將軍也同樣優雅且不失尊嚴。」33

四月十四日晚餐過後，林肯驅車前往福特戲院（Ford's Theatre）。十點十二分左右，正在觀賞演出的林肯遭約翰·威爾克斯·布斯（John Wilkes Booth, 1838-1865）這位同情南方邦聯的演員以行刑的方式對著他的後腦開了一槍。34但史匹柏沒有選擇林肯遭槍殺的第一現場來進行敘事，而是以他的小兒子湯瑪斯（Thomas "Tad" Lincoln, 1853-1871）所在的格羅弗戲院進行拍攝，當時臺上正上演著《阿拉丁》（Aladdin），突然之間戲院經理衝到舞臺前面大喊「總統中彈了，總統中彈了，在福特戲院。」導演選擇給林肯留下尊嚴，而以湯瑪斯撕心裂肺的沉痛吶喊來表達哀慟。

四月十五日早上七點二十二分，林肯被宣布死亡，史坦頓沉痛地說出「現在他已屬於千古了」。接著，史匹柏運用了他在這部電影裡一貫的手法讓聲音先行，觀眾先是聽到了林肯的說話聲，接著看到了一盞燭火，林肯的身影從燭火中出現，繼續說著：

---

32 格蘭特決定執行林肯寬大的政策，允許南軍在投降後只需交出武器和大砲，軍官們的隨身武器、馬和行李都可以帶走；且因南軍缺糧，格蘭特還送上兩萬五千人份的糧食。Doris Kearns Goodwin 著，高育慈等譯，《無敵》，頁 726。

33 Doris Kearns Goodwin 著，高育慈等譯，《無敵》，頁 726。

34 這是一個有計畫性的暗殺行動，他們要暗殺的對象除了林肯之外，還包括國務卿蘇爾以及副總統約翰生（Andrew Johnson, 1808-1874）；蘇爾遭包威爾以獵刀刺傷，約翰生則是因阿澤羅德特在最後一刻退縮而安然無恙。Doris Kearns Goodwin 著，高育慈等譯，《無敵》，頁 728-729、735-739。

我們柔情地希望、熱切地禱告，戰爭這重大的天譴能夠迅速過去。如果上帝要延續戰爭，直到奴隸二百五十年的無酬辛勞所累積的財富，能夠被擊垮，直到以鞭子打出的每一滴血能夠以劍傷的另一滴血來償還，如同三千年前的古訓，於是我們還是必須說「上帝的審判，既正確而且正義」……不對任何人懷抱惡意，對所有人發揮慈善，堅守正義，如同上帝讓我們看見正義。

　　史匹柏以林肯在一八六五年三月四日第二任總統就職典禮時所發表的部份演說內容，作為電影的最後一幕，這份講詞展現了林肯的信念，其所表露的精神不只切合於那個年代，亦適合於現代。只可惜，美國接下來的走向沒能如林肯所願「不對任何人懷抱惡意，對所有人發揮慈善，堅守正義」。繼林肯擔任總統的安德魯‧約翰生（Andrew Johnson, 1808-1875），縱容前奴隸主勢力和有根深蒂固的種族偏見的社會集團，歧視和打擊已不再是奴隸的黑人；雖然在他任內國會通過《憲法第十四條修正案》（*Fourteenth Amendment to the United States Constitution*）與《憲法第十五條修正案》（*Fifteenth Amendment to the United States Constitution*），給予黑人公民權和選舉權，但他們實際上並沒有獲得應有的自由權利。[35]

---

35 安德魯‧約翰生在任內否決延長《自由黑人事務局法》（Freedmen's Bureau Act），也否決《民權議案》（Civil Rights Act），這兩者都旨在確保非裔美國人在法律之下的平等。胡述兆，《美國的總統》（臺北：商務印書館，2010），頁 139。Alan Axelrod 著，賈士蘅譯，《美國史》，頁 212。

一、史蒂芬・史匹柏的敘事策略

亞伯拉罕・林肯是史匹柏自童年以來最長久的執著，有閱讀障礙的史匹柏自童年開始便閱讀了大量林肯的事蹟，一九九九年當桃莉絲・基恩斯・古德溫（Doris Kearns Goodwin, 1943-）考慮寫一本關於林肯總統的書時，史匹柏就告訴古德溫他會買下電影版權。[36]

這部電影以林肯生命最後四個月致力推動《憲法第十三條修正案》的通過作為主線，在這場艱難的政治運作中，史匹柏想傳達的訊息，就如同他在二〇一六年於哈佛畢業典禮上的講詞「英雄與惡棍並非文學的構想，而是一切歷史的核心，這就是傾聽內心低語十分重要的原因，這也是驅使林肯做出正確道德選擇的原因。」[37]

（一）不完美人生裡的完美

無論是哪一個人的人生，都有軟弱與困難的時刻，縱使是擁有全國最高領導權的總統亦然。林肯的一生和我們所有人一樣，皆同時扮演著多個角色，但卻不一定在每一個角色中都能稱職。

作為丈夫的他，必須安撫妻子在兒子威利（William Wallace Lincoln, 1850-1862）死後情緒上時不時的歇斯底里，因為妻子一直走不出兒子死亡後的哀傷，所以林肯至少必須在外表上表現的堅強，但他也有難以承受的時刻。在一場瑪麗（Mary Todd Lincoln, 1818-1882）為了阻止長子羅伯特（Robert Todd Lincoln, 1843-1926）從軍而使得他們夫妻爭吵的電影片段中，林肯對瑪麗說：「我必須做出我的決定，羅伯特跟你也要做出自己的決定，然後忍受

---

36 Richard Schickel 著，黃汝娸譯，《說故事的人：史蒂芬・史匹柏》（臺北：新雨出版社，2017），頁 264。

37 資料引自 http://www.myoops.org/graduate_detail.php?id=91，最後瀏覽日期：2017 年 8 月 22 日。

必須忍受的事，承擔我們必須承擔的事。我內心的悲傷，你必須讓我去，我必須一個人去悲傷；瑪麗，你也得一個人。」

此外，瑪麗因出生政治世家，過慣了榮華富貴的生活，在林肯當選總統後在白宮裡的花費不僅時常透支，並且運用她的影響力要求相關管銷人員浮報開支、也接受有錢人餽贈的禮物。[38]這雖不是電影的主線，但經由導演巧妙的串聯，不僅適時地出現在相關環節中，亦讓電影的情節更具豐富性。

作為父親的他，無法阻止兒子威利因病離開人世，而愛子離世的痛楚因必須處理美國內戰這個超級難題，也只能深深隱藏心中。他對小兒子湯瑪斯雖盡可能撥出時間陪伴，但與長子羅伯特的相處時間卻極為短暫。導演史匹柏以「羅伯特自學校休假回來見林肯，但當時林肯因與布萊爾正在進行重要談話，在簡單的寒暄後，林肯隨即示意羅伯特要他離開現場」這個段落來呈現羅伯特的深深失落；其後，羅伯特因爭取從軍而與林肯發生爭執，在爭吵的過程中羅伯特說出「你怕的是媽媽，不是怕我戰死」這句話，或許正是因他不太能感受到來自於父親對他的愛。

作為共和黨總統的他，必須安撫黨內保守派、激進派兩方人馬。當保守派對他提出接受嘗試和南方議和時，林肯聰明的以要保守派支持且推動修正案作為條件交換。當激進派的觀點若在公開的辯論中遭各家報社報導，恐引發民眾因恐懼黑人與白人平權轉而反對修正案的通過時，林肯安排在白宮舉行宴會以此來刻意拉攏激進派人士，期待他們能在公開的場合中收斂他們的言論，林肯這樣對激進派的史蒂文斯說：「如果我聽了你的話，打從第一顆炮彈襲擊桑特堡我就會宣告解放所有奴隸了，這樣邊境州就會投靠南方邦聯，這場戰爭就輸了。」和信念相較，對於林肯而言，無疑地，可操作且能實踐的策略更加可貴。

38　Doris Kearns Goodwin 著，高育慈等譯，《無敵》，頁 117、119、404、683。

導演將林肯的多重角色盡可能地呈現出來，其中，在政治上的艱難最為精采！在《憲法第十三條修正案》通過後，共和黨激進派眾議員史蒂文斯這麼評價這個法案：「十九世紀最偉大的法案，靠賄賂通過，受到美國最純潔之人的幫助與支持。」這番的論述恰好提供在教學上帶領學生去思考一個重要的命題：為了達成我們以為的正確目的，其過程沒有那麼符合道德是可以的嗎？

（二）舉重若輕的支線

1. 引發戰爭的奴隸

電影的一開場雖經由字幕說明「從建國以來，美國在民主的嘗試，為了奴隸問題，導致內部分裂遭遇空前挑戰……」，但要如何能讓觀眾感受到奴隸的不自由與飽受折磨的人生，進而在觀影的當下去認同林肯力推的《憲法第十三條修正案》，史匹柏在這裡沒有選擇突兀的讓不在這條敘事主軸上的奴隸現身，而是選擇經由照片的方式，讓靜態的影像自己對觀眾說話。

電影的十一分鐘，當林肯深情地看著已熟睡的小兒子時，他注意到湯瑪斯的身旁有著兩幅照片，就著火光，觀眾與林肯一起清楚的看見，一張照片是穿著破爛的黑人少年，照片下方寫著「十二歲童奴，六百元」；另一張照片是兩名黑人小男孩，下方寫著「七百元」。

另一個場景，在電影五十分鐘處，當林肯的長子羅伯特向林肯要求要從軍時，電影的畫面轉向坐在床上拿著燭火看著奴隸照片的湯瑪斯。其中，湯瑪斯觀看的第一張照片最令人感到怵目驚心，那是一位背上佈滿著被抽打疤痕的奴隸影像。

兩次奴隸照片的出現，一次以安穩睡著的湯瑪斯對照要被販賣、面對不可知命運的小男孩；另一次以羅伯特的爭取從軍，相應著湯瑪斯天真地問著「為什麼奴隸的價格不一樣？」以此來凸顯此場戰爭的目的正是為了奴隸。此外，這兩場戲的安排，林肯與湯瑪斯都是就著燭火看著奴隸的照片，燭火象徵光明，似乎也在暗示著奴隸的自由即將到來。

2. 戰爭的殘酷

此時南北戰爭雖已到了尾聲，但仍就是進行式。戰爭要以何種方式呈現？以及所拍攝的畫面究竟要傳達什麼訊息給觀眾？這都是導演必須深思的問題。

顯然史匹柏沒有把重心放在描繪前線的戰爭場景上，因此戰爭的畫面除了開頭不到一分鐘位於簡金斯渡口（Jenkins' Ferry）的廝殺外，導演著重在強調戰爭會帶給人們怎樣的傷害上。電影的八十五分鐘處，林肯帶著羅伯特到軍醫院去探望在前線因戰爭受傷正在接受治療的士兵。史匹柏先是讓林肯獨自一人進入到病房去探望手或腳已殘缺的士兵；接著安排兩個人推著一輛上頭覆蓋著白布的小推車自羅伯特乘坐的馬車旁經過，沿途滴下的血水引起了羅伯特的注意因而跟隨在後，當那兩名男子把推車上的東西往醫院偏僻處所設置的坑裡傾倒時，羅伯特終於看清楚了那是滿滿的從受傷的士兵身上，為了活命取下的手和腳。這一幕，除了令人感到震撼，同時也傳達了戰爭就是如此殘忍！

電影的最後，在聯邦軍即將攻陷南方邦聯首都里奇蒙之際，史匹柏讓林肯前去視察彼得斯堡的場面重現，看著慘烈犧牲生命的南北軍士兵們，林肯的臉上滿是憂傷，而每一個死亡的士兵都表示著有一個家庭正在經歷心碎與傷痛。

3. 白人 VS.黑人

北方在內戰前雖已有廢奴團體高喊廢除奴隸制度，但美國社會大多數的白人是如何看待黑人的？史匹柏在電影的十五分鐘處安排了來自密蘇里蓄奴州的一對夫妻，由他們作為代表來呈現美國白人社會普遍以何種視角看待黑人。

那麼，作為國家領導人的林肯呢？雖然林肯力推《憲法第十三條修正案》通過，但在他內心深處是如何看待黑人的？這裡，史匹柏安排了在眾議院為此修正案表決前夕，總統夫人的貼身女僕，同時曾經是奴隸的凱克里與林肯在白宮前的廊道上展開一段對話。

　　林肯：「如果我們成功了，你擔心黑人要面對什麼情況嗎？」
　　凱克里：「白人希望我們離開美國。」

林肯:「很多人是不希望。」

凱克里:「那你呢?」

林肯:「凱克里太太,我不認識你們,我不認識你們任何一個人,對我來說你們很相似,因為所有人都是不適應、可憐、赤裸的兩腳動物,我們都是。你們有權利跟我們有相同的期待,我們的期待很有可能不難讓彼此理解,我想我會習慣你們。你們對國家來說會是什麼?一旦奴隸時代過去後,你們會變成如何?這一點我不知道。」

　　林肯在當選總統前雖不喜歡奴隸制度,認為奴隸制度是一道德上的錯誤,違反了獨立宣言所強調的自由平等理想,但卻也主張白種人和黑種人有體質上的差別,這種差別將永遠阻止兩個人種的人在社會上和政治上平等的生活在一起,同時還主張獲得自由的黑人應該離開美國回到他們的故鄉非洲去。因為這樣的言論,林肯一直備受強調應落實黑白平等的反奴制人士質疑。在這一段對話裡,當凱克里說:「白人希望我們離開美國」,並向林肯發問:「那你呢?」時,林肯雖沒有明確給出答案,但他說出的其中一句回應「你們有權利跟我們有相同的期待」,則顯示了他看待黑人的觀點。出生馬里蘭(Maryland)州曾是黑奴的知名廢奴主義者費德里克·道格拉斯(Frederick Douglass, 1818-1895)說:「我在美國和這麼多人自由開講,林肯是第一個這樣的偉人。他沒有一次讓我意識到自己和他的不同,我倆膚色的不同。」[39]或許林肯擔憂的是如同他曾說過的:「政治、社會層面,如何變成和我們平權?我自己覺得很難。就算我真的覺得可以,廣大的白人群眾也辦不到。」[40]

39　Doris Kearns Goodwin 著,高育慈等譯,《無敵》,頁 222。

40　Doris Kearns Goodwin 著,高育慈等譯,《無敵》,頁 221。

（三）精彩的辯論

　　史匹柏在電影中安排了讓眾議院在一月九日與二十七日針對《憲法第十三條修正案》的辯論上場。這兩場節選的辯論內容，除了能清楚地得知共和黨激進派與民主黨之間對於「何謂自然法則」的想法天差地遠外，導演藉由民主黨潘德爾頓說出來的話「什麼違反了自然法則？黑人投票嗎？黑人議員？史蒂文斯，這符合自然法則嗎？種族通婚？」而現場眾議員們一副不可置信的神情，史匹柏精準地表達出當時白人普遍對於黑人不配與他們享有相同權利這樣的心態。

　　將辯論的形式呈現在電影中是一個聰明的策略。因為隨著雙方對立人馬的言語交鋒，觀眾同時也在進行判別哪一方的話語更具道理，或者說更深得我心。今日的世界，絕大多數地區「人人平等」已是普世價值，因而在觀看電影的過程中，認同人人平等這個價值信念的觀眾很容易就傾向支持史蒂文斯或林肯等人的主張；但若有不認同這個價值信念的閱聽者，在這樣的辯論中，史蒂文斯、亞薩等人的話語也會成為刺激，打開一個對於這個議題重新思索的空間。

（四）悲傷的顏色是冷灰藍

　　整部電影的顏色基調以冷灰藍為主，這是南軍、北軍軍服顏色的加總，同時因冷灰藍這個色調給人的感受是蕭穆、哀傷的，所以也有著象徵為戰爭的受難者哀悼之意。

　　電影一開場的戰爭畫面便是這樣的色調，接著林肯的初次登場，除了延續這樣的色調外，導演還安排了讓林肯與士兵們在下著綿綿細雨的夜裡對話。雨，象徵著眼淚，它代表的不只是林肯的眼淚，也是所有因這場戰爭受苦的人的眼淚。

　　接下來，只要是戶外的場景，電影中幾乎都採用了這樣的冷灰藍色調；甚

至在室內的場景，若有窗戶能拍到戶外景色，導演亦都採用這樣的色調，直到戰爭結束以後，戶外的場景才恢復原有的自然色。因而可以確定的知道，這樣的顏色基調是導演刻意所為，其目的在強化觀者的情緒感受。

（五）無所不在的火與光

這部電影的另一特色，則是刻意營造的白光與無所不在的火光。所有戶內的場景，只要時間不是夜晚，自窗外照進屋內的光線清一色都是猶如黎明的陽光般，明亮且充滿希望。特別是在白宮，當林肯與幕僚商議政局；或是眾議院內為了《憲法第十三條修正案》的辯論以及投票日當天，導演刻意營造出來的光線似乎在傳遞著這樣的訊息「黑暗即將過去、黎明就要來臨」。火的運用也是同樣的象徵意義。

第四節　《林肯》在歷史教學的運用

本節將討論影視教材融入高中歷史教學的實務面，分為兩個主題進行。第一個部份闡述教學活動的設計理念與流程，並說明在進行實作過程中遭遇的困難如何克服，以及在 108 課綱中如何運作。第二個部份對在教學活動中的前測、後測進行分析，以及根據後測成果說明實際教學成效以及對學生歷史思維的影響。

目前現行的高中歷史教科書以「108 課綱」為編纂依據，「南北戰爭」置於歷史 3「Lb-V-3 民主傳統及其現代挑戰」的架構下，安排於高中一年級或二年級授課。

一、教學設計與活動

高中歷史教科書中關於「南北戰爭」的書寫，著重在戰爭發生的原因、結果與影響上。對於領導這場戰爭的林肯總統，以及讓奴隸制度正式在美國領土

上落幕的《憲法第十三條修正案》，不是草草以一兩句話帶過，便是隻字未提；因而選擇《林肯》這部影片作為教學上的補充教材，以利讓學生了解從《解放奴隸宣言》的宣佈到《憲法第十三條修正案》的通過，這之間複雜的政治折衝；以及《解放奴隸宣言》與《憲法第十三條修正案》的目的雖都是廢除奴隸制度，但兩者在法制上的意義卻是截然不同的。

目前的高中歷史課一週只有兩節課，《林肯》這部影片長度為一百五十二分鐘，若要顧及教學進度，將影片進行剪輯後播放會是較可行的操作方式；但筆者想讓影片能完整的表達出它想對閱聽者呈現的影像與話語，因而採取向班級導師借用班週會的方式來進行影片的播放，也因此限縮了能進行此教學活動的班級數。這次參與活動的班級為 201、304 兩個班，會採兩個不同年級的班級進行活動是因想了解學生在上完課一個月後與上完課一年後，兩者在前測的歷史知識認知上有多少的差距；以及當高三社會組學生接受了高三歷史專題完整的授課後，在歷史問題的思考上是否與高二學生有所不同？

以下為高中歷史科影視教材融入歷史教學活動之教案設計：

教學主題	南北戰爭	設計者	陳美瑾
教學對象	高二、三	教學時數	五節課
教材來源	三民版歷史第四冊教科書（101 課綱）、電影《林肯》		
教學資源	課本、學習單、單槍投影機、筆記型電腦、布幕、音響		
教學內容分析	1. 高二先講述南北戰爭，引導學生認識重要的歷史知識。 2. 進行影片播放前的學習單書寫（前測），確認學生對於相關歷史的理解。 3. 進行電影《林肯》的播放，使學生經過劇情、影像的刺激，激發其歷史思維。 4. 進行小組討論與學習單的書寫（後測），評鑑學習成效。		

這份教案實施上的困難之處在於總共需要五節課進行，在有教學進度的壓力下確實難以在所有任教班級進行。不過，接下來 108 課綱的實施，老師們

可以依據自己的專業領域開設「多元選修」課程，那麼，影視教材融入歷史教學便可擴展成為一個學期的課程；如若因學校配課需求無法開課，也可利用 108 課綱中的彈性學習時間，在有需求時進行影視史學的課程規劃。

二、學習單設計與分析

本次教學設計方案以國立○○高級中學 106 學年度 304 班三十五位學生、201 班十七位學生作為教學實作對象，分別於二○一七年與二○一八年三月下旬完成南北戰爭此一主題的教學；而後於二○一八年四月下旬到五月初進行影視教材《林肯》融入「南北戰爭」教學的實作。以下將對觀影前與觀影後的學習單進行分析，以利了解此教學方式下學生的學習成效。

（一）觀影前學習單

問題一：南北戰爭（1861-1865）是美國建國以來最為嚴重的分裂，請問造成這場戰爭發生的原因有哪些？

南北戰爭是美國建國以來唯一的一場內戰，了解這場戰爭南北雙方究竟因為哪些因素產生衝突，對於學生去理解今日美國內部的各項矛盾是一重要的脈絡。因而設計此題的用意在於確認學生於授課後是否已確實掌握基本的歷史知識。

從這一道題的回答可以得知，學生們對於南北戰爭發生的原因印象最深刻的就是奴隸制問題，其次是經濟與人道。不過，縱使學生能夠寫出關於戰爭之所以發生的關鍵字，但卻沒有一位學生能運用較完整的陳述將想法表達出來，所有的學生都是片段式的書寫；而高三的學生或許因為距離南北戰爭的授課已超過一年的時間，少數的學生對於南北戰爭發生的原因出現錯謬的記憶，例如 30401 同學寫的是「南：保護關稅、北：自由貿易」正與歷史事實相反，而高二同學的學習單中則沒有此一情況發生。

問題二：這場戰爭後，黑人地位有著怎樣的轉變？

設計此題的主要用意是希望學生能在授課後知道從法律上的地位以及黑人在美國社會的實際狀況分別去進行闡述：

學生的回答大多都能知道南北戰爭後雖廢除了奴隸制度，但黑人仍遭受諸多不平等對待，不過究竟是受到哪些不平等對待？則僅有少數的學生能提及投票權上的資格限制，而其他的不平等之處則沒有學生能舉出明確的例子。

問題三：請問一八六五年通過的《憲法第十三條修正案》內容為何？當時通過這個修正案的目的是什麼？

戰爭的結束，並不表示引發這場戰爭的問題能就此獲得解決。《憲法第十三條修正案》的推動便是要去解決引發這場戰爭的最大爭議，讓美國此後不會再因奴隸制度問題面臨分裂的危機。因而此題的設計，是想確認學生在已經上過課後，是否能清楚地知道此一修正案的目的以利觀影時能對劇情有更好的掌握，並期待學生能自行與《解放奴隸宣言》的差異做一比較。

學生雖多能寫出這個修正案的內容是廢除奴隸制度，但卻未能指出這個修正案的目的是要經由合法的方式結束美國的奴隸制度；此外也沒有學生能將此修正案與也是宣告廢除奴隸制度的《解放奴隸宣言》放在一起進行兩者之間差異的說明。

問題四：自一九五五年開始至一九六八年的美國黑人民權運動，請問當時的黑人走上街頭抗爭要爭取的權益有哪些？

授課時有特別向學生強調南北戰爭後的美國奴隸制度雖廢除了，也經由修憲欲保障黑人的基本人權，但實際上黑人在美國仍遭受諸多不平等對待，因而此題的設計是要去了解學生對於黑人遭受的不平對待具體項目掌握多少？

此題的回答多是概念式的簡短回答「平等、人權、自由」，但沒有學生能具體的提出生活上像是公車座位安排、公眾場所的飲水及廁所使用、大學入

學、居住區……黑人感到遭受不平等對待，學生印象最深刻的是投票權上的限制，不過也僅只於提及投票權，卻沒能詳加敘述。

問題五：請寫下你所認識的林肯（形象、事蹟，或是林肯曾講過的經典話語）。

目前的教科書對於歷史人物的生平事蹟著墨甚少，學生對於大多數的歷史人物往往只知其名、不識其人，此題的設計在於了解學生觀影前對林肯的認知多寡。

這一道題，高二有五位同學完全空白沒有書寫任何文字，其餘同學大多寫的是課本裡已提及的廢除奴隸制度；高三的部份也是相同，唯對歷史較有興趣的同學知道林肯曾提出民有、民治、民享的理念，學生對林肯的認識知之甚少。

（二）觀影後學習單

問題一：導演是敘述故事的魔術師，不同說故事的方式會帶給觀影者截然不同的感受。電影的一開始，林肯是以背影出場的，經由兩位白人與一位黑人將林肯政治生涯中相當重要的蓋茲堡演講部分內容背誦出來。導演做這樣安排的目的為何？

觀影者是被動的訊息接收者，在短暫的時間內接收大量影視訊息的情況下，很難同時去思考為什麼導演要以這樣的方式進行表達？這個提問乍看之下，似乎與歷史之間並無深刻關係，但若學生能運用已學過的歷史知識，進而去思考導演的影視安排，便能串聯導演是如何將他的歷史意識放進他的影視敘事中。

> 「強調他對於人民來說，他十分的受人民支持與信賴，兩位白人與一位黑人代表種族問題。背影則是他一生孤獨。」（20110）

「表明總統雖然地位高，但卻平易近人願意傾聽民意。從士兵背出他的話表現出士兵們對他敬仰的態度，深受人民愛戴。他們背出了演講內容也意味著黑人、白人都一樣，不應該區別。」（20114）

或許是因為題目裡給的暗示，學生們多能就著線索去進行回答，能從蓋茲堡演講內容的精神去推論出導演安排以黑白士兵背誦出講稿的用意；而這樣不具正確答案的開放性問答，學生們的書寫也顯得更加積極。

問題二：電影中林肯力推《憲法第十三條修正案》通過，為了達成目標，林肯以政府官員職位來收買民主黨眾議員的贊成票。對於這樣的作為，你的看法如何？

歷史的教學除了知識的傳遞，更重要的是要去引導學生思索如何看待與評價這個世界的灰色地帶，當政治行動以公共利益為目標時，不擇手段的行為是可以被允許的嗎？

「收買議員的贊成票是錯誤的做法，但他並非用來做壞事而是給黑奴一個自由，世界上沒有一定的對或錯，而林肯則是用了不對的方式去做對的事。」（20113）
「以政府官員職位來收買民主黨眾議員的贊成票，這樣的做法雖然是不合法的，但若可以達成目的，我認為這作為在當時的環境是可行的。」（30419）

從學生的回答中可以得知，他們都清楚知道這樣的手段是不恰當的，但在沒有其他路可走的情況下，為了能讓修正案通過給予黑奴自由，這樣的作為則是可以被接受的。符合道德想法的法案，在所有合法途徑都行不通的情形下，可以以不道德的手段完成，是學生們的共識；寫《君王論》的馬基維利

（Nicolas Machiavel, 1469-1527）在面對佛羅倫斯（Florence）詭譎多變的複雜政局與人心時就曾說：「政治，只要目的正確，可以不擇手段」，[41]學生們和他的想法竟是如出一轍！

　　問題三：拍傳記電影的導演可以視為是另一種型態的史學家，他不是以文字而是以影像來呈現他的史觀。在電影中，你看到的林肯是怎樣的一個人？導演刻意呈現出林肯哪些特色？

　　觀影與閱讀一樣都能培養學生的觀察、分析、思辨、統整等能力，而觀影較閱讀更具優勢的地方在於透過影視安排的情境，學生更容易認識與進入那個和他們截然不同的時代；其中，傳記電影因運用「一些瑣碎的事情和對白，凸顯傳記主的靈魂和內心深處」，更能讓學生以影視細膩的敘述方式來洞察一位歷史人物的性格。[42]

> 「不說廢話、連笑話都充滿哲理，沉穩又充滿威嚴，思維極度清晰，大器之人，視民如己，對人權有所執著。」（20101）
> 「很堅持自身想法的人，做出他認為對當時最好的作為。從與他老婆、兒子、國務卿的對話中得知冷靜、沉著、不急躁。」（30419）

　　雖然學生們的作答仍無法是一短文論述型態，也無法將導演所鋪陳的林肯各個面向完整書寫出來，但皆已能從他們個人聚焦的部份去看到導演所欲彰顯的林肯性格特色；其後，再經由課堂中與同學的討論及教師的提醒去補強在閱

41　Blanche Robert 等著，廖健苡譯，《政府是人民的主人還是僕人？探討政治的哲學之路》（新北：大家出版，2016），頁 6。

42　周樑楷，〈影像中的人物與歷史：以《白宮風暴》為討論對象〉，《興大人文學報》，第 32 期（2002），頁 1106。

聽過程中忽略的部份。

問題四：一般歷史人物的傳記電影，多是從年輕時期開始敘述直到晚年或是政治生涯的結束。但導演史蒂芬・史匹柏的這部《林肯》，卻只聚焦在一八六五年一月至四月間。你認為導演為什麼做這樣的安排？

這道題問是希望訓練學生去思考，在這麼多可供拍攝的材料中，為什麼導演只擷取這四個月，他的用意為何？

> 「因為這是美國歷史及林肯一生中最重大的轉折，使美國能更加公平對每個人，不管出生、種族等條件。」（20104）
> 「也許這段時間是林肯一生活得最精采的時光，在這段時間林肯的所作所為也影響了美國往後的發展。」（30420）

根據導演史匹柏（Steven Allan Spielberg, 1946- ）本人的陳述，他之所以只選擇這個部份來拍攝是因他認為這個部份最能彰顯出林肯的性格。而史匹柏相信，電影能幫助人們在認識這些角色的同時，也去體驗他想藉由角色所傳遞的真理。[43]學生們的回答，大抵是貼近史匹柏想法的。此時的林肯早已和競選總統時那個用字遣詞戰戰兢兢無法真實展露自己想法的林肯不同，他在最迫切時刻所做出的選擇，就如史匹柏所言，將更貼近真實的林肯性格。

問題五：電影中，除了林肯之外，令你印象深刻的人物還有誰？為什麼會對這個人印象深刻？

在歷史課本中，學生能識得的歷史人物相當有限，無法被提及的，並不是

---

43 Richard Schickel 著，黃汝娪譯，《說故事的人：史蒂芬・史匹柏》，頁 264。

因為不重要，而是因為礙於篇幅也只能略過；但這些無法在歷史課本中現身的歷史人物，其在歷史上的作用往往並不亞於課本裡所提及的主要人物。電影的呈現則與課本有很大的不同，因為電影裡主角的重要性是需要配角來襯托的，這道題問能知道學生們將對人觀察的重心擺在何處？教師在獲得學生的回答後，可依此進一步進行適切的引導與討論。

> 「史蒂文斯，始終堅持自己的立場，在眾議院的辯論上把演技發揮到極致。此外在電影尾聲處與妻子分享修正案內容也令人印象深刻。」（20112）
> 「林肯的兒子，他反抗他父親，堅持從軍。」（30401）

在收回的學習單中，有八成同學的回答都是史蒂文斯，其理由除了他的辯才無礙外，更重要的是他很有自己的想法以及勇於表達自己的想法；另兩成同學回答的則是林肯的妻子及長子。因此在時間有限的課堂討論中，筆者選擇了史蒂文斯作為進一步討論對象，請學生分享在生活中有沒有和史蒂文斯有相同經驗，能在困難的時刻勇敢表達自己的想法？或是恰好相反，雖有自己的想法，但在困難的時刻卻沒辦法表達自己的想法，為什麼？以及史蒂文斯的言行帶給了你什麼樣的啟發？

問題六：電影中的哪一個片段你覺得最精采？為什麼？

一部電影，閱聽者覺得最精采的片段往往是最能觸動閱聽者的部份，能打動人的，才能在個人生命中發生一些作用以及留下些許的影響。

> 「投票時，甚至連議長亦參與投票，且反對勢力投下贊成票時還說『你們槍斃我吧！』」（20101）
> 「在眾議院投票時，即使我們都已經知道結果，還是非常印象深刻。有

一名議員原先贊成後棄權，把人性完美的表現出來。」（20112）

人性的糾結與複雜，恐怕是人一生中最難解的習題。學生此題的回答雖看似各不相同，但每一個回答最終都指向人性，只不過有些人彰顯的是美好的德行，有些人彰顯的是私利、恐懼或其他。而這些在電影中呈現的複雜、糾結、多重的人性，提供了一個機會讓學生去映照自己的生命，進而學會同理。

問題七：擔任國家元首，你認為需具備哪些特質？擁有哪些條件？為什麼？

一般高中生的年紀為十六到十八歲，也就是說他們在高中畢業後的兩年就能取得投票權。但在學校的教育中，卻鮮少有課程和學生們討論，當他們擁有投票權時要以什麼為依據來選出適合為我們國家服務的人？林肯被美國史家與人民列為最偉大的總統之一，從他的身上學生定能獲得啟示。

「勇敢、冷靜、正直、敢做敢當，在解決事情時能有這些特質，就能完成一些難題。」（20102）
「思考能力。還必須不斷的充實自我，聆聽人民的聲音、想法，設身處地的為他人著想。」（30419）

從學生觀影後的學習單書寫可以得知，他們列出的特質與條件深受電影中林肯的影響。史匹柏曾說「電影可以作為一項使命，反映我重視的價值觀」，[44]從學生的作答中證實了這一點。

學生對於歷史知識的記憶會隨著時間拉長而淡忘，但在歷史課堂中習得的

44　資料引自 http://www.myoops.org/graduate_detail.php?id=91，最後瀏覽日期 2018 年 8 月 9 日。

思辨與分析探究隱藏於訊息背後的意圖能力，則是能成為相伴一生的思維方式。經由這五堂課的實作後分析可以得知，當教學不再只是單向的教師授課，而輔以影視教材、開放式問題討論和團體分享，確實能有效提升學生對事情觀察、分析、統整與歷史思考能力；同時還能使學生在討論溝通的過程中，學習理性的辯證，為自己的選擇與判斷提出具說服力的理由。

第五節　結語

　　高中歷史的教學常因進度壓力淪為歷史知識的堆砌，加以學生的學習動力低落，長期處在這樣困窘的狀態下，筆者不禁自問：「透過歷史課，我想給的究竟是什麼？我想訓練學生經由歷史課具備哪些能應對人生的能力？」臺灣目前求學階段的學生，成長於網路訊息、影視刺激氾濫的時代，大部份的學生很難安然的只閱讀靜態的文字，為了能在教學上提升學生學習動機與共同參與，因而投入影視教材融入歷史教學的研究。

　　在爬梳整理南北戰爭何以發生的過程中，學界的龐大資料以及美國內部錯綜複雜的政治、經濟、社會、文化思想的糾葛與差異令人驚嘆，單以有關奴隸制度的法案為例，每一條法案都是精彩的文本提供學生去看見南北衝突的脈絡。而在研究導演所執導的具歷史性題材的電影以及重要場合發表的演講後，可以得知史匹柏（Steven Allan Spielberg, 1946-）對於歷史的看重，他強調唯有清楚知道自己的過往、知道自己是誰，我們才有可能創造美好的未來；他的電影雖主題各不相同，但其背後都在彰顯一共同價值：不論處在哪一個世代的苦難中，我們都可從中看見人性的光輝。透過電影中的這位英雄，史匹柏期待喚醒的是生活在真實世界的每一個人。

　　在《林肯》這部電影中，史匹柏沒有選擇採取完全正向的手法去傳遞林肯的偉大，雖然他本人對林肯極為推崇。史匹柏將大眾不熟悉的林肯的孤獨—幾次以單獨的背影呈現、權謀、家庭糾葛……藉由電影呈現出來，而在這個過程

中林肯的萬般掙扎,縱使在嚴格的道德標準上有瑕疵,卻更顯他人格的偉大。

　　這部電影對於高中生而言,並不是一部容易領會的影片,因而教師在電影播放過程中的引導與提點更顯重要。在影片播放前的前測學習單書寫,因是依據課程架構所需的歷史基礎知識而設計,明顯地感受到學生們在作答與口頭報告時的小心翼翼;影片播放後的後測學習單書寫,則因題目多為開放式問答,沒有所謂的標準、正確答案,學生們的書寫與報告態度有著顯著的差異,不僅書寫上更顯積極,口頭報告時也能更有自信的說明自己的立論。

　　影視教材融入歷史課程的教學方式,除了能彌補教科書書寫過於簡化所造成歷史全貌了解不足的問題外,更能運用影片激發學生對於歷史學習的興趣,將電影作為一種另類的「歷史文本」,帶領學生去進行閱讀、解構、分析,從而提升學生歷史思辨的能力。此外,學習單的設計可以幫助學生在觀影後釐清自己的想法,培養學生獨立思考的能力;小組的討論與報告,則可訓練學生溝通、表達與團隊合作的能力。經由了實作證明,這是一個可被落實且有效提升效能,同時達成培養學生多重能力的教學運作模式。

八、影視教材在高中世界史「西班牙內戰」教學的運用——以《以祖國之名》為中心

張雅淳
臺中市立東山高級中學歷史教師

第一節　緒言

西班牙內戰對於現代人類歷史發展具有難以估量的巨大影響。

正如《當代》雜誌專為西班牙內戰製作的專輯封面所言，西班牙內戰是「國際色彩的／意識形態的／黨派紛陳的／獨裁民主的／知識菁英的」的一場成因複雜的國家內戰，[1]也是第一次世界大戰後「包含了已在德國、義大利取得政權的法西斯主義，正在世界大蕭條中掙扎的資產階級和社會主義政黨，在史達林（Joseph Vissarionovich Stalin, 1878-1953）支配下的共產國際，以及必須同時抵抗法西斯和史達林的左派反對派」相互對立攻訐的場域。[2]內戰也提供眾多知識菁英創作的養分，如聶魯達（Pablo Neruda, 1904-1973）的詩作、海明威（Ernest Miller Hemingway, 1899-1961）的劇本、小說、喬治・歐威爾（George Orwell, 1903-1950）的親身參戰實錄以及眾多以內戰為主題或背景進行的電影，使得戰爭持續被聚焦，帶來的震撼和世人以各種形式對它的悼念也延續至今。

由此可知，西班內戰的重要性涉及二十世紀前半葉政治／軍事／意識形態／社會／思潮／藝術文化等多個面向，那麼如此重要的歷史事件在高中歷史教材中是如何被書寫？能如實呈現其重大影響，抑或只是個相較於二戰無足輕重

1　〈西班牙內戰專輯〉，《當代》，第 12 期（1987），頁 15。
2　錢永祥，〈水晶般的精神-喬治・歐威爾與西班牙內戰〉，《當代》，第 12 期（1987），頁 36。

的知識點？筆者觀察，西班牙向來為近代史教材中的敘事主軸，在現代史的比重則大為縮減，少數提及的部分幾乎僅存西班牙內戰，然多數版本對內戰陳述篇幅極少，甚至略過隻字不提，其重要性也僅侷限於說明內戰為二戰的前哨。筆者以為，西班牙內戰的全面性影響在教科書中並未有適當比例的呈現。[3]

　　為能凸顯內戰的重要性，也希望藉由圖（影）像的視覺刺激提升學生學習興趣，筆者欲透過影視文本與教學文本結合，以圖像敘事輔助文字，將內戰的多面性影響更完整的呈現。本文筆者將以電影《Land and Freedom》（臺譯：以祖國之名）作為影視教學的研究及實驗文本。[4]《以祖國之名》改編自喬治・歐威爾的作品《向加泰隆尼亞致敬》（Homage to Catalonia），內戰爆發後，喬治・歐威爾與海明威一樣，先以戰地記者身分進入西班牙進行報導工作，但旋即受到感召加入民兵行伍為反法西斯而戰，身兼記者與民兵雙重身分，寫出這本夾敘夾議的《向加泰隆尼亞致敬》，書中的親身參戰經歷更成為研究西班牙內戰的重要史料。本片由擅長以寫實風格拍攝底層人民生活的英國左派導演 Ken Loach（1936-）操刀，改編成果享譽國際。[5]Loach 塑造出一名與歐威爾背景相似的英國年輕人大衛投身內戰，藉由一介平民的視野，「再現」

3　此處及後續討論之教科書均以筆者進行研究時使用的 101 課綱歷史教材為討論範本。

4　本文由筆者碩士論文〈影視教材在高中世界史「西班牙內戰」教學的運用-《以祖國之名》為中心〉（臺北：國立臺灣師範大學歷史學系碩士論文，2013）改寫而成。

5　此片獲得獲得坎城影展 FIPRESCI Prize 和 Ecumenical 評審獎、歐陸電影最佳電影獎、法國凱薩獎最佳外語片、Sant Jordi 最佳影片、Turia Award 最佳女演員和 Goya 獎最佳新進女演員，也是在《吹動大麥的風》問世前法國最賣座的 Loach 影片。參考「以祖國之名：被歷史遺忘的無名英雄」：
https://flashforward.pixnet.net/blog/post/25889406-《以祖國之名》，被歷史遺忘的無名英雄，擷取日期：2013 年 8 月 12 日。

那場國際意識形態和外交勢力糾葛的左派聖戰。[6]將史料、戰爭圖像化呈現，並能不悖史實，是筆者選擇《以祖國之名》作為西班牙內戰輔助教材的原因之一。

此外，筆者也想藉由 Ken Loach 擅長的人物對話來凸顯內戰的複雜性。在《以祖國之名》對《向加泰隆尼亞致敬》的改寫中，Loach 聚焦於戰爭下各個利益團體的衝突和思辨，將喬治・歐威爾的社會主義信仰和其他思想的衝撞以大量對話方式呈現，這正凸顯了筆者所欲強調的教學重點：內戰是成因複雜的、蘊含各種族群和思想分裂的、對多面向有影響的重大事件。

Ken Loach 也藉由改編，做出了與喬治・歐威爾對內戰不同的詮釋。如電影名稱《Land and Freedom》點出了 Ken Loach 的聚焦核心：（人民關懷的）土地與自由。在電影文本中藉由導演的視角將戰爭成因爬梳後與群體生命（生存利益）產生連結，凸顯參戰是人民在捍衛自身權利和生活方式的過程中不得不為的選擇，並給予認同與肯定，與原著中知識菁英書寫的參戰重點更像是捍衛個人信仰相較，筆者認為前者貼近生活經驗的角度，在教學過程中應該更能獲得學生的共感與共鳴。

綜上所述，筆者選擇《以祖國之名》為影視文本，與喬治・歐威爾的《向加泰隆尼亞致敬》一書互相辯證，並嘗試將電影與高中世界史教材結合，期望能藉由研究及實驗成果，期能提供在職高中教師作為教學上的運用與參考。

6　「『再現』（representation）概念的一般意義是指：一套藉由表意實踐來代表或描述存在於「真實」世界中另一個客體或實踐的過程……再現並非對真實的純粹反映，而是一種文化建構的結果。……選擇與組織的過程是再現形構過程中一個必然不可或缺的部分。」節錄自 Chris Barker 著，許夢芸譯，《文化研究智典》（臺北：韋伯文化，2007），頁 215。依此定義，《以祖國之名》即為 Ken Loach 將喬治・歐威爾書寫之西班牙內戰經驗，依其拍攝風格及不同詮釋的視野重新選擇與組織，將西班牙內戰「再現」之下的成果。本節討論的重心為導演如何「再現」西班牙內戰，而電影文本與書寫文本的互證則置於第三節再行討論。

第二節　《向加泰隆尼亞致敬》與《以祖國之名》的文本互證

> 在電影裡，人們從形象獲得思想，在小說中，人們從思想獲得形象。[7]
>
> Edward Murray

　　《向加泰隆尼亞致敬》的型態多元，不同於一般敘事小說，既是歐威爾的戰時自傳，也是他發揮記者本業，夾敘夾議式的報導文學作品，對史家而言，自然也成為研究西班牙內戰的重要史料。本書共分為十四章，由作者在參戰七個月後離開西班牙所作。作者藉由返國後對戰爭的回想，將戰時情景依序鋪陳而出，內容則包含戰時紀錄及事後作者加入之省思。其中第五、第十一章則各自獨立成篇，評論內戰時期的黨派鬥爭和共和政府在受史派控制後的宣傳手段，故正如作者所言：《向加泰隆尼亞致敬》是政治性讀本。[8]

　　《以祖國之名》中處處可見 Loach 參考歐威爾一書的痕跡。歐威爾的書寫文本與 Loach 的電影文本，皆以主觀角度（單一視角）詮釋他們的西班牙內戰經驗，歐威爾的《向加泰羅尼亞致敬》直接記錄他個人的參戰經過，《以祖國之名》中則由主角大衛的旁白幾乎貫串電影中的內戰場景，因此也可說是由大衛以第一人稱主述其個人的內戰歷程。

　　在導演的設定下，大衛在影片中前半場的經歷，可視為是喬治·歐威爾的原型。歐威爾和大衛都受到反法西斯的感召，加入巴塞隆納的民兵組織，只是導演將歐威爾參戰前的流浪歲月轉化為大衛的英國失業工人背景，更凸顯出在一九三〇年代英國經濟蕭條的惡劣環境下，大衛反法西斯「不得不為」的決

---

[7]　愛德華·茂萊（Edward Murray），《電影化的想像－作家和電影》（北京：中國電影出版社，1989），頁 114。

[8]　喬治·歐威爾著，李鋒，代譯序，《向加泰隆尼亞致敬》（江蘇：江蘇人民出版社，2006），頁 4。

心。[9]以共產黨員身分加入 P.O.U.M 是兩者的第二項相似之處，[10]歐威爾僅提及是深受巴塞隆納當地反法西斯氛圍的影響，因此立刻加入戰爭，[11]導演則在前往巴塞隆納的火車上，除了交代大衛巧遇已加入 P.O.U.M 的貝納，也一併提及歐威爾書中所感受到的西班牙民兵的熱情無私，和無政府主義者掌控巴塞隆納的情形，藉以說明何以身為共產黨員的大衛會加入反史達林共產黨的組織。

　　配合歐威爾直述式的紀錄，電影中依序呈現書中第七章對法西斯的突擊、第十章的巴塞隆納巷戰，及第十四章共和政府對 P.O.U.M 的搜捕，只是大衛的槍傷被安排於巷戰之前，由老舊槍枝走火取代歐威爾在前線受到的襲擊，[12]藉以強調 P.O.U.M 軍備不足，鋪陳左派內鬥的戲劇張力。歐威爾在書中前半反覆提及前線生活的艱難，及 P.O.U.M 中民主、平等，社會主義式軍旅生活的盛讚，也由導演藉由大衛的旁白及鏡頭呈現。導演也不忘穿插大衛蒐集的每日工人報鋪陳內戰的進度，藉此呼應歐威爾在書中透過紀錄媒體得知外界對內戰的評價及不實指控。

9　歐威爾在前往西班牙參戰之前，曾度過一段流浪的日子，在《巴黎倫敦落魄記》書中，他細數如何捱過那些失業和窮困潦倒的日子，也因此中產階級出身的歐威爾對社會底層多了更深的關懷，及對資本主義、帝國主義的反感。參考自張毅、高孝先譯序：〈關於《動物農莊》及其作者喬治·歐威爾〉，《動物農莊》（臺北：商周出版社，2006）。

10　P.O.U.M（Partido Obrere de Unificacion Marxista 馬克思主義工人黨），電影《Land and Freedom》中譯為西班牙工人黨，《向加泰隆尼亞致敬》一書譯為馬克思主義統一工人黨（簡稱馬統工黨）。P.O.U.M 成員具有極高的政治覺悟，中心思想為：反對史達林形式上的共黨改革、唯一能取代法西斯主義者為由工人階級統治、戰爭與革命不可分割。參考馬丁·布林克宏，《西班牙內戰》，略語表，頁 139；喬治·歐威爾，《向加泰隆尼亞致敬》，譯者註，頁 6、頁 49。

11　多數參戰的外國人，都會藉由國內共產黨的安排加入國際縱隊（International Bridge），喬治·歐威爾身為共產黨員，卻未得到共共的協助，只好透過英國獨立工黨（Independent Labour Party）友人的介紹加入 P.O.U.M。參考李永熾，〈一步步從國內到國際的西班牙內戰〉，《當代》，第 12 期（1987），頁 26。

12　歐威爾是在巷戰之後返回前線時遭法西斯份子突襲，造成聲帶受損的槍傷，使得歐威爾不得不再撤回巴塞隆納，此時也開始面對共和政府對 P.O.U.M 的追捕。參考喬治·歐威爾，《向加泰隆尼亞致敬》，頁 152-153。

　　《加泰隆尼亞》一書的內容，部分亦直接移植在電影人物的對白中，如大衛在給凱特的信中對 P.O.U.M 的描述：「跟家鄉的軍隊不同，不用敬禮，我們投票選軍官，凡事投票表決，實踐社會主義……大家薪餉都一樣，一天十元銀幣……」，與歐威爾在書中的敘述相同。[13]勞倫斯在電影針對土地的辯論時提出「戰爭先於革命」的論調，以及在贊成 P.O.U.M 被蘇共收編時提出的看法，也與書中第五章加聯社黨在往蘇共靠攏後，在〈陣線〉報紙上進行的反革命宣傳相符；[14]貝納在與勞倫斯的激辯中，更直接以歐威爾對蘇共評論的一席話對勞倫斯反駁。

　　然而，身為一名熱衷於在作品中富涵寓意的導演，Loach 的本意畢竟不只在無意識的緬懷過去或單純重現歐威爾筆下的內戰。在上一節對 Loach 的分析中已提及，Loach 善於將社會現實與歷史事件互為指涉，且關懷核心始終不脫勞工階層。經歷一九八〇年代柴契爾執政時期對左派創作者不利的政治環境後，[15]Loach 在一九九〇年代再度恢復以往作品的犀利和對社會關懷的溫度，《以祖國之名》即為其中之一。在《向加泰隆尼亞致敬》書中，歐威爾以其身兼異國民兵、戰地記者及英國共產黨員的多重身分撰寫西班牙內戰，對內戰的關注焦點多集中於 P.O.U.M 本身及國際媒體的不當操控輿論（包含英國共產黨在國內對 P.O.U.M 的栽贓醜化），[16]最終將書定名為向「加泰隆尼亞」致敬而非西班牙，更凸顯了他對 P.O.U.M 及對這塊賜與自己珍貴革命體驗的

13　「將軍和士兵、農民和民兵仍然平等相待，每個人都拿同樣的薪金，穿同樣的衣服，稱別人為"你"和"同志"……」節錄自喬治・歐威爾，《向加泰隆尼亞致敬》，頁 54。

14　「先階段的首要任務是贏得戰爭，除了勝利，戰爭中的一切都毫無意義。因此現在不是談論推進革命的時刻。我們不能通過集體化來脫離農民。我們不能嚇跑正在為我們進行戰鬥的中間階層。為了提高效率，我們必須制止革命的混亂。我們必須建立強大的中央政府來取代地方委員會，我們必須擁有訓練有素、全副武裝、指揮統一的軍隊。」節錄自喬治・歐威爾，《向加泰隆尼亞致敬》，頁 48。

15　詳見拙文，〈影視教材在高中世界史「西班牙內戰」教學的運用-《以祖國之名》為中心〉，第二章第一節。

16　喬治・歐威爾，《向加泰隆尼亞致敬》，頁 134。

土地認同感。Loach 在電影文本的論述，除了未偏離 P.O.U.M 為內戰左派主體外，卻轉而著墨於內戰中的農工階級，將內戰本質回歸於人民最基本的生存問題，因此才編導出書中歐威爾未深入談論的土地公有／私有辯論。反觀八〇－九〇年代的英國社會，也正值失業率節節攀升，勞工面臨無法生存的窘境，Loach 藉電影以古鑑今，以不斷革命的精神激勵社會大眾的用心不言可喻，此外，相較於歐威爾一書強調的意識形態之爭，Loach 藉由電影文本對內戰中土地所有權歸屬的探討，也提供給觀眾對於內戰本質另一面向的思考。[17]

　　無論是《向加泰隆尼亞致敬》或是《以祖國之名》，都是歐威爾和 Loach 以外來者的視角，關注及評價這場西班牙的國家內戰，也因此均有其侷限。如歐威爾加入加泰隆尼亞的民兵，僅著眼於內戰本身，卻隻字未提當地人民革命之餘更深切追求的自治理想，而此點與加泰隆尼亞人民率先發動革命的關聯密不可分；Loach 強調土地與人民的連結，也忽視了天主教教會勢力長期對人民各方面宰制的危害，絕非影片中神父向法西斯密報的負面影響而已，他們都強調了內戰的國際性成因，忽略了引發內戰的國家內部因素，而正是這些部分才使得內戰更加錯綜複雜。但如歷史學家般剖析內戰史，並非兩者的最終目的，筆者也認為不應以史學專業去批判他們。歐威爾在一九三八年執筆寫下《向加泰隆尼亞致敬》，相隔六十年後 Loach 再藉此書拍出《以祖國之名》，兩者在作品中均顯露出社會主義者跨國界的人道關懷。與史學家藉由探究史料達到求真求實的目標相較，兩者不在追求還原歷史真相，而是依其不同專業的詮釋方式，讓普羅大眾對西班牙內戰有更多人性化的思考與體會，反能凸顯在

---

17 Ken Loach 在接受英國媒體採訪時表示：「我決定拍這部片子，是因為西班牙內戰是廿世紀的一件大事。西班牙民眾自己起來掌握權力：工人控制工廠、農民奪回土地。……可是民眾的希望給粉碎了。扼殺它的不僅有法西斯份子，還有史達林派。正是史達林派而不是法西斯份子把農民掙得的土地交回給地主。……西班牙內戰爆發時，英國有 300 萬人失業，今天增加至 400 萬。失業遍佈全歐洲。今天很多方面跟卅年代十分相似。一部描述過去的電影應該有助於人們認識現在。」節錄自小林，〈被背叛的西班牙革命—評電影《土地與自由》〉，《先驅》，第 37 期（1996）。

內戰結束後至今，其作品仍在此議題上對現代社會的貢獻。

第三節　教科書書寫與影視教學設計分析

　　本節以課本與電影結合，將教材以視覺化敘事的方式進行呈現，並檢視是否能有效強化學生的學習成果。在做完教科書分析後，筆者選擇以龍騰版教科書為主，輔以參考高中各版本教材製成的投影片，進行約三十分鐘的講述法教學，再剪輯約七十分鐘的《以祖國之名》片段，搭配學習單進行影視教學。為求學習單能有效回饋學生的學習成效，筆者在播放電影各段落時將引導學生如何與學習單上的題目進行連結，未播放的片段則以敘述方式簡短說明，但觀影過程中並不給予學生任何答案上的引導或提示。筆者將影視教學操作模式結合教學目標，撰寫影視教學計畫書如下表 8-1：

表 8-1：「西班牙內戰」影視教學計畫書

臺中市東山高中 101 學年度影視教學計畫書				
教學主題	「西班牙內戰」		設計者	張雅淳
教學對象	高二學生		計畫時數	2 節課（100 分鐘）
教材來源：電影《以祖國之名》、各版本歷史第四冊				
教學設備：電子講桌、電子白板、單槍投影機、電腦、音響、麥克風、黑板				
學生使用教材資源：龍騰版第四冊課本、學習單				
教學內容	1.以講述法講授教科書中的西班牙內戰 2.以影視教學法播放電影《以祖國之名》並從旁輔助解說 3.藉由課後學習單分析同學在雙重教學法下對西班牙內戰的認知程度及評析教學成果				
教學目標	單元目標	具體目標		
	認知方面	1.理解西班牙自中古至近現代的國家發展 2.理解俄國共產主義的發展與擴張 3.理解一戰後義、德兩國法西斯政權的形成過程 4.理解戰間期國際間意識形態的對立衝突		

（續下表）

		5.理解內戰爆發與國際勢力的關聯
		6.理解國際知識菁英對西班牙內戰的響應情形
		7.了解喬治・歐威爾與內戰關聯
		8.完整理解西班牙內戰爆發的原因
	情意 方面	1.藉由國際知識菁英為異國內戰付出的情感，激發學生對家國的土地與人民的認同感
		2.能認同極權統治對民主社會帶來的巨大危害
		3.能體會電影中參與內戰者選擇以個人性命換取人民福祉的情操
		4.能體會意識形態的操弄對國家的內耗
	技能 方面	能運用大眾媒體印證所學，並能進一步藉由使用相關傳播媒介培養獨立思考及正確的歷史思維。

教學目標	教學活動	時間	教具	備註
理解西班牙自中古至近現代的國家發展	壹、教師講述 詢問同學「哥倫布發現新大陸」的重要性。進一步引導同學思考大航海時代中西班牙的領先意義。	約30分	板書、投影片	講述法、問答法
	自發現新航路後，西班牙藉由佔領大量殖民地，取得美洲白銀，及藉著聯姻關係，在 16 世紀成為歐洲統治領土最廣、最富有的國家。然隨著英、法、荷等國的急起直追，王室本身的揮霍無度，西班牙這個古老帝國逐漸走向衰敗。1898 年美西戰爭一役，西班牙喪失了古巴、波多黎各、關島、菲律賓等殖民地。 西班牙有三大保守勢力存在：王室、教會、軍隊。王室腐敗，教會控制龐大地產，掌控國家教育，軍隊多冗兵廢而無用。西班牙長期存在的保守勢力阻礙，社會階級對立等問題，在一次大戰後一一爆發，王政終於被推翻，人民建立了左派共和政府。然而倉促成立的共和政府仍然無法滿	（5分）	板書、投影片	講述法、問答法

（續下表）

教學目標	教學活動	時間	教具	備註
	足國內左右分歧的政治需求，於是在 1936 年 7 月爆發了內戰。			
理解俄國共產主義的發展與擴張	請同學回答何謂「左派」，並進一步補充說明俄國共產主義的發展。 1.自俄國推動共產國際後，1920年代始歐亞各地均出現共產黨人活動痕跡，在戰後各地經濟衰退的時代裡，俄國被視為理想國度，1920 年代被稱為具有左派光輝的時代。 （師：請同學舉例說明共產國際在亞洲地區推動的成果。）義大利、德國均有共產黨人活動的結果，刺激了反共的法西斯政權興起。 2.1924 年列寧過世後，俄共分裂成史達林派和托洛斯基派兩派鬥爭，史派鬥倒托派，建立獨裁政權，托派主張工人階級民主，流亡海外成立第四國際。	（3分）	板書、投影片	講述法、問答法
理解一戰後義、德兩國法西斯政權的形成過程	請同學根據先備知識回答什麼是「法西斯」？延伸說明法西斯的源起。 簡要說明 1922 年為壓制國內共產黨人活動，墨索里尼在一戰後成立「戰鬥法西斯黨」在義大利境內暴力奪權的過程。1933 年希特勒也藉著經濟大恐慌後國內的騷動崛起，領導「國家社會黨」（簡稱納粹 NAZI）掌權。 德、義法西斯政權共通特色為：反共、極端國家主義、獨裁，並藉由對外戰爭以解決國家內部問題。	（3分）	板書、投影片	講述法、問答法

（續下表）

教學目標	教學活動	時間	教具	備註
理解戰間期國際間意識形態的對立衝突	戰後經濟蕭條以及經濟大恐慌使各國陷入困境，極權統治凌駕民主成為民主尚未深化的國家解決當前危機的速效手段，因此左派與右派勢力互相在國際中傾軋。左派共產主義由共產國際散佈至東西方，右派法西斯政權則將義大利、德國與日本連成對外侵略的軸心陣線。	（3分）	板書、投影片	講述法、問答法
理解內戰爆發與國際勢力的關聯	西班牙溫和左派共和政府的改革無法滿足左派人士的需求，又激發右派的不滿，於是整個政府呈現極左和極右兩端的分裂。極右派的佛朗哥將軍發動政變。在國際一片恐共的輿論下，英法等國協議不協助偏左的共和政府，德、義則違反協議協助佛朗哥猛攻共和政府，共和政府僅有蘇俄有條件的軍援，因此三年內戰可視為國際法西斯和共產政權對抗的縮影。	（3分）	板書、投影片	講述法
理解國際知識菁英對西班牙內戰的響應情形	來自英、法、美等國同情西班牙的志士及德、義等反法西斯的流亡者主動加入獲響應內戰，如海明威、喬治・歐威爾、畢卡索、智利詩人聶魯達等。	（3分）	板書、投影片、教科書	講述法
了解喬治・歐威爾與內戰關聯	請同學回答是否讀過《動物農莊》這本小說。延伸說明此書作者為英國作家喬治・歐威爾。喬治・歐威爾親身參與西班牙內戰，並在退出戰役後將戰時經歷出書。導演後來以他的遭遇作為靈感，拍攝了《以祖國之名》（Land and Freedom）這部電影。	（10分）	板書、投影片、教科書	講述法、問答法

（續下表）

教學目標	教學活動	時間	教具	備註
	《以祖國之名》描述 1936 年西班牙內戰開始後，男主角大衛從參戰到離開戰場的歷程。影片藉由老大衛病逝後，孫女替他整理遺物發現的剪報和書信，重新回溯當年的戰事。1936 年，大衛身為一名在英國長期失業的年輕人，受到反法西斯者的感召，決心投身軍旅協助西班牙共和政府作戰。請同學特別留意： 他自力救濟來到西班牙，因緣際會加入 P.O.U.M 組織，與各國志士守在西班牙北部與法西斯軍隊對峙。在戰爭過程中，他經歷了戰爭的艱苦和險峻的生活環境，也不斷面對現實與自己左派理想上的衝擊。每成功佔領新據點，P.O.U.M 民兵們就與當地人民展開對談，他見識到人民對於共產或私產的主張對立。由於武器短缺，P.O.U.M 內部也面臨要加入國際縱隊倚賴史達林派的共黨援助，還是要堅持托派的工人路線。大衛中途選擇投靠了國際縱隊，卻在國際縱隊中逐漸模糊了自己的理想，決心返回 P.O.U.M 與昔日同伴作戰。然最後 P.O.U.M 卻被出賣，被史達林派控制的政府誣陷，遭到被解散及同伴被槍殺的命運，大衛於是傷心地離開了西班牙。電影末端回到大衛的喪禮，孫女在大衛棺木上灑上一把大衛當年從西班牙帶回來的土壤，將大衛與內戰的回憶合葬。 喬治・歐威爾被導演視為是電影主角的原型，同學讀過的著作《動物農莊》也是在內戰後史派和托派對立延伸的作品。		電子白板、電子講桌、麥克風、學習單	影視教學法

（續下表）

教學目標	教學活動	時間	教具	備註
呼應前段教學目標，以電影文本理解： 1.國際知識菁英對西班牙內戰的響應情形 2.喬治・歐威爾的角色原型與內戰關聯 3.藉由國際知識菁英為異國內戰付出的情感，激發學生對家國的土地與人民的認同感	貳、播放影片 播放片段一（3:20-19:00） 1.決心參戰 3:20-8:52 反法西斯宣傳者播放西班牙內民眾反抗法西斯的影片，號召大家群起加入內戰反法西斯（No pasaran），大衛決定前往。 2.加入 P.O.U.M（西班牙工人黨） 　8:52-13:31 大衛憑一己之力輾轉潛入西班牙，在前往巴塞隆納的火車上遇見志同道合的反法西斯同志，被引介至 P.O.U.M（西班牙工人黨）大衛加入 P.O.U.M，見識到 P.O.U.M 的戰力缺乏和烏合之眾的無紀律訓練 3.步入戰場 13:32-19:00 大衛跟著 P.O.U.M 前往戰地駐紮支援。大衛告訴 Kit，P.O.U.M 中充分實現社會主義，人人平等，透過和平選舉選出軍官，並給予微薄薪餉。大衛認為自己雖不是加入共產黨，但與共產黨有相同的敵人─法西斯。	約 70 分 （16 分）		
能認同極權統治對民主社會帶來的巨大危害	播放片段二：（28:47-38:15） 與法西斯激戰過程中，婦女成了法西斯俘虜，牧師因向法西斯告密無政府主義者藏身之處，並開槍攻擊 P.O.U.M，也成了內戰犧牲者。人民並因此焚燒神像，焚毀教堂。	（10 分）		
呼應前述目標，以電影文	播放片段三：（43:49-64:34） 1.共產／私產大辯論 43:49-56:09	（20 分）		

（續下表）

教學目標	教學活動	時間	教具	備註
本理解內戰爆發與國際勢力的關聯，以及理解俄國共產主義的發展與擴張	P.O.U.M 在佔領村莊後，民兵和當地人民根據如何分配土地進行討論，參與戰爭的的英美資本主義國家知識菁英和德國反法西斯工人、當地人民展開一場激辯。最終以投票方式決定土地公有。 2.P.O.U.M 的抉擇 58:18-64:34 P.O.U.M 面臨武器短缺窘境，史達林把持的共黨願意提供軍援，前提為要求 P.O.U.M 放棄為勞工革命轉而向史達林效忠。最後投票決議維持民兵身分，但已產生分裂，造成部分同志出走。			
1.能體會電影中參與內戰者選擇以個人性命換取人民福祉的情操 2.能體會意識形態的操弄對國家的內耗 3.能運用大眾媒體印證所學，並能進一步藉由使用相關傳媒介培養獨立思考及正確的歷史思維。	播放片段四：（82:08-104:27） 大衛重新回到 P.O.U.M 與同伴並肩作戰，但在前線激戰的 P.O.U.M 卻不再獲得協助。敗戰後由過去叛離 P.O.U.M 的同志率領政府軍前來，汙衊 P.O.U.M 協助法西斯，要求 P.O.U.M 解除武裝，P.O.U.M 就在遭脅迫以及同伴遭槍殺之下被迫解散。大衛將同伴屍首帶回家鄉安葬，也離開西班牙。 鏡頭回到大衛的葬禮，孫女將大衛帶回的一抔黃土撒在大衛棺木上，象徵他與革命同志合葬。 參、課後活動 要求同學看完電影後書寫學習單，昱日繳回。	（22分）		

依教學目標設計之學習單規劃為課後活動的一部分，因此列於表 8-2。內容影視教學暨學習單的成果將於下節進行分析。

表 8-2：《以祖國之名》學習單

<table>
<tr><td colspan="2" align="center">《以祖國之名》學習單</td></tr>
<tr><td colspan="2">校名：臺中市立東山高中</td></tr>
<tr><td>班級：高二＿＿＿＿＿班</td><td>姓名：＿＿＿＿＿＿＿＿＿＿＿＿＿</td></tr>
<tr><td colspan="2">電影原名：Land and Freedom</td></tr>
<tr><td colspan="2">導演：肯‧洛區（Ken Loach）</td></tr>
<tr><td colspan="2">請同學根據老師已講述過的課程內容，搭配觀賞過的《以祖國之名》電影片段及上網蒐集相關資料，回答以下內容，你的認真作答將是老師教學上最大的回饋。</td></tr>
<tr><td colspan="2">（1-3 題教學目標：能理解國際知識菁英對西班牙內戰的響應情形、了解喬治‧歐威爾與內戰關聯、藉由國際知識菁英為異國內戰付出的情感，激發學生對家國的土地與人民的認同感、能體會電影中參與內戰者選擇以個人性命換取人民福祉的情操）</td></tr>
<tr><td colspan="2">1. 請試著從電影中判斷，你認為大衛參加西班牙內戰的原因是什麼？（可多選）
□個人經濟因素
□對西班牙人民的人道關懷
□法西斯勢力擴張危及國家安全
□其他＿＿＿＿＿＿＿＿＿＿＿＿＿＿</td></tr>
<tr><td colspan="2">2. 你認為喬治‧歐威爾與大衛在出身背景及參戰經驗中有哪些雷同之處？試舉例說明之。（此題請上網查閱喬治‧歐威爾相關生平後再作答）
＿＿＿＿＿＿＿＿＿＿＿＿＿＿＿＿＿＿＿＿＿＿＿＿＿＿＿＿＿＿＿＿</td></tr>
<tr><td colspan="2">3. 你與電影中的孫女年紀相仿，因此設身處地想想：如果偶然間你也像她一樣得知了祖父這些不為人知的事蹟，你會認同他的作為嗎？如果你是大衛，你也會決定為國家而戰嗎？為什麼？
□會認同，也會考慮加入戰爭
□會認同，但不考慮加入戰爭
□不會認同，但會考慮加入戰爭
□不會認同，也不考慮加入戰爭
□其他＿＿＿＿＿＿＿＿＿＿＿＿＿＿
因為＿＿＿＿＿＿＿＿＿＿＿＿＿＿＿＿＿＿＿＿＿＿＿＿＿＿＿＿＿＿＿</td></tr>
</table>

（續下表）

（4 7 題教學目標：能認同極權統治對民主社會帶來的巨大危害、理解內戰爆發與國際勢力的關聯）

4. 參考電影中第一場關於共產／私產的辯論場景。民兵成功奪取土地後，飽受大地主壓迫的農民終於獲得解放。如果你是西班牙農民，你認為何種處理方式比較能說服你？請勾選並簡述原因。
   我贊成：□土地公有　　□土地私有　　□兩者並存，因為＿＿＿＿＿＿＿＿＿＿

5. 民兵與農民辯論後結果為土地全部收歸公有，你認為這是多數農民想要的決策嗎？
   □是。　　□否，因為＿＿＿＿＿＿＿＿＿＿＿＿＿＿＿＿＿＿＿＿＿＿＿＿＿

6. 西班牙為傳統天主教國家，但電影場景中卻有民兵槍殺神父、人民焚毀教堂和神像的情形出現。你認為在內戰中天主教教會應該是與下列哪一股勢力合作？
   □共產黨　　□P.O.U.M（西班牙工人黨）　　□法西斯　　□無政府主義者
   □共和政府

7. 西班牙人民普遍信仰天主教，然而天主教教會卻結合其他勢力對付左派人民，你認為教會結合其他勢力的原因是什麼？（可多選）
   □為護衛在西班牙的既有勢力
   □教會認定左派會破壞西班牙和平
   □教會認定左派均為無神論者，褻瀆神祇
   □教會被其他勢力利用

（8-9 題教學目標為理解內戰爆發與國際勢力的關聯、理解國際知識菁英對西班牙內戰的響應情形。）

8. 參考電影中第二場辯論場景，你認為史達林派共產黨以何種方式控制內戰中的左派勢力？
   ＿＿＿＿＿＿＿＿＿＿＿＿＿＿＿＿＿＿＿＿＿＿＿＿＿＿＿＿＿＿＿＿＿＿＿＿＿＿

9. 大衛身為共產黨員，卻寧願與 P.O.U.M（西班牙工人黨）民兵為伍，也不願意加入史達林的陣營，你認為雙方的主張有什麼不同？
   ＿＿＿＿＿＿＿＿＿＿＿＿＿＿＿＿＿＿＿＿＿＿＿＿＿＿＿＿＿＿＿＿＿＿＿＿＿＿

第 10 題教學目標：能運用大眾媒體印證所學，並能進一步藉由使用相關傳媒介培養獨立思考及正確的歷史思維。）

（續下表）

10. 觀賞完電影後，你認為導演對西班牙內戰的態度是同情左派還是右派？跟導演本身有關嗎？試以電影情節或電影呈現方式證明你的論點。（可上網查閱導演相關作品或生平再回答）
    _____

（11-12 題教學目標為能完整理解西班牙內戰後淪為極權統治的原因。）

11. 西班牙內戰結束後，佛朗哥建立了長達三十餘年的獨裁政權。內戰爆發時國際輿論一致譴責法西斯政權橫行西班牙，知識菁英和反法西斯人士也紛紛為西班牙人民而戰，但最後卻仍淪為極權統治。看完電影後，你認為可能的原因有哪些？（可多選，沒有標準答案，結合課文和電影選出你認為存在的原因即可）
    □西班牙內政與族群對立問題過於嚴重
    □法西斯政權欲藉內戰擴張勢力
    □反法西斯力量產生分裂
    □同情西班牙內戰者多，但軍援者少
    □史達林把持的共黨志在擴張而非協助西班牙
    □其他_____

12. 除了《以祖國之名》，你還觀賞／閱讀過以西班牙內戰為背景的電影或小說嗎？
    □無。　□有，作品是_____

第四節　學習單設計與分析

　　此次影視教學實施對象為臺中市東山高中高二 1 班和高二 2 班全體同學，兩班各為四十六及四十五人，學習單回收共計九十一份。依學習單選擇題部分回答統計如表 8-3：

表 8-3：《以祖國之名》學習單分析表

題目	作答人數		全體作答百分比
	高二 1（46 人）	高二 2（45 人）	
1. 請試著從電影中判斷，你認為大衛參加西班牙內戰的原因是什麼？（可多選）			
□個人經濟因素	32	20	57.1%
□對西班牙人民的人道關懷	21	19	43.9%
□法西斯勢力擴張危及國家安全	37	41	85.7%
□其他	8	0	8.7%
3. 你與電影中的孫女年紀相仿，因此設身處地想想：如果偶然間你也像她一樣得知了祖父這些不為人知的事蹟，你會認同他的作為嗎？如果你是大衛，你也會決定為國家而戰嗎？為什麼？			
□會認同，也會考慮加入戰爭	15	17	35.1%
□會認同，但不考慮加入戰爭	26	26	57%
□不會認同，但會考慮加入戰爭	0	1	1%
□不會認同，也不考慮加入戰爭	4	1	5%
□其他	1	0	1%
4. 參考電影中第一場關於共產／私產的辯論場景。民兵成功奪取土地後，飽受大地主壓迫的農民終於獲得解放。如果你是西班牙農民，你認為何種處理方式比較能說服你？請勾選並簡述原因。			
□土地公有	15	17	35.1%
□土地私有	7	9	17.5%
□兩者並存	24	19	47.2%
5. 民兵與農民辯論後結果為土地全部收歸公有，你認為這是多數農民想要的決策嗎？		1 人未作答	

（續下表）

題目	作答人數		全體作答百分比
	高二 1（46 人）	高二 2（45 人）	
□是	29	35	70.3%
□否	17	9	28.5%
6. 西班牙為傳統天主教國家，但電影場景中卻有民兵槍殺神父、人民焚毀教堂和神像的情形出現。你認為在內戰中天主教教會應該是與下列哪一股勢力合作？		1 人選擇法西斯和無政府主義兩項	
□共產黨	1	1	2.1%
□P.O.U.M	1	0	1%
□法西斯	43	36	86.8%
□無政府主義者	1	8	9.8%
□共和政府	0	3	3.2%
7. 西班牙人民普遍信仰天主教，然而天主教教會卻結合其他勢力對付左派人民，你認為教會結合其他勢力的原因是什麼？（可多選）		1 人未作答	
□為護衛在西班牙的既有勢力	31	17	52.7%
□教會認定左派會破壞西班牙和平	24	18	46.1%
□教會認定左派均為無神論者，褻瀆神祇	16	30	50.5%
□教會被其他勢力利用	33	25	63.7%
11. 西班牙內戰結束後，佛朗哥建立了長達三十餘年的獨裁政權。內戰爆發時國際輿論一致譴責法西斯政權橫行西班牙，知識菁英和反法西斯人士也紛紛為西班牙人民而戰，但最後卻仍淪為極權統治。看完電影後，你認為可能的原因有哪些？（可多選，沒有標準答案，結合課文和電影選出你認為存在的原因即可）		1 人未作答	
□西班牙內政與族群對立問題過於嚴重	8	21	31.8%
□法西斯政權欲藉內戰擴張勢力	23	26	53.8%
□反法西斯力量產生分裂	34	26	65.9%

（續下表）

題目	作答人數		全體作答百分比
	高二 1（46 人）	高二 2（45 人）	
□同情西班牙內戰者多，但軍援者少	33	23	61.5%
□史達林把持的共黨志在擴張而非協助西班牙	37	30	73.6%
12.除了《以祖國之名》，你還觀賞／閱讀過以西班牙內戰為背景的電影或小說嗎？			
□無	38	38	83.5%
□有	8	7	16.4%

　　以下筆者將以上節計畫中設計的教學目標，與學習單題目相互參照，以量化及質性交叉研究方式，檢視在課堂教學與影視教學的雙重輔助下學生對於「西班牙內戰」的學習成效，並擬將學習程度較優的 1 班與學習程度相對較普通的 2 班進行比較，查看在影視教材輔助傳統教學的模式下，在學習成果上是否仍能凸顯其差異，相關教案及統計圖表請參照第三章第一節表 8-1 及本節表 8-3。

　　題目 1 預設的教學目標為：「能理解國際知識菁英對西班牙內戰的響應情形。」經統計後達 93.8% 的同學均認可大衛以法西斯危及了國家安全的理由選擇參戰，其他如個人經濟因素及對西班牙人民的人道關懷則分別為 55% 及 47%。可能是因影片中播出當年法西斯屠殺西班牙人民實況，使同學有最直接的記憶和反饋。除了大衛表示自己一無所有，只靠領救濟金過活，不如貢獻自己為國家而戰，筆者也在講述法教學過程中藉由經濟大恐慌爆發，提醒同學戰間期歐陸各國的經濟窘境，但顯然因著墨不多，約半數學生未有深刻記憶並未勾選。在觀賞電影前筆者已在教學中告知大衛為喬治·歐威爾的角色投射，因此此題依高達九成的答題比率，筆者認為仍能適切反映出學生普遍已知當時國際人士受法西斯影響，因而選擇參加西班牙內戰的學習成果。

然在其他選項一欄，有八位同學勾選。部分同學以電影男主角的處境進行思考，認為大衛參戰的理由有改變自己人生的積極面向（50123：想開拓自己的視野及展開自己的理想；50107：不想只留在原鄉當一位領失業金的人；50137：他自己的未來）；[18]也有同學認為大衛不只是為西班牙人民而戰，也是為自己的愛人而戰（50144：他想保護他所愛的人）。[19]但也有依電影劇情鋪陳，認為大衛可能是受到別人影響而決定參戰（50138：盲目的追從；50122：大家都去參戰了，就跟著一起去）；[20]不過以上同學也都勾選大衛因個人經濟因素和為對抗法西斯而參戰兩項理由，因此這些同學不僅能從影片中正確解讀導演主要傳達的訊息，也能將大衛脫離喬治・歐威爾的投射，進一步的延伸思考：參戰對大衛個人（或對當時的青年）而言可能還具有的其他意涵。

> 題目 2：你認為喬治・歐威爾與大衛在出身背景及參戰經驗中有哪些雷同之處？試舉例說明之。（此題請上網查閱喬治・歐威爾相關生平後再作答）

　　此題的教學目標為：「了解喬治・歐威爾與內戰關聯。」高二 1 班同學多能回答大衛和喬治均為英國人、反法西斯、加入 P.O.U.M，以及處於社會的底層。部分同學尚可回答兩者均反對史達林共產黨，偏向托派（50138、50123：兩者均被認為是托派而招致追殺；50125：兩者均目睹由共產國際領導之部隊內部鬥爭）。[21]也有同學透過資料搜尋了解喬治・歐威爾出生於印度的殖民地成長背景（50106、50107：兩者同為英國人，但喬治於印度出生）。[22]高二 2 班的答題情形較為簡略，也有一人未作答。此題除了聽教師講

18　高二 1 班 23、7、37 號學習單
19　高二 1 班 44 號學習單
20　高二 1 班 38、22 號學習單
21　50138、50123、50125 學習單
22　50106、50107 學習單

述和觀看電影，還必須自己上網蒐集資料，相較之下以高二 1 班普遍均能認
真蒐集資料，並與電影互為印證，高二 2 班過半數同學則應是藉由筆者講授
課程時提及喬治的背景及觀影心得而得到以下答案：「兩人均有左派傾向和參
與西班牙內戰的經驗」，並無深究喬治·歐威爾個人經歷而有其他答案。僅有
少數同學有藉由蒐集資料進行延伸，寫出喬治在參戰後寫出的反史達林相關作
品（50217：喬治·歐威爾寫一九八四和動物農莊）。[23]因此此題答案反應出高
二 1 同學應較能理解筆者所述喬治·歐威爾為電影主角大衛的原型的涵義，
高二 2 同學則可能僅限於了解兩者經驗相似但卻並未能將兩者進行連結。不
過原則上藉由整體教學模式的操作，兩班的答題均達到「了解喬治與內戰關
聯」的教學成果。

　　第 3 題筆者請同學們觀賞完影片後再行作答，希望能藉由片中主角從決
心參戰，到最後孫女為祖父撒上一把西班牙泥土的動作，使同學能體會影片中
孫女對祖父的參戰行為，從未知、探索、明瞭到為祖父感到驕傲，完整呈現的
情感，因此此題達 92%的同學均能對主角的參戰表達認同。但若再進一步追
問：是否自己也能像大衛一樣為國家而戰？答案則呈現明顯的分化。35%的同
學願意為國家而戰，其中高二 1 同學的原因較多元，有不想被極權主義（法
西斯）迫害、要為榮譽、良心、理想而戰，也有同學想放手一搏，即使戰敗也
不想徒增遺憾，更有同學認為應護衛家國而戰，否則家國滅亡或消失，將何去
何從？（50119：因為愛國所以願意為國家而戰，如果人民不能選擇統治者，
那和殖民有什麼差別？50143：雖然改變現況的機率微乎其微，但就算戰死也
比貪生怕死光榮。50129：這個活動並沒有得到很大的成效，但至少自己努力
過而不會造成遺憾。50101：沒辦法承受法西斯政黨統治，寧願死在戰場上也
沒辦法容忍沒有自由而且隨時可能被抓去槍決的生活。50134：面對極權主義

23　50217 學習單

迫害，會由絕望中產生悲憤愛國的力量，參與戰爭解救同胞。50104：即使戰敗也不枉良心。50124：與共同理念的人對抗法西斯是畢生榮幸。50109：家國滅亡或消失，自己該何去何從，而且參戰可以有一頓溫飽）。[24]高二 2 選擇參戰者較高二 1 稍多，原因則較為簡單：為國家盡一份心力、反抗法西斯、熱血、追求自由、為未來放手一搏等。

此題選擇「能認同但不參戰」者，兩班人數相同共占了 57%，原因分成幾類：一類以結果論反推，普遍認為戰技不良、力量微弱的民兵散眾不應該做無謂的犧牲，分歧的力量也無法對抗強大的法西斯（50107：主動追求理想是件很令人敬佩的事，但將自己身處於危險且勝算不大的立場中，我認為並不是明理的決定；50126：現實考量下無法以寡擊眾，以小擊大，武器也相較少很多，缺乏專業訓練，向心力也不足；50226：雜牌軍組成，沒有經過軍事訓練和精良武器，考量戰爭殘酷面，貪生怕死的我不會參加戰爭）。[25]一類則從自身的角度出發，認為自己愛惜生命、缺乏足夠勇氣熱忱、或是不想讓家人憂心（50112：我怕死，生命很寶貴；50118：沒有足夠膽識和勇氣去面對為了國家而可能犧牲自己生命的情況，也沒辦法狠下心拿刀或槍去結束他人的生命；50125：不想讓家人憂心而身陷其中，也不希望親近之人捲入其中）。[26]更多同學則表示除了戰爭，還可以以其他方式達到目的。藉由殘酷的戰爭犧牲性命是不智之舉，可藉由傳播訊息、遊行、加入護理工作、協助調停或社會運動來解決國家危機（50130：表達意見不一定要以如此激烈的方式──戰爭來訴諸大眾，選擇加入社會運動，不犧牲性命才是明智之舉；50233：比起上場當砲

---

24 50119、50143、50129、50101、50104、50124、50109、50134、50104、50124、50109 學習單

25 50101、50126、50226 學習單

26 50112、50118、50125 學習單

灰，不如協助調停）。[27]另有四人選擇不認同也不參戰的原因，也是以結果論反推，認定戰爭是無益的犧牲（50105：內部不團結，人再多也沒用，說不定只是去當內鬥的犧牲品而已；50142：似乎是無謂的抗爭）。[28]

第 3 題的教學目標為：「藉由國際知識菁英為異國內戰付出的情感，激發學生對家國的土地與人民的認同感，能體會電影中參與內戰者選擇以個人性命換取人民福祉的情操。」歷史教科書由於在課程編排上以政治史為主軸，戰爭往往淪為政治史舞臺中改朝換代的換場布景，除描述前因後果，在篇幅有限下對政治史書寫無益的部分則省略。如西班牙內戰在國際政治史中代表的是二戰前法西斯的擴張成果，各版本教科書均將此主題置於法西斯政權的發展，多未作完整深刻的描述。因此筆者特意在學習單中設計此題，了解透過電影呈現的戰爭是否能激發同學對家國的認同感，達到情義層面的教學目標，也一併利用影視教學使同學進一步理解，來自異國人民基於人道精神為西班牙所作的犧牲。高達九成以上的同學對於大衛的參戰行為表達認同，顯示此片的確能有效強化同學對主角參與異國內戰的同理心，得以彌補教科書中文字敘述的不足，至於是否願意參戰，僅是筆者欲測試年僅十六、十七歲的高中生認同的情感有多強烈，結果仍有三成以上同學願為保衛家園而戰，其他近六成同學雖選擇不參戰，但多也進一步說明如何以其他更有效方式來取代戰爭達到和平的目的。因此此片雖無誇張與華麗的特效場景，顯然也已能使同學受到感召，進一步思考在國家遭逢危難時自身能做的貢獻。

第 4、5 題為請同學在觀賞完片段三：共產／私產大辯論後回答的問題。《以祖國之名》的原名為《土地與自由》（Land and Freedom），因此筆者欲藉這兩題使同學思考：內戰是否能使長期遭地主剝削的西班牙人民真正得到土

27　50130、50233 學習單
28　50105、50142 學習單

地？此片段導演真實的呈現多國語言的交相爭論，因此難免嘈雜冗長，為免同學喪失觀察耐心，播放同時筆者會提醒同學爭論中的多方立場：包含當地贊成共產／私產的農民，國際民兵反法西斯勢力中偏農民／偏共和政府意見的對立。此題請同學以西班牙人民的角度出發，藉由辯論拋出的議題，判斷何種方式較能滿足人民需求，且表決結果是否真能達到需求。第 4 題約 35%同學選擇土地公有，17%贊成土地私有，47%贊成公私有並存，但第 5 題辯論結果（土地公有）是否達到人民的理想，認為有的同學比例達七成，沒有僅 28%，明顯與第四 35%贊成公有，反對公有達六成多（17%私有+47%公私有並存）比例不符。

　　再由學習單細加比對，立場前後一致者高二 1 班共三十四位，佔全班 73%（贊成公有也認為達到需求十位、反對公有也認為沒有達到需求二十四位），高二 2 班共二十一位，佔全班 45%（贊成公有也認為達到需求十四位、反對公有也認為沒有達到需求 7 位），換言之立場前後迥異者高二 1 佔 27%，高二 2 則佔 55%。立場前後產生差異的原因不一，有部分選擇土地私有（或公有私有並存）卻認同結果達到人民要求的同學認為因為兩者各有利弊、或這是多數決之下的結果（50202：大多數的農民幾乎都贊成土地公有；50203：公有、私有各有利弊），[29]或是認為多數人民均無土地，這是兩相權衡之下的結果（50110、50103、50128、50104）。[30]然就立場差異比例和理由的比較分析下，筆者認為兩班在此的明顯差異，應是高二 1 對辯論片段理解程度較高的關係。但共有 25%的同學（高二 1 班十位＋高二 2 班十三位）並未對立場前後的差異作出解釋，筆者認為可能因土地辯論的電影片段立場繁雜且多國語言紛亂，同學很可能是因為對此片段無法完全理解，因而無從下

29　50202、50203 學習單
30　50110、50103、50128、50104 學習單

筆。

　　綜上所述，導演設計的辯論方式似不如其他以戲劇呈現的片段易讓同學消化，筆者也認為，對於內戰中西班牙國內地主與人民複雜的對立問題，電影所能呈現的有限，同學的確很難藉由一場紛亂的辯論得到明確的解答，更遑論可觀察出左派已隱然而生的分裂，因此教學目標「理解俄國共產主義的發展與擴張」在此片段並未達到。但對於立場一致者，如反對土地公有且認為未達到需求的同學（50127、50133：人民被民兵的說法說服／打劫了），認為是國際勢力干預下的結果。[31]顯示此片段的觀賞結果多少還是能呼應此兩題的另一教學目標：「理解內戰爆發與國際勢力的關聯」，了解土地所有權的掌控未能盡如民意，與國際勢力介入運作產生的連帶關係。

　　第 6、7 題設計是希望同學能藉此了解內戰中西班牙國內族群嚴重的對立。十六世紀的宗教改革中，西班牙帝國在伊比利半島的國土並未接受奧古斯堡條約，[32]西班牙皇室也在宗教戰爭中成為天主教強硬派重要的奧援。[33]腓力二世在新舊教衝突中在國內推動的宗教統一政策，[34]直至一九三一年才由阿薩尼亞共和政府立法取消。然天主教信仰早已根深柢固，且教會組織也與教育、媒體，及各式宗教贊助的社會團體關係密不可分。[35]但在電影中卻出現神父殺害人民，人民向神父復仇並焚毀神像等與信仰嚴重悖離的行徑。為呼應教學目標「能認同極權統治對民主社會帶來的巨大危害」，筆者在第 6 題詢問天主教教會與何種勢力合作，87%的同學皆可回答出「法西斯」。其中高二 1 又高達93%。

31　50127、50133 學習單

32　斯塔夫里阿諾斯，吳象嬰、梁赤民譯《全球通史-1500 年以後的世界》（上海：上海社會科學院出版社，1999 年初版，頁 149。

33　高亞偉，《世界通史（中）》（作者自印，1960），頁 16-17。

34　高亞偉，《世界通史（中）》，頁 10-11。

35　馬丁・布林克宏著，黃煜文譯，《西班牙內戰》（臺北：麥田文化，2001），頁 42-43。

第 7 題則是第 6 題在電影外的延伸題。筆者在講述法教學中曾稍提及教會等保守勢力的發展與法西斯的合作關係，因此第 7 題筆者進一步詢問：天主教教會何以向其他勢力倒戈，轉向對付國內人民？此題採多選形式，四項答案中，以「教會被其他勢力利用」比例最高，占 63％，其他「為護衛在西班牙的既有勢力」、「教會認定左派會破壞西班牙和平」等筆者認為亦可從講述法教學中得到的訊息各占 52％、46％，三項比例均約半數人選擇，顯然筆者期待透過教學得到的「標準答案」均未獲得同學一致性的理解，反之筆者未提及的「教會認定左派均為無神論者，褻瀆神祇」可能頗具誘答性，選項似乎也不與其他項違背，比例尚占 50％。因此第 6 題答題成果雖符合教學目標「能認同極權統治對民主社會帶來的巨大危害、理解內戰爆發與國際勢力的關聯」，但第 7 題部分筆者認為與 4、5 題分析面臨相同的困境，即電影片段對於內戰中國內的族群對立問題，並未深入刻劃，因此何以天主教會要向法西斯政權倒戈，單憑講述法教學簡略帶過，但缺乏影像佐證之下，要使同學延伸思考，做出完整的正確判斷可能尚有困難。

　　第 8、9 題以問答形式回應，題目如下：

題目 8.參考電影中第二場辯論場景，你認為史達林派共產黨以何種方式控制內戰中的左派勢力？

題目 9.大衛身為共產黨員，卻寧願與 P.O.U.M（西班牙工人黨）民兵為伍，也不願意加入史達林的陣營，你認為雙方的主張有什麼不同？

　　電影中的第一場共產／私產辯論已隱含民兵中左派意見的分歧，第二場 P.O.U.M 的抉擇則將兩派勢力的拉鋸藉辯論完整呈現。此段辯論主題十分明確，P.O.U.M 討論是否要因獲取軍備補助而加入已由史達林勢力把持的共和政府，但代價是必須放棄民兵組織，追隨共和政府反法西斯優先的策略。第 8 題約 66％同學（高二 1 班四十一名＋高二 2 班二十名）均明確答出史達林派共產黨藉由控制資源或軍備來要脅／利誘 P.O.U.M 的加入（50139：利用「擁

有充足的武器」來允換左派人馬加入史派的承諾；50140：加入史達林派會得到武器和軍援；50228：以提供武器的名義要左派聽命於史達林派共產黨）。36 辯論中貝納為阻止 P.O.U.M 加入史達林派，提及史達林的野心：「史達林懼怕我們，因為他想和西方簽約，而且他已經做了，他跟法國簽約了。簽約要達到共識，他就需要得到尊敬和放心，懂嗎?所以如果他支持我們，而我們的革命會使他失去獲得的尊敬。這就是為什麼我們對史達林造成威脅的原因，其他國家也一樣。」部分同學也把此題與電影其他片段連結，因此此題尚有約三成（高二 1 班三名＋高二 2 班二十五名）表示史達林共黨藉由迫害、誣陷、特務、分化等方式來控制左派勢力（50227：與別國簽約，擴張權力、收買警察、控制媒體；50229：把持政治警察特務、搜捕異端、在共和軍中建立恐怖統治；50143：說他們是服膺法西斯的信徒）。37

　　為使同學能在觀賞電影前能有左派內部對立的先備知識，筆者在講述法教學過程中已詳述過史達林派與托洛斯基派共產黨的差異，因此第 9 題應呈現講述法教學與影視教學輔助下的雙重成果。統計後發現多數同學均能提及史派追求的是擴權而非革命，有同學更能結合電影片段深入剖析史達林欲拉攏英法的野心（50145：史達林是希望能擴張在西班牙的勢力，並讓英法捲入「反法西斯」的戰爭中，但 P.O.U.M 求的是打敗佛朗哥，達到他們要的革命；50128：史派主張國家主義、對外擴張／P.O.U.M（托）主張工人階級民主，不斷革命；50146：P.O.U.M 實現社會主義的統治，史達林只是以共產之名行極權統治之實；50125：一個只為西班牙而戰，另一個則將其視為擴張共產主義的一部分；50138：托派以共產黨的力量為西班牙人民發聲，實現社會主義的統治，史派只想求贏，以共產之名，但卻含史達林想握有權力的政治意

36　50139、50140、50228 學習單
37　50227、50229、50143 學習單

圖；50212：P.O.U.M 是主張以勞工與低階級的人不斷革命，而史達林是以擴張自己的權力為主）。[38]

與 4、5 題搭配的第一段辯論相較，P.O.U.M 的抉擇片段辯論較為清晰簡短，又佐有戲劇效果（大衛拒放棄民兵身分，因老舊槍枝走火受傷，吉米憤懣放棄 P.O.U.M），再輔以講述法教學，教學目標「理解內戰爆發與國際勢力的關聯、理解國際知識菁英對西班牙內戰的響應情形」在此兩題較有顯著成效。

第 10 題與第 2 題相同，均需同學藉由自行蒐集資料才能完整作答。

> 題目 10：觀賞完電影後，你認為導演對西班牙內戰的態度是同情左派還是右派？跟導演本身有關嗎？試以電影情節或電影呈現方式證明你的論點。（可上網查閱導演相關作品或生平再回答）

筆者藉由此題，希望能使同學理解：歷史相關的影視文本與傳統史學文本（或歷史教科書）的書寫形式，皆會隨著書寫者及時代的差異等呈現出不同的歷史解釋，並期待同學能進一步對不同解釋了解其差異所在。[39]因此設定教學目標：「能運用大眾媒體印證所學，並能進一步藉由使用相關傳媒介培養獨立思考及正確的歷史思維」。

第 10 題筆者先請同學回答導演拍攝西班牙內戰的個人意識形態，除一位同學整題未作答外，其他所有同學均可輕易回答出「左派」。筆者進一步詢問導演的左派立場與自身的關聯，多數同學也可在蒐集資料後回答出導演本身的出身、政治背景或其相關作品等（50120：Ken Loach 以關注低下階層生活、勞工利益等為電影題材；50107、50134、50136：導演出身於工人家庭；50143：導演拍攝《領導的問題》、《你站在哪邊》等紀錄片；50124：導演拍

---

38 50145、50128、50146、50125、50138、50212 學習單

39 普通高級中學必修科目「歷史」課程綱要，http://203.68.236.92/95course/content/98-01.pdf，擷取時間 2012 年 10 月 30 日。

過的作品《吹動大麥的風》，《質問領導階層》都傳達強烈的政治批判，左派立場鮮明，又出身於工人階級家庭，電影主角多半為農民、勞工；50219、50224：導演曾經參與英國鋼鐵工人罷工）。[40]

筆者請同學再試著以電影情節或拍攝手法進行導演意識形態的佐證，觀察入微的同學尚可細微寫出電影呈現的角度與意識型態的對立，如針對農民及勞工的描寫（50139：導演使鏡頭從農民、勞工的角度去呈現……並深受《向加泰隆尼亞致敬》的影響……就像喬治·歐威爾提到「我們看起來究竟是怎樣的一群烏合之眾」……；50135：導演……對底層人民生活的關懷具真實感，不是鼓吹英雄式的好萊塢式的戰爭片）、[41]將 P.O.U.M 視為敘事主體的描述（50104：士兵受傷、死亡或安葬的畫面多是 P.O.U.M，而不是法西斯，可見導演有意讓觀眾感受到他們的付出與精神；50129、50116：特別著墨於 P.O.U.M 的描寫；50128：……從戰爭看到許多革命志士的受傷甚至死亡……種種的悲劇呼應著改革的夢想），[42]或左派內部的對立（50132：電影呈現方式以左派為主，拍出他們理想與現實的衝擊，掙扎該選擇哪一邊的煎熬；50238：整部片以左派論點抨擊右派，看到的都是左派受到摧殘和傷害；50113：電影多部分場皆顯現出史達林共產黨的無理，顯現出批判史達林共產黨的意境；50226、50233：電影運用辯論……感受當時對史派控制的憤怒）。[43]因此此題同學的作答情形頗能符合教學目標所期待，能透過蒐集資料及細密觀察分析出電影書寫者的角度及立場，具有獨立思考判斷的精神。

第 11 題筆者視為是講述式與影視綜合教學成果的展現，因此教學目標訂為「能完整理解西班牙內戰後淪為極權統治的原因」，換言之即能正確選出左

40　50120、50107、50134、50136、50143、50124、50219、50224 學習單
41　50139、50135 學習單
42　50104、50129、50116、50128 學習單
43　50132、50238、50113、50226、50233 學習單

派戰敗的原因。筆者列出的五個選項均為影響西班牙內戰結果的因素，然若要依講述法教學及電影內容的主要陳述進行判斷，「法西斯政權欲藉內戰擴張勢力」、「反法西斯力量產生分裂」、「同情西班牙內戰者多，但軍援者少」、「史達林把持的共黨志在擴張而非協助西班牙」四個選項較能直接反應學習內容。依本節表 8-3 統計，此四選項比例依序為 53%、65%、61%、73%。「法西斯政權欲藉內戰擴張勢力」答題比例較低約占五成，可能是因《以祖國之名》中法西斯勢力僅在大衛決心參戰時短暫成為敘事重心，後來就將主要脈絡快速轉變為左派的對立有關。後三項均為電影講述的重點，三項均有六至七成的答題率，尤其最後一項「史達林把持的共黨志在擴張而非協助西班牙」，選擇比例最高，其中高二 1 此選項答題率佔全班八成。至於題目中第一個選項「西班牙內政與族群對立問題過於嚴重」，與筆者分析第 4-7 題的結論相同，由於電影本身對內戰中西班牙國內族群的嚴重對立並未加深刻著墨，僅藉由筆者講述時簡略帶過，因此答題比例最低，僅佔三成。

　　第 12 題與電影無關，僅為作者為欲將主題與教科書中課後活動結合進行之提問，在此不納入分析。

　　綜上所述，藉由講述法結合《以祖國之名》的影視教學，是否能達到筆者所期待的完整學習成效？首先針對影視教學對傳統教學的輔助性質，筆者認為藉由影片和前述答題的比例分析，多能達到預設的教學效果，其中探討國際勢力對峙的相關主題，答題正確率又幾可達八至九成，其中第 11 題能觸及影片重心的後三個選項，答題率也明顯較前二者高，顯示影視教學藉由對純講述法教學的輔助，對深化學習記憶更具功效。但就影片完整性而言，如前所述，筆者認為《以祖國之名》敘事重點主要為國際勢力的對立，尤其左派的分裂更是影片後半段主軸，而非國內族群衝突的鋪陳，因此同學在回答國內衝突相關議題如第 4、5、7 題，及第 11 題的第一個選項，普遍較不如回答國際勢力的對峙均有八至九成的正確答題率。所以在西班牙內戰的教學課程中，《以祖國之名》可作為分析國際勢力對峙的教學媒介，若要作為內戰完整敘事的影片稍嫌

不足，仍需要藉教科書或講述教學法來達到完整的學習成效，換言之《以祖國之名》的確有輔助之功，但無法成為講述西班牙內戰時的教學主體。因受限於授課時間，筆者在教學中將講述時間濃縮為三十分鐘，導致影片未提之國內局勢也未詳加說明，也似有再檢討的必要。然依筆者從旁觀察同學的觀影情形平心論之，《以祖國之名》一片對高中生而言並非一部易於觀賞和理解的電影，尤其是其中兩段導演設計的辯論場景，有同學表示「老師若無從旁提醒，其實很難聽（看）懂」。此外，就學習單反映出的學習成果，程度較佳的高二 1 也較能有效反映筆者預設的教學目標，最後一題筆者測試是否能完整了解西班牙內戰最終為何淪為極權統治，第 11 題中後四選項皆選的同學高二 1 約有十位，高二 2 僅有三位，顯示電影本身在作為教師教授西班牙內戰的輔助媒介時，也需考量觀影學生的理解程度，適度給予學生引導解說，或選擇適當片段的剪輯播放，才能使影視教學在課程中發揮更大的助益。

第五節　結語

筆者結合上述的電影與書寫文本，納入西班牙內戰的主題課程中進行講述。由學生回饋的學習單分析結果，可得出《以祖國之名》在學生學習西班牙內戰時頗具輔助之功，搭配教師的講授多能達到認知、情意、技能等各項目標的設定要求。透過電影的播放與講述法結合，將教科書書寫中呈現斷裂的意識形態發展，以及向來以分章講述處理的法西斯與共產極權進行了串聯結合，使學生得以理解在戰間期中爆發的一場國家內戰，實則隱含了國際勢力的拉鋸及意識形態的對立，亦有助於藉由西班牙內戰主題，將戰間期各自分章說明的教學內容加以統整學習。此外，藉由電影將文本影像化，一方面能使作家喬治·歐威爾的個人參戰經歷為學生熟知，更有益於將西班牙內戰更鮮明的呈現於學生的學習記憶中，豐富了講述達利、畢卡索相關作品的歷史背景，凸顯內戰的重要性，而不只是將內戰淪為第二次世界大戰的過場背景。

除了西班牙內戰在現代史學上的重大影響，內戰本身也頗能呼應 108 新課綱中加深加廣選修課程的內涵。新課綱選修「族群、性別與國家的歷史」三學分的課程裡，在「現代戰爭與國家暴力」主題中放入「戰爭與歷史傷痛」項目，討論「戰爭的殺戮及其影響」、「戰爭宣傳的操作」、「戰爭的創傷與集體記憶」等面向，與本文研究文本中呈現內戰的方式頗能契合，而內戰後獲勝的佛朗哥獨裁政權，也能進一步延伸在主題下「國家暴力與轉型正義」項目中作為教材的討論範例。[44]因此筆者希望藉此微小的教學實驗成果，能使正身處新課綱這場最大型教學實驗中的教學者，在面對內戰相關教材時，多一份篩選符合受教者程度文本的參考，實驗過程中學生的反饋，也能提供教學者更多教材操作方式的可能。

---

44 十二年國民基本教育課程綱要：國民中小學暨普通型高級中等學校社會領域，頁154。在「國家暴力與轉型正義」項目中，說明「探究這一項目，建議從廿世紀的德國、南非、捷克或西班牙等國家中，擇一事例討論」。

九、紀錄片融入國中歷史「以巴議題」教學的運用——以《美麗天堂》為中心

梁瓊璘

新北市立新泰國民中學歷史教師

第一節　緒言

　　一九四八年，以色列（Israel）建國後，以巴議題一直是國際媒體的焦點。筆者曾以問卷調查，發現約 65%的學生將巴勒斯坦（Palestine）誤認成巴基斯坦（Pakistan），對「西亞」（West Asia）一詞的聯想多為「ISIS」、「戰爭」、「石油」，[1]顯示學生不熟悉此議題之外，亦反映學生在媒體影響下，對此地的概念多偏向西方觀點，而非中立的立場理解。[2]

　　十二年國教新課綱強調「核心素養」的能力——其中「社會參與」的 C3「多元文化與國際理解」內涵為：

　　具備自我文化認同的信念，並尊重與欣賞多元文化，積極關心全球議題及國際情勢，且能順應時代脈動與社會需要，發展國際理解、多元文化價值觀與世界和平的胸懷。[3]

　　據此，筆者選擇「以巴議題」作為教材，期盼藉此培養學生歷史思維能

1　問卷調查結果：發出問卷 127 份，有效問卷 105 份（全數題目皆有回答）。
　　(1) 能清楚說明以巴衝突的比例僅有 1%，能正確指出「以」為以色列者有 98.1%，「巴」為巴勒斯坦者有 13.3%，而 64.8%誤認「巴」為巴基斯坦。
　　(2) 西亞聯想詞：回答「ISIS」有 16.3%、「戰爭」有 10%、「石油」有 8%，其餘回答與西亞幾無相關。
2　Edward W. Said 著，閻紀宇譯，《遮蔽的伊斯蘭：西方媒體眼中的穆斯林世界》（臺北：立緒文化，2002），頁 50-98。
3　「核心素養」是指一個人為適應現在生活及面對未來挑戰，應具備的知識、能力與態度。參見：國家教育研究院，〈十二年國民基本教育課程綱要總綱（教育部發布版）〉（https://www.naer.edu.tw/files/15-1000-14113,c1582-1.php?Lang=zh-tw，最後瀏覽日期 2020 年 7 月 15 日）。

力，懂得尊重多元文化，並建立國際理解的正確態度。

　　如何創造適當情境引導國中學生理解複雜的歷史議題？周樑楷認為要呈現長時間的史事，利用影視教材（影像）呈現可讓學生由「小」來「見」大，因：「長時間歷史方便描寫大架構情節，而戲劇（影像）擅長針對小巧的故事，在短時間內呈現出來」。[4]故筆者選擇二〇〇一年的紀錄片《美麗天堂》（PROMISES）作為教學設計主題。該片以七名居住在耶路撒冷（Jerusalem）的孩童為主角，逐步呈現讓觀者理解以巴雙方立場與衝突的由來。同時，該片孩童年齡與臺灣國中生相近，較易引起學生共鳴，因此希望藉由該紀錄片使學生不受偏見影響，習得同理心，懂得設身處地，建立關懷他人、互相尊重的態度。

第二節　以巴議題的歷史背景與發展

　　巴勒斯坦（Palestine）位處西亞，乃戰略交通要地。此地的耶路撒冷是猶太教（Judaism）、基督教（Christianity）及伊斯蘭教（Islam）的聖地，地位特殊，紛爭已久，要理解複雜的以巴局勢應從根源開始。

一、以巴衝突的歷史背景

　　猶太人（Jews）發祥在兩河流域（Mesopotamia），定都耶路撒冷，在西元前六世紀遭到滅亡。[5]亡國經歷讓猶太人產生史上第一個一神信仰——猶太教，堅信復國定將實現。[6]二世紀，猶太人被羅馬帝國懲處永不得入巴勒斯

4　周樑楷，〈由小「見」大：影視媒體與宏觀歷史的教學〉，《史觀與史實－談《世界文化史》》（臺北：龍騰文化公司，2003），頁 74-77。

5　林立樹，《世界文明史（上）》（臺北：五南圖書出版，2006），頁 27-28。

6　Jacob Neusner 著，《猶太教》（臺北：麥田出版，2002），頁 57-63。

坦，開啟大流散（Diaspora）時期。[7]四世紀末，因相傳耶穌之死與猶太人有關，在羅馬將基督教定為國教後，歐洲各地長期反猶。[8]

七世紀時，穆罕默德（Muhammad, 571-632）創立伊斯蘭教，建立阿拉伯帝國，[9]將巴勒斯坦納入伊斯蘭世界，直到二十世紀初，該地以信仰伊斯蘭教的阿拉伯人（Arabians）為主，大多數伊斯蘭統治者實施宗教寬容。[10]

大流散時期，猶太人在各地形成獨特的猶太社群。「背叛耶穌」是猶太人無法擺脫的原罪，「反猶主義」（Anti-Semitism）在第二次世界大戰（WWII）的大屠殺達到最高峰。與此同時，錫安主義（Zionism）——猶太復國主義應運而生，開始復國行動。[11]

一九四八年，以色列誕生，是巴勒斯坦人（Palestinian）災難的開始。[12]以色列在歐美國家的武力支持下，利用多次戰爭獲取土地，造成巴人無家可歸，淪為難民。[13]

一九八七年十二月，巴人發動反殖民的巴勒斯坦大起義（intifada），[14]這場反抗讓巴勒斯坦解放組織（Palestine Liberation Organization）在一九八八

7　「Diaspora」一詞專指猶太人離開巴勒斯坦，散居世界各地。參見：張倩紅，《以色列史》（北京：人民出版社，2015），頁 50。

8　因「猶太人的關係致使耶穌殉難」的說法，基督教立為國教後，排斥猶太人的現象亦起。參見：何立波，〈羅馬排猶現象芻議〉，《唐都學刊》，第 22 卷第 1 期（2006），頁 154。

9　Francis Robinson（主編），《劍橋插圖伊斯蘭世界史》（臺北：如果出版社，2008），頁 18-21。

10　Simon Sebag Montefiore 著，黃煜文譯，《耶路撒冷三千年》（臺北：究竟出版社，2013），頁 240-251。

11　Claude Klein 著，傅勇強譯，《以色列—尋找身分的國家》（香港：三聯書店，2008），頁 9-12。

12　巴勒斯坦人一詞，1948 年後專指巴勒斯坦阿拉伯民族。參見：Simon Sebag Montefiore 著，黃煜文譯，《耶路撒冷三千年》，頁 555、張倩紅，《以色列史》，頁 213-217。

13　Ilan Pappe 著，王健等譯，《現代巴勒斯坦歷史（第二版）》（上海：上海人民出版社，2010），頁 171-177。

14　Intifada，阿拉伯語，原意為驅逐，1987 年後專指巴勒斯坦人的起義活動。參見：張倩紅，《以色列史》，頁 374-378。

年成立巴勒斯坦國（State of Palestine），[15]開啟以巴協商。一九九三年，以巴在美國白宮簽署《奧斯陸協議》（Oslo Accords），是以巴首度承認彼此。一九九六年，巴勒斯坦首度舉行大選，國家雛型形成。[16]

但《奧斯陸協議》未讓巴人獲得真正的自治，[17]二〇〇〇年，發生第二次巴勒斯坦大起義（Second Intifada），[18]以色列四處設置軍事檢查哨，嚴重影響巴人生活。[19]九一一事件後，聯合國同意巴勒斯坦建國。[20]二〇〇六年，哈瑪斯（Harakat al Muqawama al-Islamiyya，伊斯蘭抵抗運動）在巴國議會選舉中大勝，引發內戰，巴國分裂。[21]另一方面，以色列持續以武力打擊哈瑪斯勢力，雙方至今無和平跡象。[22]

二、外力對以巴衝突的影響

外力干擾對以巴的影響，以美國最重要。美國國會、人民及媒體，大多對

---

15 Noah Flug and Martin Schäuble 著，王瑜君等譯，《認識以色列人與巴勒斯坦人從古至今的紛爭》（臺北：商周出版，2015），頁 151-152。

16 姚惠娜，《巴勒斯坦（二版）》（北京：社會科學文獻出版社，2017），頁 59-60。

17 薩依德認為《奧斯陸協議》只是讓以色列的佔領合理化，留給巴人的只有幾塊支離破碎、零散的土地，令巴人受窮遭困地生活。參見：Edward W. Said 著，唐建軍譯，《從奧斯陸到伊拉克及路線圖》（北京：三聯書店，2009），頁 191。

18 Noah Flug and Martin Schäuble 著，王瑜君等譯，《認識以色列人與巴勒斯坦人從古至今的紛爭》，頁 162-164。

19 Noah Flug and Martin Schäuble 著，王瑜君等譯，《認識以色列人與巴勒斯坦人從古至今的紛爭》，頁 190-191。

20 張倩紅，《以色列史》，頁 461。

21 哈瑪斯與法塔赫幾經波折，最終達成協議，決定 2018 年底前舉辦大選，但至今未實現。參見：張啟信，〈巴勒斯坦在聯合國之法律地位〉（臺北：中國文化大學法學院法律學系碩士論文，2016），頁 2、96。

22 如 2008 年鑄鉛行動、2014 年保護邊緣行動。參見：沈明室，〈近期以巴衝突之爭議點及其解決〉，《全球政治評論》，第 48 期（2014），頁 8-10。

以色列抱持同情、支持的態度，卻明顯輕忽阿拉伯國家。[23]猶太利益團體多能促使美國建立有利以色列的政策，[24]阿拉伯人則到一九六七年後方組織團體發聲，他們支持巴勒斯坦建國，影響力卻遠遜於以色列。[25]

　　一九七三年十月戰爭，阿拉伯國家在美國新聞媒體大量曝光，將他們稱為石油販子或是潛在的恐怖分子。[26]媒體、學界將伊斯蘭「再現」（representation）、[27]刻板化為好戰、仇視美國的形象，[28]不只加深美國對伊斯蘭的刻板印象（stereotyping），亦有礙對以巴（阿）問題的認識與理解。美國人多不理解巴勒斯坦的問題，亦不清楚巴人遭大屠殺、生存權被剝奪的遭遇。[29]

　　二〇〇一年，九一一事變讓美國處在極度簡化的世界：就是「我們」對抗「他們」、就是「伊斯蘭教」對抗「基督教或西方」。[30]這樣的言論無助以巴問題的解決。二〇一六年十二月，歐巴馬（Barack Obama, 1961-）任內，聯合國通過決議譴責以色列在巴勒斯坦境內屯墾是非法行為，打破美國無條件支持以色列的立場。[31]但繼任的川普（Donald John Trump, 1946-）重回支持以色

23　例如 1972-1980 年間，美國三大電視網每年平均對以色列的報導將近 100 分鐘，埃及有 54.7 分鐘，約旦是 8.5 分鐘，遠低於以色列所受之關注。參見：張良任，《美國與以、阿衝突》（臺北：臺灣商務印書館，1985），頁 3。

24　余瓊瑤，〈利益團體遊說手法探析：以「以色列人公共事務委員會」（AIPAC）運作情形為例〉，《復興崗學報》，第 97 期（2010），頁 166-170。

25　周明廷，〈美國對以巴衝突的外交政策：2001-2011 年〉（嘉義：國立中正大學戰略暨國際事務研究所碩士班碩士論文，2011），頁 94-101。

26　Edward W. Said 著，閻紀宇譯，《遮蔽的伊斯蘭：西方媒體眼中的穆斯林世界》，頁 22-23。

27　指媒體報導中，社會內外所有的角色、人物都在這個場域中被定義、被塑造、被生產、被改寫甚至被發明。參見：倪炎元，《再現的政治：臺灣報紙媒體對「他者」建構的論述分析》（新北：韋伯文化，2003），頁 1。

28　Edward W. Said 著，閻紀宇譯，《遮蔽的伊斯蘭：西方媒體眼中的穆斯林世界》，頁 145-148。

29　Edward W. Said 記述，梁永安譯，《文化與抵抗》（臺北：立緒文化，2004），頁 21。

30　李有成，《他者》（臺北：允晨文化，2012），頁 86-87。

31　聯合影音網，〈UN 決議 要以色列停止屯墾巴勒斯坦〉（https://video.udn.com/news/617443，最後瀏覽日期 2020 年 7 月 15 日）。

列，打壓巴勒斯坦的路線，對於以巴和平之路無疑是雪上加霜。[32]同時，軍火不斷輸入西亞地區，亦是西亞不安定的潛在危機。[33]

對巴勒斯坦的外力壓迫，尚有阿拉伯各國，他們對巴勒斯坦雖抱持同情支持的態度，但仍將之視為「他者」，尤其在難民問題。巴勒斯坦難民的產生主要是在一九四八年的以色列建國，以及一九六七年六日戰爭後，除了約旦河西岸及加薩走廊外，難民大多流落至鄰近阿拉伯國家。[34]接收難民的國家皆認為難民應回歸巴勒斯坦，而非成為本國人；[35]同時因大部分難民的民族意識已生根，以致與收容國產生隔閡。難民渴望回到故鄉，卻是困難重重、遙遙無期。

以巴問題不只是領土、宗教方面的衝突，更涉及國際外力的交互影響。美阿各國無疑是解決以巴問題的關鍵，唯有拋棄成見、互相理解，平衡兼顧兩國的利益，或有曙光的出現。

三、薩依德對以巴問題的觀點

愛德華・薩依德（Edward W. Said, 1935-2003）是當代西方知識界，極具影響力的學者。身為巴勒斯坦裔美國人，他積極投入巴勒斯坦的政治事務，是第一位力圖在西方國家（尤指美國）多數偏袒以色列的環境中，為巴人爭取人權，為以巴問題提供另一種思維、見解，促使世人關注巴勒斯坦的人權問題。

---

32 中央通訊社，〈美國關閉巴解駐華府代表團 升高施壓〉（http://www.cna.com.tw/news/aopl/201809100336-1.aspx，最後瀏覽日期2020年7月15日）。

33 2013-2017年，西亞國家購買的軍火佔美國輸出的50%以上，顯示西亞的動盪以及美國在此的獲利極大。參見：BBC NEWS，〈全球軍火輸出大比拚 美俄中看誰稱霸〉（https://www.bbc.com/zhongwen/simp/world-44083886，最後瀏覽日期2020年7月15日）。

34 2002年，巴勒斯坦難民總數約333萬，約旦約有148萬，黎巴嫩約有20萬，敘利亞則約有30萬，少數散落他國。參見：陳天社，〈阿拉伯國家的巴勒斯坦難民及其影響〉，《世界民族》，第3期（2009），頁73。

35 陳天社，〈阿拉伯國家的巴勒斯坦難民及其影響〉，頁77-78。

（一）生命歷程與思想

　　一九三五年，薩依德在巴勒斯坦西耶路撒冷出生，[36]一九四七年因戰亂搬離耶路撒冷，直到一九九二年，薩依德才再度踏上巴勒斯坦。[37]巴勒斯坦消失的經歷讓薩依德一直都有不知何處是自我歸屬的困惑，[38]也讓他能用雙重視角（double perspective）來看世界，[39]決心投入巴勒斯坦政治運動。直到二〇〇三年過世，薩依德不間斷的著書立論、批判以巴時勢，提高巴人的能見度之外，更讓世人了解巴人的歷史與苦難。

　　薩依德思想中，最重要的莫過於《東方主義》（ *"Orientalism"* ），[40]薩依德認為西方將一個不同於「我們的」世界，稱為東方，透過「自我」（self）的認定，區隔西方以外的東方為「他者」（the other）。他者化過程中，他者被附加許多刻板印象、標籤化（labeling）的迷思，是一套在權力運作下產生的論述，[41]不會因歷史時空演化有所改變。[42]

　　薩依德將英、法、美三國的東方經驗視為一個單位，探討經由歷史、知識背景形塑，讓東方主義的經驗成為可能的歷程，並指出該經驗的特質，特別是他們的阿拉伯與伊斯蘭經驗。[43]該經驗特質是：西方與東方存在著絕對的差異性：「西方是理性的、已開發的、人道而卓越的，東方則是脫離常軌的、未開

36　Valerie Kennedy 著，李自修譯，《薩義》（南京：江蘇人民出版社，2006），頁 4-5。

37　Gauri Viswanathan 編，單德興譯，《權力、政治與文化：薩依德訪談集》（臺北：麥田出版，2012），頁 673。

38　Edward W. Said 著，彭淮棟譯，《鄉關何處》（臺北：立緒文化，2000），頁 175、300。

39　Edward W. Said 著，單德興譯，《知識分子論》（臺北：麥田出版，2004），頁 98。

40　《東方主義》對後殖民主義有著重要的影響，後殖民主義認為在第二次世界大戰後，新興國家即使脫離殖民統治，卻依然深受西方殖民國家的文化意識和知識形式的影響。參見：李芝函，〈《東方主義》：薩依德與西方殖民知識體系的抵抗〉（高雄：國立中山大學哲學所碩士論文，2012），頁 22。

41　Edward W. Said 著，王志弘等譯，《東方主義》（臺北：立緒文化，1999），頁 16-17。

42　倪炎元，《再現的政治：臺灣報紙媒體對「他者」建構的論述分析》，頁 2-21。

43　Edward W. Said 著，王志弘等譯，《東方主義》，頁 22。

鄙的，並且是低劣的」。[44]這不是伊斯蘭真實狀況的純粹反映，是一個在想像中建構的結果，導致「西方」認定「東方」就是一個需要西方關注、重構，甚至是救贖的地方，[45]進而合理化殖民行動。

　　不過，東方被誤解，最主要是東方無法向西方真實地展示自己，甚至東方一味崇洋、盲目追隨西方，也是東方主義始終存在的原因。[46]薩依德撰寫《東方主義》的目的之一便是希望讓第三世界（伊斯蘭）的讀者，了解到西方文化論述再現的力量如果不加以破除，[47]是無法讓東、西雙方對彼此有真正的了解，問題也無從解決。他對巴勒斯坦的觀察，即以《東方主義》的論述為起點。

（二）巴勒斯坦問題

　　薩依德認為西亞和平的關鍵，在於以巴問題能否解決，巴人始終處在被「誤解」的情境。一九四八年的巴勒斯坦，在西方與以色列的官方文件中，是無人居住的地帶，巴人不被視為正式居民，不被當成一個民族。[48]直到今日，巴人雖有了明確的形象，卻被扭曲為暴徒、恐怖主義者，唯有西方才能將之改變、甚或消滅。[49]薩依德認為應負最大責任的莫過於以色列與美國，以色列在話語、論述上採取與西方一致的立場，以爭取支持；同時，更不斷強調己身是德國納粹的受害者，迫使西方各國支持以色列復國。相對的，巴人則被以色列再現為暴民、專制獨裁，巴勒斯坦是一個本該由西方（以色列）佔領並開發的

44　Edward W. Said 著，王志弘等譯，《東方主義》，頁 436。

45　Edward W. Said 著，王志弘等譯，《東方主義》，頁 305。

46　朱剛，《薩伊德》（臺北：生智，1997），頁 144、167。

47　Edward W. Said 著，王志弘等譯，《東方主義》，頁 33。

48　Edward W. Said 著，梁永安譯，《薩依德的流亡者之書》（臺北：立緒文化，2010），頁 21。

49　朱剛，《薩伊德》，頁 95-98。

地方。以色列變成了西方「我們」的一部分，巴勒斯坦則成了「他者」；以色列的侵占行動都可被合理化，巴勒斯坦卻恆為引發動亂的罪魁禍首。[50]

以色列在武力上亦具有強大的威脅，這一切皆來自美國的支持。前美國總統卡特（Jimmy Carter, 1924- ）便指出美國「順從以色列，允許它的非法行動」。[51]此外，猶太人遊說團體在美國政壇的強烈運作，以及媒體對於伊斯蘭多是負面的報導，使情勢更加惡化。因此，薩依德認為唯有改變「再現」的論述，重新建構巴勒斯坦的遭遇是一場有待糾正的災難。他透過撰文、演講、訪談等，將巴人的實狀告知世人，藉以破除刻板印象，讓問題回歸本質——人權問題，巴人需要的是得到應有的對待與尊重，結束流亡。

薩依德認為只有承認以色列的存在，與之和平相處，才是雙方衝突的解決之道。他呼籲以色列停止占領行動——被害者不應成為加害者，讓另一個民族亦成為被害者。[52]

薩依德以話語論述，試圖突破西方對巴人的錯誤再現、抹滅歷史，真實正確地呈現巴人的流亡離散及困苦現狀。因唯有如此，方能發揮輿論影響力，讓以巴問題得到充分且公平的討論，和平才有可能降臨。

第三節　導演的歷史意識與敘事分析

本文應用在歷史教學上的影片《美麗天堂》是部紀錄片（documentary films），屬於非劇情片（non-fiction films），[53]內容立基在實際拍攝的畫面，

50　朱剛，《薩伊德》，頁 99-101。

51　Jimmy Carter 著，《牢牆內的巴勒斯坦》（西安：西北大學，2007），頁 135。

52　Gauri Viswanathan 編，單德興譯，《權力、政治與文化：薩依德訪談集》，頁 607-627。

53　電影大致分為劇情片及非劇情片。非劇情片包含紀錄片、紀實電影、特定的民族誌電影、探險電影、戰時宣傳片、真實電影、直接電影以及有關藝術的電影等。參見：吳東權，《電影》（臺北：允晨文化，1984），頁 78-79、Richard M. Barsam 著，王亞維譯，《紀錄與真實：世界非劇情片批評史》（臺北：遠流，2012），頁 17。

非憑空創作的影片。

一、紀錄片的真實與再現

最早為紀錄片定義的是英國紀錄片之父葛里爾森（John Grierson, 1898-1972），[54]認為紀錄片具有兩個特質：「一、記錄真實生活的影像與聲音；二、必須呈現個人的觀點，並詮釋拍攝下來的真實生活；也就是對真實事件作創造性的處理」。[55]葛氏強調紀錄片需要呈現紀錄片工作者的「個人觀點」與「詮釋」，已蘊含「主觀」的意涵。亦即紀錄片並非單純重現現實，包含紀錄片工作者思想意圖的展現。[56]

製作紀錄片需要進行取捨、剪輯——建構的過程，即是再現（representation）；紀錄片工作者以「再／現」（re-presentation）的畫面表達理念與企圖。[57]那麼，紀錄片工作者再現真實的目的為何？巴山（Richard M. Barsam, 1938-）認為「紀錄影片要傳達某些意見，引起情感反應，促成社會改革」，[58]當代紀錄片與社會議題（運動）緊密結合，旨在宣揚政治理念、為弱勢發聲、拋出公眾議題以引起重視、討論，企圖改變社會、大眾的觀念。

理解紀錄片意涵之外，我們更應注意拍攝過程中的「紀錄倫理」。[59]紀錄片工作者對被拍攝者、觀影者——即「他者」負有責任，拍攝過程必須符合「紀錄倫理」才是紀錄片更應重視且不可忽略的態度，以對被攝者及觀影者的

---

54 景秀明，《紀錄的魔方：紀錄片敘事藝術研究》（北京：文化藝術出版社，2005），頁 3-4。

55 王慰慈，〈臺灣紀錄片的類型發展與分析－以 Bill Nichols 的六種模式為研究基礎〉，《廣播與電視》，第 20 期（2003），頁 4。

56 王慰慈，〈臺灣紀錄片再現模式分析－以 921 地震紀錄片《生命》為例〉，《藝術學報》，第 78 期（2006），頁 84。

57 奚浩，〈紀錄片的真理轉向〉，《南藝學報》，第 5 期（2012），頁 49-50。

58 盧非易，〈紀錄片的再現技術與觀念之轉變〉，《廣播與電視》，第 11 期（1998），頁 14。

59 奚浩，〈紀錄片的真理轉向〉，頁 53-54。

責任為依歸。[60]

二、導演的創作背景與理念

　　紀錄片《美麗天堂》是由兩位猶太人：Justine Shapiro（1963-）、B. Z. Goldberg（1963-）製作導演，[61] 一九八〇年代，兩人在巴勒斯坦的經歷，讓他們感受到以巴衝突深刻影響以巴兒童的生活，因而產生拍攝一部由當地「兒童」訴說以巴問題想法的紀錄片的念頭。

　　《美麗天堂》製作團隊在一九九五年底到二〇〇〇年之間在耶路撒冷地區以及約旦河西岸，[62]針對介於九至十二歲之間的孩童進行訪問、攝錄工作。[63]孩童的身分包含「宗教阿拉伯人」、「宗教猶太人」、「世俗猶太人」、「囚犯之子」等類型，足以代表以巴衝突的主要來源。[64]

　　本片嘗試以淺顯易懂的方式，透過孩童的眼光，引導觀眾深入兒童的心靈；真正理解以巴衝突對巴勒斯坦地區的孩子們有何影響，擺脫歷史的仇恨、孰是孰非的判斷，回歸「人性」——尤其是孩童的一面，設身處地後，才有可能化解衝突。

60　邱貴芬，《「看見臺灣」：臺灣新紀錄片研究》（臺北：臺大出版中心，2016），頁50。

61　The Promises Film Project, THE FILMMAKERS（http://www.promisesproject.org/credits.html，最後瀏覽日期2020年7月15日），Promises Film, Filmmakers.（http://www.promisesfilms.com/promises-film/filmmakers/，最後瀏覽日期2020年7月15日）。

62　此部影片拍攝的年份都是以巴比較和平的時候。參見：PROMISES－the Film（https://www.promisesproject.org/faqs.html，最後瀏覽日期2020年7月15日）。

63　Promises: An Interview with Director Justine Shapiro（https://writetocomprehend.blogspot.com/2015/05/promises-interview-with-director.html，最後瀏覽日期2020年7月15日）。

64　POV, "Promises Filmmaker Interview,"（http://www.pbs.org/pov/promises/interview/，最後瀏覽日期2020年7月15日）。

三、導演的敘事脈絡與策略

（一）敘事脈絡

《美麗天堂》的敘事架構接近「三幕式」結構，[65]主要運用多重內視角敘事，讓不同的受訪者從各自的立場觀察、詮釋同一個事件，以產生衝突或是互為補充的敘述。這種敘事手法，盡可能忠實呈現事件（以巴衝突）的原貌，也引導觀者更深入思考。[66]

本片分為三個部分，首先介紹七個孩童（敘事者）的背景。分別是來自西耶路撒冷（West Jerusalem）的猶太人雙胞胎——雅各與丹尼，無明顯宗教信仰。東耶路撒冷巴勒斯坦區的馬穆，伊斯蘭教信徒。老城猶太區（The Jewish Quarter）的斯洛莫，一個猶太正教男孩，在猶太正教學校就讀。狄黑旭難民營（Deheishe refugee camp）的珊娜寶與法拉，希望能復興巴勒斯坦。最後是以色列貝特艾殖民區（Beit-El）的莫許，深信巴勒斯坦是上帝賜給猶太人的禮物。

其次，深入孩童生活中發生的事件，帶出各自對以巴衝突的理解，以及對不同種族間的想法。透過交錯剪輯的訪談，將以巴衝突產生的原因及過程，抽絲剝繭地呈現在觀眾面前。最後，導演試圖藉由以巴孩童們的互相會面、進行溝通，為「以巴衝突」尋找可能的解決途徑。

（二）敘事策略

《美麗天堂》的導演試圖從孩童眼中的以巴衝突，提供給觀眾另一個觀察「以巴議題」的敘事角度。片中可以看到以巴孩童對於自我／他者的認知的形

65　三幕式結構如下：第一幕建立設置，第二幕逐漸升級關係的複雜性，中心人物克服阻止解決主要問題的障礙，第三幕強化故事形式，達到對抗的頂點。參見：Michael Rabiger 著，王亞維、喻溟譯，《製作紀錄片》（臺北：遠流，2016），頁 268。

66　李燕臨，《紀錄片編製藝術》（上海：上海人民出版社，2017），頁 90-92。

塑過程,深受家庭、信仰、學校教育以及社會的影響。透過雙方觀點相似卻互為對立的畫面,讓觀眾了解化解思想的差異並非易事。

巴人總是被「再現」為恐怖分子的形象,[67]同樣的,在巴人心中,猶太人亦被「再現」為搶走土地、萬惡不赦的敵人。這些成見在孩童成長過程中不斷被灌輸、強化,如果不加以改變,可以想見未來的以巴問題只會持續衝突,難有改善。同時,本片在呈現自我/他者的部分,也需要觀眾細心觀察,方不致於落入「刻板印象」的窠臼。

本片亦著重呈現孩童在物質生活或精神層面的細節。對以巴雙方來說,生活中到處充斥著「隨時都在的威脅」,戰亂頻仍,生離死別乃是常事。以巴雙方既是劊子手,也是被害者。這種隨時令人措手不及的生離死別,是身處異地的觀眾或難理解的處境。

綜觀本片,畫面、對話中不斷出現的檢查哨,讓觀眾感受到以巴之間無法互相理解、獲得和平的重要關鍵就在於:檢查哨的設立。撤除檢查哨,讓雙方有溝通的機會,衝突或有解決的可能。這個想法,使得導演有了後續以巴孩童聚會的安排,嘗試透過聚會讓彼此互相認識、了解。

《美麗天堂》將「宏觀」的以巴衝突作為背景,以「微觀」的孩童觀察角度,呈現不同的社會群體與個人對同一個事件的看法,開放式結尾留給觀眾自行思考、解讀的空間。

(三)以巴現況的再現與倫理

《美麗天堂》的內容有著倫理上應注意的問題,觀賞這部影片時,應特別引導學生注意觀察這部分。

---

67 Peter Burke 著,楊豫譯,《圖像證史》(北京:北京大學出版社,2008),頁 175。

1.真實或再現

本片一開始以三種文字呈現片名*"PROMISES"*，英文在中間，左上是阿拉伯文，右下為希伯來文，猶如這是以美國中心出發所觀察到的以巴衝突。[68]這也呼應之前討論的「再現」問題，即使畫面是真實情境下拍攝的事實，仍是導演認定的真實，展現的是導演的觀點。

隨著片名之後的開頭畫面是火燒輪胎緩慢滾下，隨即切換到車水馬龍，街景到處都是 BURGER KING、McDonalds、Marlboro 等美商招牌的西耶路撒冷。「以石頭當武器的巴人」畫面之後對應「西式風格的猶太鬧區」，是否已表達了美國在此早已選定「協助猶太人」的立場？

《美麗天堂》利用剪輯呈現孩子交錯談話，表述他們不同的立場與想法。但大多沒有問題的陳述，只看到答案，因此無法從中判斷孩子們所表達的概念，是在什麼樣的時空背景下產生，或是在何種發問下所獲取的答案。對此應考量到：剪接是可以操控一切的，[69]因此在觀看影片時，應思考是否會有被誤導的可能性，抱持懷疑並嚴格檢視，方能避免以偏概全。

2.紀錄片的倫理問題

本片在倫理方面，最具爭議的恐怕是：以巴孩童相見、互相理解的片段。不同立場的孩童們和樂融融相處的畫面看似美好，背後卻隱含製作團隊的思慮不周。製作團隊讓孩童的友誼建立起來之後，旋即離開此地。試問，在以巴爭議持續、檢查哨未撤的環境下，他們若想繼續維持交流，又該如何突破這些限

---

68 痞角度，〈揭穿「美麗天堂」裡的美國夢〉（https://goo.gl/NL6Y61，最後瀏覽日期 2020 年 7 月 15 日）。

69 如二戰期間，Leni Riefenstahl (1902-2003)的《意志的勝利》（Triumph of the Will, 1935），便是使用各種剪輯方式，將希特勒（Adolf Hitler, 1889-1945）形塑成偉大英雄。參見：Peter Burke 著，楊豫譯，《圖像證史》，頁 216；Richard M. Barsam 著，王亞維譯，《紀錄與真實：世界非劇情片批評史》，頁 196-199。

制？[70]製作團隊並沒有對被攝者（他者）負起相對的責任——給予「希望」，對照其片名 *"PROMISES"* 的含意，卻未有實質作為以實現「希望」，在倫理上有明顯的缺失，實屬遺憾。

不過，本片從孩童的角度出發，是一個嶄新的嘗試，也是容易被忽略的視角。正所謂見微知著，了解「孩童」的看法觀點，能從中推測他們成長環境中，背後的「成人」是何模樣，亦能藉此預測未來走向。

第四節　教學設計與應用

近年因應歐美歷史教育的改變，臺灣歷史教育也認為學生懂得證據、多元解釋、因果關係、時間與變遷等概念，方能培養核心素養與歷史思維能力。[71]據此，筆者設計核心素養導向的教材，並以能呈現具體場景的影視教學法，[72]讓學生習得知識之外，並能進行思考、探索，成為真正「帶得走」的能力。

一、教科書的書寫

目前通用的國中社會科教科書有三個版本，分別是南一、康軒、翰林。[73]本文就教科書書寫比較分析整理部分，將涵蓋所有關於猶太人（Jews）及伊斯蘭世界（Islam）的敘述。

70　瘂角度，〈揭穿「美麗天堂」裡的美國夢〉（https://goo.gl/NL6Y61，最後瀏覽日期 2020 年 7 月 15 日）。

71　蕭逸梅，〈理解學生歷史思維的重要性〉，《歷史教育》，第 14 期（2009），頁 88-90。

72　黃麗蓉、賴思儀、楊淑晴，〈中學生的歷史概念、歷史學習態度與歷史批判思考傾向〉，《教育實踐與研究》，第 24 卷第 2 期（2011），頁 83。

73　本文討論之教科書，係以李其芃等著，《國民中學社會第五冊》（臺南：南一書局，2018 年三版）、《國民中學社會第六冊》（臺南：南一書局，2018 年三版）、《國民中學社會第五冊》（新北：康軒文教，2018 年三版）、《國民中學社會第六冊》（新北：康軒文教，2018 年三版）；于珊等著，《國民中學社會第五冊》（臺南：翰林出版，2018 年三版）；于珊等著，《國民中學社會第六冊》（臺南：翰林出版，2018 年三版）等教科書內容為討論基礎。

　　首先，關於「猶太人的起源」、「耶穌之死」部分，南版與康版的書寫雖明確指出：耶穌（Jesus）遭羅馬帝國處死與猶太人有關，卻未見解釋此為日後反猶主義興起、殘殺猶太人的主因；至於翰版的敘述則無法推斷耶穌是否因猶太人而遭處死。關於猶太人被逐出巴勒斯坦，形成大流散——這些重要事實在三家版本皆未見書寫，國中生在不明史實的背景下要理解「以阿（巴）衝突」的背景恐非易事。

　　「伊斯蘭崛起」部分，三版本皆著重在伊斯蘭教創立後的領土擴張、文化成就以及東西方的宗教衝突、文化交流。但關於伊斯蘭教的教義、耶路撒冷何以引起東西方對抗的重要因素等等重要事項，皆未載於課文中，對於學生理解穆斯林（Muslim）與基督徒間為何產生衝突來說，並未提供足夠的資訊。

　　三版本在「鄂圖曼土耳其帝國的瓦解」部分，皆有提及：民族自決造成鄂圖曼土耳其帝國（Ottoman）的瓦解，可讓教師在之後的課程中說明以阿衝突的背景原因時，作為猶太人及巴勒斯坦人希望建立民族國家的佐證。

　　第六冊部分，「戰間期及二戰期間的種族迫害」的相關史實中，猶太人遭到迫害的經歷是猶太人得以復國的重要背景。在敘述德國希特勒（Adolf Hitler, 1889-1945）對猶太人的所為，三個版本皆以「種族迫害」稱之，但卻未提及何以對「猶太人」的迫害是最嚴重的，導致學生難以明白因果脈絡何在。

　　最後，「以阿衝突」部分，康版是最完整的，內容包含：猶太人的流亡、美國的介入造成以色列以及阿拉伯國家衝突的激化，巴人被迫離開家園以及現代激進攻擊的敘述，可以看到這西方（美國）與伊斯蘭的對立發展都與猶太人在巴勒斯坦建國有關。其他兩版則無法看出以、阿問題對現代東西方間衝突的連結，需要教師補充足夠的資訊，才能使學生理解以巴問題。

　　綜觀三版本的內容，都未有完整脈絡的論述，無法具現以巴（阿）衝突的前因後果。深究其因，乃出在國中世界史的書寫論述，王雅玄指出，國中世界史在編排上是「『歐美為主、亞非為奴』的主奴關係，也可以說，亞非，是整

個世界的『他者』。」[74]亦即，世界史內容是以歐美為主體（自我），其他地區皆為附屬（他者），因此在非歐、美的歷史書寫上，出現脈絡無法連貫，以致學生無法連結、理解。

因「以巴議題」沒有連貫性的介紹與敘述，教師在教學時需要更完善的準備，以多元論述並配合各式的教學資源、教材，提供足夠的資訊引導學生深入理解。

二、教學活動與學習單設計

本教案設計以社會領域核心素養為主，結合國文領域核心素養，並融入「人權議題」。教學重心為培養學生的歷史思維——理解歷史的能力，指的是「學生能夠對史實的歷史脈絡與意義加以掌握」，分為二層面，一是「能夠認知與掌握歷史文本的內容與意義」，二是「能夠就某一歷史事件，進行設身處地的認知」，[75]本教學活動的重心及目標即以此二層面為設計基礎。

教學活動分兩部分，第一部分是補充教科書不足之內容，以「閱讀資料」為主；第二部分為影視教材教學活動，兩部份皆以學生討論為主，教師從旁協助學習。檢核方式以學習單書寫檢視學生在此教學活動中，對課程的理解程度。內容如下表：

---

74 王雅玄，〈教科書中的他者〉，《教科書研究》，第 5 卷第 3 期（2012），頁 134-135。

75 劉慧蘭，〈「歷史理解」取向的歷史教學——以「歐洲極權政治的興起」單元為例〉，《歷史教育》，第 20 期（2014），頁 81-82。

表 9-1：「認識以巴衝突」教案

「認識以巴衝突」教案	
◎ 科目：歷史	◎ 設計者：梁瓊璘
◎ 實施年級：九年級	◎ 總節數：共 6 節，270 分鐘
◎ 課程名稱：認識「以巴衝突」	
總綱核心素養	學習目標
□ A1 身心素質與自我精進 ■ A2 系統思考與解決問題 □ A3 規劃執行與創新應變 □ B1 符號運用與溝通表達 □ B2 科技資訊與媒體素養 ■ B3 藝術涵養與美感素養 □ C1 道德實踐與公民意識 □ C2 人際關係與團隊合作 ■ C3 多元文化與國際理解	一、認識猶太人與阿拉伯人在巴勒斯坦地區的歷史。【掌握意義】 二、認識以巴衝突的背景及過程，理解衝突對兩個族群的歷史、生活造成的影響。【掌握意義】 三、可以根據閱讀、影片等文本，運用已學的知識，辨別、判斷資料的來源、可信度，並以多元觀點探究歷史事件。【掌握脈絡】 四、能夠與他人合作統整資訊，並指出事件發展的因果關係，綜合整理影片傳達的訊息，並加以補充己見。【掌握脈絡】 五、認知世界各國是互相影響，以同理心理解他人（他國）的歷史發展與影響，並以口語表達、文字書寫抒發己見。【進行設身處地的認知／神入】 六、明白無人（國）能對他國事務抱持置身事外的態度，進而主動關心國際事務。【進行設身處地的認知／神入】

（續下表）

素養導向教學規劃						
教學期程	學習重點		單元／主題名稱與活動內容	節數	學習策略	評量方式	融入議題
	學習表現	學習內容					
一	了解巴勒斯坦地區的歷史發展	巴勒斯坦地區發展歷史資料	★認識巴勒斯坦猶太人及阿拉伯人在巴勒斯坦的歷史發展	1	分組閱讀、分析、擷取資料	1.教師觀察各組討論及學習態度 2.教師觀察學生擷取後的資料	閱讀素養
二	了解伊斯蘭教的內涵	伊斯蘭教資料	★真神與先知釐清非穆斯林對伊斯蘭教的誤解	1	分組閱讀、分析、擷取資料	1.教師觀察各組討論及學習態度 2.教師觀察學生擷取後的資料	閱讀素養
三	認識以巴衝突	以巴衝突歷史資料	★決鬥生死戰 1.猶太人復國的原因 2.以色列建國後，與阿拉伯的衝突 3.以色列與巴勒斯坦的衝突	1	分組閱讀、分析、擷取資料	1.教師觀察各組討論及學習態度 2.教師觀察學生擷取後的資料	閱讀素養
四	了解猶巴的生活型態以及雙方對彼此的看法	影視文本《美麗天堂》（"PROMISES"）	★比鄰而居的以巴 鑑賞影視文本：猶巴之間生活型態的不同	1	分析、擷取影視文本資料	教師觀察學生擷取後的資料	多元文化

（續下表）

教學期程	學習重點		單元／主題名稱與活動內容	節數	學習策略	評量方式	融入議題
	學習表現	學習內容					
五	了解耶路撒冷對兩國（族）的重要性	影視文本《美麗天堂》（"PROMISES"）	★是「誰」的耶路撒冷？鑑賞影視文本：耶路撒冷對兩國（族）的意義	1	分析、擷取影視文本資料	教師觀察學生擷取後的資料	多元文化
六	了解猶巴之間互相理解的過程及後續	影視文本《美麗天堂》（"PROMISES"）	★和平，會不會來？鑑賞影視文本：猶巴孩童之間的互動理解的過程		分析、擷取影視文本資料	教師觀察學生擷取後的資料	人權教育

參考資料：
1. 南一書局，《國民中學社會第五冊教師手冊第二本歷史》，頁 128-132。
2. 南一書局，《國民中學社會第五冊教師手冊第二本歷史》，頁 148-149。
3. 翰林出版，《國民中學社會第六冊教師手冊第二本歷史》，頁 232。
4. 翰林出版，《國民中學社會第五冊教師手冊第二本歷史》，頁 200-202。
5. 康軒文教，《國民中學社會第六冊教師手冊第二本歷史》，頁 174。
6. 人間福報，〈以巴衝突大事記〉（http://www.merit-times.com.tw/NewsPage.aspx?unid=131223）。

教學文件與教學補充資料：
・教學簡報
・講義
・學習單
・課後問卷

　　以上是「認識以巴衝突」教案內容，以「整合知識、技能與態度」、「情境脈絡化的學習」、「學習方法及策略」以及「活用實踐的表現」為設計之原則，[76]希望讓學生能藉由課程連結真實的世界，獲得學以致用的知能。教師主要任務是提供多元教材、補充說明，加速引導學生進入學習情境。

---

76 國教署，〈核心素養改變一：教學走向素養導向教學的兩條路徑〉，《中小學師資課程教學與評量協作電子報》（https://goo.gl/Bb1Qrr，最後瀏覽日期 2020 年 7 月 15 日）。

三、學習單回饋分析

　　本次教學活動施測對象為新北市○○國中九年級中三個班學生，共七十六人。以九年級為對象是因該年段課程內容為世界史，同時學生在基礎知識、閱讀書寫等各方面能力，較適合進行以國際議題為主的思維課程。

　　本課程分為兩個部分，共六節課。前三節課實施「文本閱讀課程」，以補充資料為主，讓學生透過文本閱讀、討論，以及書寫學習單，加深對以巴歷史發展的了解，以利學生建立背景知識。後三節課為「影視文本課程」，每節觀看《美麗天堂》的一部分，針對觀看內容進行討論、分享，評量方式則為學習單之書寫。課程結束後，請學生針對課程內容進行回饋。由於本教學活動重心在於影視教學，本文僅就第二部分課程，針對影視教學的學習單以及回饋單，進行檢視分析。

（一）影視文本學習單

　　學習單題目分為十大題，根據《美麗天堂》的內容，包含歷史記憶、影片內容理解、分析等題目，題型則有勾選題、問答題以及開放性問答。教學目標之設定，分別是：問題一到問題三屬「掌握意義」，問題四到問題六為「掌握脈絡」，問題七到問題十則是「進行設身處地的認知／神入」。

Q1：判斷投影片的照片，哪些孩子看起來是同一族的。（一族：A，另一族：B）
1.□　2.□　3.□　4.□　5.□　6.□ 判斷是哪些人為同族是否容易？□容易　　□不容易，原因：＿＿＿＿＿＿＿＿

　　問題一是在學生觀看影片之前，以七名孩童的照片，讓學生先行判斷。目的是為了讓學生了解，同為閃族（the Semites）分支的猶太人及巴人，僅以面貌辨別其差異是有困難的。長相、膚色相近的兩族，卻形同水火，對立難解，非外人所能了解，因此希望學生透過《美麗天堂》的觀看，加深對以巴衝

突緣由、發展的理解。回答「容易」者有二十四人，占 31.6%，「不容易」者五十二人，占 68.4%。部分回答：

> 看不出來是什麼族，長得太像了。（90805）

學生透過這題了解到，要判斷一個人是哪一個族群，需要更多的線索才能進判斷，因此多數學生皆認為只憑照片是很難辨別的。不論是覺得容易或不容易，所有學生在族群分類上皆判斷錯誤，顯示光憑「長相、膚色」是不能作為判斷依據的，亦讓學生在觀賞影片之前，建立「兩族血統雖近，卻未因此而能和平相處」的概念。

> Q2：一邊觀看影片，一邊勾選照片上的孩子的族群、居住地、宗教信仰。

問題二是勾選題，是讓學生對《美麗天堂》中出現的七名孩童，有基礎的認識，避免因人物過多，發生混淆的情形。此題作答情形良好，全數勾選正確。

> Q3：這些孩子認定「耶路撒冷是我們的」的觀念來源有哪些？（依據影片的內容）

問題三讓學生仔細檢視七名以巴孩童的話語，他們針對彼此的看法，對耶路撒冷的概念。這些觀點並非天生而是後天人為，那麼形成的來源為何？學生的回答集中在三種答案，一為「宗教」，四十一人，占 53.9%；二是「學校」，四十人，占 52.6%，三為「家庭」，三十五人，占 46.1%。

> 根據他們宗教的經典《聖經》、《古蘭經》教義，還有祖先住的地方。
> （90803）
> 宗教經典、學校教育。（90811）

綜觀學生答案，皆能掌握到影視文本所透露的訊息，能夠知道孩童們的概念來源，跟所處的環境大有關聯，來自家庭、宗教信仰以及社會（學校、團體）等。這些在日常生活隨時灌輸的觀念，是多麼的根深蒂固，改變並非易事。

> Q4：透過影片中孩子們的說法，你認為以巴之間的衝突，最主要是在「爭」什麼？

　　問題四設計的目的是要學生掌握影片內容的脈絡，分析真正造成以巴不睦的原因為何。在觀賞影片之前，教師提示此題只要填寫一個答案，請學生判斷何者才是造成雙方衝突的最關鍵因素。

　　學生的答案有兩種，回答「耶路撒冷」有二十三人，占 30.3％；回答「土地」的有五十三人，占 69.7％。回答「耶路撒冷」的學生，基本上只理解了一半，以巴衝突真正關鍵在於生存問題，亦即「土地」才是癥結所在。尤其在巴勒斯坦孩子的談話中，法拉便不斷強調自己有回老家的權利，珊娜寶也談及以色列搶走巴人的土地。此外，莫許與馬穆亦不斷透過兩教的宗教經典強調土地是自己的。回答「土地」的學生達 69.7％，可見大多數的學生明確掌握影片所要表達的概念。

> Q5：（1）看完紀錄片後，依據影片中的畫面以及孩子們的對話，你能否判斷為何彼此居住在距離不過 20 分鐘路程的孩子們，卻像是活在不同的兩個世界？阻礙他們理解彼此的「關鍵」是什麼？為什麼？
> （2）比席跟雅各兩人跟珊娜寶一起跳（學習）巴勒斯坦傳統舞蹈，展現了哪種精神？

　　問題五分為兩部分，第一部分是讓學生觀察影片中，為何以巴雙方無法互相理解，他們自認是「什麼」造成的？不論是影像或是孩子的話語中，「檢查哨」出現的十分頻繁，儼然是以巴理解彼此的阻礙。第二部分問題則是延伸題，當「檢查哨」這個阻礙消失時，以巴雙方真正接觸後，我們看到的是猶太人在跳著巴人的舞蹈，證明了他們有互相理解的意願。因此，希望透過問題六

讓學生在填寫答案的同時，亦可了解到只要有接觸的機會，人與人（國與國）之間關係是會轉變的。

第一部分，認為關鍵阻礙是「檢查哨」的學生有七十五人，高達 98.7%，另有一人認為是「宗教、種族不同」。足見學生觀看影片時，都能注意到檢查哨影響力之高。同時，學生的回答也清楚表達檢查哨造成的問題為何。

> 因為猶太人所設立的檢查哨，阻礙他們的互動和彼此了解，也很難解開對彼此的誤解。（90816）

幾乎所有的學生都能掌握這樣的脈絡，並能清楚說明問題所在。

第二部分，學生能從猶太人學習巴勒斯坦傳統舞蹈的行為，推論該行為所展現的意義何在。

> 接受不同文化，學習且尊重與自己不同國的人。（91901）

互相尊重、交流是和平相處的第一步，以巴孩子間少了「檢查哨」的阻礙，彼此的互動正式邁向理解彼此的一大步。

Q6：從歷史角度思考，你認為「以巴衝突」是否會影響「臺灣」？為什麼？

問題六要引導學生連結過去所學的歷史，分析該事件可能對臺灣造成的影響為何，並讓學生認識到全球化的時代，國際局勢的發展會影響到全世界。認為「會影響」的學生共有七十六人，亦即所有學生都具有國際間是互相影響的概念。同時，七十六個學生都能聯想一九七○年代發生的能源危機，並可據此判斷以巴衝突「會影響臺灣」。

> 一九七○年代曾有能源危機。今日如果再度發生戰爭，全球石油價格會

大漲，臺灣還是會受影響。（91926）

　　部分學生除了能夠連結學過的知識，並且能進行推論，指出如果未來再發生以巴衝突，對臺灣、全球都會有所影響，進而了解全球化的時代，無國能置身事外。

> Q7：（1）你認為這群孩子的生活環境（周遭所發生的事物）跟在臺灣的我們有哪些相異點？
> 　　　（2）在觀影過程中，你對哪一幕的場景或是對話（談話）印象深刻？你的感受是什麼？

　　問題七希望能讓學生設身處地思考，以巴孩子的生活環境與臺灣有何不同。首先請學生判斷兩地生活的相異點何在，再請學生寫出對影片內容的哪一段落印象、感受最為深刻。

　　第一部分的答案，多數集中在以巴孩子生活無安全感、受到束縛、隨時面對死亡等。相對而言，臺灣的生活顯得安全，精神狀態安定，不會充滿恐懼。

他們沒有自由、人權。（90817）

第二部分是寫出印象最深的片段，請學生表達自身的感受。

法拉在說暴動時，他們只能用"石頭"保護自己時，我感受到他的無助與無奈。為了保護自己，不管對方是拿槍還什麼，還是以弱弱的資源抵抗，甚至法拉的朋友十二歲就因暴動而死。（90418）

　　對法拉失去朋友以及無法回老家的心情，不少學生似乎能夠感同身受。即使一開始不認同（或不理解）他的激烈言行，但在了解他的遭遇後，學生亦多湧現深刻的同情。

同樣失去好友的莫許，言行亦較他人來得偏激。

> 莫許說想要阿拉伯人通通不見。我覺得很可怕，但又覺得以莫許的角度
> 想很正常，因為他只想保住自己的國家。（91921）

該生已做到「設身處地」的思考，能從對方的立場出發，理解想法形成的
緣由。

另一方面，認為以巴之間應該和平相處的猶太人雙胞胎，兩人的發言亦獲
得學生的認同。

> 雅各與丹尼的對話。我真的很欣賞這對雙胞胎，也很贊同他們的想法。
> 也許是因為他們沒有宗教信仰的關係，所以講出來的話比較不那麼偏
> 激，外人看起來比較能接受。還有，他們也追求和平。雙方都各退一
> 步，不要互相攻擊，這樣不是很美好嗎？再來就是他們在猶太殉難日的
> 那段，他們說那些說自己能理解親友死亡悲痛的人都不是真實的。的
> 確，沒有親身經歷過的人才不會懂，我也不懂，所以我不會隨口說說，
> 但相信那種悲痛，我無法承受。（91926）

學生對於雙胞胎的發言接受度較高的原因之一，雙胞胎的立場較為持平、
不偏激，在與其他孩子比較之後，顯然說服力較高，同時可以引導學生對他們
的話有更深入的思考。

最後，筆者注意到有學生從一閃即過的畫面，發覺其中蘊藏的含義。

> 珊娜寶一家探監，經過檢查哨的畫面。明明有阿拉伯人，卻沒有以色列
> 人會講阿拉伯語，表示他們一點也不尊重阿拉伯人。（91906）

該生的觀察十分細心，能夠從影片的細節處了解到：以色列政府不僅以檢查哨限制巴人行動，亦缺乏尊重的態度，這對雙方的和平發展而言並無益處。

> Q8：如果從你家到學校的路途中，每隔 5 分鐘就有一個「檢查哨」，對你的生活可能造成哪些影響？

問題八讓學生設身處地，體會巴勒斯坦人生活的苦處，如果生活中有檢查哨會有何影響？自己的感受會是如何？學生的回答幾乎都有「可能會遲到、必須要提早出門」，答案大致可分為以下幾類。

（一）生活上的困擾

> 會使我必須很早就得要出發了，要不然應該會天天遲到吧，而且如果沒有通行證，可能被拒於門外。（90405）

學生透過影片多能明白檢查哨所造成的困擾，如需要提早出門、途中等待檢查時需要大排長龍，甚至連無法上學等都是有可能發生的狀況。

（二）較為深層的感受

> 會大塞車，上課會遲到，交通非常不方便，且沒有通行證不能過，很麻煩，感覺自由被剝奪。（91930）

部分學生尚能指出設立檢查哨背後的意涵：檢查哨設立的用意即在監控人民，涉及人權、尊重問題。透過這題，可以看到部分孩子能深入思考到民權的重要。

> Q9：依據洛克「天賦人權」的觀念，你認為：以巴衝突，讓雙方的哪些權利受到侵害？
>
> （1）以 色 列：□生命　□自由　□財產　□三者皆有。
> （2）巴勒斯坦：□生命　□自由　□財產　□三者皆有。

問題九是「人權議題」相關，結合九上課程「啟蒙運動」的相關內容，讓

學生思考，生活在以巴衝突的環境中，因此失去的權利會有哪些。

以色列部分，認為「生命」受到影響者是七十人，佔 92.1%；「自由」受影響為三人，佔 3.95%；認為「自由」以及「財產」都受到影響的則為三人，佔 3.95%；至於「三者皆有」影響為〇人。

巴勒斯坦部分，認為「三者皆有」受到影響的有七十一人，佔 93.4%；「自由」、「財產」受影響為四人，佔 5.3%；認為只有「自由」受影響的一人，佔 1.3%。

從學生的回答，可以看到他們了解到衝突（戰爭或暴動）中，雙方的「生命」皆受到嚴重的威脅。同時，處於弱勢的巴人，是生命（戰亂）、自由（檢查哨）、財產（土地被佔領）都受到損害；相較之下，以色列人雖然生命亦有損傷，但不論在自由或財產受損的程度，皆不如巴人來得高。

> Q10：如果聯合國（UN）舉辦「耶路撒冷是屬於誰的？」網路聽證會的話，你是否有意願參與並對此表達你的意見？

選擇紀錄片《美麗天堂》讓學生觀看，目的除了希望學生對以巴衝突能有基本的認識與了解，更期盼學生能主動關心國際局勢、參與國際議題的討論。因此，問題十所要釐清的是，課程實施後，學生國際參與的意願如何。

「有意願」的共有五十八人，佔 76.3%。願意參與並表達意願的學生多表示，如果自己的行動能促進兩國和平的話，乃樂意之事。

> 我願意。我希望能藉由表達意見來緩解衝突。看到影片，最後他們見面、玩在一起不久又要分離，真的很難過。我不希望再有「檢查哨」阻隔他們的往來，我覺得這反而增加兩國間的仇恨。（90418）

其中，尚有學生能將以巴之間的關係，連結到臺灣的處境，做出更深刻的思考。雖是他國之事，發聲量夠大的話，同樣會影響國際局勢的發展，甚至影

響到自身。

> 是。臺灣的處境也跟他們很像。兩國無法互相溝通，需要各國的力量，
> 大家都同意發表意見的話，那將會對他們影響很大。（90401）

「沒有意願」的則有十八人，佔 23.7%。部分原因是，自認不夠了解以巴
兩國的局勢，不應輕易發言以避免說錯。也有學生恐懼被報復，或是認為要公
平對待兩國，不偏袒任何一方。

> 因為我也不知道到底什麼才是對兩國都好的。我也不能太偏袒某一國，
> 而不管另一國的感受，所以我也不知道說什麼才是正確的。（91901）

綜觀「影視文本」學習單的書寫狀況，問題一到問題六的部分，大多數學
生在「掌握意義」及「掌握脈絡」方面表現良好。問題七到問題九，「進行設
身處地的認知／神入」方面，部分學生能將看到的情景寫出，卻無法表達印象
深刻的原因或感受，可見以文字表達的能力尚待加強。能夠完整表達的學生，
則可看到他們對課程內涵，有著不錯的掌握，對影片孩子的遭遇亦有所感觸。
最後，問題十，對國際參與有意願的孩子達 76.3%，表示大多數的學生能設
身處地思考，對國際衝突的態度不是置身事外，了解到一己之力，也有存在之
價值與意義。

（二）課程回饋單

在完成影視教學活動之後，讓學生對整個課程再次進行思考，檢視在這個
課程的所得，以及對課程整體的感想。這個部分，除了分析回饋單結果之外，
並檢視本課程，是否達到本課程設定之目的。下列為回饋單的統計資料。

Q1 這個課程使你對「以巴衝突」的原因、發展有更深入的了解。

選項	人數	百分比	選項	人數	百分比	選項	人數	百分比
同意	67	88.2%	普通	9	11.8%	不同意	0	0%

Q2 你更瞭解國際衝突的起因，並知道各地國情、文化值得我們的理解與尊重。

選項	人數	百分比	選項	人數	百分比	選項	人數	百分比
同意	71	93.4%	普通	5	6.6%	不同意	0	0%

Q3 你對以色列、巴勒斯坦國家、人民的原有印象產生改變。

選項	人數	百分比	選項	人數	百分比	選項	人數	百分比
同意	66	86.8%	普通	10	13.2%	不同意	0	0%

Q4 你認識到報章媒體資訊的正確性是需要檢視的、查證判斷，以辨別真實性。

選項	人數	百分比	選項	人數	百分比	選項	人數	百分比
同意	67	88.2%	普通	9	11.8%	不同意	0	0%

Q5 你願意多花時間查詢歷史課本以外的資料，了解更多的知識。

選項	人數	百分比	選項	人數	百分比	選項	人數	百分比
同意	53	69.7%	普通	22	28.9%	不同意	1	1.3%

Q6 你會主動搜尋國際新聞，了解國際發生的大小事。

選項	人數	百分比	選項	人數	百分比	選項	人數	百分比
同意	48	63.2%	普通	27	35.5%	不同意	1	1.3%

Q7 你能夠對問題作更深入的思考，增進理解。

選項	人數	百分比	選項	人數	百分比	選項	人數	百分比
同意	56	73.7%	普通	20	26.3%	不同意	0	0%

Q8 你瞭解不能只聽單方面的說法，應該多多聆聽他人的意見與想法，以包容的態度理解衝突。

選項	人數	百分比	選項	人數	百分比	選項	人數	百分比
同意	75	98.7%	普通	1	1.3%	不同意	0	0%

Q9 你瞭解如要化解衝突，以「同理心」，互相理解、體諒、包容對方，才有和平相處的可能性。

選項	人數	百分比	選項	人數	百分比	選項	人數	百分比
同意	75	98.7%	普通	1	1.3%	不同意	0	0%

Q10 你覺得歷史課變得更有趣。

選項	人數	百分比	選項	人數	百分比	選項	人數	百分比
同意	68	89.5%	普通	8	10.5%	不同意	0	0%

Q11 你希望老師能再以影視教學的方式上歷史課。

選項	人數	百分比	選項	人數	百分比	選項	人數	百分比
同意	75	98.7%	普通	1	1.3%	不同意	0	0%

課程回饋單，問題一至問題十一，整體統計結果如下圖：

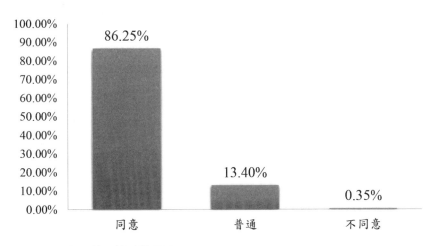

圖 9-1　課程回饋單統計結果圖

　　依據回饋統計分析，「問題一、二」表示，大多數學生對以巴衝突有更深入的了解。「問題三、四」，代表課程讓不少學生改變對以巴兩國原有的印象，並能了解到媒體資訊需要進一步的檢視、查證。綜觀結果，這個課程讓學生在檢視資訊，進行理性思考，判斷資訊正確性，進而形塑歷史思維能力方面，確有助益。

　　觀察「問題五、六」，可以發現是「同意」者比例最低的兩題，雖有達到60%以上，但皆不到 70%。可見對學生來說，主動關心國際事務仍有其障礙，或許跟接受施測的學生是九年級生，即將面對國中學測，因此影響到主動參與的意願。同時也表示在這方面，仍有努力空間，需要教師多加引導，提高學生主動關心、參與國際的意願。

　　「問題八、九」的數據可以看出，高達 98.7%的學生在本次課程，了解同理心、彼此尊重對「化解衝突」極具重要性。

　　此外，透過「問題十、十一」的統計資料，可以看到學生對本次影視教學課程，給予高度肯定，希望有機會能再上這樣的課程。然而，也有學生覺得：

我喜歡用影片的方式來教單　但學習單有點太多了。（91923）

　　或許這就是何以在「問題十」，有八個學生選擇「普通」的原因，需要動腦寫學習單，以致未能感受到課程讓歷史課變得更有趣。

Q12 請寫下你對這個課程的感想或建議

　　回饋單的最後，請學生以文字發表想法，大致可分為以下幾類：
（一）課程受用，理解衝突意義

　　我覺得這一次的課程，讓我更進一步的了解以巴衝突，要讓我知道有些戰爭不能只從字面上的意思去猜測，而是要花時間去探討這些戰爭的內容。我希望以後如果有多出來的時間可以拿來上這類型的課程。（90802）

（二）多方角度觀察，多元深入思考

　　寫學習單並不有趣，但比上課好。對我也很有幫助，讓我學會要以客觀的方式看待在報紙或媒體上的文章。（90401）

（三）具備同理心，傾聽他人意見。

　　這次課程，對我來說，最大的影響是透過影片的欣賞，讓我更了解課本陌生文字的意思，更知道他們國家人民真實的想法。不同國家的人民，他們面臨的情況，還有對此事件的看法。了解到一件事不能只看一面，這個影片讓我對「以巴衝突」印象更深刻。（90821）

（四）與國際緊密連結，彼此互相影響。

　　上完這堂課，我知道了不能只關心自己國家發生的大事，其他國家發生

的事同樣會影響我們。（91912）

可以發現學生在本次課程中，加深對以巴衝突的理解，並能深入思考，進而瞭解到國際局勢的影響力無遠弗屆，身為一分子的我們是無法隔岸觀火的。

最後，以「90803」的感想作為結語，該生不僅以同理心理解以巴衝突，更能多元思考；同時，該生對以巴關係的想法與薩依德的觀點，[77]可說是不謀而合：

> 之前看了《美麗人生》電影後，覺得猶太人十分可憐，因為民族不同而受到排斥、反對。但看了《美麗天堂》紀錄片後，覺得當年受到迫害的猶太人，現在卻在迫害其他民族的人。雖然雙方皆有殺人放火之錯，但以色列依然是強國，不斷侵略巴勒斯坦，擊殺、拘捕。以色列應給予不同民族生存的機會。（90803）

該生有條理且具有說服力的文字，讓筆者益加感到此次課程乃極具意義與價值的教學活動。

第五節　結語

筆者嘗試透過歷史科的教學活動，讓學生有機會接觸更多耳熟卻不甚瞭解的國際時事，使用的教材單元是「以巴衝突」。筆者設計以影視教學為主的課程，先以「閱讀文本」進行教學，建立學生的基本知識，再透過「影視文本」引導學生思考以巴衝突相關問題。

紀錄片《美麗天堂》透過孩童更真實且赤裸裸的視角，表達對以巴衝突的看法，這樣的觀影（上課）經驗讓學生留下深刻印象。學生在「學習單」以及

77　Gauri Viswanathan 編，單德興譯，《權力、政治與文化：薩依德訪談集》，頁 607-627。

「課程回饋單」的作管，顯示在「歷史理解」的部分頗具成效。多數都能做到掌握意義、掌握脈絡，並能設身處地思考，更提高學生對國際議題的關注度，主動關懷身處的世界。

　　本文利用紀錄片提供不同的視角與啟蒙，創造適合國中生理解以巴衝突的情境。從實作成果來看，紀錄片融入歷史教學，在引導學生理解國際議題、建立多元觀點、包容不同文化以及增進思維能力等各方面有其成效，足證這是一個值得肯定且可實質應用的教學模式。

十、影視文本在中學歷史教育的應用
——從《我的名字叫可汗》看九
一一事件後的美國社會與穆斯林

黃璨瑩
臺東縣立東海國民中學歷史教師

第一節　緒言

　　近年教育部為推展十二年國教政策，於各縣市進行系列教學推廣，例如：活化教學、有效教學、多元評量等教育理念，因此有了將研究與教學結合的構思，希望透過多元教材的呈現與應用，激發學生的學習動機，精進教師的教學發展。

　　「九一一事件」的發生對當代社會具有深遠的影響，不僅是政治上的、文化上的，以及宗教上的，所涉及的層面之廣，非常值得探究。其中，在九一一事件發生後，凸顯出更重要的問題，是美國社會中的族群議題，尤其是美國白人與穆斯林之間族群的對立關係。故以此作為本文研究主題。

　　綜合上述，本文透過影視教材的應用，以《我的名字叫可汗》（My name is Khan），一部以穆斯林觀點立場切入探討的九一一事件影片為例，進行教學實作，使學生能以多元的觀點建構「伊斯蘭世界」和「九一一事件」的相關背景知識，並能透過「九一一事件」探討美國社會與穆斯林間的關係變化，理解到不同族群間的衝突與對立，並學習到包容以及同理的概念，進而省思九一一事件所帶來的改變與影響。[1]

1　本篇文章係本文筆者碩士論文〈影視文本在中學歷史教育的應用—從《我的名字叫可汗》看九一一事件後美國社會中的穆斯林問題〉改寫精簡而成。

第二節　西方與伊斯蘭文明的衝突

西元二〇〇一年九月十一日，美國紐約雙子星大樓遭劫機衝撞，從此美國的天空蒙上了一層陰霾，美國民眾的心靈也多了一分恐懼與憤恨。九一一攻擊事件發生後，美國積極投入反恐行動，其他世界各國對於恐怖攻擊也同聲撻伐。

儘管九一一攻擊事件可能只是出於部分激進的伊斯蘭恐怖組織所為，但這已顯露出伊斯蘭世界的仇美情緒。因此，在美國宣布反恐政策的同時，社會各界也開始關注起伊斯蘭世界對西方的仇視心態。

任何行動或想法的形成，都有其背後因素使然，九一一攻擊事件的發生也是，九一一攻擊事件反映出一股反對西方文化的激進勢力，它更被視作是伊斯蘭世界對西方世界的反擊。[2]若要理解西方與伊斯蘭之間的愛恨糾葛，尋求解決之道，勢必得回溯歷史，從歷史的長河中去探究，找尋線索。

伊斯蘭世界興起於西元七世紀的阿拉伯半島，並以今日中東地區為核心，[3]向外發展其勢力。十一世紀時，伊斯蘭世界進入了政治混亂時代，最後由同樣信仰伊斯蘭教的土耳其人統治了此區，取代了阿拉伯人，成為伊斯蘭教世界新的主宰者。從十一到十九世紀，分別由土耳其人建立的兩大帝國——塞爾柱土耳其、鄂圖曼土耳其帝國先後掌控伊斯蘭世界，並且與西方世界有更多的接觸，例如：十一至十三世紀的十字軍運動（the Crusading Movement），是伊斯蘭世界與西方最初的衝突。

2　于凡，〈911攻擊事件國際因素之探討—美國霸權和伊斯蘭基本教義派之衝突〉（臺北：文化大學美國研究所碩士論文，2008），頁90。

3　「中東」這個名詞是在第二次世界大戰以後才在國際政治普遍使用的地域概念；是以歐洲為中心的位置關係而出現的一個名詞，意指歐洲以東，介於近東與遠東之間。廣義的中東涵蓋的範圍是從西邊的摩洛哥到東邊的伊朗、阿富汗，包含土耳其在內。參見宮崎正勝著，劉惠美譯，《中東與伊斯蘭世界史圖解》（臺北：商周，2008），頁31。

一五一七年，鄂圖曼土耳其帝國繼續擴張疆域，領土橫跨歐、亞、非三大洲，發展成一個大帝國，並在十六世紀達到巔峰，成為整個伊斯蘭世界的權力中心，且擁有與西方抗衡的力量。不過十六世紀後，西方開始了轉型過程，由農業社會發展到手工業社會，最後進入工業社會。十八世紀後，西方勢力崛起，隨著帝國主義的興起，在西方工業化與現代化的強勢壓制之下，對於曾經躍居世界鰲頭的伊斯蘭世界而言，也無法避免這巨大的衝擊，在西方帝國主義的侵略下，伊斯蘭世界相繼淪為西方的殖民地或半殖民地。

　　在第一次世界大戰之後，伊斯蘭世界有的興起了民族解放運動，例如：印度、阿富汗、埃及、伊朗、印尼等伊斯蘭地區試圖脫離西方殖民的統治；有的則是學習西方展開西化運動，例如土耳其凱末爾進行的現代化運動。[4]伊斯蘭國家的獨立與建立，雖擴大伊斯蘭教的影響，[5]但不可否認的是，西方勢力在伊斯蘭世界，尤其是今日中東地區，仍具影響力，甚至影響著這個區域的情勢發展，以至於演變成西方與伊斯蘭世界的再衝突──「以、阿衝突」，以色列和阿拉伯國家兩者之間的問題則是源自巴勒斯坦問題。對於伊斯蘭世界而言，以、阿衝突標誌著西方文明入侵伊斯蘭世界的一個象徵，巴勒斯坦問題成為伊斯蘭世界對西方的不滿情緒的關鍵緣由。[6]

　　美國是一個移民社會，除了早期移居的歐裔白種人、非裔美人，還有十九世紀後來自亞洲的移民群居於此，在多種族的社會背景之下，所組成的族群自然非以共同血緣為主，在缺乏共同根源的情況之下，因此產生了美國是一個「民族大熔爐」的觀念。然而，這個「民族大熔爐」若要能使風俗、信仰齊一化是不容易的，畢竟美國是由各個群體所組成的，所以「多元化」的觀念因應

4　王懷德、郭寶華，《伊斯蘭教史》（銀川：寧夏人民，1992），頁 446-463。

5　王懷德、郭寶華，《伊斯蘭教史》，頁 464-468。

6　Saad Eddin Ibrahim 文，邱炫元譯，〈正當的算計與錯誤的會計師─獄中日記〉，《當代》，第 182 期（2002），頁 28。

而生。現今史家也大多以「多元文化論」的觀念來理解美國歷史、解釋美國社會的各種現象。

在美國多元文化社會之下，每個族群的習俗觀念、宗教信仰也都不盡相同，差異必然存在，然而在幾世紀以來，外來移民的努力下，各自有了生活圈，在美國也各享一片天地，儘管差異在，但不至於造成族群間的恐懼與對立，然而九一一事件的發生，卻為族群問題投下一顆震撼彈，也使得伊斯蘭世界與美國之間的衝突問題更浮出檯面，這彼此之間的衝突除了可從過去歷史發展的脈絡中找尋蛛絲馬跡之外，最直接的關聯乃與美國在中東的外交策略施展有關。

二戰結束後，美國對中東的外交政策著重在防止蘇聯共產勢力的擴張，主要有五項特點：[7]

1、維護以色列的生存與政治穩定

2、使波斯灣石油在西方國家供應正常

3、協助溫和派阿拉伯國家的安全

4、防止大規模核武擴散及恐怖主義

5、防止蘇聯擴張，維持美國在中東的利益

二次大戰後，自以、阿衝突以來，美國扮演著世界警察的角色，是解決巴勒斯坦問題的一大力量。不過，就美國支持以色列的政治傾向而言，雖然是基於確保區域安全與以色列軍事合作，以防止蘇聯共產勢力擴張，但其實也是為自身經濟利益考量，藉此確保中東油源能穩定輸出。但是以色列為了建國以及領土擴張，併吞鄰國領土，入侵黎巴嫩也是不爭的事實，不過美國僅是口頭上的訓斥，並未採取實際行動，這似乎是在默許以色列的一切作為，間接造成以阿、衝突的形成導致與以色列為敵的伊斯蘭國家將仇恨情緒加諸於美國。[8]此

7　于凡，〈911攻擊事件國際因素之探討—美國霸權和伊斯蘭基本教義派之衝突〉，頁19-22。

8　劉雅玲，〈巴勒斯坦建國之路的滄桑歷程〉，《歷史月刊》，152期（2000），頁82-83。

外，蘇聯入侵阿富汗、伊拉克併吞科威特等美國對國際事務的涉入，雖基於穩定世界秩序，但更多是為了石油經濟、戰略位置利益而考量，因此間接造成中東地區人民飽受戰禍之苦，也因此，伊斯蘭世界對於美國是有愛，但是也有恨。

第三節　《我的名字叫可汗》的敘事與分析

《我的名字叫可汗》內容主要設定在九一一事件之後，美國社會對穆斯林的對待。劇中的主角人物雖是虛構的，但其設定的歷史背景——「九一一事件」，卻是真實發生在美國社會的。導演卡倫喬哈爾（Karan Johar, 1975-）以貼近社會現實，結合時事的方式，針對在美國的穆斯林於事件後所遇到的困境、問題深入了解，並試圖用多元的角度呈現九一一事件所帶來的改變，提供觀者反思，凸顯九一一事件前後，面對變故，人性、種族意識、宗教信仰的變化。

《我的名字叫可汗》內容在描述主角——里茲瓦可汗（Rizwan Khan，以下稱可汗）的故事。本片一開始的場景設定在二○○七年十一月的舊金山，以可汗搜尋美國布希總統（George Herbert Walker Bush, 1924-2018）的行程，以及機場安檢做為開場，透過倒敘的手法，凸顯出本片重點，接著場景再回到可汗的童年生活，開始敘述可汗的故事。

可汗從小患有亞斯伯格症，在人際相處與社會互動上與一般人不同，然而母親耐心的教導與愛護之下，讓他得到好的照顧。然而這樣的細心照顧卻使得弟弟札吉爾可汗（Zakir Khan）妒忌哥哥，對母親不諒解，認為母親比較疼愛哥哥。

在母親離世後，依照母親生前的交代，可汗在弟弟的資助下移民到美國舊金山。由於在大學教導心理學的弟媳哈西娜（Hasina）的觀察，才發現可汗患有亞斯伯格症（Asperger Syndrome），在弟媳哈西娜的幫助之下，可汗加入

自閉症協會，了解自己行為的特徵，學習接觸人群。弟弟得知哥哥的症狀後，理解到小時候母親對哥哥特別關心的原因，對哥哥的心結也逐漸釋懷。

移民美國後的可汗，擔任美容產品推銷員，他認真地工作，在事業上小有成就。同時，與劇中女主角曼蒂拉（Mandira）相識，相戀，結婚，且取得了撒米爾（曼蒂拉與前夫所生的小孩）（Sameer）的信任。婚後，曼蒂拉為兒子撒米爾改了父姓，名字冠上穆斯林的姓氏，可汗（Khan），一家人也搬到加州班維爾鎮（Banville），開了一間屬於夫妻倆的髮廊，與鄰居相處融洽。

西元二〇〇一年九月十一日，美國雙子星大樓遭劫機衝撞，死傷無數，這對於美國社會而言，無疑是一場鉅變。導演藉此鋪陳，帶出本片的最大轉折，因九一一事件發生所帶來的各種變化以及主角面臨的困境與挑戰。這場九一一攻擊也使可汗一家遭受打擊，髮廊被迫關店，撒米爾在學校被欺負。再者，因為鄰居好友馬克（Mark）在被派至阿富汗作戰爭報導，不幸遭穆斯林殺害，雙方的友誼也因此產生質變。甚至，撒米爾因為穆斯林的姓氏「可汗」（Khan）遭到種族歧視，被同儕毆打致死。

由於撒米爾之死，讓曼蒂拉相當悲憤，情緒難以平復，認為一切都是因為讓兒子冠上夫姓「可汗」所致，因此將所有恨意發洩在可汗身上。為了挽救婚姻實現承諾、為了替穆斯林正名改變人們的看法，可汗開始展開旅程，只為見到美國總統一面，親自對他說：「我的名字叫可汗，我不是恐怖分子」。

就上述劇情，可歸納出《我的名字叫可汗》的敘事脈絡有三個，導演透過三個主軸：「九一一事件前後的社會轉變」、「人性的重要」、「愛與和解的脈絡」，藉此敘述、表達出他的關懷與核心概念。其中「愛與和解的脈絡」尤為重要，例如：兄弟之間、夫妻之情，還有朋友關係的描述，以及社會間的互動，如：可汗的小時候、移民美國後，以及正名之旅等……這期間經歷的人事物，刻畫出整個社會之間的人情冷暖。

導演在片中試圖營造一個現實生活中的和平世界，認為衝突與誤解可以透過包容與仁慈被化解，藉由愛與和善的力量凝聚人際之間，家庭之間，甚至整

個民族、社會、國家、全世界之間的情感。雖然理想的社會在真實世界中並不一定真的能實現，但至少導演已經藉由這部影片《我的名字叫可汗》跨出一步，提供一個多元的觀點看待穆斯林族群，試圖為族群對立或衝突的問題，找到和解的可能性。

第四節　《我的名字叫可汗》在影視教學的應用

電影《我的名字叫可汗》的內容主軸為九一一事件，以及穆斯林在九一一事件後的處境，如果要以電影《我的名字叫可汗》設計一套影視教學方案，則必須使學生對「九一一事件」、「伊斯蘭世界」等相關議題有所了解。國內現行的國中歷史教科書內容，對於上述兩個議題都有相關的書寫，以電影《我的名字叫可汗》結合國中歷史課程的教學方案，是具可行性的。

在進行影視教學之前，筆者首先將針對國內現行歷史教科書中有關「伊斯蘭世界」、「九一一事件」的相關內容書寫作整理分析。筆者所採用的文本，以目前國內中學常用的翰林版、康軒版，以及南一版等三個版本為主，其中有關「伊斯蘭世界」與「九一一事件」的內容書寫，主要分布於第五冊及第六冊世界史的部分。

接著以電影《我的名字叫可汗》結合教科書內容，設計影視教學方案，進行教學實作。最後再就教學實作情形以及學生學習單書寫內容進行教學結果分析。本次教學設計方案，是以臺東縣〇〇國民中學 102 學年度 902 班、905 班、909 班的學生作為教學實作對象，並進行施測與分析，實作結果可作為筆者在日後影視教學應用上的參考依據。

筆者就教科書內容，結合影視文本《我的名字叫可汗》，擬規劃成四堂課的教學方案，進行實作。教科書內容在上節教科書分析後，筆者選擇以翰林版教科書為主，參考其他兩家版本教材製作教學簡報，進行講述法教學，再播放《我的名字叫可汗》剪輯約八十分鐘的片段，搭配學習單進行影視教學。

　　本文使用的影視教材《我的名字叫可汗》涵蓋的教學內容相當廣泛，筆者試以「九一一事件」與「伊斯蘭世界」作為教學主題，將相關課程內容統整，搭配影視教材運用，進行主題式的教學。在教學流程上，第一節課為教科書的呈現與教師講述，由教師統整課程教材，自製教學簡報進行課程教學。為了引起學生的注意力，首先播放圖片，試問學生圖片的內容是什麼，以連結課程內容說明伊斯蘭教的創立背景與教義；接者，就時間脈絡發展，講述伊斯蘭世界的興起、擴張，與衰落，並說明十九世紀後西方與伊斯蘭教的接觸及關係演變，藉由以、阿衝突及九一一事件，讓學生了解二十世紀後，在多元文明的局面下，國際互動中可能存在的衝突關係。最後，引導學生對「九一一事件」做省思，並說明影片《我的名字叫可汗》的創作背景。

　　第二堂課先向學生介紹電影《我的名字叫可汗》的基本內容，接著開始欣賞影片。第二堂課和第三堂課都是影視教學。藉由電影《我的名字叫可汗》的情節呈現，除了能與所學的知識作連結，學生也能從豐富的資訊中，學習以多元的視角看待歷史，建構自己的歷史意識。為了掌握學生的學習成效，讓學生更融入劇情內容，筆者將分段播放影片，並適時解說引導學生思考學習單的題目內容，但不提供學生答案。

　　第四堂課主要是綜合討論，引導學生完成學習單。先就學習單的問題內容引導學生回想電影情節及片段，教師再透過播放的片段的關鍵詞提示，例如：通關檢查、主角的童年、男女主角相遇與結婚、九一一攻擊事件、可汗的旅程等……引導學生回想影片內容，輔助思考學習單的問題，寫下自己的想法，最後完成學習單。接著，讓同學彼此分享自己學習單的內容，藉由分享，能引發更多的討論，以激盪出更多元的想法，使同學間能意見交流切磋。

　　筆者將影視文本結合教科書內容，進行主題式教學，下表為影視文本課程教學的教案設計：

表 10-1：影視文本課程教學教案

影視文本課程教學教案			
教學主題	從九一一事件談起 —— 美國與伊斯蘭世界	設計者	黃璨瑩
教學對象	九年級學生	教學時數	四節課
教材來源	電影《我的名字叫可汗》、翰林版教科書歷史第五、六冊		
教學設備	電腦、單槍投影機、音響等視聽教學設備、麥克風		
教學內容	1.以講述法、問答法講授教科書中的伊斯蘭世界與九一一事件 2.以影視教學法播放電影《我的名字叫可汗》並輔以解說 3.藉由學習單分析同學對講授課程內容的認知程度及評量教學結果		
教學目標	單元目標	具體目標	
	1.認知方面	1-1 理解伊斯蘭教的創立背景與教義 1-2 了解伊斯蘭世界的擴張與衰落 1-3 理解伊斯蘭文明的特色與成就 1-4 了解以阿衝突的背景與過程 1-5 了解二戰後美國與伊斯蘭世界間的關係 1-6 了解後冷戰時期國際局勢的發展 1-7 理解國際間存在的衝突、合作、競爭關係 1-8 探究 911 事件發生的背景與影響	
	2.情意方面	2-1 能對現今社會的各種衝突關係或事件進行反思，並以多元的觀點進行理性辯證 2-2 能以包容的心接納不同的種族或宗教信仰 2-3 能學習尊重、接納他人，發揮團隊合作的精神 2-4 能關心國際間的時事議題，培養探究的興趣 2-5 能培養自信心，對自己產生認同感 2-6 能從影片中種族、宗教歧視問題，關照臺灣族群融合的問題 2-7 能體會到人際相處融洽及溫馨和諧社會的可貴 2-8 能反思自身的價值信念，如何對自身或周遭人事物的發展造成影響	
	3.技能方面	3-1 能利用圖片、影視教材等多元的資訊印證所學，並加以歸納整理或進行推論 3-2 能藉由書寫學習單，進行獨立思考，並能作簡要的口頭報告與討論分享	

（續下表）

教學目標	教學活動	時間	教具	備註
藉由照片及圖片引起學生的注意力	壹、教師講述 一、引起動機——由照片導入主題 （一）透過「穆斯林服裝模特兒」、「在禱告的穆斯林小孩」詢問學生： 1.照片中的人物和哪一個宗教有關（信奉甚麼宗教）？ 2.學生回應參考答案：回教、伊斯蘭教 （二）接著再問 1.你印象中的穆斯林（伊斯蘭教信徒），其形象大部分是正面的還是負面的？ 2.引導學生將答案及想法書寫在前測學習單上 （三）教師小結：女性穿長袍戴面紗是穆斯林的特徵之一。一般人對於穆斯林的形象，正面、負面的評價都有。教師藉由 12 幅以標題為「穆罕默德的臉孔」的諷刺漫畫圖片，簡單敘述 2005 年「丹麥漫畫事件」及引發的效應，說明部分西方人對伊斯蘭世界持有負面評價，但真實的伊斯蘭世界究竟是如何？	5 分	PPT、學習單	問答法 講述法
理解伊斯蘭教的創立背景	二、教學示例——講述教學 （一）伊斯蘭教創立的背景 教師利用 PPT 介紹伊斯蘭教創立的背景及創立者的事蹟及伊斯蘭專有名詞的意涵伊斯蘭、古蘭、穆斯林。	10 分		講述法
了解伊斯蘭世界的擴張	（二）伊斯蘭世界的興起與擴張 【問題】目前全世界的穆斯林人口有多少？ 【參考答案】至 2011 年為止，全球約有 13 億 9300 萬人口。 教師藉由問題詢問，展示穆斯林人口分佈圖，使學生了解穆斯林蹤跡遍及全球的現象，並藉由疆域圖進一步說明伊斯蘭教的興起與擴張？			問答法 講述法

（續下表）

	1.阿拉伯人自古以農業、游牧及經營駱駝商隊維生，生活艱苦，人口膨脹的壓力促使他們對外征服以獲取所需的生活物資，於西元 8 世紀時建立一個跨歐亞非三洲的帝國，疆域包括阿拉伯半島、印度、波斯、 埃及、北非、伊比利半島，隨著帝國的擴張，伊斯蘭教也向外傳播外傳播。 2.西元 11 世紀起，土耳其人取代阿拉伯人，成為伊斯蘭世界的新主人。西元 11 世紀，塞爾柱土耳其人控制西亞地區，成為拜占庭帝國（東羅馬帝國）的主要外患，並對基督徒前往耶路撒冷朝聖造成阻礙，拜占庭帝國於是向西羅馬帝國請求支援，於是在羅馬教宗的號召下，發動「十字軍運動」，向伊斯蘭教展開攻擊，這可說是伊斯蘭教與西方最早的衝突。 3.西元 14 世紀，鄂圖曼土耳其取代塞爾柱土耳其，並迅速擴張，於 1453 年消滅拜占庭帝國，建立跨歐亞非三洲的帝國，壟斷東西方貿易，對西方文明造成衝擊。到第一次世界大戰前，統治中東地區達四百餘年。 4.由伊斯蘭世界的擴張過程，再加上今日人口移民搬遷的因素，可以了解伊斯蘭教遍布世界各地的原因。		
理解伊斯蘭教的教義	（三）說明伊斯蘭教的教義 【問題】你們知道穆斯林各個都擁有武功（五功）？ 你們知道穆斯林有甚麼限制嗎？ 【參考答案】不吃豬肉、戴面紗…… 教師藉由問題引導說明伊斯蘭教的教義以及戒律。	5 分	問答法 講述法

（續下表）

理解伊斯蘭文明的特色與成就	（四）說明伊斯蘭文明 【問題】阿拉伯數字是誰發明的？ 【參考答案】印度人發明，阿拉伯人加以改良傳播。			問答法
	教師藉由問題引導說明伊斯蘭的文明成就：商業發達、重視學術研究及教育、文學作品天方夜譚。			講述法
	（五）十九世紀後的伊斯蘭與西方世界 【問題】在聽完老師的講述後，你覺得伊斯蘭世界對西方有造成那些威脅？ 【參考答案】阻礙東西方的交通、穆斯林族群廣大會影響西方發展。	15 分		問答法
	【延伸思考】如果以這樣的發展形勢來看，主導國際情勢的應該是伊斯蘭世界，但就目前而言，似乎不是？那是為什麼？ 教師藉由問題引導說明十九世紀後西方與伊斯蘭世界的發展：			探究法
了解伊斯蘭世界的衰落	1.受西方支配的伊斯蘭世界 西元 19 世紀，帝國主義興起，歐洲列強向外擴張，逐漸衰微的鄂圖曼土耳其帝國，其領土及資產成為歐洲各國掠奪目標。其中，中東一帶的絕大部分國家和地區淪為西方列強的殖民地或半殖民地。一次大戰後，依據民族自決原則，鄂圖曼土耳其帝國被迫瓦解。自西方列強進駐至二次大戰期間，伊斯蘭世界受到西方列強（主要為英國、法國）勢力支配。			講述法
了解以阿衝突的背景與過程	2.以阿衝突 二次大戰後，猶太人得到美英等國的支持，在巴勒斯坦地區建立以色列國家。之後，以色列為擴張領土，強迫巴勒斯坦人遷離，引發周圍阿拉伯國家的不滿，因此爆發以、阿戰爭。以阿衝突也導致伊斯蘭世界與支持以色列的西方國家形成對立，造成中東情勢動盪不安。			

（續下表）

了解二戰結束後，美國與伊斯蘭世界之間的關係，以及冷戰時期國際局勢的發展	3.美國與伊斯蘭世界的關係 二次大戰後，國際形成美、蘇兩大集團。為防止蘇聯共產勢力的擴張，二次大戰結束後，美國介入中東地區的政治。由於猶太人在美國境內所累積的政治、經濟實力，加上以色列與美國的生活型態相似，因此美國支持以色列，雙方進行合作，鞏固中東的政局情勢，以防止蘇聯共產勢力進入。因此，我們也可這樣解讀，猶太人可以在巴勒斯坦地區建國、擴張領土，與美國的默許及政策是有關連的。冷戰結束後，美、蘇兩國關係雖和解了，但在美國強權政策下，中東地區的問題卻更加白熱化，使伊斯蘭世界的阿拉伯國家與西方成為對立的兩個集團。			
理解國際間存在的衝突、合作、競爭關係，並探究九一一事件發生的背景與影響	（五）多元文明並立的世界 【問題】國際社會中的互動關係有哪些？ 【參考答案】合作、衝突、競爭⋯⋯ 再引導學生回答，哪一種互動關係較有可能建立和諧的世界？（合作） 【問題】以照片「美國雙子星大樓遭劫機衝撞」詢問學生，這是甚麼歷史事件，是屬於國際互動的哪一種？ 【參考答案】九一一事件，衝突 冷戰時代美、蘇兩大強國的對峙，在冷戰結束後，逐漸形成東亞、印度、美國、歐洲、俄羅斯、伊斯蘭世界等多元文明並立的局面。在現今多元文明並立的世界，各地因政治、宗教與文化上的差異問題，不時有攻擊事件發生如：西元 2001 年的「九一一事件」即是近年重大的恐怖攻擊事件。	7 分		問答法 講述法
能對現今社會的各種衝突關係或事件進行反	1.九一一事件 西元 2001 年 9 月 11 日，恐怖分子挾持多架客機計畫攻擊美國紐約世貿大樓、白宮和五角大廈（國防部）等，結果兩棟世貿			

（續下表）

思，並以多元的觀點進行理性辯證	大樓受到攻擊後相繼倒塌，人員傷亡慘重，史稱「九一一事件」，事件爆發後，各國報章媒體一致譴責恐怖攻擊，對罹難家屬表示哀悼憐憫之意。 2.融合 or 衝突？ 面對族群衝突、攻擊事件，對攻擊者的責難就能免除衝突再發生嗎？除了責難之外，我們還能做什麼？在九一一事件之後，對於罹難者，深表同情之餘，由於發動攻擊的奧薩瑪賓拉登屬於伊斯蘭教徒，因此有「穆斯林是恐怖分子」、「穆斯林極可能是恐怖分子」的言論，雖不難理解此投射心態，但這樣的論述是否恰當？為了提供大家不同的思考觀點，不希望人們只要聽到伊斯蘭教就認定對方是恐怖分子，印度導演 Karan Johar（卡倫喬哈爾）蒐集資料拍攝影片《我的名字叫可汗》，關心九一一之後，美國穆斯林的處境，試圖用多元的角度呈現九一一事件所帶來的改變，提供觀者反思。			
能以包容的心接納不同的種族或宗教信仰	3.未來各個族群與國家，若能共存共榮，互相包容與理解，才能化解彼此的衝突。這也是影片《我的名字叫可汗》所要傳達的想法。 ☆在介紹影片《我的名字叫可汗》之前，詢問學生是否看過這部影片，配合前測學習單，書寫第 2、3 題題目。 貳、影片教學 影片欣賞：《我的名字叫可汗》 （一）教師簡介影片相關內容			
1.理解九一一事件後，美國對於飛航安全採取嚴格管制措	（二）播放影片 片段一 旅程開始 可汗為了見美國總統而展開旅程，在機場通關時，因伊斯蘭教姓氏遭航警居留提訊、搜身檢查，可汗因此錯過搭機時間。	3 分 約 80 分		影視教學法

（續下表）

施	學習單問題 劇中主角甚至被帶進偵察室，進行特別檢查，請問你認同劇中安檢人員對可汗進行的特別檢查？			
2.藉由宗教衝突事件，學習以理性包容的態度對待不同的宗教信仰	童年生活 可汗童年時，印度曾發生伊斯蘭教與印度教衝突事件，母親藉教育可汗「好人壞人的評斷，是取決於他們的行為，而不是他們的宗教信仰」。			
3.理解個別差異性及適性發展的重要	母親的愛心與耐心教導，讓可汗得到好的照顧，發揮專長。 片段二 移民美國及在美國工作			
1.了解美國是一個多元民族的社會，提供大量工作機會，是移民者的首選之一	1.母親臨終前，希望可汗能像札吉爾（他的弟弟）一樣擁有自己的幸福，於是在札吉爾幫助下移民到美國，開始工作。札吉爾跟可汗說：在美國，你越努力工作，成功的機會就越大。			
2.認識亞斯伯格症的特徵，並且培養同理心	2.可汗的弟媳發現可汗患有亞斯伯格症，並告訴札吉爾，因為哥哥的症狀，所以母親相對必須更用心對待哥哥，札吉爾因此釋懷，能夠體會小時候媽媽對哥哥的照顧並非偏心。			
3.能體會對於困境永不放棄並能堅持到底的決心	3.可汗認真工作，以真誠的心努力追求曼蒂拉。曼蒂拉說明自己到美國打拼的過程及努力的決心。			
4.學習以理性包容的態度，接納不同宗教信仰	4.因宗教信仰不同，札吉爾反對哥哥可汗的婚禮，認為穆斯林不應跟異教徒結婚，可汗表示，人的好或壞，不會因為宗教信仰而有所區別，仍決定結婚。			

（續下表）

	學習單問題 劇中有出現一些片段隱含著宗教與種族歧視？			
5.能體會不同宗教信仰與種族之間的彼此包容	5.搬家展開婚後生活，曼蒂拉幫兒子冠上父親的穆斯林姓氏「可汗」，可汗一家與白人鄰居相處融洽。			
	片段三 九一一恐怖攻擊及其影響			
1.了解九一一事件的背景	1.2001 年 9 月 11 日，美國雙子星大樓遭劫機衝撞，造成大批人員死傷，民眾深表哀悼並投入救助。			
2.了解宗教如何影響人類的價值與行為，以及衝突誤解的形成原因。	2.可汗在旅程中，原要投宿的旅館遭到白人群眾攻擊，並將印度人老闆誤認為穆斯林。印度人老闆認為世貿中心被炸毀是穆斯林種下的惡果，但卻要印度人承擔後果，遭受不理智的攻擊，因此憤恨的說「盲目的白人分不清和平甘地主義的印度人與暴力的穆斯林之間的不同」。[9]			
3.了解九一一事件後美國社會的改變：宗教種族歧視、穆斯林的自我認同	3.九一一事件發生後，在美國的穆斯林遭受歧視、攻擊，如：可汗的弟媳遭人扯掉面紗、穆斯林開市的店家遭攻擊、曼蒂拉的髮廊被迫關閉、撒米爾在校受到欺負、課堂上教師介紹伊斯蘭教是最暴力和最具侵略性的世界宗教等……，另外，部分錫克教徒及印度人被誤認為穆斯林也遭殃。因歧視、攻擊問題，穆斯林人人自危，隱藏其身為穆斯林的特徵，如：不戴面紗、改姓氏、刮掉絡腮鬍等……			
4.了解阿富汗戰爭背景	4.鄰居馬克被派至阿富汗駐地報導阿富汗戰爭，不幸在當地遭受穆斯林攻擊死亡。			

（續下表）

---

9 影片《我的名字叫可汗》採取倒敘、插敘的方式交叉呈現，「印度人老闆的旅館遭攻擊」的這段情節原本呈現於片段二，但為使教案呈現有連貫性、統整性，因此筆者調整順序，將這段情節調整至片段三做撥放與討論。

5.了解宗教信仰與族群間的對立歧視，可能造成的傷害	5.撒米爾因冠上穆斯林姓氏，在校受到欺負，因白人同學挑釁而發生衝突，最後在社區足球場遭毆打致死，黎斯受威脅不敢說出真相。 曼蒂拉將撒米爾的死歸咎於為他冠上穆斯林姓氏所致，於是對可汗發洩情緒，並決定與他分開，除非可汗能向世人證明他不是恐怖分子。 學習單問題 你認為在「九一一攻擊事件」中，除了罹難者及家屬外，誰也是受害者？ 學習單問題 劇中，撒米爾遭遇不幸，他的朋友黎斯卻因害怕恐懼，未及時說出事實真相， （1）你認為黎斯的恐懼是什麼？ （2）如果你是黎斯，你會怎麼做？	
	片段四 可汗展開正名之旅	約 40分
1.了解何謂宗教歧視	1.可汗展開旅程，為了遇見美國總統，親口向他說：「我的名字叫可汗，我不是恐怖分子」，於是他打聽總統的每個行程，並把握機會遇見總統。例如參加非洲慈善募款餐會，但因非基督徒身分而被拒絕參加。	
2.體會人際互助的可貴。了解伊拉克戰爭的背景。	2.在旅程上，可汗遇到好心幫助的人，例如：巴士上的穆斯林情侶好心分食、美國黑人媽媽收留可汗過夜，邀請可汗參加伊拉克戰爭犧牲士兵紀念儀式，透過追思分享，懷念死者。	
3.認識伊斯蘭教義的不同解釋，並能理解穆斯林的評價取決於個人行為表現而非歸因於伊斯	3.可汗在清真寺遇上一群激進的穆斯林，並與當中的領導（拉赫曼醫生）進行伊斯蘭教義的辯論，可汗認為真主阿拉的信念是愛，並非憎惡與戰爭。 學習單問題 劇出現的人物，有的具積極正面性格；有的則是負面人格特質，請你找出具有正、負面人格特質的人物？	

（續下表）

蘭教義	
4.能思考如何調和人際、種族間等人類之間的衝突,並做反省。	4.可汗在一次參加總統的公開行程活動中,被誤認為恐怖分子遭逮捕入獄,在獄中受到凌遲與逼供。幸好在實習記者(拉慈)的協助下,拉慈蒐集可汗所有資料,並對電視臺記者(巴比胡嘉)動之以情,讓可汗的故事得以報導出來,可汗也因此無罪被釋放。由於電視臺的專題報導,引發各界討論,並影響穆斯林重新對自我認同,例如:戴回面紗。
5.能感受人性的和善與民間團結合作的力量	5.喬治亞州發生颶風,可汗義無反顧前往救災,並影響大批各界資源投入支援,協助喬治亞災後重建。
6.能學習放下仇恨,珍惜自己所擁有的。	6.撒米爾之死找出兇手,曼蒂拉選擇原諒黎斯並替他求情減輕罪刑。莎拉來電感謝曼蒂拉替黎斯求情,也提醒她放下仇恨,找回可汗,別再失去他。
7.能理解社會中仍存在的或隱藏的威脅,例如:非理性的想法與行動。	7.曼蒂拉到喬治亞州找可汗,兩人重逢,不料遭激進的穆斯林(電器行老闆)刺殺。認為可汗舉發拉赫曼醫生是錯誤的、不可原諒的事。實際上,可汗的舉發是替美國政府逮捕到一位準備發動攻擊的恐怖分子。
8.能體會成功的勝利,以及愛與慈善的力量遠勝過仇恨。	8.美國總統大選,選出了新任總統──「歐巴馬」,美國史上第一位黑人總統,這代表著民主獲得歷史性的勝利。可汗病癒後終於見到了總統,並為自己正名,履行承諾,完成了旅程的目的。劇末曼蒂拉有感而發的說「可汗用他的愛和仁慈完成了我用恨永遠無法達到的目的」。最後,可汗夫妻在眾人的掌聲護送下離開會場。
	學習單問題
	對照現實生活,劇中,可汗一開始所要找的總統應是「布希」,但卻一直見不到,直到劇末,可汗真的如願見到的總統,卻是新當選的「歐巴馬」,你認為導演這樣的安排,有什麼含意?

(續下表)

	學習單問題 在看完影片《我的名字叫可汗》後，是否 有改變你原來對穆斯林的看法？ 參、綜合討論 完成學習單，並做分享討論。		

　　透過教學方案的設計，一方面對教學流程一目了然，除了對教學的主要概念及內容能有提示作用，也能清楚掌控教學時間；另方面能夠協助檢核教學目標的達成與否，因此透過教學方案設計的實施步驟，能幫助教師的教學進展流暢。

第五節　結語

　　筆者在教學過程中體驗到歷史教育不只是在教導學生學習事實知識，更是在教導對一件史實進行判斷思考的能力。另方面，在十二年國教推展後，教師的教學必須跳脫傳統的一本到底，不只是以教科書為主的內容教學，應該提供多元的學習教材，貼近其生活經驗，以使學習更具深度與廣度。再者，對於 E 世代的學生而言，影像媒體的運用能夠引起學生共鳴。故本文研究核心目標主要是透過影視教材的運用，結合教科書內容，進而引導學生學習。

　　九年一貫的教育宗旨是在培育學生帶得走的能力，是在為學生將來進入真實社會預作準備，「十二年國民基本教育課程綱要」的社會領域課程主旨在培育學生面對未來、展開不同生涯所需的公民素養，因此培育學生具備正確的價值判斷，是相當重要的。「九一一事件」是當代社會具有重要性指標事件之一，其凸顯出的問題層面相當廣泛，包含政治上的、文化上的，以及宗教上的，影響所及可說是涵蓋全球，因此，本文以「九一一事件」作為發展主軸，將其相關議題融入在歷史教學中，搭配影視教材的應用，呈現多元文化社會中的各種議題，是具有教育意義的。

　　本研究發現，當今全球社會已形成一個多元文明並立的局面，並非昔日由單一個或兩個強權國家主導國際政治社會文化的情勢。多元文化固然能使社會的面貌更加豐富，但其中也可能隱藏著文化衝突危機。九一一事件發生後，族群、文化間的各種問題逐漸浮出檯面，社會大眾對於這類的議題，更顯敏感。九一一事件發生至今，造成的威脅對今日社會而言仍然相當震撼，這事件，不僅是對美國多元化社會的一項嚴峻考驗，其反映出的族群衝突的問題，至今也是全球最關注的課題之一。

　　對學生學習而言，影視教學的課程是具有吸引力的，能夠欣賞影片，而不只是學習教科書內容，當然能引起學生興趣，激發學習動機。透過影視教學課程以及教師的引導思考，能將娛樂層次提升至教育層次，使學習的視角加深加廣，更具意義性。

　　對教師而言，影視教材是教學的一項利器，但同樣也是考驗。因為必須做足事前的準備，例如：對影片資訊要有一定的認知，如：類型、內容、長度等……，此外，更重要的是影視文本的分析，必須事前蒐集資料，將影片內容轉化為課程，設計相關學習主題，以引導學生做有意義的學習。

　　針對影視教學課程的操作而言，可能面臨的困境在於：1. 影視文本分析能力，是普遍教學現場教師所欠缺的；2. 影視教學課程所佔的教學節數多，可能影響教學的進度。根據上述問題，筆者做出以下淺薄建議：

　　1.影視文本分析及應用能力的具備，關係著影視教材是否能有效被應用，抑或淪為娛樂之用，故此能力為進行影視教學課程之必備。除了在教學前的準備工作，例如：瞭解影視教材內容、廣泛蒐集相關資訊、閱讀相關影評文章，也可以透過相關研習課程的學習管道，培養相關知能，例如：解讀電影、影視教學策略、學習單設計等。

　　2.有關教學時數問題，教師可利用學生會考結束後的時間進行教學，一方面，由於學生已上完整個國中的歷史課程，對課程內容已有基本了解，老師只需適當補充課外知識，引導學生學習，不需重複講述課程內容；另方面，會考

結束後進行影視教學也可減輕老師教學進度的負擔，但要考慮的是，接近畢業階段，有些學生需要為畢業相關活動作準備，上課的學生人數可能因此減少，這是需要事先注意的部分。另外，若選擇在學期中進行，則可調整教學進度，將分散各單元但有相關聯的內容作統整，進行主題式教學。如此學生學習到的內容會較完整，老師也可避免每次上到相關內容時重複講述，補充相關知識。主題式的教學能節省老師的講述時間，因此多出來的時間便可運用在影片教學以及課程討論部分。

　　綜合言之，本文以《我的名字叫可汗》探討九一一事件後凸顯的族群議題，透過影視教學，除了使學生能對九一一事件的影響進行探究反思，了解多元文化存在的意涵。觀察今日社會，仍然存有族群衝突、國際紛爭等問題，藉由本片所傳達的正面能量與訊息，期許學生從中得到啟發，將所學應用在生活當中，從自身出發，以包容的心去了解異己，學習尊重的意涵。

結論

　　一九九九年六月，周樑楷教授在《臺大歷史學報》發表〈影視史學：理論基礎與課程主旨之反思〉，這是一篇史學界具有劃時代意義的重磅巨著，宣告華語圈「影視史學」的誕生。周教授不僅將 historiophoty 翻譯成影視史學，還清楚賦予該詞彙更豐厚的定義，同時將這門新知識、新課程與新史學理論結合，提出「虛中實」、「實中實」、「實中虛」等文史思辨方法，勾勒出影視史學作為新興課程所應該具備的理論基礎與實務操作準則，肯定稱得上是臺灣歷史學界的重大事件。

　　一九九九年迄今，已經過了二十幾年。期間不少學者投入這個領域深耕與發展；同時，各大學也陸續開設「影視史學」相關課程，並成為學生高度喜歡的課程。

　　隨著 3C 時代的來臨，下一代的孩子更生活在具有高度視覺化效應的氛圍中，以圖像、影像作為輔助教學，越來越受到中學歷史老師的重視。

　　本書就是在上述背景下，因應這樣的時代氛圍的產物。以影視史學作為理論基礎，結合中學教師的現場教學，將影視相關教材或方法運用於課堂上，從而檢視其教學成效。

　　本書為了配合中學歷史課程規劃的進程與設計，全書分為上篇：臺灣史（3 篇）；中篇：中國史（3 篇）；下篇：世界史（4 篇）。

　　臺灣史方面，〈影視教材在歷史教學的運用—以電影《一八九五》為例〉、〈電影《被出賣的臺灣》對臺灣民主運動的再現（1945-1990）—兼論主題融入歷史教學的應用〉、〈電影《牽阮的手》在中學歷史教學的運用〉，分別選擇電影《一八九五》、《被出賣的臺灣》、《牽阮的手》，作為分析題材，探討自1895 年迄戰後的臺灣史，可與教科書對於乙未抗日、戒嚴統治、民主化歷

程，轉型正義等議題結合。

中國史方面，〈影視教材在高中歷史教學的應用—以隋唐史教學為中心〉、〈製作武則天—影視史學與歷史教學的微型實驗〉、〈影視史學在高中歷史教學的應用—以《間諜佐爾格》為中心〉，三篇文章觸及議題廣泛、時代斷限有別、呈現手法不同，頗具多元特色。或廣泛討論涉及唐代的影片與歷史教學的結合，並論及教師的角色；或採取劇場表演與影視史學分析的手法，呈現一場課堂上的微型實驗；或選擇具有跨國、跨界的東亞議題，討論一個長期被忽略的諜報戰議題。

世界史方面，〈影視教材在高中世界史「南北戰爭」教學的運用—以電影《林肯》為中心〉、〈影視教材在高中世界史「西班牙內戰」教學的運用—以《以祖國之名》為中心〉、〈紀錄片融入國中歷史「以巴議題」教學的運用—以《美麗天堂》為中心〉、〈影視文本在中學歷史教育的應用—從《我的名字叫可汗》看九一一事件後的美國社會與穆斯林〉，所論議題恰好都與戰爭、衝突、對抗相關的電影。各篇均提出事件的背景、電影敘事結構、課程的結合與實踐，從結果來看，以電影融入世界史教學，引導學生理解國際議題、建立多元觀點、包容不同文化以及增進思維能力等各方面均有其成效，確實是值得肯定且可實質應用的教學模式。

本書整體的核心目標就是透過影視教材的運用，結合教科書內容，進而幫助授課教師引導學生學習；或亦可做為學生自主學習的參考用書。即使本書受限於篇幅，只能收錄十篇論文，所觸及電影其實也頗有限。但實際上，本書的每一單元所提出的指引和設計，都可以運用於其他同領域的不同電影，只要教師掌握要領與原則，並不是難事，而這也是本書所期待達成的目標。

由於 108 新課綱對於授課內容作了大幅度的縮減，不少歷史事件或人物可能已經在課文中已經不存在。不過，本文所收錄的文章，幾乎都可以與加深加廣、多元選修等課程結合。或有人覺得本書所選用的若干電影，對於中學生而言，有一定的難度，這也恰好凸顯本書作為教學指引的重要性；至少不應該

擔心影片或有難度而放棄選擇好的輔助教材，重點還是在於授課教師如何引導與規畫課程。透過完善的課程設計與規劃，應更可快速讓學生掌握電影與歷史結合的精髓。

另一方面，本書在選題上也盡量與配合二〇一四年（民國 103 年）十一月，行政院頒布〈十二年國民基本教育課程綱要〉所特別重視的核心素養能力的培養相結合，希望透過多元教材的呈現與應用，激發學生的學習動機，精進教師的教學發展。

如果進一步以二〇一五年聯合國宣布的「2030 永續發展目標」（Sustainable Development Goals, SDGs），做為檢視本書的價值，亦多有可注意之處。SDGs 目標，指引全球共同努力、邁向永續。這十七項 SDGs 目標，如下表：

聯合國「2030 永續發展目標」表

項目	發展目標
SDG 1	終結貧窮：消除各地一切形式的貧窮
SDG 2	消除飢餓：確保糧食安全，消除飢餓，促進永續農業
SDG 3	健康與福祉：確保及促進各年齡層健康生活與福祉
SDG 4	優質教育：確保有教無類、公平以及高品質的教育，及提倡終身學習
SDG 5	性別平權：實現性別平等，並賦予婦女權力
SDG 6	淨水及衛生：確保所有人都能享有水、衛生及其永續管理
SDG 7	可負擔的潔淨能源：確保所有的人都可取得負擔得起、可靠、永續及現代的能源
SDG 8	合適的工作及經濟成長：促進包容且永續的經濟成長，讓每個人都有一份好工作
SDG 9	工業化、創新及基礎建設：建立具有韌性的基礎建設，促進包容且永續的工業，並加速創新
SDG 10	減少不平等：減少國內及國家間的不平等
SDG 11	永續城鄉：建構具包容、安全、韌性及永續特質的城市與鄉村
SDG 12	責任消費及生產：促進綠色經濟，確保永續消費及生產模式

項目	發展目標
SDG 13	氣候行動：完備減緩調適行動，以因應氣候變遷及其影響
SDG 14	保育海洋生態：保育及永續利用海洋生態系，以確保生物多樣性並防止海洋環境劣化
SDG 15	保育陸域生態：保育及永續利用陸域生態系，確保生物多樣性並防止土地劣化
SDG 16	和平、正義及健全制度：促進和平多元的社會，確保司法平等，建立具公信力且廣納民意的體系
SDG 17	多元夥伴關係：建立多元夥伴關係，協力促進永續願景

　　就本書所收錄各篇文章，可以說在不同面向反思與落實聯合國 SDGs 的若干目標。事實上，聯合國「2030 永續發展目標」，雖是植基於當下，放眼於未來，試圖喚醒人們關注整個地球的永續發展與人類命運的未來，但無論是當下或未來，哪一項不是根源於盤根錯節的過去呢？這也正是歷史學門學科價值的最大意義所在。

　　舉例言之，本書收錄有關以武則天形象作為微型實驗的探討，事實上也是透過歷史重新檢視性別議題（SDG 5）的機會。又如透過戰爭、衝突、對抗的檢討，以達到追求減少不平等（SDG 10）；和平、正義及健全制度（SDG 16）；或者建立多元夥伴關係，協力促進永續願景（SDG 17），都具有一定的意義。將影視教材與歷史教學結合，既符合當下時代發展趨勢的需求，亦可達到引起動機、強化視覺影像教學效果，對於創造更優質的教育（SDG 4），同樣具有價值。

　　最後，本文試著從教學現場的和學生自主學習的角度，提出可以如何使用本書的若干建議：

　　首先是電影欣賞部分。本書所收錄各篇均運用至少一部電影作為分析文本，如若各校無此收藏，建議校方採購具有版權的影片，以利教學上使用，或供學生借閱。在授課時間壓力下，本文〈導論〉已經提出若干對策，包括選取

影片部分易於聚焦的段落進行欣賞和分析。事實上，這種取片段精華進行運用的方法，頗類似於近年盛行的「磨課師」教學模式（MOOCs, Massive Open Online Courses），也就是「大規模開放式線上課程」，透過網路，把課程開放給大量線上使用者參與學習過程。

另外，若能合科授課，也能多少彌補新課綱之下社會科授課鐘點不足的問題，這也是目前許多中學老師在實務上的操作方式。或者也可以在課堂上先進行指引，讓學生回家欣賞影片後，再回教室進行討論。其中，或亦可依循本書各篇論文所提出的課程規劃或施測提問，幫助學生更快掌握該電影要旨。無論如何，欣賞本書所提到的影片，自然是使用本書第一個應該具備的條件。

其次，本書各篇均針對所使用的影片進行背景分析、敘事結構探討，或電影虛實之間的檢討。凡此均有助於教師教學或者學生自主學習時，快速掌握如何透過影視史學的理論，進行電影的分析與討論。

第三，課程進行過程中，教師設計具有良好指引作用的學習單，是非常重要的環節。學習單的設計可以幫助學生在觀影後釐清自己的想法，培養學生獨立思考的能力。除此之外，小組的討論與報告，可以訓練學生溝通、表達與團隊合作的能力。經由了實作證明，這是一個可被落實且有效提升效能，同時達成培養學生多重能力的教學運作模式。

第四，影視史學的實踐成果，很容易在新課綱多元選修或專題課程和其他科目跨科合作，那麼電影探討的就不會只有純歷史的面向，而可能是藉由歷史脈絡去討論人權、政治或環境等更大的議題，這將可以使本書之運用極大化，同時也符合新課綱強調學生可以培養的三面九項的核心素養能力。

第五，由於本書側重於與實務教學的結合，並檢視教學成效。因此，各篇或多或少都會進行觀影前後的施測，一方面具有了解學生對於所探討事件或電影的理解程度；一方面檢視進行影片結合教學之後的成效。各篇所提出的前測、後測問題與教學課程規劃，均有助於教師落實其與影視史學結合的教學模式。即便是學生自主學習，亦可以自行透過這些提問指引，試著回覆自己學習

前後的理解與改變,以達到一定的學習成效。

第六,透過本書自行進行延伸與拓展。歷史問題很複雜,電影材料很多元,本書受限於篇幅,自不可能一一檢討。但各篇具有一定的示範性價值與意義,如果能掌握各篇提出的相關分析準則、課程規劃與運用手法,即使使用其他影片,相信一樣具有相當良好的指引作用。

影視教材融入歷史課程的教學方式,除了能彌補教科書書寫過於簡化所造成歷史全貌了解不足的問題外,更能運用影片激發學生對於歷史學習的興趣,將電影作為一種另類的「歷史文本」,帶領學生去進行閱讀、解構、分析,從而提升學生歷史思辨的能力。無論是「紀錄片」、「報導性影片」或「劇情片」,都可以成為「輔助教材」。問題並不在於影片類型,而在於如何使用,如何與教科書結合,以及如何透過詮釋影像,從而引導學生進行歷史思維。

陳登武

徵引書目

一、專書（依作者姓氏筆畫排列）

王中忱，《作為事件的文學與歷史敘述》，臺北：人間出版社，2016。

王亮編、王彥威纂輯，王敬立校，《清季外交史料》，臺北：文海出版社，1963。

朱剛，《薩伊德》，臺北：生智，1997。

朱熹，《晦庵先生朱文公文集》，收入朱傑人等主編，《朱子全書（第21冊）》，上海：上海古籍出版社，2010。

何兆武，《歷史與歷史學》，香港：牛津大學出版社，1995。

吳玉貴，《突厥汗國與隋唐關係史研究》，北京：中國社會科學出版社，1998。

吳東權，《電影》，臺北：允晨文化，1984。

吳濁流，《臺灣連翹》，臺北：草根出版，1995。

李又寧編，《華族留美史：150年的學習與成就：國際學術研討會論文集》，臺北：業強出版社，1999。

李白楊，《欠身入座—電影可以這樣看》，臺北：新銳文創，2015。

李有成，《他者》，臺北：允晨文化，2012。

李喬，《情歸大地》，臺北：行政院客家委員會，2008。

李道緝，《通識歷史》，臺北：二魚文化，2008。

周樑楷，《史觀與史實－談《世界文化史》》，臺北：龍騰文化公司，2003。

周樑楷，《克麗歐的轉世投胎：影視史學與大眾史學》，臺北：國立臺灣師範大學出版中心出版，2023。

林立樹，《世界文明史》，臺北：五南圖書出版，2006。

林明德，《日本史》，臺北：三民書局，1990。

林慈淑，《歷史，要教什麼？—英、美歷史教育的實踐》，臺北：臺灣學生，
　　2010。

邱貴芬，《「看見臺灣」：臺灣新紀錄片研究》，臺北：臺大出版中心出版，
　　2016。

姚惠娜，《巴勒斯坦（二版）》，北京：社會科學文獻出版社，2017。

姜伯勤，《中國祆教藝術史研究》，北京：三聯書店，2004。

故宮博物院編，《清光緒朝中日交涉史料》，臺北：文海出版社，1932 復刻
　　版。

倪炎元，《再現的政治：臺灣報紙媒體對「他者」建構的論述分析》，新北：
　　韋伯文化，2003。

翁佳音，《臺灣漢人武裝抗日史研究》，臺北：稻鄉出版社，2007。

高亞偉，《世界通史》，新北：作者自印，1960。

高明輝口述，范立達整理，《情治檔案—一個老調查員的自述》，臺北：商周
　　文化，1995。

張良任，《美國與以、阿衝突》，臺北：臺灣商務印書館，1985。

張倩紅，《以色列史》，北京：人民出版社，2015。

張廣智，《影視史學》，臺北：揚智文化，1998。

梁艷春，《娜塔莉・澤蒙・戴維斯史學思想研究》，北京：社會科學文獻出版
　　社，2019。

許極燉，《臺灣近代發展史》，臺北：前衛出版社，1996。

連橫，《臺灣通史》，臺北：幼獅文化，1985。

陳永發，《中國共產革命七十年》，臺北：聯經出版社，1998。

陳佳宏，《海外臺獨運動史：美國「臺獨」團體之發展與挑戰：50 年代中至
　　90 年代中》，臺北：前衛出版社，1998。

陳登武，《從人間世到幽冥界—唐代的法制、社會與國家》，臺北：五南圖書
　　出版，2006。

陳登武，《歷史與人生》，臺北：三民書局，2008。

陳靜瑜，《美國史》，臺北：三民書局，2007。

景秀明，《紀錄的魔方：紀錄片敘事藝術研究》，北京：文化藝術出版社，
　　2005。

黃秀政、張勝彥、吳文星，《臺灣史》，臺北：五南圖書出版，2005。

黃俊傑，《戰後臺灣的轉型及其展望》，臺北：臺灣大學出版，2006。

黃新生，《偵探與間諜敘事從小說到電影》，臺北：五南圖書出版，2008。

楊廷福，《玄奘年譜》，北京：中華書局，1988。

楊衒之撰，范祥雍校注，《洛陽伽藍記校注》，上海：上海古籍出版社，1978。

楊惠南，《禪史與禪思》，臺北：東大，1995。

葉文心，《上海繁華—都會經濟倫理與近代中國》，臺北：時報出版社，
　　2010。

榮新江、張志清主編，《從撒馬爾干到長安：粟特人在中國的文化遺跡》，北
　　京：北京圖書館，2004。

劉峯松、李筱峰合著，《臺灣歷史閱覽》，臺北：自立晚報，1995。

慧立撰、彥悰箋，孫毓棠等點校，《大唐大慈恩寺三藏法師傳》，北京：中華
　　書局，2000。

歐陽脩、宋祁撰，《新唐書》，北京：中華書局，1975。

鄭天凱，《攻臺圖錄—臺灣史上最大一場戰爭》，臺北：遠流，1995。

錢復著，《錢復回憶錄卷二》，臺北：天下遠見，2005。

蘇智良主編，《左爾格在中國的使命》，上海：上海社會科學院，2014。

釋道原編輯，《景德傳燈錄》，臺北：新文豐出版社，1990。

二、期刊論文或專書論文（依作者姓氏筆畫排列）

小林，〈被背叛的西班牙革命—評電影《土地與自由》〉，《先驅》，第 37 期（香港，1996）。

王明珂，〈過去、集體記憶與族群認同：臺灣的族群經驗〉，收錄於《認同與國家：近代中西歷史比較論文集》（臺北：中央研究院近代史研究所，1994），頁 249-274。

王智明，〈福爾摩沙及其背叛：情感斷層與離散矛盾〉，《中外文學》，第 39 卷第 4 期（臺北，2010），頁 45-83。

王慰慈，〈臺灣紀錄片再現模式分析—以 921 地震紀錄片《生命》為例〉，《藝術學報》，第 78 期（臺北，2006 年 4 月），頁 79-100。

王慰慈，〈臺灣紀錄片的類型發展與分析－以 Bill Nichols 的六種模式為研究基礎〉，《廣播與電視》，第 20 期（臺北，2003 年 1 月），頁 4。

白川次郎，鄭伯奇譯，〈日本左翼文壇之一瞥〉，《大眾文藝》，第 2 卷第 4 期（上海，1930 年 5 月），頁 944-946。

江山淵，〈徐驤傳〉，《小說月報》，第 9 卷第 3 號（上海，1918 年 3 月）。

何立波，〈羅馬排猶現象芻議〉，《唐都學刊》，第 22 卷第 1 期（西安，2006 年 1 月），頁 150-155。

余瓊瑤，〈利益團體遊說手法探析：以「以色列人公共事務委員會」（AIPAC）運作情形為例〉，《復興崗學報》，第 97 期（臺北，2010 年 3 月），頁 159-177。

宋佩芬、古庭瑄，〈歷史觀點的覺察：國中教科書臺灣史之差異敘述〉，《教育實踐與研究》，第 28 卷第 2 期（臺北，2015），頁 59-88。

宋佩芬、吳宗翰，〈歷史脈絡性思考與國際視野：以國中社會教科書「牡丹社事件」為例〉，《當代教育研究季刊》，第 21 卷第 1 期（臺北，2013），頁 83-120。

李永熾,〈一步步從國內到國際的西班牙內戰〉,《當代》,第 12 期(臺北,1987),頁 16-31。

李君山,〈對日戰備與中蘇談判(1931-1937)〉,《臺大歷史學報》,第 43 期(臺北,2009),頁 87-149。

李樹桐,〈玄武門之變及其對政治的影響〉,收入氏著,《唐史考辨》(臺北:臺灣中華書局,1979 臺三版),頁 153-191。

李樹桐,〈初唐帝室間相互關係之演變〉,收入氏著,《唐史考辨》(臺北:臺灣中華書局,1979 臺三版),頁 118-152。

李樹桐,〈唐太宗的模仿高祖及其對唐帝國的影響〉,收入氏著,《唐史新論》(臺北:臺灣中華書局,1972),頁 119-165。

杜正勝,〈從歷史到歷史劇〉,收入氏著,《古典與現實之間》(臺北:三民,1996),頁 123-148。

沈明室,〈近期以巴衝突之爭議點及其解決〉,《全球政治評論》,第 48 期(臺中,2014 年 10 月),頁 7-12。

周進、丁偉,〈牛蘭事件的政治波瀾〉,《百年潮》,第 6 期(北京,2013),頁 52-58。

周樑楷,〈大眾史學的定義和意義〉,《人人都是史家:大眾史學論及第一冊》(臺中:采育出版社,2004),頁 23-36。

周樑楷,〈認識你自己—大家來寫村史與歷史意識的自覺〉,《當代》,第 211 期(臺北,2005),頁 52-61。

周樑楷,〈銀幕中的歷史因果關係—以「誰殺了甘迺迪」和「返鄉第二春」為討論對象〉,《當代》,第 74 期(臺北,1992),頁 48-61。

周樑楷,〈劇情片的「實」與「用」—以「羅馬帝國淪亡錄」和「神鬼戰士」為例〉,《當代》,第 156 期(臺北,2000),頁 48-61;〈影像中的人物與歷史:以『白宮風暴』為討論對象〉,《興大人文學報》,第 32 期(臺中,2002),頁 1101-1116。

周樑楷，〈影視史學：理論基礎及課程主旨的反思〉，《臺大歷史學報》，第 23
　　期（臺北，1999），頁 445-470。

周樑楷，〈影視史學與地方史〉，《宜蘭文獻》，第 42 期（1999），頁 3-11。

周樑楷，〈影視史學與歷史思維—以「青少年次文化中的歷史圖像」為教學實
　　例〉，《當代》，第 118 期（臺北，1996），頁 8-21。

周樑楷，〈影像中的人物與歷史：以《白宮風暴》為討論對象〉，《興大人文學
　　報》，第 32 期（臺中，2002 年 6 月），頁 1101-1116。

姚霏、蘇智良，〈90 年前的上海：遠東共產主義運動的中心〉，《歷史教學問
　　題》，第 5 期（上海：華東師範大學，2011），頁 5。

胡適，〈禪學古史考〉、〈楞伽宗考〉、〈菩提達摩考—中國中古哲學史的一章〉、
　　〈荷澤大師神會傳〉，收入姜義華主編，《胡適學術文集・中國佛學史》（北
　　京：中華書局，1997），頁 38-53、94-128、270-277、324-362。

奚浩，〈紀錄片的真理轉向〉，《南藝學報》，第 5 期（臺南，2012 年 12 月），
　　頁 45-63。

孫同勛，〈林肯與解放奴隸宣言〉，《食貨月刊》，第 1 卷 5 期（臺北，1971
　　年 8 月），頁 252-260。

涂緒謀，〈唐太宗貞觀之失述評〉，《西南民族大學學報（人文社科版）》，第
　　26 卷第 2 期（成都，2005），頁 313-317。

高明士，〈明君的虛像與實像—論唐太宗的歷史地位〉，收入氏著，《中國中古
　　政治的探索》（臺北：五南圖書出版，2006），頁 183-200。

張廣智，〈影視史學：歷史學的新領域〉，《學習與探索》，第 6 期（1996），
　　頁 116-122。

張廣智，〈重現歷史—再談影視史學〉，《學術研究》，第 8 期（廣州，
　　2000），頁 80-86。

張廣智，〈影視史學與書寫史學之異同—三論影視史學〉，《學習與探索》，第
　　1 期（2002），頁 129-134。

陳天社,〈阿拉伯國家的巴勒斯坦難民及其影響〉,《世界民族》,第 3 期（北京,2009）,頁 72-81。

陳寅恪,〈論隋末唐初所謂「山東豪傑」〉,收入氏著,《金明館叢稿初編》（北京:三聯書店,2001）,頁 243-265。

陳瀅州,〈「大眾史學與博物館座談會」觀察紀錄〉,《歷史臺灣》,第 8 期（大眾史學專題）（臺北:國立臺灣歷史博物館,2014）,頁 205-211。

馮美滿,〈國中臺灣史教科書政治意識形態之批判論述分析—以翰林（2013版）教材內容為例〉,《嘉大教育研究學刊》,第 33 期（嘉義,2014）,頁 81-108。

黃麗蓉、賴思儀、楊淑晴,〈中學生的歷史概念、歷史學習態度與歷史批判思考傾向〉,《教育實踐與研究》,第 24 卷第 2 期（臺北,2011 年 12 月）,頁 65-98。

葉虹靈,〈臺灣白色恐怖創傷記憶的體制化過程:歷史制度論觀點〉,《臺灣社會學》,第 29 期（臺北,2015 年 6 月）,頁 1-42。

葛兆光,〈荷澤宗考〉,《新史學》,第 5 卷第 4 期（臺北,1994）,頁 51-78。

榮新江,〈安祿山的種族與宗教信仰〉,收入氏著,《中古中國與外來文明》（北京:三聯書店,2001）,頁 222-237。

熊月之,〈20 世紀上海研究〉,《上海行政學院學報》,第 1 期（上海,2000）,頁 97。

劉景輝,〈從林肯到歐巴馬—紀念林肯 [Abraham Lincoln] 誕生 200 週年(1)〉,《歷史月刊》,第 254 期（臺北,2009 年 3 月）,頁 32-38。

劉景輝,〈從林肯到歐巴馬—紀念林肯 [Abraham Lincoln] 誕生 200 週年(2):黑奴悲歌南北嗆聲〉,《歷史月刊》,第 255 期（臺北,2009 年 4 月）,頁 35-48。

劉景輝,〈從林肯到歐巴馬—紀念林肯 [Abraham Lincoln] 誕生 200 週年(3):

國事蜩螗林肯釋奴〉,《歷史月刊》, 第 256 期（臺北, 2009 年 5 月）, 頁 33-45。

劉景輝,〈從林肯到歐巴馬─紀念林肯 [Abraham Lincoln] 誕生 200 週年(4)：國事蜩螗林肯釋奴〉,《歷史月刊》, 第 257 期（臺北, 2009 年 6 月）, 頁 34-43。

蔡志祥、吳密察譯,〈一八九五年之臺灣民主國─近代中國史上一段意味深遠插曲〉, 收入黃富三、曹永和編,《臺灣史論叢（第一輯）》（臺北：眾文, 1980）, 頁 281-329。

諸葛亮不亮,〈青青校樹, 幢幢諜影─海外職業學生的真面目〉, 收錄於慈林文教基金會典藏, 國立臺灣大學圖書館數位化,《慈林教育基金會典藏臺灣社運史料資料庫》, 頁 44-46。

盧令北,〈由「必要之惡」至「全然有益」：內戰前美國擁奴思想的發展與轉變〉,《成大歷史學報》, 第 42 期（臺南, 2012 年 6 月）, 頁 55-116。

盧非易,〈紀錄片的再現技術與觀念之轉變〉,《廣播與電視》, 第 11 期（臺北, 1998 年 1 月）, 頁 14-16。

蕭逸梅,〈理解學生歷史思維的重要性〉,《歷史教育》, 第 14 期（臺北, 2009 年 6 月）, 頁 87-102。

錢永祥,〈水晶般的精神-喬治·歐威爾與西班牙內戰〉,《當代》, 第 12 期（臺北, 1987）, 頁 36-42。

錢穆,〈神會與壇經（上）（下）〉, 收入氏著,《中國學術思想史論叢》（臺北：東大, 1983）, 頁 91-127。

蘇智良,〈上海佐爾格小組情報網〉,《世紀》, 第 5 期（上海, 2013）, 頁 10。

Banham, Dale and Culpin, Chris 'Ensuring progression continues into GCSE: let's not to do for our pupils with our plan of attack', in H. Bourdillon (ed.), Teaching History (London: Routledge Open University

Press Teaching History, 2002) no. 109, pp. 16-22.

Burham, S. and Brown , G.'Assessment without level descriptions', Teaching History, in H. Bourdillon (ed.), Teaching History (London: Routledge Open University, 2004) no.115, pp. 5-15.

Byrom, Jamie, 'Working with sources' , Teaching History (London: Routledge Open University, 1998) Press 91, pp. 32-35.

Chapman, Arther and Woodcock, Jemes, 'Mussolini's missing marbles: stimulating history at GCSE', Teaching History, in H. Bourdillon (ed.), Teaching History, (London: Routledge Open University, 2006) Press 124, pp. 17-27.

Checketts, John 'GCSE History: A Case For Revolution' Teaching History, in H. Bourdillon (ed.), Teaching History (London: Routledge Open University, 1996) Press 82, pp. 20-22.

Clement, Peter, 'Differentiation at key stage 3 and GCSE', Teaching History, (London: Routledge Open University, 1997) Press 89, pp. 26-30.

Connelly, Frances M.(1994), 'What is the future for the history national curriculum', Teaching History, in H. Bourdillon (ed.), Teaching History, (London: Routledge Open University, 1994) Press 74, pp. 23-26.

Cooper, Hilary (1990) 'The 4th National Primary Conference: National Curriculum History: How will it working?', Teaching History, in H. Bourdillon (ed.), Teaching History (London: Routledge Open University, 1990) Press 60, pp. 29-31.

Corfield, Penelope J., 'Teaching history's big picture: including continuity as well as change', Teaching History, in H. Bourdillon (ed.), Teaching History (London: Routledge Open University, 2009) Press 136, pp. 53-31.

Culpin, Chris , 'No puzzle, no learning. how to make your visits rigorous, fascinating and indispensable', Teaching History, in H. Bourdillon (ed.), Teaching History (London: Routledge Open University, 1999) Press 97, pp. 29-35.

Culpin, Chris 'Breaking the 20 year rule: very modern history at GCSE', Teaching History, in H. Bourdillon (ed.), Teaching History (London: Routledge Open University, 2003) Press 120, pp. 11-17.

Culpin, Chris 'Why we must change history GCSE', in H. Bourdillon (ed.), Teaching History (London: Routledge Open University, 2002) Press 109, pp. 6-9.

Culpin, Chris, 'The New 50/50 GCSE Schools History Project Syllabus', in H. Bourdillon (ed.), Teaching History (London: Routledge Open University, 1990) Press 60, pp. 29-31.

Dank, Elizabeth, 'Theory and practice essay: The use of resources and teaching aids in the teaching of history, with particular reference to year eight' Teaching History, in H. Bourdillon (ed.), Teaching History (London Routledge Open University, 1994) Press 77, pp. 11-15.

Dawes, Liz and Towill Edwin, 'Ordinary pupils, extraordinary results: a structures approach to raising attainment at GCSE', Teaching History, in H. Bourdillon (ed.), Teaching History (London: Routledge Open University, 1999) Press 94, pp. 12-18.

Deuchar, Stewart, 'History And GCSE History', "Policy Challenge" (London: the Chameleon Press Ltd, March, 1987), pp. 11.

Dixon, John, 'The hidden crisis in GCSE history', Teaching History, in H. Bourdillon (ed.), Teaching History (London: Routledge Open University, 2003) Press 110, pp. 41-43.

Fry, Heather, 'Using Evidence in the GCSE History Classroom', Teaching History, in H.Bourdillon (ed.) (London: Routledge Open University, 1991) Press 63, pp. 8-17.

Lee, Peter and Schemilt, Denis, 'Is any explanation better than none? Over-determined narratives, senseless agencies and one-way streets in students' learning about cause and consequence in history', Teaching History, in H. Bourdillon (ed.), Teaching History (London: Routledge Open University, 2009) Press 137, pp. 42-49.

Lee, Peter and Schemilt, Denis, 'New alchemy or fatal attraction? History and citizenship', Teaching History, in H. Bourdillon (ed.), Teaching History (London: Routledge Open University, 2007) Press 129, pp. 15-19.

Lee, Peter, 'History, autonomy and education or history helps yours students be autonomous Five ways', Teaching History, in H. Bourdillon (ed.), Teaching History (London: Routledge Open University, 1994) Press 77, pp. 6-10.

Litten, Federick S. 'The Noulens Affair', "The China Quarterly" (London: Cambridge University Press , Jun 1994) no.138, pp. 492-512.

Machintosh, Henry, 'The sacred Cows of coursework'. In Gipps, Caroline" The GCSE an uncommon examination" (London: Institute of Education, 1986), pp. 68-73.

McAleavy, Tony (2000) 'Teaching about interpretation' in J. Arthur a R. Phillips (eds), History Teaching (London: Routledge Open University, 2000) Press 103, pp. 72-82.

McAleavy, Tony (1998), 'The use of sources in History', in H. Bourdillon (ed.), Teaching History (London: Routledge Open University, 1998)

Press 91, pp. 10-13.

Robert A. Rosenstone, 'The Historical Film', in Visions of the Past (Cambrige, Mass.: Harvard University Press, 1995), pp. 70.

三、譯著外文圖書及論文

Abraham Lincoln 著，張愛民譯，《勇者無敵—從演講看林肯的奮鬥》（*Abraham Lincoln's speeches*），臺北：五南圖書出版，2014。

Alan Axelrod 著，賈士蘅譯，《美國史》（*The Complete Idiot's Guide to American History*），臺北：臺灣商務印書館，2011。

Blanche Robert 等著，廖健苡譯，《政府是人民的主人還是僕人？探討政治的哲學之路》（*Passerelles: philosophie terminales L.ES.S*），新北市：大家出版，2016。

Chris Barker 著，許夢芸譯，《文化研究智典》（*The Sage Dictionary of Cultural Studies*），臺北：韋伯文化，2007。

Christian Delage and Vincent Guigueno 合著，楊旭輝、王芳譯，《歷史學家與電影》（*L'historien et le film*），北京：北京大學出版社，2008。

Claude Klein 著，傅勇強譯，《以色列——尋找身分的國家》，香港：三聯書店，2008。

Denny Roy，何振盛、杜嘉芬譯，《臺灣政治史》（*Taiwan: a political history*），臺北：臺灣商務印書館，2004。（原著於 2002 年出版）

Doris Kearns Goodwin 著，高育慈等譯，《無敵》（*Team of rivals: the political genius of Abraham Lincoln*），臺北：大塊文化，2013。

Edward W. Said，《從奧斯陸到伊拉克及路線圖》（*From Oslo to Irap and the Roadmap*），北京：三聯書店，2009。

Edward W. Said 記述，梁永安譯，《文化與抵抗》（*Culture and Resistance:*

Conversations With Edward W. Said），臺北：立緒文化，2004。

Edward W. Said 著，王志弘等譯，《東方主義》（*Orientalism*），臺北：立緒
文化，1999。

Edward W. Said 著，梁永安譯，《薩依德的流亡者之書》（*After the Last Sky /
Palestinian Lives*），臺北：立緒文化，2010。

Edward W. Said 著，單德興譯，《知識分子論》（*Representations of the
Intellectual*），臺北：麥田出版，2004。

Edward W. Said 著，彭淮棟譯，《鄉關何處》（*Out of Place: A Memoir*），臺
北：立緒文化，2000。

Edward W.Said，《遮蔽的伊斯蘭：西方媒體眼中的穆斯林世界》（*Covering
Islam: How the Media and the Experts Determine How We See the Rest of the
World*），臺北：立緒文化，2002。

Edward. H. Carr，江政寬譯，《何謂歷史？》（*What is History*），臺北：博雅
書屋，2009。（原著於 1961 年出版）

Eric John Ernest Hobsbawm 著，鄭明萱譯，《極端的年代》（*Age of Extermes:
The Short Twentieth Century 1914-1991*），臺北：麥田，1996。

Fernand Braudel，劉北成譯，《論歷史》，臺北：五南圖書出版，1991。

Francis Robinson 主編，《劍橋插圖伊斯蘭世界史》（*The Cambridge Illustrated
History of the Islamic World*），臺北：如果出版社，2008。

Frederic Wakeman Jr.著，梁禾譯，《間諜王：戴笠與中國特工》（*Spymaster:
Dai Li and the Chinese Secret Service*），南京：江蘇人民出版社，2007。

Gauri Viswanathan 編，單德興譯，《權力、政治與文化：薩依德訪談集》
（*Power, Politics, and Culture*），臺北：麥田出版，2012。

George Kerr（2008），陳榮成譯，《被出賣的臺灣》（*Formosa Betrayed*），臺
北：前衛出版社，2003。（原著於 1965 年出版）。

George Orwell 著，李華、劉錦春譯，《向加泰隆尼亞致敬》（*Homage to*

Catalonia），江蘇：江蘇人民出版社，2006。

Grant Wiggins & Jay McTighe，賴麗珍譯，《重理解的課程設計》（*Understanding by Design*），臺北：心理出版社，2005。（原著於 1998 年出版）

Hayden White 著，周樑楷譯，〈書寫歷史與影視史學（"*Historiography and Historiophoty*"）〉，《當代》，第 88 期（臺北，1993 年 8 月），頁 10-17。（原刊於 *The American Historical Review*, vol. 93, No. 5 (December 1988), pp. 1193-1199）

Herbert P. Bix 著，林添貴譯，《裕仁天皇與日本近代的形成》（*Hirohito And The Making Of Modern Japan*），臺北：時報出版社，2002。

Ilan Pappe 著，王健等譯，《現代巴勒斯坦歷史（第二版）》，上海：上海人民出版社，2010。

Jacob Neusner，《猶太教》（*Judaism*），臺北：麥田出版，2002。

James Kirby Martin 等著，范道豐等譯，《美國史（上冊）》（*America and its Peoples*），北京：商務印書館，2012。

James W. Loewen 著，陳雅雲譯，《美國高中課本不教的歷史—老師的謊言》（*Lies my teacher told me: everything your American history textbook got wrong*），臺北：紅桌文化，2015。

Jay McTighe、Grant Wiggins，侯秋玲、吳敏而譯，《核心問題：開啟學生理解之門》（*Essential Questions: Opening Doors to Student Understanding*），臺北：心理出版社，2016。（原著於 2013 年出版）

Jimmy Carter 著，《牢牆內的巴勒斯坦》（*Palestine Peace Not Apartheid*），西安：西北大學出版社，2007。

Jonathan D. Spence 著，溫洽溢譯，《天安門—中國的知識分子與革命》（*The Gate of Heavenly Peace: The Chinese and Their Revolution, 1895-1980*），臺北：時報出版社，2007。（原著於 1981 年出版）

Leften Stavros Stavrianos 著，吳象嬰、梁赤民譯，《全球通史—1500 年以後

的世界》（*The World Since 1500: A Global History*），上海：上海社會科學
院出版社，1999。

Mader, Julius，鐘松青、殷壽征譯，《佐爾格的一生》（*Dr.-Sorge-Report*），北
京：新華書店群眾出版社，1986。（原著於 1984 年出版）

Marc Ferro 著，張淑娃譯，《電影與歷史》（*Cinéma et Histoire*），臺北：麥田
出版社，1998。（原著於 1977 年出版）

Marita Sturken, Lisa Cartwright，陳品秀、吳莉君譯，《觀看的實踐：給所有
影像世代的視覺文化導論》（*Practices of Looking: An Introduction to Visual
Culture*），臺北：臉譜文化，2013。（原著於 2009 年出版）

Martin Blinkhorn 著，黃煜文譯，《西班牙內戰》，臺北：麥田文化，2001。

Morgan Sportes 著，吉田恒雄譯，《ゾルゲ破滅のフーガ》，東京：岩波，
2005。

Edward Murray，邵牧君譯，《電影化的想像－作家和電影》（*The Cinematic
Imagination: Writers and the Motion Pictures*），北京：中國電影出版社，
1989。

Natalie Zemon Davis 著，江政寬譯，《馬丹・蓋赫返鄉記》（*Le Retour de
Martin Guerre*），臺北：聯經出版公司，2000。

Natalie Zemon Davis 著，陳榮彬譯，《奴隸、電影、歷史：還原歷史真相的
影像實驗》（*Slaves on Screen: Film and Historical Vision*），臺北：左岸文
化，2002。

Noah Flug、Martin Schäuble 著，王瑜君等譯，《認識以色列人與巴勒斯坦人
從古至今的紛爭》（*Die Geschichte der Israelis und Palästinenser*），臺北：
商周出版，2015。

Noam Chomsky，林祐聖譯，《流氓國家：國際情勢的藏鏡人》（*Rogue States:
The Rule of Force in World Affairs*），新店市：正中出版社，2002。（原著
於 1999 年出版）

Richard M. Darsam 工亞維譯，《紀錄與真實‧世界非劇情片批評史》（*Nonfiction Film: A Critical History Revised and Expanded*），臺北：遠流出版社，2012。（原著於 1992 出版）

Richard Schickel 著，黃汝娸譯，《說故事的人：史蒂芬‧史匹柏》（*Steven Spielberg: a retrospective*），臺北：新雨出版社，2017。

Ruth Wernersm 著，張黎譯，《諜海憶舊》（原名《索妮雅的報告》），北京：解放軍文藝出版社，2000。

Sam Wineburg, Daisy Martin and Chauncey Monte-Sano 著，宋家復譯，《像史家一般閱讀—在課堂裡教歷史閱讀素養》（*Reading Like a Historian: Teaching Literacy in Middle and High School History*），臺北：臺大出版中心，2016。

Simon Sebag Montefiore 著，黃煜文譯，《耶路撒冷三千年》(*Jerusalem: The Biography*)，臺北：究竟出版社，2013。

Timothy Brook，林添貴譯，《通敵：二戰中國的日本特務與地方菁英》（*Collaboration: Japanese Agents and Local Elites in Wartime China*），臺北：遠流出版社，2015。

Valerie Kennedy 著，李自修譯，《薩義德》（*Edward Said: A Critical Introduction*），南京：江蘇人民出版社，2006。

四方犬田彥，王眾一譯，《日本電影一百一十年》，上海：三聯書店，2015。

竹內好著，李冬木、趙京華、孫歌譯，《近代的超克》，香港：三聯書店，2005。

尾崎秀實著，《尾崎秀實著作集》，東京都：勁草書房，1977。

尾崎秀實著，米谷匡史編，《尾崎秀實時評集：日中戰爭期の東アジア》，東京都：平凡社，2004。

尾崎秀樹，《ゾルゲ事件—尾崎秀實の理想と挫折》，東京：中央公論社，1983。

村上村樹著，賴明珠譯，《挪威的森林》，臺北：時報出版社，1997。

法政大學大原社会問題研究所編著，〈第四章ゾルゲ事件〉《日本労働年鑑-特集版，太平洋戦争下の労働運動》，東京：法政大學研究所労働旬報社，1965 年 10 月 30 日。

風間道太郎，《尾崎秀實傳》，東京：法政大學出版局，1977，新裝補訂版第 2 版。

風間道太郎，《尾崎秀實傳》，東京：法政大學出版局，1977。

戴天昭著，李明峻譯，《臺灣國際政治史》（日文原書名：《台湾戦後国際政治史》），臺北：前衛出版社，1996。（原著於 2001 出版）

四、外文圖書與論文

Arthur F. Wright, "T'ang T'ai-tsung and Buddhism", in Arthur F. Wright and Denis Twitchett, ed. *Perspectives on The T'ang* , New Haven and London: Yale University Press, 1973.

Arthur F. Wright, *The Sui Dynasty—The Unification of China, A.D.581-617*，臺北：敦煌書局，1985。

E. G. Pulleyblank, *The Background of the Rebellion of An Lu-shan*, New York: Oxford University Press, 1955.

Fines, John complied, *Question Framing at GCSE and A-level: An Introduction for History Teachers (Teaching GCSE History)*, London: The Historical Association, 1989.

Hardy, Forsyth, *Grierson on Documentary*. New York: Praeger Publisher, 1971.

Hemings, Clair, *The history of the history curriculum: A critique of the teaching and examination of school history 1870-2007*. London: Dissertation: MA in

Education and History. University of London (Institute of Education), 2007.

Johnson, Chalmers, "An Instance of Treason: Ozaki Hotsumi and the Sorge Spy Ring" Stanford Univ Pr; Expanded, Subsequent edition. (June 1, 1990)

Johnson, Sandra. *Assessing learning in the primary classroom*. London: Routledge, 2012.

Lambert, David Lines, David, *Understanding Assessment: purpose, perception, practice*, London: RoutledgeFalmer, 2000.

Maki, P. , *Assessing for Learning: Building a Sustainable Commitment Across the Institution*. Second Edition. Stylus Publishing, 2010.

Schelmit, Denis, ' The impact of the Project upon Pupil's View of History', History 13-16 Evaluation Standy, Glasgow: Holmes McDougall Ltd., 1980.

Stanley Weinstein, *Buddhism Under The T'ang*, University of Cambridge, 2008.

The Historical Association, History 14-19: the Historical Association Curriculum Development Project: report and recommendations to the Secretary of Stat. London: The Historical Association, 2005.

Whymant, Robert, *Stalin's Spy: Richard Sorge and the Tokyo Espionage Ring*, Stanford: Stanford University Press, 1964.

みすず書房編集部編,《現代史資料 ゾルゲ事件》（全 4 卷）,東京：みすず書房,1962-1971。

三田村武夫,《大東亜戦争とスターリンの謀略—戦争と共産主義》,東京：自由社,1987。

小尾俊人編,《現代史資料》,東京：みすず書房,1962。

山崎淑子著,《ブランコ・ヴケリッチ獄中からの手紙》,東京:未知谷社,
　　2005。

白井久也編著,《國際間諜佐爾格的世界戰爭與革命》(国際スパイ・ゾルゲの
　　世界戦争と革命),東京:社會評論社,2003。

石川淳著,長谷川泉解說,《森鷗外》,東京都:日本圖書センタ,1993。

宇野俊一等編,《日本全史》,東京:講談社,1991。

江口清,〈森鷗外とメリメ〉《調布学園女子短期大学紀要》,第 12 號(1979),
　　頁 32a-1a。

松本清張,《日本的黑霧》(日本の黒い霧)上下,東京:文春文庫,1961。

五、學位論文

李芝函,〈《東方主義》:薩依德與西方殖民知識體系的抵抗〉,高雄:國立中
　　山大學哲學所碩士論文,2012。

汪娟,〈唐代彌勒信仰研究〉,臺北:中國文化大學中國文學研究所碩士論文,
　　1990。

周明廷,〈美國對以巴衝突的外交政策:2001-2011 年〉,嘉義:國立中正大
　　學戰略暨國際事務研究所碩士班碩士論文,2011。

張啟信,〈巴勒斯坦在聯合國之法律地位〉,臺北:中國文化大學法律學系碩
　　士論文,2016。

張雅淳,影視教材在高中世界史「西班牙內戰」教學的運用—以《以祖國之
　　名》為中心,臺北:國立臺灣師範大學歷史研究所碩士論文,2013。

六、網路資源

BBC NEWS，〈全球軍火輸出大比拚　美俄中看誰稱霸〉（2018 年 5 月 13 日）。網址：http://www.bbc.com/zhongwen/simp/world-44083886

BBC 中文網，〈專訪：《被出賣的臺灣》導演刁毓能〉，BBC 中文網頁（2010 年 11 月 4 日）。網址：http://www.bbc.co.uk/zhongwen/trad/china/2010/11/101104_formosa_betrayed.shtml

Promises Film, Filmmakers. 網址：http://www.promisesfilms.com/promises-film/filmmakers/

Promises: An Interview with Director Justine Shapiro (2015.5.31). 網址：https://writetocomprehend.blogspot.com/2015/05/promises-interview-with-director.html

PROMISES－the Film. 網址：https://www.promisesproject.org/faqs.html

Taipei Times, "Producer brings Taiwan's history to the big screen", http://www.taipeitimes.com/News/taiwan/archives/2010/08/02/2003479389, Accessed August 02, 2010.

The New York Times. Stephen Holden, Movie Review Formosa Betrayed (2009)" When the Language of Diplomacy Includes 'Kapow!" https://www.nytimes.com/2010/02/26/movies/26formosa.html, Accessed February 25, 2010.

The Promises Film Project, THE FILMMAKERS。網址：http://www.promisesproject.org/credits.html

十二年國民基本教育課程綱要：國民中小學暨普通型高級中等學校社會領域，網址：https：//www.naer.edu.tw/PageSyllabus?fid=52

中央通訊社，〈美國關閉巴解駐華府代表團 升高施壓〉（2018 年 9 月 10 日）。

網址：http://www.cna.com.tw/news/aopl/201809100336-1.aspx

李鈞震，〈鄧麗君是特務？臺灣人權報告書 102〉，李鈞震 2010 新聞政治讀書會網站（2010 年 10 月 7 日）。網址：http://earthk2010news.blogspot.com/2010/10/blog-post_3129.html

李鳳華，〈十二年國教素養導向教學提問與評量社會學習領域種子教師培訓推廣版〉，國家教育研究院網頁（2019 年 9 月—2020 年 1 月）。網址：https://www.naer.edu.tw/PageSyllabus?fid=53

林文淇，〈一輩子總要不顧一切去愛一次，《牽阮的手》導演顏蘭權、莊益增專訪〉，《放映週報》放映頭條 324 期（2011 年 9 月 9 日）。網址：http://www.funscreen.com.tw/headline.asp?H_No=370

林木材、關魚訪問，關魚整理，〈不要害怕自己的意識型態——專訪《牽阮的手》導演莊益增〉，《紀工報》第 18 期（2011 年 12 月 13 日）。網址：http://docworker.blogspot.tw/2011/12/blog-post_13.html

林傳凱，〈他們為什麼不說話？〉，《跨界期刊 Interlocution》（2013）網址：http://interlocution.weebly.com/36328300283153202263996528820121265289/1

海東青，〈《返校》沒有告訴你的事：從二二八到白色恐怖，國民黨如何打造臺灣特務島？〉，沃草網站（2019 年 10 月 2 日發布，2020 年 5 月 20 日最後更新）。網址：http://musou.watchout.tw/read/ZWhJE4KhnUtBpg9p0iJK

國家教育研究院，〈十二年國民基本教育課程綱要總綱（教育部發布版）〉。網址：http://www.naer.edu.tw/files/15-1000-14113,c1582-1.php?Lang=zh-tw

國教署，〈核心素養改變一：教學走向素養導向教學的兩條路徑〉。網址：https://goo.gl/Bb1Qrr

教育部國民及學前教育署：〈普通高級中學歷史課程綱要〉（2015 年 6 月 17

口），網址：https://www.k12ea.gov.tw/Tw/Common/SinglePage?filter

陳韋聿採訪編輯，〈「你是忘記了，還是害怕想起來？」二二八與白色恐怖的
　　暗黑特務們〉，研之有物網站（2020 年 2 月 25 日）。網址：https://
　　research.sinica.edu.tw/spy-special-agent-secret-228-transitional-justice/

痞角度，〈揭穿「美麗天堂」裡的美國夢〉（2002 年 9 月 1 日）。網址：
　　https://goo.gl/NL6Y61

童一寧採訪、撰文，〈專訪金馬獎最佳紀錄片《大同》導演周浩：「真實不可
　　能被還原，只能夠趨近」〉，娛樂重擊（2016 年 7 月 14 日）。網址：
　　http://punchline.asia/archives/28432

誠品網路編輯群著，〈《牽阮的手》，重現理想主義伴侶的奮鬥歲月：專訪莊益
　　增導演〉，誠品網頁（2011 年 11 月 10 日）。網址：http://stn.eslite.com/
　　ArticleByPrint.aspx?id=1556

藍偉瑩，〈2018 素養導向課程設計工作坊 Day1〉，瑩光教育協會（2018 年 8
　　月 23 日）。網址：https://www.youtube.com/watch?v=rrbVqYRZNoA

國家圖書館出版品預行編目（CIP）資料

影視史學與歷史教學 = Historiophoty and history teaching /
　陳登武編著. -- 初版. -- 臺北市 : 國立臺灣師範大學出版
　中心, 2023.10
　　面 ；　公分. -- (大眾史學叢書 ; 2)
　ISBN 978-986-5624-96-5(平裝)

　1.CST: 史學 2.CST: 影視科技 3.CST: 教學設計

603.3　　　　　　　　　　　　　　　112013588

 大眾史學叢書02

影視史學與歷史教學
Historiophoty and History Teaching

主　　　編｜陳登武
作　　　者｜吳珊妃、洪筱婷、洪慧霖、張雅淳、梁瓊璘、陳美瑾、
　　　　　　陳登武、黃璨瑩、劉先芸、劉彥伶（依姓氏筆劃）
叢書主編｜周樑楷
出　　　版｜國立臺灣師範大學出版中心
發 行 人｜吳正己
總 編 輯｜廖學誠
執行編輯｜李佳芳
地　　　址｜106臺北市大安區和平東路一段162號
電　　　話｜(02)7749-5285
傳　　　真｜(02)2393-7135
服務信箱｜libpress@ntnu.edu.tw
初　　　版｜2023年10月
售　　　價｜新臺幣500元（缺頁、破損或裝訂錯誤，請寄回更換）
I　S　B　N｜978-986-5624-96-5
G　P　N｜1011201049

◎本書已通過國立臺灣師範大學出版中心學術審查